O corpo, os ritos, os sonhos, o tempo

Dados Internacionais de Catalogação na Publicação (CIP)
(Câmara Brasileira do Livro, SP, Brasil)

Schmitt, Jean-Claude
   O corpo, os ritos, os sonhos, o tempo : ensaios de antropologia medieval / Jean-Claude Schmitt ; tradução de Maria Ferreira. – Petrópolis, RJ : Vozes, 2014.

   Título original : Le corps, les rites, les rêves, le temps : essais d'anthropologie médiévale
   Bibliografia
   ISBN 978-85-326-4881-5

   1. Antropologia – Europa – Idade Média 2. Ensaios I. Título.

14-09443   CDD-301.0902

Índices para catálogo sistemático:
1. Antropologia medieval : Sociologia   301.0902

Jean-Claude Schmitt

O corpo, os ritos, os sonhos, o tempo

Ensaios de antropologia medieval

Tradução de Maria Ferreira

Petrópolis

© 2001, Éditions Gallimard

Os capítulos III, V a IX, XIII e XV foram inicialmente publicados em *Religione, folklore e società nell'Occidente Medievale* (Roma e Bari, Laterza, 1988).

Título do original francês: *Le corps, les rites, les rêves, le temps – Essais d'anthropologie médiévale*

Direitos de publicação em língua portuguesa – Brasil:
2014, Editora Vozes Ltda.
Rua Frei Luís, 100
25689-900 Petrópolis, RJ
www.vozes.com.br
Brasil

Todos os direitos reservados. Nenhuma parte desta obra poderá ser reproduzida ou transmitida por qualquer forma e/ou quaisquer meios (eletrônico ou mecânico, incluindo fotocópia e gravação) ou arquivada em qualquer sistema ou banco de dados sem permissão escrita da editora.

Diretor editorial
Frei Antônio Moser

Editores
Aline dos Santos Carneiro
José Maria da Silva
Lídio Peretti
Marilac Loraine Oleniki

Secretário executivo
João Batista Kreuch

Editoração: Andréa Dornellas Moreira de Carvalho
Diagramação: Sheilandre Desenv. Gráfico
Capa: SGDesign
Ilustração de capa: Luca Signorelli, A ressurreição dos mortos (detalhe), 1499-1502. Afresco da capela Saint-Brice d'Orvieto.

ISBN 978-85-326-4881-5 (edição brasileira)
ISBN 2-07-076079-0 (edição francesa)

Editado conforme o novo acordo ortográfico.

Este livro foi composto e impresso pela Editora Vozes Ltda.

Sumário

Prefácio, 7

Parte I. Sobre crenças e ritos, 29

I. É possível uma história religiosa da Idade Média?, 31

II. A noção de sagrado e sua aplicação à história do cristianismo medieval, 41

III. Problemas do mito no Ocidente medieval, 51

IV. A crença na Idade Média, 72

V. Sobre o bom uso do *Credo*, 89

Parte II. Tradições folclóricas e cultura erudita, 117

VI. As tradições folclóricas na cultura medieval, 119

VII. "Jovens" e dança dos cavalos de madeira, 140

VIII. A palavra domesticada, 166

IX. As máscaras, o diabo, os mortos, 190

Parte III. O sujeito e seus sonhos, 213

X. A "descoberta do indivíduo": uma ficção historiográfica?, 215

XI. Os sonhos de Guibert de Nogent, 234

XII. O sujeito do sonho, 263

Parte IV. O corpo e o tempo, 281

XIII. Corpo doente, corpo possuído, 283

XIV. O corpo na Cristandade, 305

XV. Tempo, folclore e política no século XII, 319

XVI. Da espera à errância: gênese medieval da Lenda do Judeu Errante, 350

XVII. A apropriação do futuro, 367

Índice, 385

Prefácio

Este livro é uma coletânea de artigos. Um livro de história, normalmente, marca a concretização de uma pesquisa e de uma reflexão. Destas, ao contrário, uma coletânea de artigos evoca as etapas, iluminando novamente algumas de suas balizas. Para o historiador, o fato de reunir e de ordenar certo número de suas publicações anteriores tem algo de autobiografia, dando-lhe também a ocasião de compreender até que ponto seu percurso não foi apenas pessoal, mas realizado junto com outros tantos pesquisadores, em relação aos quais ele foi acumulando as dívidas de seu reconhecimento. A coletânea adquire assim ares de testemunho de uma pequena fatia de historiografia, 25 ou 30 anos de vida compartilhada em favor da história.

Retrospectivamente, meço a oportunidade que tive de iniciar, por volta de 1970-1975, meu "ofício de historiador" (a razão dessa referência inicial a Marc Bloch[1] ficará clara mais adiante). Na euforia conquistadora das ciências sociais triunfava então uma historiografia em plena renovação: em 1974, os três volumes de *Faire de l'histoire* traçavam o mapa de um mundo a ser descoberto, feito de "novos problemas", de "novas aproximações" e de "novos objetos"[2], um programa aberto à inteligência e apto a questionar todas as certezas adquiridas. A aproximação da história e da etnologia ou da antropologia social e cultural era uma das principais linhas de força desse programa, pelo menos assim como o compreendi. A expansão da "antropologia histórica" – nos anos seguintes, a expressão se impõe e rapidamente invade o jargão dos historiadores[3] – apoiou-se nas tendências profundas e

---

1. BLOCH, M. *Apologie pour l'histoire ou métier d'historien*. Paris: Armand Colin, 1964. Cito essa obra, assim como as demais, nas edições em que as descobri.
2. LE GOFF, J. & NORA, P. (org.). *Faire de l'histoire*. 3 vols. Paris: Gallimard, 1973.
3. Evoquei este avanço em minha contribuição REVEL, J. & SCHMITT, J.-C. (orgs.). *L'ogre historien* – Autour de Jacques Le Goff. Paris: Gallimard, 1998, p. 27.

bem anteriores da historiografia. Mas o fato novo, responsável por seu sucesso, foi sem dúvida seu encontro com a evolução de nossa sociedade e de nossa cultura naquele momento. A tomada de consciência da relatividade dos sistemas de valores e dos modos de organização das sociedades ocidentais tornava mais atento às sociedades estudadas pelos antropólogos ou, pelo menos, aos trabalhos que estes lhes consagravam. A industrialização e a urbanização levavam simultaneamente a se interessar, não sem nostalgia, pela "beleza do morto"[4], pela cultura campesina, pelos ritmos campestres, pelo "folclore". Os "retornos à terra" ou o movimento de defesa do Larzac nos anos posteriores a 1968, assim como a consagração pelo grande público do Museu das Artes e Tradições Populares (que 20 anos mais tarde deveria lutar contra o esquecimento) ilustram algumas das facetas mais visíveis desse momento. Em relação aos historiadores, o triunfo editorial de *Montaillou, village occitan*, de Emmanuel Le Roy Ladurie[5], é um bom testemunho do encontro entre um "fenômeno de sociedade" difuso e uma pesquisa histórica abertamente inspirada pela etnologia e voluntariamente conduzida, até na forma da escrita, para responder a seu "horizonte de expectativa".

Não conseguiria mensurar a dívida que contraí, nesses mesmos anos, para com Jacques Le Goff: melhor do que outros, ele soube adotar as contribuições da antropologia sem nada renegar às exigências do historiador, sem ceder ao "folclorismo" atemporal do século XIX, sem desejar também extrair "estruturas" desvinculadas do momento histórico e da relação ideológica que as originaram e que explicam sua emergência na documentação dos séculos passados: em relação a isso, nos reportaremos ao estudo que ele consagrou, junto com Pierre Vidal-Naquet, a "Lévi-Strauss en Brocéliande"[6]. Sob essa condição, ele podia sair sem medo à procura de uma "cultura folclórica" nos textos hagiográficos merovíngios ou – sobre o tema de Melusina[7] – nas lendas cavaleirescas do século XII, para analisar os conflitos e

---

4. JULIA, D. & REVEL, J. "La beauté du mort: le concept de culture populaire". *Politique Aujourd'hui*, dez./1970, p. 3-23.

5. LADURIE, E. *Montaillou, village occitan, de 1224 à 1324*. Paris: Gallimard, 1975.

6. "Lévi-Strauss en Brocéliande. Esquisse pour une analyse d'un roman courtois", estudo escrito em colaboração com Pierre Vidal-Naquet e publicado primeiramente em *Critique* (jun./1974); retomado por Jacques Le Goff, em *L'Imaginaire médiéval* (Paris: Gallimard, 1985, p. 151-187).

7. "Mélusine maternelle et défricheuse", estudo publicado em colaboração com E. Le Roy Ladurie em *Annales ESC*, 1971; retomado por Jacques Le Goff em *Pour un autre Moyen Âge – Temps, travail et culture en Occident: 18 essais*. Paris: Gallimard, 1977, p. 307-331.

uma dinâmica históricos cujo principal ator era a Igreja, com seu monopólio sobre a cultura erudita. No mais, creio que sobre esse ponto os antropólogos também tiraram proveito do contato com os historiadores: em eco à preocupação antropológica destes últimos, não foram eles cada vez mais conquistados pela preocupação de história – a história de sua própria disciplina e a história dos povos que estudavam?

O principal benefício de uma formação intelectual é o de oferecer uma determinada maneira de ver as coisas, o gosto por objetos e por temas de predileção. Antes mesmo de iniciar uma pesquisa pessoal, aprendemos a escolher nossas leituras e a delas nos apropriarmos. Guardamos pelo resto da vida os livros que em todos esses anos acabaram se tornando nossos e que continuam nos guiando como se fossem pequenas estrelas. Quanto a mim, penso, ao buscar na lista muito mais longa dos livros que me foram importantes, nos admiráveis artigos de Robert Hertz (morto na linha de frente durante a Grande Guerra)[8] no *La Tarasque* de Louis Dumont[9], no *Rabelais* de Mikhaïl Bakhtine[10], no *Morphologie du conte merveilleux* de Vladimir Propp[11], no *La raison graphique* de Jack Goody[12], mais tarde no *Façons de dire, façons de faire* de Yvonne Verdier[13], obra-prima incomparável de etnologia europeia. Ao lado desses livros, para citar apenas um historiador, coloco *Les rois thaumaturges* de Marc Bloch[14], livro pioneiro da antropologia política. Alimentado, entre outras, por essas leituras, senti-me menos atraído pelos assuntos de estudos particulares do que por um campo de pesquisa com

---

8. HERTZ, R. *Sociologie religieuse et folklore*. Paris: PUF, 1979 [Introdução de Marcel Mauss; Prefácio de Georges Balandier]. Cf. esp.: "Contribuition à une étude sur la représentation collective de la mort"; "La prééminence de la main droite. Étude sur la polarité religieuse"; "Saint Besse – Étude d'un culte alpestre".

9. DUMONT, L. *La Tarasque* – Essai de description d'un fait local d'un point de vue ethnographique. Paris: Gallimard, 1951.

10. BAKHTINE, M. *L'Oeuvre de François Rabelais et la culture populaire au Moyen Âge et sous la Renaissance*. Paris: Gallimard, 1970.

11. PROPP, V. *Morphologie du conte; Les transformations du conte merveilleux*. Paris: Seuil, 1970. Dessa obra diversa fiz, junto com Daniel Fabre, um apanhado em nosso prefácio a PROPP, V.P. *Les racines historiques du conte merveilleux*. Paris: Gallimard, 1983.

12. GOODY, J. *La raison graphique* – La domestication de la pensée sauvage. Paris: De Minuit, 1979.

13. VERDIER, Y. *Façons de dire, façons de faire* – La laveuse, la couturière, la cuisinière. Paris: Gallimard, 1979.

14. BLOCH, M. *Les rois thaumaturges* – Étude sur le caractere surnaturel attribué à la puissance royale particulièrement en France et en Angleterre (1924). Paris: Armand Colin, 1961 [Red. com prefácio de Jacques Le Goff. Paris: Gallimard, 1983].

contornos maldefinidos, mas que pouco a pouco eu identificava, sem que me seja confortável separar, em minha orientação, o gosto pessoal, a sensibilidade, a educação ou a análise mais objetiva dos problemas científicos. Pensei por um tempo que a "história religiosa" seria o âmbito geral de minhas pesquisas, mas logo me convenci dos limites da expressão: quanto mais amplo é o campo que abarca, pois tudo, na Idade Média, abrange o cristianismo, tanto mais ela corre o risco de conduzir inversamente a uma visão estreita dos problemas, caso se consagre apenas aos objetos que hoje qualificamos de "religiosos". Os seminários de Michel Mollat, na Sorbonne, introduziram-me em uma apreensão aberta, generosa, sensível do cristianismo medieval, em que leigos e, sobretudo, os humildes tinham tanto lugar quanto os clérigos, e em que as práticas de caridade e a piedade coletiva retinham mais a atenção do que o dogma: tornava-se evidente que não havia, nessa matéria, outra história possível que uma história social do religioso. Existia uma continuidade evidente entre esse seminário e o de Jacques Le Goff, que eu frequentava simultaneamente, a partir de novembro de 1968. Por meio desses seminários, fiquei espantado com a diferença e com a novidade do olhar antropológico, e com a exigência incessantemente evocada do método, contra o império deletério do empirismo historiográfico. Apaixonei-me pelos problemas de taxonomia colocados pela pesquisa sobre a cidade e as ordens mendicantes, depois pelas relações entre o oral e o escrito, tais como os *exempla*, essas historietas cujo uso maciço era feito pelos pregadores em seus sermões permitiam apreendê-los. Foi por meio dos *exempla* que me iniciei concretamente no estudo do folclore e na etnologia.

Quanto mais eu descobria novas facetas do meu campo de interesse, mais parecia urgente restringir a reflexão aos conceitos e aos métodos do historiador antropólogo. O debate acalorado na década de 1970 em torno da noção de "religião popular" questionava a legitimidade exclusivista de uma determinada "história religiosa" amplamente praticada pelos homens da Igreja ou pelos historiadores católicos – Raoul Manselli na Itália, o Cônego Étienne Delaruelle na França[15], John Van Engen nos Estados

---

15. Tive o privilégio de poder conhecer Raoul Manselli e de com ele discutir amigavelmente esses problemas. Conheci o Cônego Delaruelle apenas por meio de seus trabalhos, principalmente DELARUELLE, É. *La piété populaire au Moyen Âge*. Turim: [s.e.], 1975 [Prólogo de Philippe Wolff; Introdução de Raoul Manselli e André Vauchez]. Obra citada em "Religion populaire et culture folklorique". *Annales ESC*, 1976, p. 941-953.

Unidos[16] –, todos admiráveis eruditos evidentemente, mas que viam com inquietação na abordagem antropológica da história da Cristandade uma maneira de banalização, ou mesmo de profanação dos valores – ou do valor em si – do cristianismo. Em julho de 1975, um colóquio de Fanjeaux (importante lugar, perto de Toulouse, da história da Ordem Dominicana e de seu fundador), consagrado à "religião popular", elevou ao máximo a tensão entre essas duas abordagens[17]. O debate continuou na década de 1980, principalmente sob a influência dos trabalhos de Peter Brown sobre o culto dos santos na Antiguidade tardia[18].

Mas era necessário avançar ainda mais na crítica: Será que a própria noção de "religião" é justificada quando o historiador dedica-se a explicar as representações e as práticas rituais, coletivas e individuais, que dizem respeito à representação do divino na Europa medieval? "Religião": essa é uma palavra que parece vir diretamente dos "séculos de fé" da Idade Média. Ela por si só poderia justificar por que a "história religiosa" da Idade Média se estabeleceu sobre definições estritas, com um programa de trabalho precisamente delimitado. No entanto, *a* religião, assim como definida hoje, é uma invenção de data recente de nossa cultura. Ela não vai muito além do Iluminismo do século XVIII. Na Idade Média, *a* religião não existe. A palavra *religio* existe, mas designa principalmente uma "ordem religiosa" ou o vínculo consagrado pelo voto religioso. Para evitar qualquer confusão, o melhor é empregar outras palavras e de preferência falar, como os antropólogos, de sistemas simbólicos – ou, de uma maneira menos estrita,

---

16. ENGEN, J. "The Christian Middle Ages as an Historiographical Problem". *The American Historical Review*, 91/3, jun./1983, p. 519-522. É uma forte crítica em relação a Jean Delumeau, Jacques Le Goff e a mim. Respondi a esse artigo na introdução de minha coletânea de artigos em italiano: *Religione, folklore e società nell'Occidente Medievale*. Roma/Bari: Laterza, 1988, p. 1-27 [nova edição, 2000]. Retomada em inglês em LITTLE, L.K. & ROSENWEIN, B.H. (orgs.). *Debating the Middle Ages* – Issues and Readings. Oxford: Blackwell, 1988, p. 376-387.

17. *La religion populaire en Languedoc du XIIIe siècle à la moitié du XIVe siècle*. Toulouse: Privat, 1976 [Cahiers de Fanjeaux 11]. Sem dúvida, André Vauchez se lembra de ter agarrado pela manga o saudoso Yves Dossat, que de forma ruidosa saiu da sala quando me ouviu falar de antropologia. Na sequência desse debate tumultuado, o medievalista americano Patrick Geary, que eu ainda não conhecia, deu-me um precioso apoio. Desse encontro agitado data nossa cordial cumplicidade.

18. BROWN, P. *Le culte des saints* – Son essor et sa fonction dans la chrétienté latine. Paris: Cerf, 1984. O estudo de Michel Lauwers ("Religion populaire, culture folklorique, mentalités – Notes pour une anthropologie culturelle du Moyen Âge". *Revue d'Histoire Ecclésiastique*, 82, 1987, p. 228-258), em minha opinião coloca um ponto-final ao debate.

de "dimensões simbólicas" –, isto é, de crenças, mitos, ritos que inervam o conjunto das representações e das práticas sociais, entre as quais hoje temos uma grande tendência a distinguir, com igual anacronismo, a "economia", a "política" ou a "religião".

O que funda esta crítica é o comparatismo antropológico e histórico. O campo foi aberto, entre outros, por Marc Bloch desde sua famosa conferência de 1928 em Oslo e em seu estudo sobre as sociedades rurais da França e da Inglaterra medievais[19]. É provável que, se Marc Bloch tivesse sobrevivido à Segunda Guerra Mundial, teria desenvolvido, como era sua intenção, seu projeto de uma "história comparada das sociedades europeias". Ele próprio identificara um comparatismo histórico ainda mais ambicioso, sem dúvida mais difícil de conduzir, mas talvez mais fecundo do que aquele primeiramente defendido por ele: um comparatismo que levou em conta sociedades e culturas históricas que não tivessem tido nenhum contato objetivo no espaço nem no tempo e nenhuma influência direta umas sobre as outras. Foi em torno de Jean-Pierre Vernant, no Centro Louis-Gernet de História Comparada das Sociedades Antigas, que se desenvolveu essa reflexão, e foi lá que encontrei outra maneira, mais fundamental, de refletir sobre o que é o divino, ou a pessoa, ou a crença, ou a imagem, em sistemas ideológicos tão diferentes uns dos outros quanto a Grécia Antiga e a Índia Bramânica ou, para mim, o Ocidente medieval. É apenas por tais contrastes que se pode iluminar a especificidade de uma cultura. É quando se dirige ao outro – o radicalmente outro – que o historiador toma consciência da relatividade de seus objetos bem como de seus próprios conceitos e de seu vocabulário. Ora, essa consciência crítica é ainda mais necessária no caso do historiador "ocidentalista" porque ele estuda os estágios anteriores de sua própria civilização. A aparente continuidade, a da língua em primeiro lugar, entre esse passado da Europa e o presente do historiador, torna-se uma fonte de hesitações caso não se fique atento: as palavras, como já observado no caso de "religião", permanecem em parte as mesmas, mas seu contexto social e ideológico e, consequentemente, seus sentidos se transformam ao longo da

---

19. BLOCH, M. "Pour une histoire comparée des sociétés européennes" (1928). Retomado, junto com outros ensaios sobre o comparatismo, em BLOCH, M. *Histoire et historiens*. Paris: Armand Colin, 1995, p. 94-123 [org. por Étienne Bloch]. Cf. *Marc Bloch aujourd'hui* – Histoire comparée et sciences sociales. Paris: École des Hautes Études en Sciences Sociales, 1990, p. 255ss. [org. de Harmut Atsma et André Burguière].

história. Ao aceitar esse distanciamento antropológico e o comparatismo o historiador pode tentar evitar a armadilha.

Nessas considerações, como nos artigos que vamos ler, falo pouco de "mentalidades" e, creio, menos ainda de "história das mentalidades". O próprio Jacques Le Goff observou que a expressão servira muito mais para desenhar o horizonte com novas curiosidades historiográficas, para evocar um estilo de pesquisa, e até mesmo para dar um sinal de união, do que para designar um objeto de pesquisa claramente identificável. A "ambiguidade" da noção de mentalidade – de Lucien Febvre a Georges Duby e a Jacques Le Goff – construiu sua força conquistadora no campo dos estudos históricos, mas desencorajou seu uso exagerado, seja no título de uma obra, seja até mesmo como instrumento heurístico[20]. No concreto da pesquisa, o termo "mentalidades" sem dúvida rendeu mais serviços à abordagem impressionista de Philippe Ariès, em relação à história do sentimento da infância ou da morte[21], do que às análises densas de Georges Duby ou de Jacques Le Goff, ainda que estes tenham se tornado seus advogados mais eloquentes[22]. No mais, podemos nos perguntar se a "história das mentalidades", a despeito de suas imensas aquisições, foi realmente até o fim de suas premissas: uma vez que seu interesse pelo "mental" veio da psicologia, poderíamos esperar que contribuísse para a fundação de uma verdadeira psicologia coletiva histórica, o que não aconteceu[23]. A psicanálise não encontrou entre os historiadores o lugar ao qual poderia pretender, apesar das explorações, tão cedo interrompidas, de Michel de Certeau e de Louis Marin[24]. A invocação

---

20. Cf., todavia, a rica síntese de Hervé Martin (*Mentalités médiévales*: XIe-XVe. Paris: PUF, 1996 [Nouvelle Clio]). Cf. tb. a tentativa de "reabilitação" de Lain Boureau: "Propositions pour une histoire restreinte des mentalités". *Annales ESC*, 1989, 6, p. 1.491-1.504.
21. ARIÈS, P. "L'histoire des mentalités". In: LE GOFF, J.; CHARTIER, R. & REVEL, J. (orgs.). *La Nouvelle Histoire*. Paris: Retz, 1978, p. 402-423.
22. DUBY, G. "L'Histoire des mentalités". In: SAMARAN, C. (orgs.). *L'histoire et ses methods*. Paris: Gallimard, 1961, p. 937-966. • LE GOFF, J. "Les mentalités: une histoire ambiguë". *Faire de l'histoire*. Op. cit., III, p. 76-94.
23. LE GOFF, J. & SCHMITT, J.-C. "L'histoire médiéval". *Cahiers de Civilisation Médiévale*, 39, 1996, p. 9-25.
24. A esse respeito, um dos livros que me pareceu muito importante é escrito em conjunto por um historiador e um psicanalista (BOUTRY, P. & NASSIF, J. *Martin l'Archange*. Paris: Gallimard, 1985), que expõe com clareza e honestidade as dificuldades da utilização pelo historiador dos métodos psicanalíticos. Ele conclui pela impossibilidade dessa utilização fora da sociedade burguesa na qual a psicanálise nasceu. Parece-me minimamente possível, no entanto, inspirar-se em certas hipóteses freudianas em outros contextos, inclusive a sociedade medieval, como tentei expor a respeito da noção de "trabalho de luto" (In: *Les Revenants* – Les vivants et les morts dans la société médiévale. Paris: Gallimard, 1994), ou, adiante, em relação aos sonhos. Cf. tb. BESANÇON, A. *Histoire et expérience du moi*. Paris: Flammarion, 1971.

das "mentalidades" serviu para designar toda espécie de abordagem, mas as mais rigorosas provêm de fato da história das ideologias – como *Les Trois Ordres* de Georges Duby – ou da história do imaginário – como *La naissance du purgatoire* de Jacques Le Goff[25] e, de forma mais geral, de uma história fundada no diálogo com a Antropologia.

Desse diálogo testemunha, por exemplo, a história das estruturas de parentesco, que, sob a influência dos antropólogos, marcou um avanço decisivo em relação ao que tradicionalmente se chamava "história da família". Para os medievalistas franceses de minha geração, a escolha feita por Georges Duby, no início da década de 1970, de consagrar seu seminário do Collège de France à história das estruturas de parentesco foi absolutamente decisiva. Ela permitiu a recepção dos trabalhos conduzidos na Alemanha, a partir de Gerd Tellenbach, sobre a linhagem aristocrática[26]. Permitiu principalmente, toda semana, uma inesquecível mescla dos medievalistas e dos antropólogos que, como Maurice Godelier ou Françoise Héritier, vinham lembrar a relatividade através do mundo das regras da aliança e do vocabulário do parentesco. O próprio Georges Duby reconhece sua dívida para com os antropólogos em seu prefácio à tradução francesa da obra do antropólogo britânico Jack Goody sobre a evolução da família e do casamento na Europa[27]. Insistindo sobre o papel da Igreja medieval na regulação das alianças, a reflexão de Goody levou os medievalistas a se interrogarem sobre o papel e a importância, na sociedade medieval, do "parentesco espiritual" tecido pelo batismo cristão[28]. É significativo que uma troca particularmente fecunda tenha se estabelecido com esse antropólogo, que é, em sua especialidade, um dos pesquisadores mais ligados à perspectiva histórica: assim como os historiadores e, em particular, os medievalistas já tinham aprendido, graças a ele, a refletir sobre as variações históricas da "razão gráfica", eles poderiam

---

25. Duas obras publicadas respectivamente em 1978 e em 1981.
26. Colaboração consagrada pelo colóquio internacional ocorrido em Paris em 1974: DUBY, G. & LE GOFF, J. (orgs.). *Famille et parenté dans l'Occident medieval*. Roma: Escola Francesa de Roma, 1977.
27. GOODY, J. *L'évolution de la famille et du mariage en Europe*. Paris: Armand Colin, 1985 [1. ed. inglesa, 1983].
28. Cf. a contribuição de Anita Guerreau-Jalabert a Jacques Berlioz e Jacques Le Goff ("Anthropologie et histoire". In: BLARD, M. (org.). *L'histoire médiévale en France – Bilan et perspectives*. Paris: Du Seuil, 1991, p. 269-302 [Prefácio de Georges Duby, Textos reunidos por Michel Blard, Paris, Éd. du Seuil, 1991]) e de inúmeros artigos do mesmo autor. Cf. tb. BASCHET, J. *Le sein du père*. Paris: Gallimard, 2000.

aprender ainda muito mais sobre a presença desigual dos mesmos valores estéticos nas sociedades humanas, sobre a "cultura das flores" e o estatuto ambivalente das representações[29].

Outros tantos campos também poderiam ser evocados, nos quais as pesquisas se desenvolvem e se renovam, como o campo da "antropologia jurídica", no qual os medievalistas americanos se distinguiram particularmente nesses últimos anos. Junto com outros, eles souberam abrir o estudo dos direitos medievais (civil, canônico, consuetudinário) aos novos questionamentos sobre o funcionamento e as funções sociais das práticas normativas, por exemplo na resolução dos conflitos, a "guerra privada" e a paz de Deus[30], ou ainda na reflexão universitária[31]. Quanto a mim, estou persuadido de que restam ainda muitos caminhos a serem descobertos sob o domínio das solicitações do presente: é inquestionável que as ciências da informação e as ciências da natureza, que juntas lideram o conjunto dos progressos científicos de nossa época, não levarão muito tempo para repercutirem vigorosamente na orientação das pesquisas históricas e, mais particularmente, na história medieval.

Entre os historiadores, muito se fala sobre a "crise da história". Além do fato de que a expressão e o sentimento que ela traduz não são sem dúvida uma coisa nova, mas têm muito mais um caráter recorrente, pode-se avaliar que a dúvida crítica, para um cientista, não é uma atitude tão deplorável. Bem melhor isso do que as falsas certezas proclamadas em alto e bom som. Não se deve dissimular, é verdade, a pulverização às vezes excessiva dos objetos, nem os efeitos da perda dos modelos explicativos mais ou menos universais (marxismo, estruturalismo) e, menos ainda, a incerteza induzida pela relativização – em si positiva – do saber e do discurso históricos. Será que hoje o historiador ainda pode pretender enunciar uma parte da "verdade" do passado? É surpreendente, quando se relê *Apologie pour l'histoire ou métier*

---

29. GOODY, J. *La culture des fleurs*. Paris: Du Seuil, 1994. GOODY, J. *Representations and contradictions – Ambivalence Towards Images, Theatre, Fiction, Relics and Sexuality*. Oxford: Blackwell, 1997. Comentei a contribuição da obra de J. Goody para a reflexão dos medievalistas em "Les images en fleurs" (A ser publicada no volume de homenagens oferecido a Jack Goody).
30. Cf. CHIFFOLEAU, J. "Droit(s)". In: LE GOFF, J. & SCHMITT, J.-C. (orgs.). *Dictionnaire Raisonné de l'Occident Médiéval*. Paris: Fayard, 1999, p. 290-308.
31. Penso principalmente nos trabalhos conduzidos por Alain Boureau e Charles de Miramont.

d'historien – escrito entre 1942 e 1944 –, constatar a que ponto Marc Bloch, que não poderíamos suspeitar no entanto de ter cedido às ilusões da história positivista, estava distante de semelhantes dúvidas. Para ele, a probidade do pesquisador, a complementaridade e o rigor infalível dos métodos usados, a interrogação permanente sobre o caráter relativo do testemunho e do ponto de vista da testemunha deveriam ajudar o historiador a alcançar a melhor adequação possível entre sua argumentação e as realidades do passado[32]. Incontestavelmente, o ceticismo é mais forte hoje. Mas como se decidir a reduzir a história ao "discurso" dos historiadores, a afirmar que esse discurso se reproduz segundo suas próprias regras e os únicos pressupostos intelectuais e ideológicos de sua época, e até mesmo de seu autor, a avaliar que os objetos históricos se diluem sem nunca opor resistência às "ficções" do historiador? É claro que toda a estratégia da "história problema", já ensinada pelos fundadores dos *Annales*, leva a se perguntar sobre todos os tipos de determinações que pesam sobre a formulação pelo historiador de suas hipóteses e, consequentemente, sobre as interpretações às quais ele pode chegar. Mas, justamente, essas interpretações nunca são definitivas, elas procedem de aproximações que abordam o objeto cada vez de mais perto, mas sem nunca esgotar seu sentido de "documento-monumento" necessariamente preso entre passado e presente.

Este problema não é outro que o da relação entre a história e a "verdade". Portanto ele é central e não existe historiador que não seja assombrado por ele. Encadeia-se então toda uma série de questões não menos fundamentais: que diferença se deve fazer, de um lado, entre o relato dado pelo historiador, que se pretende relato de referência (esta é, entre outras, a função das notas de rodapé)[33], e a narrativa que se reconhece como pura ficção? Do outro lado, qual é o estatuto científico da história em relação às ciências da natureza? Na maioria das vezes, a discussão peca duplamente: quando se fecha em uma alternativa sem saída (história ou ficção?) e quando paradoxalmente não tem recuo historiográfico, como se essa questão não tivesse história,

---

32. Este lugar central da ética no método de Bloch é ressaltado com razão por Gérard Noiriel: "Le statut de l'histoire dans *Apologie pour l'histoire*" (*Cahiers Marc Bloch*, 5, 1997) e "Sur la 'crise' de l'histoire" (Paris: Belin, 1996. Apud DUMOULIN, O. *Marc Bloch*. Paris: Presses de la FNSP, 2000, p. 148ss.).

33. POMIAN, K. *Sur l'histoire*. Paris: Gallimard, 1999, p. 29ss.

ao passo que ela participa da gênese e da própria possibilidade do gênero histórico. Uma alternativa sem saída: para uns, a história consistiria apenas em descobrir e ordenar em um relato os *fatos*, como se estes existissem por si sós independentemente das significações novas e divergentes que lhe foram atribuídas ao longo do tempo. Atribuída com frequência a Leopold von Ranke (1795-1896), esta concepção do "fato histórico" como "aquilo que realmente aconteceu" (*was eigentlich geweses*) encontra periodicamente novos defensores[34], diante daqueles que, ao contrário, garantem que o discurso histórico seria, à revelia de seus autores, totalmente autorreferencial: a história é apenas a *representação* da história e a forma de seu discurso comanda até seu conteúdo (o "conteúdo da forma")[35]. E é ao desejar escolher entre os termos, tão radicais quanto, dessa alternativa que o historiador se perde. Na realidade, é a tensão entre esses dois termos que constitui o discurso histórico, no paradoxo fundamental de uma referência necessária a um objeto que, por definição, escapa à observação direta, uma vez que ele é *passado*. O historiador, portanto, só tem acesso a ele por meio de uma cadeia de mediações, constituída por todas as representações, desde aquelas que os documentos expressam até as suas próprias, que o separam desse passado.

Sendo essa interrogação constitutiva da história, os historiadores fazem de conta que a redescobrem a cada geração, em termos ao mesmo tempo novos e permanentes. Ora, ela tem uma história, que atravessa cada uma das histórias que escrevemos sobre objetos particulares. É isso que Otto Gerhard Oexle evoca quando retraça desde o século XIX, de Nietzsche a Droysen e aos fundadores da sociologia e das ciências sociais (Max Weber, Georg Simmel, Émile Durkheim), a genealogia da relatividade do conhecimento histórico[36]. No mais, se esta questão é particularmente sensível no caso da história e dos historiadores, ela diz respeito ao conjunto das ciências sociais,

---

34. EVANS, R.J. *In Defence of History*. Londres: [s.e.], 1997. • PARAVICINI, W. "Rettung aus dem Archiv? – Eine Betrachtung aus Anlass der 700-Jahrfeier der Lübecker Trese". *Zeitschrift des Vereins für Lübeckische Geschichte und Altertumskunde*, 78, 1998, p. 11-46.

35. WHITE, H. *The Content of the Form* – Narrative Discourse and Historical Representation. Baltimore/Londres: The Johns Hopkins University Press, 1989. Cf. os mesmos alertas em CHARTIER, R. *Au bord de la falaise* – L'histoire entre certitude et inquiétude. Paris: Albin Michel, 1988.

36. OEXLE, O.G. "Im Archiv der Fiktionen". *Rechtshistorisches Journal*, 18, 1999, p. 511-525. Esse artigo é uma ampla resposta ao artigo já citado de W. Paravicini. Cf. tb., do mesmo autor: "Marc Bloch et la critique de la raison historique". In: ATSMA, H. & BURGUIÈRE, A. (orgs.). *Marc Bloch aujourd'hui* – Histoire comparée et sciences sociales. Paris: L'École des Hautes Études en Sciences Sociales, 1990, p. 419-433.

e até mesmo – e isso não escapou aos fundadores dos *Annales* – às ciências da observação direta e da experimentação.

*

Escolhi, voluntariamente, alguns artigos de natureza bem diferente para esta coletânea. Quase todos têm em comum o fato de responderem às solicitações externas, muitas vezes vindas do exterior, por ocasião de colóquios e mesas-redondas onde foram discutidos. Esses textos não foram escritos na solidão e apenas para a satisfação do erudito. É o debate, às vezes intenso, que os sustenta. São proposições alimentadas de diálogo e às vezes de polêmica. Nesse sentido, esses textos são representativos da maneira pela qual concebo e conduzo minhas pesquisas, em uma troca em que se atenuam os limites entre a exploração individual e a reflexão coletiva. Acrescento que esses encontros e esses debates não os tive apenas com historiadores. Pelo contrário, sempre procurei e privilegiei o diálogo com representantes das outras ciências sociais, psicólogos (aqui em relação ao indivíduo), sociólogos (em relação à cura) e, evidentemente, antropólogos (em relação ao corpo). A maior parte desses textos é então retomada de publicações pouco familiares aos medievalistas. Três deles são publicados pela primeira vez em francês, depois de o terem sido em inglês ou em italiano.

De todos esses artigos, três colocam em questão desde o início alguns dos conceitos do historiador, conceitos que determinam, quer ele queira ou não, a orientação dada à sua pesquisa e as interpretações às quais chegará. Como já foi dito, denunciar as fronteiras entre a "história religiosa" e a própria possibilidade de refletir sobre a Idade Média em termos de "religião" me parece um pré-requisito. Ampliar a pesquisa para o questionamento antropológico e comparatista, como proponho em relação à noção de "sagrado", ilumina o conjunto de minha postura metodológica. Em um terceiro artigo, recuso, junto com Peter Brown, o modelo "em dois níveis" que privilegia apenas a influência da cultura eclesiástica sobre a cultura popular[37]. Sugiro refletir, ao contrário, sobre a cultura medieval em termos de polos múlti-

---

37. BROWN, P. *Les culte des saints*. Op. cit.

plos e de relações complexas, de uma maneira que acredito mais próxima das realidades concretas do tecido social: não há *uma* cultura eclesiástica, nem *uma* cultura campesina, nem *uma* cultura urbana, mas teatros locais de ambições e de conflitos que colocam em ação este ou aquele segmento da sociedade, aqui as pretensões de uma linhagem cavaleiresca, ali o papel da pregação dos religiosos mendicantes nas paróquias, mais adiante ainda a vontade de emancipação de uma comuna urbana.

Um segundo grupo de artigos apresenta o mesmo caráter de generalidade, mas circunscrevendo campos de pesquisa particulares. Nenhum desses estudos pretende esgotar seu sujeito. A finalidade deles é muito mais a de deslocar para a Antropologia questionamentos históricos tradicionais, por exemplo – de uma maneira que não está isenta de espírito polêmico –, perguntando-se sobre a presença do "mito" na Cristandade medieval. Ou então, caso retomem algumas questões historiográficas mais clássicas, eles tentam lhes dar outra formulação: coloco em sequência um estudo sobre os usos do *Credo* na Idade Média e um questionamento muito mais amplo sobre a "crença" como problema das ciências sociais. O artigo sobre a questão do indivíduo é particularmente representativo desse deslocamento. Eu o abordo pelo viés da historiografia, tentando superar o esquema evolucionista que, desde Jakob Burckhardt, faz com que os historiadores se perguntem sobre a "descoberta do indivíduo"[38]. Creio que é preciso tornar a questão mais complexa, distinguir várias noções – pessoa, indivíduo, sujeito – que não têm, em uma mesma sociedade, o mesmo alcance nem a mesma história. A primeira dessas noções remete, na sociedade cristã, à concepção das relações entre alma e corpo, uma relação binária que nos parece tão "natural" que nós nos esquecemos de que seu caráter é dos mais relativos: ora, falta muito para que todas as culturas tenham uma mesma representação daquilo que constitui um ser humano e, na própria cultura cristã, as coisas são mais complexas e se modificaram no tempo. Claro que se fala de alma e de corpo, mas também de espírito e de carne, de acordo com outro esquema binário, para às vezes deslizar, em outros contextos e segundo outros desafios, para

---

38. Foram publicados depois: BYNUM, C.W. "Did the Twelfth Century Discover the Individual?" (1980) [Retomado em *Jesus as Mother* – Studies in the Spirituality of the High Middle Ages. Berkeley/Los Angeles/Londres: University of California Press, 1982, p. 82-109]. • GOUREVITCH, A.J. *La naissance de l'individu dans l'Europe médiévale*. Paris: Du Seuil, 1997.

esquemas de tipo ternário (alma, espírito, carne). Já a noção de indivíduo me parece remeter a um valor social objetivo, muitas vezes ligado à reivindicação de um estatuto superior, por exemplo, no artista do Renascimento (segundo Burckhardt) ou já existente no arquiteto da época gótica, como Pierre de Montreuil, o arquiteto de Saint-Denis, cuja inscrição em sua lápide proclama *doctor lathomorum*, "doutor ès pedras"[39]. A noção de sujeito também é diferente: ela supõe uma reflexividade, e até mesmo uma capacidade de introspecção, cultivada primeiramente pelos monges, que pode entrar em conflito com a noção de indivíduo: em sua meditação e no exercício da penitência, o monge se descobre "sujeito cristão", sujeito de uma relação privilegiada com Deus. Mas a regra de São Bento lhe proíbe qualquer distinção social: por seus gestos, seu hábito, seu emprego do tempo, ele é idêntico a todos seus "irmãos". Ele é um sujeito cristão, não um indivíduo. Na mesma época, o cavaleiro, ao contrário, busca se singularizar, exibe orgulhosamente seu brasão na batalha e, apenas para sua glória, lança seu cavalo contra o inimigo. Para ele a introspecção do monge é inútil: ele é um indivíduo, não um sujeito.

As questões do corpo, do sonho, do tempo são outros lugares privilegiados do trabalho interdisciplinar. No mais, elas não se deixam dissociar das outras. Assim a questão do sonho vincula-se à do sujeito: o que a psicanálise sondou pela primeira vez de maneira sistemática não escapou, sob esse ponto de vista, aos monges da Idade Média. Ao interpretar seus sonhos, os monges, e depois os clérigos, e mais tarde os leigos, pensavam ter estabelecido durante seu sono uma relação privilegiada e direta com o divino, uma relação livre não apenas dos entraves dos sentidos (no sonho, vemos com os "olhos da alma", não com os do corpo), mas de todas as mediações sociais, rituais, sacramentais que normalmente presidem a relação entre o sujeito cristão e Deus. Mesmo nos anos em que o confessor tende a se interpor como um intermediário obrigatório que recolhe a confissão dos pecados e ordena autoritariamente uma penitência adequada para reconciliar os pecadores com Deus e a Igreja, o sonho permite aceder *sozinho* (mas não sem o

---

39. RECHT, R. *Le croire et le voir* – L'art des cathédrales, XIIe-XIVe siècle. Paris, Gallimard, 1999, p. 188. Aliás, a esse respeito, podemos remontar até o século XII, em que muitos escultores deixaram seu nome sobre suas obras. Cf. WIRTH, J. *L'image à l'époque romane*. Paris: Cerf, 1999, p. 313.

risco, diz a Igreja ciumenta de suas prerrogativas, de cair sob o domínio das "ilusões diabólicas") à revelação imediata dos segredos do céu. O sonho é o teatro sobrenatural da subjetividade cristã. Ele também permite antecipar o conhecimento do tempo que está por vir e conhecer aquilo que então aparece como essencial: a hora de sua morte, seu destino no além. De fato, a questão do tempo, ou melhor, das diversas formas sociais de temporalidade impõe-se ao historiador. Ela também apresenta múltiplas facetas, que fiz questão de esboçar na esperança de suscitar novas pesquisas: a expressão linguística do tempo, a medida do tempo como desafio das relações entre níveis de cultura, a articulação de formas cíclicas ou periódicas (nos trabalhos dos meses ou no calendário litúrgico) e de formas mais lineares do tempo (na concepção escatológica da história da Salvação) e, enfim, a predição do futuro em uma ideologia cristã que acreditava saber, graças ao Apocalipse, o que deveria acontecer, mas que ignorava sua "hora": para o indivíduo, a hora de sua própria morte e, para todos os homens, o *Dies Irae*, o dia do Juízo Final. Para encerrar, mostrarei então como os homens da Idade Média tentaram arrancar esse segredo de Deus, buscaram se arrogar o conhecimento dos *futura*, apropriaram-se do futuro.

Esses artigos de caráter geral, metodológico ou programático, entrecruzam-se com um terceiro grupo de artigos mais monográficos, que ilustram a partir de documentos muito precisos as proposições feitas anteriormente: um estudo de um dos mais antigos testemunhos sobre a dança dos *chevaux jupons*,* praticada até hoje nos rituais folclóricos. Outro artigo aborda um relato um pouco marginal na hagiografia de São Domingos, mas que me permite expor ainda melhor a questão da relação entre tradição oral e escrita. A ambiguidade das relações entre o santo e o diabo encontra-se nas mascaradas, parte selvagem da cultura medieval. Enfim, com o Monge Guibert de Nogent, veremos precisamente como a experiência onírica e a reflexão do sujeito cristão sobre seus sonhos estiveram intimamente ligadas, desde os séculos XI e XII, à escrita autobiográfica.

---

* Feitos de uma estrutura de madeira em forma de cavalo (*cheval*), coberta por um tecido bordado ou pintado. Nessa estrutura, prende-se uma saia (*jupon*) colorida, para esconder a pessoa que fica em seu interior.

Portanto não existe solução de continuidade entre esses três tipos de estudos que voluntariamente msclei e que, do geral ao particular, dão a esse volume uma espécie de respiração que traduz muito bem, eu creio, o próprio ritmo da pesquisa, em que a exploração fina dos documentos alterna com os recuos. Do "macro" ao "micro" e inversamente, teremos seguido a metáfora fotográfica e falado de "mudança de foco"[40]. O essencial é que esses avanços de uma amplitude variada seguem eixos que se cruzam e assim cercam e pouco a pouco revelam um pouco de sentido, sem que a matéria infinita de uma pesquisa jamais se esgote.

*

O que colocar no cruzamento desses eixos que, sem ser a "chave" de todo um sistema social e ideológico, permita uma melhor compreensão de sua especificidade e sua dinâmica? Sustentaria de boa vontade que a questão do corpo alimentou a partir do século V o conjunto dos aspectos ideológicos e institucionais da Europa medieval. Claro, ela não é própria a essa cultura, e a Antiguidade grega, para citar apenas ela, soube dar ao corpo – sem falar de seus usos – um valor estético que a Idade Média por muito tempo desconheceu ou repudiou. A encarnação do divino é o que constitui aqui o nó do problema: a partir do momento em que a crença – ou, mais exatamente, o dogma – afirma que o Filho de Deus tomou corpo de homem, o homem torna-se o lugar de realização do divino. Na figura de Cristo, o homem e Deus são indissociáveis. Historicamente, esse caráter próprio ao cristianismo o protegeu de qualquer tentação da transcendência absoluta, ao contrário das outras religiões do Livro, o judaísmo e o islã. Ele lhe interditou qualquer adesão ao dualismo, defendido, ao contrário, por aqueles que a Igreja rejeitará na heresia. Enfim, ele permitiu que se evitasse a separação radical das "duas cidades", e impôs, ao contrário, a ideia da unidade profunda da *Cidade de Deus*: esta é descrita por Santo Agostinho como tendo *simultaneamente* duas aberturas solidárias e fortemente ancoradas na história. De fato, a crença na Encarnação, seu dogma, abala as condições da mediação

---

40. REVEL, J. *Jeux d'échelles* – La micro-analyse à l'expérience. Paris: Du Seuil/Gallimard, 1996.

entre o homem e o divino, problema crucial em toda cultura, mas que nunca é colocado e resolvido nos mesmos termos.

A solução "encarnacional" cristã teve três consequências. Primeiro, uma transformação radical das concepções da história e do tempo. Claro, o judaísmo antigo já se pensava em uma história linear da salvação, conforme ao plano de Javé, escapando portanto ao arbitrário do destino, mas fundada na espera do Messias. Para os cristãos, esta espera não tem mais valor. A história não encontra mais sua origem apenas no mito do Gênesis, mas naquilo que já é um momento de história, na junção da Antiga Lei com a Nova, nesse momento de refundação que Tertuliano nomeou o "gonzo" (*cardo*) do tempo: a Encarnação. Mas se Deus entrou na história, também podemos dizer que dela não saiu: mesmo depois da Ascensão de Cristo, a eternidade de Deus é medida com a régua dos homens. A liturgia é uma testemunha disso, ela retoma no ciclo do ano as etapas da vida terrestre de Cristo, que permanece assim cotidianamente presente entre os homens. O tempo maravilhoso do além é uma parcela de eternidade que se mede em proporção ao tempo mais modesto que rege o aqui na terra: as viagens ao além (veremos com um exemplo preciso), bem como a contabilidade das missas para os mortos e o comércio lucrativo das indulgências são fundados em tais correspondências proporcionais: um instante de purgatório tem como equivalente mil anos sobre a terra. Enfim, a escatologia eclesiástica afirma que o "milênio" anunciado pelo Apocalipse não é outro senão o tempo da Igreja, a história presente que, no Juízo Final, cairá enfim na pura eternidade.

Uma segunda implicação do paradigma da Encarnação foi a legitimação do carnal, do material, do sensível, que nenhuma tendência espiritualista e dualista nunca conseguirá em seguida contrapor por muito tempo. Pois não apenas Deus tomou corpo, mas ensinou aos homens como, todos os dias e em toda parte, refazer Deus, ritualmente, na Eucaristia. Quando o padre diz: "Este é meu corpo, este é meu sangue", os cristãos *veem* a Presença real sobre o altar, que acaba de ser moldada pelo padre. A partir de então, o paradigma do corpo comanda todas as representações, começando por aquelas do corpo físico do homem. Sem dúvida a tradição ascética representa o corpo como a "prisão da alma", porém cada vez mais o corpo é valorizado como instrumento da salvação, até nas macerações, no jejum e nos gestos da prece. A regra de São Bento, difundida em todo o Ocidente, busca um sutil equilíbrio entre o trabalho manual e a oração. O corporal também é visual: se Javé e Alá permanecem invisíveis e, portanto, irrepresentáveis, o fato de que o Filho de Deus tenha tomado uma figura humana fez de seu *vultus* o modelo que legitima todo o imaginário cristão. O Mandylion, a Verônica (*Vera Icona*), o Volto Santo são essas imagens "acheiropoietas" – "não feitas pela mão do homem" – que testemunham ao mesmo tempo a verdade da Paixão e o desejo de Deus de se mostrar em imagens. "Representar" é tornar efetivamente presente, é um ato criador. Deus, segundo Gn 1,27, "criou o homem à sua imagem". A via está então aberta para que o homem artista crie Deus *à sua imagem*[41].

O corpo é enfim a instituição "incorporada" e, em primeiro lugar, a Igreja como "corpo místico de Cristo". Ela é fiadora do dogma. De forma mais geral, ela é fiadora do *ordo*, da ordem hierárquica da sociedade cristã[42], que conhece uma dupla tensão: por um lado, os clérigos tendem a se identificar com toda a Igreja, mas sua pretensão se choca, a partir do século XI, contra as reivindicações dos leigos (no movimento dos paterinos milaneses, p. ex.); por outro lado, a supremacia que os clérigos concedem ao poder espiritual sobre o poder temporal se choca contra a resistência do imperador e dos reis. Aqui também, a *via media* acabará vencendo os extremos que se opõem: nem a teocracia sonhada pelo Papa Gregório VII nem o cesaropapismo da tradição constantiniana[43] não tiveram vida longa no Ocidente. O futuro pertencia ao equilíbrio e ao compromisso. Para além das peripécias da "querela das Investiduras", é preciso considerar o *concordato* de Worms (que, em 1122, concedeu ao papa a investidura espiritual "pelo anel" dos bispos do império e ao imperador sua investidura temporal "pelo bastão") como a carta da modernidade política e social do Ocidente. Este compromisso é emblemático de uma série de outros compromissos e equilíbrios entre o espiritual e o temporal, isto é, essencialmente, entre os clérigos e os leigos (cujos papéis complementares na *Cidade de Deus* são

---

41. Essas considerações estão desenvolvidas em outra coletânea a ser publicada.
42. IOGNA-PRAT, D. *Ordonner et exclure* – Cluny et la societé chrétienne face à l'hérésie, au judaïsme et à l'islam, 1000-1150. Paris: Aubier, 1998.
43. DAGRON, G. *Empereur et prêtre* – Étude sur le "césaropapisme" byzantine. Paris: Gallimard, 1996.

igualmente reconhecidos): para uns o celibato, o interdito da sexualidade, a tonsura e o rosto sem barba, em troca do monopólio do sacerdócio, do insigne privilégio de poder fazer e manipular o *Corpus Christi*. Para os outros, os homens barbudos e suas legítimas esposas, a geração sexual, enquadrada em um conjunto de regras e "impedimentos de casamento" mais restritivos do que nunca. Bizâncio não seguiu esse modelo: ali, a despeito dos conflitos recorrentes e das diferenças no seio do clero entre o patriarca e os monges, os dois poderes mantiveram uma tradição de colaboração, ou mesmo de cumplicidade que, de certa maneira, perdurou até hoje nos países ortodoxos. E nada é mais característico do que, nessa parte do império, os sacerdotes usarem a barba e se casarem.

A separação, pela Reforma Gregoriana, entre os cleros e os leigos seguindo o critério da sexualidade teve como efeito o confisco pelos clérigos (e pelos homens) do saber letrado e do sagrado. Mas ela favoreceu também a eclosão de formas culturais profanas e vernaculares de uma excepcional riqueza, cujo ponto alto é representado pelo romance arturiano e pela lírica "cortês". A busca do Graal é realmente um mito rival do grande lendário eucarístico orquestrado pela Igreja. Contudo, a separação gregoriana também a obrigou a desenvolver seu apostolado em meio leigo e, especialmente, nas paróquias urbanas. As ordens mendicantes se fizeram propagadoras dessa "nova palavra", desenvolvendo uma verdadeira indústria do sermão em língua vernacular. Esta, pelo intermédio dos *exempla*, abriu espaço, segundo uma dialética sutil da condenação e da domesticação, às tradições orais e à observação dos costumes dos simples leigos. Com o passar do tempo, ela criou as condições de emancipação da piedade leiga da tutela dos clérigos, nas confrarias de caridade e de prece, mais tarde nas elites da *devotio moderna*. Enquanto a Reforma Protestante não vinha.

A evolução não foi diferente no nível superior do poder. Diante do sagrado da Igreja, os reinos buscaram na santidade dinástica (principalmente na Europa do Norte e do Centro), no uso de *regalia* de origem celeste (o vaso sagrado usado na sagração de Reims) e até na taumaturgia do rei recentemente sagrado (na França e na Inglaterra) um meio de se conseguir um acesso direto a Deus, libertando-se de um lado, pelo menos, da mediação do clero. O nascimento simultâneo das "conjurações" e "comunas" urbanas –

communio, communia: essas palavras não têm uma ressonância eucarística? – mostra como por sua vez as cidades também pretenderam formar um "corpo místico" e concluir a exemplo dos bispos uma aliança sagrada com a esposa, Nossa Senhora, cuja efígie figura majestosamente sobre seu selo[44].

Na virada do século XII para o XIII nasce também o *studium*, a universidade, que se afirma como um "terceiro poder", insinuando-se entre o *regnum* e o *sacerdotium*. A *teologia* – a palavra é uma novidade da época – coroa o conjunto dos estudos universitários. Mas desde que Santo Anselmo, no século XII, demonstrou pela razão a necessidade da Encarnação, desde que, em meados do século XIII, os mestres parisienses fizeram da teologia uma "ciência"[45], esse "falar sobre Deus" traz o germe da morte de Deus, o que não é o menor dos paradoxos oferecidos pela evolução da cultura clerical. E isso também deve ser posto na conta da "Modernidade" do Ocidente medieval.

"Modernidade"? A palavra, tratando-se de uma época cujo nome é sinônimo, para muitos de nossos contemporâneos, de obscurantismo (a Inquisição!), de violência (a feudalidade!), de sujeição (os senhores!) pode surpreender. Quando a emprego, não penso em defender contra todas as evidências que a vida nessa época foi um mar de rosas para todos (mas quem sustentaria que a nossa o é?), nem que a Idade Média inventou tudo, ainda que lhe devamos invenções tão pouco negligenciáveis quanto, entre outras, a do moinho a vento, a universidade, a letra de câmbio ou o "amor cortês". A orientação dada há muito tempo às minhas pesquisas tornou-me sensível a um problema crucial dessa época: como se tornou possível, no próprio seio de uma cultura dominada pela Igreja, o que Paul de Lagarde chamava outrora, com um termo anacrônico e falso, "o nascimento do espírito leigo"? As formas diversas e complementares da humanização do deus e da divinização do homem, que caracterizam a cultura cristã da Idade Média e que para mim talvez tenham se reforçado a partir do século XII, foram, sem dúvida,

---

44. WIRTH, J. *L'image à l'époque romane*. Op. cit., p. 441.
45. Nunca será demais insistir sobre a importância para os medievalistas dos trabalhos de Marie-Dominique Chenu, evocada durante uma mesa-redonda do Centro Thomas-More em 1995: "Le Père Marie-Dominique Chenu médiéviste" (*Revue des Sciences Philosophiques et Théologiques*, 81/3, 1997, p. 369-437). Cf. tb. BOUREAU, A. *Théologie, science et censure au XIIIe siècle* – Le cas de Jean Peckham. Paris: Les Belles Lettres, 1999.

as premissas do "desencantamento do mundo" e da autonomização da razão humana. O cientista assim como o cidadão – o "ofício" de historiador é um e outro ao mesmo tempo – podem se regozijar.

Os artigos que acabo de introduzir esboçam eixos, balizam um campo de pesquisa. Não esgotam, no entanto, o assunto. Desejo que ilustrem apenas a preocupação com uma determinada maneira de fazer história e de pensá-la, que não é estranha às lições de Marc Bloch. Elas se resumem na abertura às outras ciências sociais, no diálogo entre o presente e o passado, e no desejo de compartilhar a felicidade de ser historiador.

> **Advertência**
>
> Os capítulos foram publicados em datas diferentes. Para os mais antigos entre eles, acrescentei nas notas algumas referências de obras que foram publicadas depois, mas limitei-me apenas aos títulos que me pareceram os mais importantes. De fato, dar uma bibliografia exaustiva teria sobrecarregado esta coletânea e mudado sua natureza.

Parte I

Sobre crenças e ritos

I

É possível uma história religiosa da Idade Média?*

O título deste capítulo, a despeito de sua forma interrogativa, certamente pode surpreender ou provocar. Como duvidar da possibilidade de uma história religiosa da Idade Média, quando livros específicos ou capítulos inteiros de livros mais gerais são explicitamente consagrados a esse assunto? Como duvidar da legitimidade de tais abordagens, quando o período medieval parece justamente se identificar com a força do sentimento religioso que teria caracterizado esses "séculos de fé"?

Sem dúvida a evidência maciça do cristianismo medieval não pode ser negada. Mas um duplo esforço crítico parece necessário ao historiador da "religião" medieval.

• O conceito de "religião", assim como geralmente empregado hoje, é o mais apropriado para explicar o cristianismo medieval?

• Uma abordagem antropológica livre das categorias de pensamento herdadas de uma cultura cristã não é necessária para explicar a história dessa mesma cultura? O recuo que se impõe à antropologia que estuda uma sociedade diferente da sua não é ainda mais indispensável para o historiador cujo objeto de estudo é a tradição à qual pertence?[1]

Nosso conceito de religião é recente. Em linhas gerais, ele data da época do Iluminismo, do momento em que o cristianismo, minado em seu estatuto de ideologia todo-poderosa, torna-se o objeto de uma reflexão crítica e desmistificadora. A "religião" foi concebida como uma esfera autônoma e o

---

* Retomado de "Une histoire religieuse du Moyen Âge est-elle possible? – Jalons pour une anthropologie historique du christianisme médiéval". In: LEPORI, F. & SANTI, F. (orgs.). *Il mestiere di storico del medioevo*. Spoleto: Centro Italiano di Studi Sull'alto Medioevo, 1994, p. 73-83.
1. DETIENNE, M. "Les grecs ne sont pas comme les autres". *Critique*, 1975, XXXI, 332, p. 3-24.

resultado de uma livre-escolha da consciência individual. Esta mutação cultural de suma importância não pode ser separada do conjunto das mudanças sociais e políticas que marcam o fim do Antigo Regime[2].

De uma maneira ao mesmo tempo científica e polêmica, esta mutação inspirou o nascimento, no século XIX, da "ciência das religiões". Esta, amplamente concebida como uma arma contra a Igreja, selou a perda, para o cristianismo, de seu caráter de referência absoluta: de um mesmo movimento foram afirmadas a universalidade do fato religioso (pois não há sociedade humana que ignore alguma forma de experiência religiosa) e sua diversidade: as experiências humanas são relativas, nenhuma – nem mesmo o cristianismo – pode pretender se beneficiar de um estatuto privilegiado.

No caso da França, esta evolução das atitudes adquire um relevo particular, por causa das relações entre a Igreja e o Estado: em 1867, Renan publica sua *Vida de Jesus*, que submete a existência de Cristo à pesquisa histórica. O escândalo provocado custa ao seu autor ser destituído de sua cátedra do Collège de France. Depois de ter devolvido seu posto a Renan, a III República cria em 1880, para Albert Réville, uma cátedra de história das religiões no mesmo estabelecimento. Em 1886 é fundada a seção das ciências religiosas da École Pratique des Hautes Études. Enfim, caso se considere Émile Durkheim como o verdadeiro iniciador da escola sociológica francesa, deve-se ressaltar, com *As formas elementares da vida religiosa* (1912), o importante lugar dado, na nova disciplina, às questões relativas à religião[3].

Em resumo, no exato momento em que, nas sociedades industriais "descristianizadas" e no Estado laico, a religião parece recuar para a esfera do privado e perde sua posição institucional tradicional assim como seu caráter de obrigação social, a Sociologia e a Antropologia nascentes das "sociedades primitivas" descobrem o caráter fundador do vínculo religioso e sua natureza de "fato social total".

Na observação do Outro, contudo, as ciências sociais também aprendem que os valores universais que eram atribuídos ao cristianismo tinham na rea-

---

2. GUERREAU, A. "Fief, féodalité, féodalisme – Enjeux sociaux et réflexion historienne". *Annales ESC*, 1990, I, p. 137-166.
3. PULMAN, B. "Aux 'origines' de la Science des Religions – Lorsque le savoir prend chair(e)". *Cahiers Confrontation*, 14, 1985, p. 7-24.

lidade apenas um alcance relativo, limitado, em comparação com todas as experiências humanas que variam infinitamente no espaço e no tempo. Elas percebem que as palavras que, em nossas línguas, falam do religioso foram forjadas por uma tradição religiosa única e, portanto, não poderiam convir *a priori* à compreensão de tradições completamente diferentes.

Tomemos um exemplo: subjacente à cultura cristã, a cultura greco-romana nos ajuda, aparentemente, a conceber a possibilidade de uma pluralidade de deuses. Mas, ao fazer isso, ainda que não assimilemos mais o *politeísmo* à *idolatria*, com todos os julgamentos de valor negativos que essa palavra tradicionalmente atraía, nós continuamos falando sobre ela como a Igreja sempre falou, isto é, por referência ao monoteísmo judaico-cristão[4]. Tendemos espontaneamente a "personalizar" os deuses dos outros, por exemplo, os da Grécia Antiga, ao passo que estes de forma alguma eram percebidos como "pessoas" comparáveis com as "pessoas" da Trindade. A ideia de *transcendência*, que associamos igualmente à nossa concepção do divino, estava da mesma forma ausente das representações antigas. E mais, para nós é difícil conceber religiões, na África por exemplo, que não conhecem "deuses", mas potências que têm outros modos de existência e de intervenção[5].

Por meio dessas poucas observações, podemos medir as dificuldades e as exigências críticas com as quais o antropólogo ou o historiador das outras religiões se encontram confrontados. Para o historiador do cristianismo, talvez a dificuldade seja ainda maior, uma vez que ele deve se desfazer das continuidades aparentes que, no espaço, no tempo e em todas as categorias do pensamento, ligam-no de forma mais ou menos íntima ao seu objeto. Ora, são inúmeras as armadilhas: elas se apoiam na continuidade institucional e cultural entre a Igreja do Antigo Regime (com suas funções de ensino e mesmo de erudição) e a universidade moderna; apoiam-se na própria história do discurso histórico, em suas origens clericais (basta pensar, entre outras, nas obras dos beneditinos ou na Abadia de Migne), na pregnância de um vocabulário e de conceitos de origem clerical que de tão familiares

---

4. SCHMIDT, F. (org.). *L'impensable polythéisme – Études d'historiographie religieuse*. Paris: Archives Contemporaines, 1988.
5. VERNANT, J.-P. *Mythe et religion en Grèce Ancienne*. Paris: Du Seuil, 1990. • AUGÉ, M. *Génie du paganisme*. Paris: Gallimard, 1982.

nos omitimos de fazer sua crítica prévia. Por exemplo, sabemos ou pensamos saber o que é um *santo*: mas tentemos por um instante nos colocar na posição de um antropólogo que, sem ideia preconcebida, descobrisse a sociedade cristã medieval e procurasse suas estruturas essenciais: talvez, sem isolar *a priori* "o culto dos santos", ou sem transformá-lo em um capítulo particular da "religião", ele se interessasse mais pelas relações entre os vivos e os mortos (cujos santos apareceriam como uma classe particular) ou pelos componentes corporais da pessoa humana (e descobrisse assim a questão das relíquias).

O historiador da religião grega ou o antropólogo que trabalham na África ou na Amazônia devem evitar reduzir os fenômenos que observam às categorias e às palavras da tradição cristã. Quanto ao historiador do cristianismo, ele deve se desfazer da ilusão de que poderia analisar seu objeto com as palavras desse mesmo objeto, sem reproduzir um discurso tautológico que nada explica e, ao contrário, o conduz a inúmeros impasses.

Contra esses riscos, a vigilância em relação às palavras e aos conceitos é uma primeira defesa. Os debates sobre a "religião popular" já forneceram alertas úteis[6]. Nenhum medievalista falará mais de "superstições" sem que essa palavra seja acompanhada de aspas que assinalam que o historiador não pode se apropriar dos julgamentos de valor da Igreja tradicional: são esses julgamentos de valor que devem, ao contrário, se tornar objetos históricos[7]. O mesmo vale para a palavra "magia", legada pelo vocabulário tradicional da Igreja (*magicus*) à antropologia religiosa, que, todavia, atualmente questiona a oposição tradicional entre "magia" e "religião"[8].

Outra exigência: não se deve esquecer de que as palavras têm uma história. Assim como o cristianismo elas não são imutáveis: não poderia haver adequação entre o conceito moderno de "crença" e as significações, cam-

---

6. LAUWERS, M. "'Religion populaire', culture folklorique, mentalités – Notes pour une anthropologie culturelle du Moyen Âge". *Revue d'Histoire Ecclésiastique*, vol. LXXXII, 1987, 2, p. 15-258.
7. SCHMITT, J.-C. "Les superstitions". In: LE GOFF, J. & RÉMOND, R. (orgs.). *Histoire de la France Religieuse*. Vol. I. Paris: Du Seuil, 1988, p. 417-551.
8. AUGÉ, M. "Dieux et rituels ou rituels sans dieux". In: MIDDLETON, J. *Anthropologie religieuse: Les dieux et les rites* – Textes fondamentaux. Paris: Larousse, 1974, p. 9-36 [Apresentação de Marc Augé].

biantes no tempo, da ideia de "crer"[9]. Será que é legítimo traçar uma história da "espiritualidade" ao longo da Idade Média, quando essa palavra pertence muito mais às experiências místicas do século XVIII e é pouco atestada na Idade Média?[10]

Avancemos ainda mais a crítica: Será que podemos falar da "religião" cristã medieval, uma vez que a palavra *religio* não tinha, na Idade Média, o sentido que damos à palavra "religião", mas o de voto ou de Ordem Monástica? Nessa época, a palavra tinha, segundo uma etimologia revista na aurora da cultura cristã, o sentido fundamental de *elo* (*religere*) entre Deus e seu *fiel*[11]; ela chegou a designar efetivamente uma espécie de contrato, como o voto monástico: aparentou-se à *fides* medieval, isto é, a um ato de *fé*, mas menos no sentido moderno da *fé do crente* do que no sentido do contrato "de mão e de boca" ligando um senhor e seu "fiel". A "religião", vamos repetir, não consiste na convicção privada de um crente: é um imaginário social que contribui, pela *representação* (mental, ritual, imagética) de um lugar que podemos nomear o divino, para ordenar e legitimar as relações dos homens entre si.

Para frustrar as armadilhas do vocabulário ou a apreensão espontânea de uma religião falsamente familiar, para manter diante desta a virtude de surpresa e de recuo crítico do antropólogo, seria preciso não se considerar mais o cristianismo medieval assim como nos foi entregue por toda a tradição humanista, clerical ou erudita. Uma vez que a partir da palavra "religião" qualquer abordagem parece enviesada, será que não devemos evitar um vocabulário e uma ordem de exposição que apenas reproduzem os da doutrina ou do dogma? A solução, talvez, seja não partir dos *conteúdos* da doutrina cristã e da organização explícita que ela propõe (começando pela Trindade, a Encarnação, a Virgem, os santos, continuando com a Igreja, a organização eclesiástica, o controle dos fiéis etc.), mas das *relações* que dão lugares e funções a esses conteúdos no *conjunto* do pensamento e das ações dos homens.

---

9. WIRTH, J. "La naissance du concept de croyance (XIIe-XVIe siècle)". *Bibliothèque d'Humanisme et de Renaissance* – Travaux et documents, XLV, 1983, p. 7-58.
10. Como observa VAUCHEZ, A. *Spiritualité du Moyen Âge Occidental, VIIIe-XIIe siècle*. Paris: PUF, 1975, p. 5.
11. BENVENISTE, É. "Religion et superstition". *Le Vocabulaire des Institutions Indo-européennes*. Vol. II. Paris: De Minuit, 1969, p. 265-279.

Não há, com efeito, na sociedade medieval, ao contrário de nossa sociedade contemporânea, atividade humana que não tenha relação com a "religião". Na sociedade medieval, como nas sociedades estudadas pelos antropólogos, não se pode falar de "religião" no sentido contemporâneo do termo, mas de um vasto sistema de representações e de práticas simbólicas graças ao qual os homens dessa época deram um sentido e uma ordem ao mundo, isto é, simultaneamente, à natureza, à sociedade e à pessoa humana. Foi pelo recurso imaginário ao "divino" que eles, nos mitos e ritos, organizaram essas três ordens de realidade.

Mitos e ritos. Porém, mais uma vez, é bom desconfiar dos hábitos e dos valores de nossa própria cultura. De fato, toda tradição nos convida a colocar os pensamentos, as crenças, as palavras acima das ações, dos gestos, dos objetos que eles manipulam. Mas esse postulado não resiste à análise antropológica, que revela ao contrário a força dos rituais, a maneira pela qual os corpos, os gestos, os objetos simbólicos, as imagens, o espaço e o tempo dos rituais, não apenas expressam os pensamentos e os mitos, mas os organizam e os fazem existir[12].

Sobre ritos

Ritual ou liturgia? O vocabulário, mais uma vez, deve reter a atenção: para mim, a palavra erudita *liturgia* parece trair um tardio confisco eclesiástico do ritual. Em vez dela, utilizemos a palavra medieval *ordo*, que expressa ao mesmo tempo as ideias de planejamento do espetáculo dos corpos, de organização ideológica do terrestre e do celeste, de ordenação, isto é, de consagração dos autores, dos lugares, dos objetos do ritual.

Como sempre, o ritual se passa entre dois polos extremos: de um lado a sociedade e os grupos sociais que a compõem, do outro os indivíduos[13].

A sociedade, uma vez que desde o início o ritual ressalta e sacraliza as grandes divisões da humanidade: o Batismo, por exemplo, separa os cristãos dos não cristãos; outros rituais (o casamento, a ordenação sacerdotal) tra-

---

12. SCHMITT, J.-C. *La raison des gestes dans l'Occident médiéval*. Paris: Gallimard, 1990.
13. AUGÉ, M. *Génie du paganisme*. Op. cit.

çam o limite entre os homens e as mulheres ou entre os clérigos e os leigos. Falta muito para que esta última divisão seja própria de todas as religiões: no cristianismo medieval, ela se impõe particularmente a partir da "Reforma Gregoriana", ao mesmo tempo em que se afirmam a hierarquia da Igreja, as restrições do dogma, a preeminência da escrita. Em torno, de um lado, do casamento reservado aos leigos, de outro lado, do sacerdote prometido à elite dos clérigos, se opõem assim dois papéis distintos e complementares sancionados, principalmente nos corpos, pelas vestimentas ou pela sexualidade, pelos direitos, pelos interditos e pelos valores simbólicos que diferem ou até mesmo se invertem.

Toda a dinâmica do funcionamento social, e este principalmente, repousava em tais divisões. Ele permitia, por exemplo, a instauração de todo um sistema de trocas entre os clérigos e os leigos: terras, rendas, crianças (os oblatos) eram trocados contra orações e missas para os parentes falecidos. Essas trocas encerravam as relações entre as Igrejas e a aristocracia laica, mas eram também a ocasião para esta organizar e reforçar suas próprias redes de parentesco (principalmente por meio da *laudatio parentum* requisitada por cada doação)[14].

Na distinção e na complementaridade entre os clérigos e os leigos não devemos ver também um dos grandes princípios dinâmicos do funcionamento do poder no Ocidente medieval? A oposição entre o *regnum* e o *sacerdotium* foi, muito mais do que uma peripécia "política", um dado estrutural, em uma teocracia[15]. Esse traço distingue a Cristandade ocidental da Cristandade oriental ou do Islã. Sem nunca permitir que se confundam os papéis políticos e religiosos, o Ocidente sempre limitou, pelo contrário, o poder da Igreja sobre os assuntos temporais e, inversamente, o poder temporal sobre os assuntos religiosos. O que explica a possibilidade de uma emergência precoce, no próprio discurso religioso, de uma determinada forma de "espírito leigo" e de crítica do funcionamento *ideológico* do discurso religioso.

---

14. WHITE, D. *Customs, Kinship and Gifts to Saints* – The Laudatio Parentum in Western France (1050-1150). Chapel Hill/Londres: University of North Carolina Press, 1988. Cf. as observações sugestivas que Anita Guerreau-Jalabert consagra a este livro: *Annales ESC*, 1990, I, p. 101-105.
15. SCHMITT, J.-C. "Problèmes religieux de la Genèse de l'État moderne". *État et Église dans la Genèse de l'État Moderne*. Madri: Velázquez, 1986, p. 55-62.

Contudo, o ritual não implica apenas a sociedade em seu conjunto ou os diversos grupos sociais, mas os atores singulares: cada um deles, participando do ritual, realiza-se como membro de um grupo (monge, confrade, cavaleiro etc.) e, ainda mais profundamente, como *pessoa*. Esta última noção também é relativa a cada cultura. Cada uma tem sua própria representação daquilo que a compõe. Na Cristandade medieval, o que faz a pessoa é a associação de um *corpo* e de uma *alma*. Por isso os rituais do Batismo, da doença e da cura, da possessão e do exorcismo, da conversão e da morte revelam e atuam incessantemente sobre esses componentes da pessoa: a pessoa, por seu *corpo*, é mergulhada na matéria e na história; por sua *alma*, ela é, ao contrário, projetada na eternidade. Esta representação é fundamental, uma vez que a dupla dimensão da pessoa, seu duplo destino de morte e de eternidade são a matriz da representação cristã do divino. A pessoa do Filho tem uma dupla natureza: como Filho do Homem, ele participa da história e do mundo; como Filho de Deus, vive na eternidade. Mas aqui chegamos ao mito, centrado na pessoa de Cristo.

Sobre "mitos"

No cristianismo, uma variedade de narrativas e de glosas sobre esses relatos se apresenta como um conjunto de intrigas, diversas e complementares, cuja trama é uma *história*, orientada no tempo, desde as origens (o Gênesis) até o fim do mundo (o Apocalipse). A Sagrada Escritura revela seu núcleo fundamental, amplificado e multiplicado nos apócrifos, na hagiografia e em uma quantidade imensa de relatos maravilhosos, desde as relações de viagem à Terra Santa (em busca dos vestígios materiais da história original) até os *exempla*, os bestiários ou a literatura romanesca em língua vernacular (o *Conto do Graal*, p. ex.).

Essa abundante mitologia cristã tem, entre outras características, a de se dar ao mesmo tempo em que seu próprio comentário, sob as formas da exegese, das moralizações, da tipologia. Esses comentários têm pelo menos duas funções. Fornecem, por meio de um jogo de correspondências e de analogias simbólicas, certa coerência ao conjunto dessas narrativas diversas: este é o princípio da *tipologia* que, nos textos, mas também nas imagens (na Bíblia moralizada ou no retábulo de Nicolas de Verdun, p. ex.), aproxima de

Cristo um personagem do Antigo Testamento; este também é o princípio das *similitudines* que comparam Cristo ou um santo ou elementos de sua biografia com os elementos da natureza e com as suas qualidades (pedra preciosa, cordeiro, fênix etc.) conhecidos pelos bestiários ou pelas fábulas[16]. Enfim, a própria cultura cristã estabeleceu algumas correspondências entre diferentes níveis de significação de seus mitos, antecipando sobre um dos princípios da análise estrutural, ainda que ela não preencha todas suas exigências.

Esses comentários também testemunham a presença, nesse sistema de pensamento, de uma função de racionalização e de crítica que nomeio a "razão teológica". Esta é o apanágio de um grupo social particular, o dos clérigos, e se apoia nos instrumentos intelectuais próprios a uma cultura da escrita (*literacy*), que eles dominam amplamente.

Esta reflexão, contudo, se exerce com base em proposições que, em sua maioria, são desafios opostos à razão humana: nascimento de um Homem-Deus filho de uma Virgem, presença "real" do Filho de Deus nas espécies do pão e do vinho, interrupções milagrosas do curso da natureza etc. Aqui, o mito se fixa em um dogma, do qual os clérigos não podem duvidar.

Essas verdades intangíveis, no entanto, a escolástica pretende explicar e fornecer as provas lógicas. Quando o faz, ela abre algumas brechas. É, portanto, no próprio coração do campo religioso que a "razão teológica" – isto é, o *logos* próprio a essa cultura – é levada a superar o discurso do mito – o *muthos* cristão: a "fé em busca de inteligência" (isto é, a inteligência frente à fé) de Santo Anselmo ou o "questionamento" escolástico do milagre levam a inventar, definir e, portanto, delimitar a categoria do "sobrenatural", um espaço de intervenção divina minado pelas usurpações associadas da natureza e do indivíduo.

Deus não é mais o senhor de todo o espaço nem de todo o tempo: este é o sentido da nova doutrina do purgatório. A reestruturação da lógica, o advento do nominalismo entre os séculos XII e XIV marcam uma reviravolta essencial no domínio da totalidade do sentido pela linguagem humana, isto é, no nascimento da Modernidade.

---

16. SCHMITT, J.-C. "Problèmes du mythe dans l'Occident médiéval" (1988). Cf. infra, p. 52-71. • Albert, J.-P. "Destins du mythe dans le christianisme médiéval". *L'Homme*, 113, 1990, XXX (I), p. 53-72.

Estas poucas linhas não têm como objetivo definir um programa de trabalho. Sem dúvida outros ângulos são concebíveis. Quis apenas evocar algumas exigências de método que deveriam conduzir o historiador do cristianismo medieval a manter uma distância maior em relação a seu objeto. Isso supõe primeiramente uma crítica do vocabulário e dos conceitos, começando pelo de "religião", em seguida por uma espécie de "descristianização" dos temas de pesquisa, uma organização diferente das questões, uma atitude mais antropológica: o cristianismo medieval é uma cultura singular, mas o mesmo pode ser dito de qualquer outra cultura. Os cristãos são "como os outros".

II

A noção de sagrado e sua aplicação à história do cristianismo medieval*

1. Entre os historiadores é comum o uso da noção de "sagrado" e o par "sagrado/profano", mas nem sempre bem ponderado. Ora, são conceitos que devem ser utilizados com prudência e depois de ter examinado sua história. Como F.-A. Isambert bem demonstrou[1], a noção de sagrado espalhou-se pelo campo das ciências sociais há quase um século, mais precisamente desde os trabalhos de W. Robertson Smith (*Religion of the Semites*. Londres, 1889) e, em seguida, os de Émile Durkheim. Sua emergência coincide com o questionamento pela sociologia e pelas "ciências das religiões" do monopólio cultural do pensamento cristão. O cristianismo sofre, como as outras religiões, a lei do relativismo e do comparatismo que, para além das características contingentes de cada civilização (inclusive a civilização cristã), procura extrair algumas regularidades universais. Nessas condições, Henri Hubert e Marcel Mauss estão entre os primeiros que fizeram do "sagrado" e do "profano" substantivos, que designam dois polos extremos da atividade e do pensamento religiosos cujo sacrifício garante a mediação. Outros teóricos deram mais atenção aos conteúdos psicológicos do que à expressão ritual do sagrado: Rudolf Otto desejou analisar a experiência subjetiva do "numinoso"[2], ao passo que Roger Caillois tentou elaborar uma gramática das experiências sagradas distinguindo o "sagrado de respeito" (obrigado pela ordem social) do "sagrado de transgressão" (principalmente na festa)[3].

---

* Retomado de "La notion de sacré et son application à l'histoire du christianisme médiéval". *Cahiers du Centre de Recherches Historiques*, n. 8, out./1991, p. 15-20.

1. Em *Le sens du sacré* – Fête et religion populaire. Paris: De Minuit, 1982. Cf. tb. a reflexão contemporânea de Alphonse Dupront em *Du sacré – Croisades et pèlerinages: images et langages*. Paris: Gallimard, 1987.

2. *Das Heilige* – Über das Irrationale in der Idee des Göttlichen und sein Verhältnis zum Rationalem. Munique, C.H. Beck, 1917 [Trad. Francesa: *Le Sacré*. Paris: Payot, 1949].

3. In: *L'homme et le sacré*. Paris: Gallimard, 1950.

Indo ainda mais longe, foi na participação cósmica nas hierofanias que Mircea Eliade situou a experiência do sagrado[4]. Sem entrar em cada uma dessas teorias, eis o resumo de alguns pontos fundamentais:

- O sagrado é aquilo que está separado, interdito, atingido por tabu; encontramos essas noções quase que em toda parte, mas sob formas diversas, por exemplo no islã com as noções de *bakaka* e de *haram*[5].

- O sagrado é ao mesmo tempo protegido pelo interdito e dotado de uma potência ativa que o opõe ao profano. Este, ainda que subordinado, não deixa de ter, em retorno, uma potência dessacralizante, profanadora[6].

- É possível falar legitimamente junto com Freud (*Totem e Tabu*) de *ambivalência* do sagrado, que ao mesmo tempo fascina e aterroriza, atrai e repudia. Essa ambivalência é muito clara na Roma Antiga, onde se designa como *sacer* aquele que comete um crime contra a cidade, o que significa que ele pode ser morto sem que seu assassino incorra na acusação de parricídio. Outro exemplo, que vale para muitas culturas: o dos interditos que atingem a mulher menstruada. Aqui, a relação sagrado/profano se conjuga com a relação puro/impuro: a impureza se associa ao sagrado uma vez que a mulher impura (durante seus mênstruos ou entre um nascimento e o ritual de "purificação" das novas mães) deve possuir uma força sagrada, nefasta, que justifica sua exclusão dos espaços sagrados[7].

2. Paradoxalmente, a teologia cristã contemporânea assimilou perfeitamente a reflexão sobre o sagrado e o profano vinda das ciências das religiões[8]. É verdade que a jovem sociologia tinha, em relação ao catolicismo, uma posição ambígua: é fácil reconhecer na definição durkheimiana da religião como "administração do sagrado" e como conjunto de "crenças obri-

---

4. P. ex., *Le sacré et le profane*. Paris: Gallimard, 1965 [1. ed., 1917].
5. DÉCOBERT, C. *Le mendiant et le combattant – L'institution de l'islam*. Paris: Du Seuil, 1991, p. 159.
6. Cf. BASTIDE, R. *Le sacré sauvage*. Paris: Payot, 1975.
7. DOUGLAS, M. *Dela souillure – Essai sur les notions de pollution et de tabou*. Paris: Maspero, 1981. • VERDIER, Y. *Façons de dire, façons de faire – La laveuse, la couturière, la cuisinière*. Paris: Gallimard, 1979.
8. MÜLLER, G.-L. "Le sacré". *Dictionnaire de Spiritualité*, XIV. Paris, 1990, col. 37-45.

gatórias" uma influência da Igreja Católica depois do Concílio Vaticano I e da proclamação do dogma da infalibilidade pontifical[9].

A crítica de noções tão amplamente admitidas não veio portanto dos teólogos, mas antes do terreno etnológico e da erudição filológica. Nos dois casos, as pesquisas concretas e precisas revelaram que noções autóctones mais variadas e realidades mais complexas dificilmente se deixavam encerrar nas teorias *a priori* e na terminologia demasiado simples, universal e fixista dos fundadores da Sociologia.

Em relação à Grécia Antiga, Jean Rudhardt demonstrou como à nossa noção de sagrado correspondia não um único termo, mas uma grande diversidade de noções que se sobrepõem parcialmente: *hieros* designa a qualidade dos objetos consagrados, *hosios* significa o que é justo e verdadeiro nas relações entre homens e deuses, *hagios* qualifica o que está separado do comum dos homens[10]. Jean-Pierre Vernant também denuncia a oposição categórica sagrado/profano e propõe que se fale de preferência em graus e modalidades de sagrado[11].

Para a Roma Antiga (cujo vocabulário jurídico-religioso inspirou diretamente os pioneiros da Sociologia), duas palavras próximas mantêm, entre outras, relações complexas: *sacer* e *sanctus*[12]. Sua raiz é comum, mas têm sentidos diferentes: *sacer* é aquilo que depende publicamente da propriedade dos deuses, aquilo que estabelece relação com eles e por essa razão se encontra garantido pela *res publica*. *Sanctum* é definido negativamente, como aquilo cuja negação causa uma "sanção" (*sanctus* é apenas o particípio passado de *sancire*). É por isso que os tribunos da plebe são chamados *sacrossantos*: seus assassinos são imediatamente condenados à morte, sem julgamento[13].

---

9. In: *Le sens du sacré*. Op. cit., p. 266.
10. In: *Notions fondamentales de la pensée religieuse et actes constitutifs du culte dans la Grèce Classique – Étude préliminaire pour aider à la compréhension de la piété athénienne au IVe siècle*. Paris: Maspero, 1979.
11. In: *Religions, histoire, raisons*. Paris: Maspero, 1979.
12. Cf. BENVENISTE, É. *Le vocabulaire des institutions indo-européennes – Vol. 2: Pouvoir, droit, religions*. Paris: De Minuit, 1969. • FUGIER, H. *Recherches sur l'expression du sacré dans la langue latine*. Paris: Faculté des Lettres de Strasbourg, 1963, fasc. 146.
13. Cf. THOMAS, Y. "Sanctio – Les défenses de la loi". *L'Écrit du temps* – Négations, 19, outono/1988, p. 61-84. • SCHILLING, R. "Sacrum et profanum – Essai d'interprétation". *Latomus*, 30, 1971, p. 953-969 [retomado em *Rites, cultes, dieux de Rome*. Paris, 1979, p. 54-70]. • SCHEID, J. *Religion et piété à Rome*. Paris: La Découverte, 1985. Cf. tb. *Les écrivains et le sacré* – La vigne et le vin dans la littérature. Paris: Les Belles Lettres [Atas do XII Congresso da Associação Guillaume-Budé. Bordeaux, 17-21/08/1989].

Ainda que se mantenha, este vocabulário viu seu sentido modificado pelo cristianismo[14]. Os Pais da Igreja, ao mesmo tempo em que rejeitaram o paganismo, viram-se obrigados a utilizar palavras do grego e do latim para traduzir a Bíblia (Septuaginta e Vulgata). Eles precisavam principalmente encontrar uma equivalência para a palavra hebraica *qâdôs*, que designa a pureza ritual e a participação na divindade. Entre as palavras gregas e latinas, *hieros* e *sacer* suscitavam uma grande desconfiança, porque pareciam demasiado marcadas pelo paganismo. Para Tertuliano, os *sacra* são os ritos pagãos[15]. Em contrapartida, podemos perceber a promoção, com novos sentidos, respectivamente de *hagios* e de *sanctus*. A Vulgata já marca uma nítida preferência por *sanctus*: *sacer* tem apenas 29 ocorrências no Antigo Testamento e apenas duas no Novo. Mas os derivados de *sacer*, na ausência da própria palavra – *sanctuarium*, *sanctificare* e, sobretudo, *consecrare* –, fazem seu caminho na nova linguagem religiosa. Naturalmente, esses deslizamentos lexicais traduzem profundas rupturas semânticas, para começar porque qualquer noção de sagrado está doravante subordinada à relação entre os homens e um Deus único, fonte exclusiva do *mysterium tremendum*. Todo o "debate sobre o sagrado" que, de acordo com Peter Brown, caracteriza esses séculos fundadores (séculos II e III) gira em torno dessa questão.

3. Para abordar a questão do sagrado no cristianismo medieval é preciso primeiro ressaltar a novidade radical que representa, tanto em relação ao paganismo quanto em relação ao judaísmo antigos, a existência de uma "instituição do sagrado" provida de um clero e de um dogma: a Igreja. A existência da Igreja como mediadora entre Deus e os homens, legitimada pela tradição apostólica, impõe que a questão do sagrado seja considerada de uma maneira bem diferente. Sem dúvida o projeto totalizante (se não totalitário) da Igreja na sociedade medieval impediu que ali nunca se desenvolvesse uma esfera do profano totalmente autônoma. Também é importante ressaltar a tendência à constituição de semelhante esfera em torno de atividades que

---

14. WARTELLE, A. "Sur le vocabulaire du sacré chez les Pères Apologistes Grecs". *Revue des Études Grecques*, CII, jan.-jun./1989, p. 485-486.
15. BRAUN, E. "Sacré et profane chez Tertullien". In: ZEHNACKER, H. (org.). *Hommages à R. Schilling*. Paris: [s.e.], 1983.

os contemporâneos qualificavam de "seculares", "mundanas", "temporais", "exteriores" (quanto a *profanum*, ela mantém com frequência o sentido de "pagão"). Assim se constituía a legitimidade própria daquilo que pertencia apenas ao mundo aqui na terra, ao tempo breve da história (em oposição ao tempo cíclico da liturgia e ao tempo longo da escatologia) ou ainda às segunda e terceira funções da sociedade (ainda que o sistema completo dos *ordines*, definido pelos clérigos da primeira função, exprimisse um *ordo* social e cósmico internamente sagrado). Mas as atividades dos mercadores, "profanas" naturalmente, eram limitadas pelo caráter sagrado do calendário dos domingos e dias de festa considerados como feriados ou pela interdição da usura como contrária à lei divina; além do mais, elas próprias buscavam uma dimensão sagrada positiva, participando das confrarias de ofício ou do culto de um santo padroeiro. Havia portanto menos uma oposição termo a termo entre o sagrado e o profano do que dois polos entre os quais essas noções não pararam de se sobrepor: de um lado, a moral dos mercadores libertava-se imperfeitamente da ética religiosa, do outro, às vezes alguns objetos tão sagrados quanto as relíquias (como a Coroa de espinhos) transformavam-se em objeto de transações comerciais.

No cristianismo medieval parece, portanto, difícil falar de sagrado "em si":

a) Primeiro porque a Igreja, cuja novidade e centralidade na cultura e na sociedade já destacamos, em razão de seu papel tendia a reduzir o sagrado a atos de *consagração*: estes transmitiam (ou retiravam) um caráter de sacralidade às pessoas assim arrancadas da ordem profana (como os ministros do culto e, por extensão, todos os clérigos), aos objetos (as espécies sacramentais e, por extensão, todos os objetos do culto), aos lugares (igrejas, cemitérios), aos tempos (domingos e feriados festivos, quaresma etc.). Nessas condições, o sagrado não existia em si: ele era dado, muitas vezes de forma temporária, porque destinado ao consumo (as espécies consagradas – o corpo de Cristo – eram consumidas pelo padre e pelos fiéis ou permaneciam apenas durante um breve tempo na reserva eucarística do tabernáculo) ou a ser legitimamente devolvido à esfera profana: como os vasos litúrgicos, cujo metal precioso, uma vez fundido, encontrava novamente seu valor de mercadoria.

b) Da mesma maneira, esse (con)sagrado não era difuso (segundo um modelo panteísta ou mesmo politeísta), mas tendia a se *concentrar* nos *loci* (lugares de peregrinação, santuários) ou nos *loculi*, isto é, relicários, onde se estabelecia uma relação privilegiada e ativa entre os homens e Deus; ou ainda nas pessoas consagradas, entre as quais as mais sagradas eram os "amigos de Deus" de que fala Peter Brown, os *santos* que, vivos e depois mortos, encarnavam, no sentido próprio, a *virtus* divina. Neles o sagrado manifestava toda sua ambivalência: eles mesmos ou seus corpos faziam milagres de cura ou de castigo, e, inversamente, aquele que levantasse as mãos contra eles era logo castigado, milagrosamente. Lugares, tempos, pessoas consagradas estavam também protegidas do sacrilégio por um direito específico (o direito canônico) que fixava a extensão do direito de asilo (30, 40 ou 60 passos em torno da igreja) ou as penitências em relação à blasfêmia, à poluição dos lugares santos (principalmente em caso de derramamento de sangue), à violência contra os clérigos. Quanto a estes últimos, alguns sinais distintivos lembravam sua sacralidade e os privilégios decorrentes (e dos quais alguns leigos procuravam se beneficiar de modo fraudulento): a tonsura, a ausência de barba, o hábito, os interditos corporais (proibição das relações sexuais, interdição de derramar o sangue). Claro, a concentração do caráter sagrado suscitava em retorno uma angústia ainda maior diante dos riscos de profanação: profanação (em inglês: *desecration*) da hóstia, fantasias de poluição dos lugares santos ou das espécies consagradas pelo sangue menstrual e pelo esperma (em Montaillou, uma mulher que não crê na Presença real diz que sempre que vê a hóstia acaba pensando na *turpitudo* que sai do corpo de uma mulher que dá à luz)[16].

c) Havia também uma hierarquia do (con)sagrado, disposta em círculos *concêntricos* de intensidade crescente: pode ser visto nos objetos (os *Libri carolini*, no século IX, estabelecem assim uma hierarquia entre os vasos litúrgicos, as relíquias, a cruz e finalmente a Eucaristia) como nas pessoas (com a hierarquia dos clérigos, das ordens menores às ordens maiores, garantindo uma participação cada vez mais completa nos mistérios do culto, até ao padre e ao bispo investido pela unção). Historicamente, essas hierarquias não

---

16. RUBIN, M. *Corpus Christi* – The Eucharist in Late Medieval Culture. Cambridge: Cambridge University Press, 1991.

permaneceram imutáveis. Elas foram também afirmadas de maneira cada vez mais consciente, explícita. No século XII, os sete *sacramenta* da Igreja começaram a ser diferenciados (e os objetos consagrados que dependem de alguns deles: espécies santas, óleos santos etc.) das simples *sacramentalia* (bênçãos, exorcismos etc.)[17]. Na virada do século XII para o XIII, o liturgista parisiense Jean Beleth introduz, em relação aos cemitérios, uma distinção bastante interessante entre três espécies de lugares[18]; a simples sepultura é "lugar religioso (*locus religiosus*), ou seja, digno de respeito religioso; a consagração episcopal transforma cemitérios em "lugares sagrados" (*loca sacra*), no sentido que a Igreja dá primeiramente a esse adjetivo: é sagrado o que ela própria *consagrou*; enfim, os lugares em torno dos monastérios que se beneficiam da imunidade eclesiástica são "lugares santos" (*loca sancta*), este adjetivo deve ser tomado em um sentido jurídico e se associa a um território mais vasto que engloba o "núcleo" mais sagrado. Durante o mesmo período, o culto cada vez maior das imagens (muitas vezes julgadas milagrosas) permite que elas se juntem ao círculo de sacralidade do qual foram excluídas pelos *Libri carolini*. No Ocidente, as imagens santas – muito mais recentes e sob todos os pontos de vista muito diferentes dos ícones bizantinos – não eram ritualmente consagradas (como as espécies santas) nem mesmo bentas (como os sinos), mas tiravam sua legitimidade e sua venerabilidade de uma lenda, de um primeiro milagre, ou até mesmo de um sacrilégio. Elas em princípio eram apenas o sinal visível, objeto de respeito, mas não de adoração, do divino. Sobre esse ponto, os teólogos não deixam nenhuma dúvida: "Não veneramos a imagem do crucifixo ou de qualquer outra coisa pela presença sagrada que esses objetos conteriam em si mesmos" (*neque pro numine colimus*)[19]. Mas a imagem em três dimensões ou mesmo em duas dimensões da Virgem ou de um santo (como a estátua relicário de Santa Foy de Conques) ou ainda a *imago crucifixi* não podiam ser assimila-

---

17. FRANZ, A. *Die kirchlichen Benediktionen in Mittelalter*. 2 vols. Friburgo: [s.e.], 1909. • "Sacramentaux" e "Sacramentum". *Dictionnaire de Théologie Catholique*, XIV, I, col. 465s.
18. BELETH, J. "Summa de ecclesiasticis officiis". DOUTEIL, H. & BREPOLS, T. (orgs.). *Corpus Christianorum, Continuatio Medievalis*, t. XLI, 1976, p. 5-6. Sobre os esforços de sacralização do cemitério pela Igreja entre os séculos XI e XII, cf. a tese de Michel Lauwers: *La Mémoire des ancêtres, le souci des morts – Morts, rites et société au Moyen Âge (Diocèse de Liège, XIe-XIIIe siècles)*. Paris: Beauchesne, 1997.
19. NIEMEYER, G. (org.) *Hermanus quondam Iudaeus – Opusculum de conversione sua*. Weimar: [s.e.], 1963 [Monumenta Germaniae Historica, Quellen zur Geistesgeschichte des Mittelalters, 4].

das aos sinais abstratos do divino, pois davam a este um rosto e um corpo (e, no mais, muitas vezes continham uma relíquia): por isso a ambiguidade de sua *adoratio*, termo que hesitamos em traduzir ora por "veneração", ora por "adoração". Com a imagem, o sagrado de consagração, delegado, efêmero, tão importante no cristianismo medieval, tendia então realmente para um sagrado "em si" do objeto, *encarnando* o divino no meio dos homens. A imagem cristã era nesse sentido uma forma limitada do sagrado cristão.

Se a hierarquia dos círculos de sacralidade não era estanque, ela podia também se inverter: É o que demonstra o tema, bastante frequente na literatura penitencial e no maravilhoso cristão, do penitente culpado de um pecado tão grande que nem o padre, nem o bispo, nem mesmo o papa ousam absolvê-lo; apenas um pobre eremita no fundo da floresta pode finalmente receber sua confissão. Assim, a existência da instituição (o poder e a riqueza) podia ser um entrave ao exercício do sagrado do qual era encarregada: figura da inversão e do retorno às origens no "deserto" da floresta, o eremita possuía uma reserva de sagrado mais eficaz, em determinados casos, do que a do sucessor de Pedro. Esses relatos não eram estranhos ao debate recorrente sobre a dignidade dos clérigos, quando os heréticos contestavam o direito dos padres concubinários ou simoníacos para entregar os sacramentos. O que se colocava então era a questão da origem do sagrado: ele encontrava sua fonte na dignidade moral do padre e no exercício direto da graça de Deus, ou então – resposta da Igreja – na consagração sacerdotal, na instituição?

d) A "instituição do sagrado" (a Igreja) não podia pretender dominar todas as formas do sagrado no cristianismo. Para além da figura do eremita, seria necessário determinar a dimensão de um sagrado "selvagem", que ainda escapava ao controle eclesiástico: aquele, caso se queira, da árvore das fadas de Joana d'Arc, emblemático de todo um folclore que os clérigos ou diabolizaram (isto é, rejeitaram para o polo negativo do sagrado, que também é característico do cristianismo)[20], ou assimilaram, converteram, reconsagraram à sua maneira (como no caso das fontes atribuídas tardiamente à proteção de um santo local). Mas esta relação, que introduz no campo do sagrado uma diferenciação sociocultural, não era em sentido úni-

---

20. ISAMBERT, F.A. *Le sens du sacré*. Op. cit., p. 251.

co: a "cultura popular" também soube se apropriar para seus próprios fins dos objetos ou dos lugares consagrados pela Igreja, não para "profaná-los" (como pretendiam os clérigos quando reivindicavam o monopólio exclusivo do sagrado), mas para investi-los de outra forma de sagrado: se acreditarmos nas diversas versões de um famoso relato (que os pregadores não deixaram de utilizar para reforçar a crença na Presença real), alguns camponeses conservavam escondida em sua boca a hóstia para em seguida colocá-la em uma colmeia ou em um estábulo na esperança de aumentar sua produção de mel ou de leite.

Enfim, é preciso dar o lugar que lhe convém à outra forma de sagrado, distinto e às vezes em contradição com o sagrado eclesiástico: o sagrado real. Ele convida a duas interpretações que não são totalmente inconciliáveis: uma, frazeriana, invoca a tradição bastante antiga e universal da "realeza sagrada" que os *reges criniti* merovíngios ainda representariam. A outra, mais dinâmica, ressalta, ao contrário, a afirmação de uma sacralidade real em uma sutil rivalidade com a sacralidade eclesiástica. Essas etapas são conhecidas, desde o século VIII (introdução da sagração e da unção do rei franco seguindo o modelo da unção davídica), no século XIII (instituição regular do "milagre real"[21], canonização de São Luís), no final da Idade Média (definição, de acordo com o modelo do direito romano, do crime de lesa-majestade, sacralização do "corpo místico" do rei)[22], até o absolutismo moderno (como, p. ex., a assimilação do se levantar e do se deitar dos reis aos do sol...). A sacralidade do rei irradia sobre os lugares onde se encarnam sua potência (o palácio, o quarto) e sua memória (a necrópole; cf. o Escorial) como sobre os empregados que o servem.

Não se deve então substituir a concepção de uma história linear da "dessacralização" (avatar da "descristianização") pela ideia de diferentes formas de sagrado mais ou menos rivais, o avanço de uma compensando a retirada progressiva da outra? O que vale para as relações entre sagrado eclesiástico e sagrado real também vale, posteriormente, para as relações entre este último e um sagrado nacional. De fato, podemos considerar o patriotismo

---

21. Cf. BLOCH, M. *Les rois thaumaturges* – Étude sur le caractere surnaturel attribué à la puissance royale particulièrement en France et en Angleterre. Paris: Gallimard, 1983 [Prefácio de Jacques Le Goff] [1. ed., 1924].
22. Cf. KANTOROWICZ, E. *Mourir pour la patrie et autres textes*. Paris: PUF, 1984.

ou o nacionalismo como formas laicizadas de um sagrado contemporâneo. Ernst Kantorowicz fez uma boa análise dessa mística da pátria, que conta seus mártires, "mortos pela pátria", seus monumentos aos mortos e seu Panteão, suas festas nacionais, hinos e bandeiras. É fácil destacar a insistente pregnância desse vocabulário religioso que designa um sagrado que, por ser de uma natureza diferente das formas tradicionais do sagrado, continua demonstrando sua eficácia.

4. O esquema de uma evolução histórica que se reduz a um progressivo "desencantamento do mundo"[23] é evidentemente demasiado simples. No mais, a atualidade também pode nos convencer de que a "perda do sagrado", na escala das nações como na dos indivíduos, não tem nada de irreversível. As próprias explicações propostas não podem ser demasiado complexas. Limitando-nos apenas à cristandade medieval, parece-me que é na Igreja medieval, paradoxalmente, que se deve buscar fatores decisivos de uma *dessacralização* da cultura e da sociedade. Herdeira da língua e de uma parte da cultura antigas, a Igreja tinha de fato, desde a origem, vocação para a crítica racional do mundo e de toda forma de pensamento. A exegese bíblica, com seus quatro níveis de sentido, concorria para a dessacralização do Livro Sagrado. Nas escolas do século XII, os clérigos refletiam sobre os sacramentos e a noção do milagre? Isso significava reduzir muitas das possibilidades de ação do sobrenatural e o poder de Deus sobre a terra. Dessa forma, o que vemos se definir desde os Pais da Igreja (quando Agostinho definiu o sacramento como "signo de uma coisa sagrada") e se precipitar na era escolástica é o reconhecimento de uma esfera *limitada* do sagrado, a divisão cada vez mais nítida entre sagrado e profano e o nascimento da *religião* no sentido dado pelo Iluminismo, como um conjunto de crenças e de práticas que suscita a adesão individual de fiéis. Ou seja, o "desencantamento do mundo" não se reduz a uma crescente sobreposição do profano sobre o sagrado. Ele resulta pelo menos tanto de uma crítica interna do próprio religioso, de uma limitação do sagrado pela racionalidade própria àquilo que o Padre M.-D. Chenu chamou de a "teologia como ciência"[24].

---

23. GAUCHET, M. *Le désenchantement du monde* – Une histoire politique de la religion. Paris: Gallimard, 1985.
24. CHENU, M.-D. *La Théologie au XIIe siècle*. 3. ed. Paris: Vrin, 1976 [1. ed., 1956].

III

Problemas do mito no Ocidente medieval*

Há várias maneiras de compreender a palavra "mito". A mais frequente, e também a mais vaga, retém a ideia de um saber coletivo, imaginário e falacioso que preenche uma função social de mobilização: a crítica não apenas "desmitificadora", mas "desmistificadora" desse mito pode apenas iludir suas vítimas. Portanto, mito e ideologia são aqui noções muito próximas, e nossa época – que reconhece muito mais suas ideologias porque proclama periodicamente sua morte – é muito rica em mitos: mitos racistas que afirmam a superioridade de uma raça humana ou de um povo sobre os outros; mitos políticos anunciadores de uma sociedade sem classes ou de outros "amanhãs que cantam"; mitos mercantis que impõem a cada um as vertigens do consumo, as miragens do dinheiro ou o fascínio pelo automóvel. Esta acepção da palavra "mito" ressalta mais as funções sociais do que uma forma narrativa.

Em contrapartida, a palavra "mito" pode ser compreendida também em um sentido mais restrito, mais técnico; um mito é um tipo de narrativa, muitas vezes transmitido oralmente antes de eventualmente ser consignado por escrito e que expressa as verdades essenciais de uma sociedade; ele fala dos deuses, das origens do mundo e das razões da organização social, enuncia o fundamento dos costumes e das atividades dos homens. Esta é a noção do mito para as ciências religiosas, a antropologia, a história da Antiguidade.

Tomado nesse segundo sentido, o mito parece ausente de nossa sociedade contemporânea. Pensamos que a expressão das verdades essenciais de nossa cultura passa por outros canais; pelo discurso da ciência, principal

---

* Retomado de "Problèmes du mythe dans l'Occidente médiéval". *Razo – Cahiers du Centre d'Études Médiévales de Nice*, 8, 1988, p. 3-17.

fator de "desmitificação" da explicação religiosa do mundo; pela filosofia, discurso reflexivo sobre todos os outros saberes. Aliás, o fato não é novo: desde o século V a.C., a emergência do *logos* se acompanha do distanciamento crítico do *muthos*. A ciência e a filosofia modernas, desde os séculos XVII e XVIII, teriam consumado esse processo.

Mas se a causa parece compreendida em relação à Grécia Antiga ou à época do Iluminismo (e também, por contraste, em relação às "sociedades sem escrita"), o que se pode dizer em relação à "era teológica" da história europeia, em que as categorias de religião, ciência e filosofia parecem muito mais entrelaçadas? Como se coloca a questão do mito na Cristandade medieval?

Vários traços fundamentais me parecem caracterizar a questão do mito no Ocidente medieval.

1) Nele o cristianismo constitui realmente uma mitologia, em todos os sentidos da palavra. *Mutatis mutandis*, ele é o equivalente, para essa sociedade, das mitologias das "sociedades sem escrita" ou dos mitos de Homero ou de Hesíodo.

2) Mas ao mesmo tempo, a cultura cristã erudita nunca deixou de manter sobre seus "mitos" um discurso crítico que a aproxima, em certa medida, da filosofia grega.

3) Longe de ter sido dada de uma vez por todas, a mitologia cristã nunca deixou de se desenvolver ao longo dos séculos, a literatura apócrifa, a hagiografia e as lendas cristãs vêm completar, ampliar o núcleo original do mito cristão.

4) Ao contrário do que o antropólogo descobre nas "sociedades sem escrita" ou daquilo que o historiador da Antiguidade observa na Grécia, a Cristandade não teve uma mitologia unificada, homogênea, mas sim uma nebulosa mítica cujos componentes e relações internas devem ser analisados.

A mitologia cristã

1. O cristianismo tem todos os traços de uma mitologia. Ele apresenta longos relatos, às vezes conhecidos em várias versões diferentes (como os

quatro evangelhos) que contam toda a origem do mundo, do homem, das potências invisíveis, da ordem social e que comandam na Cristandade todas as ações individuais (cf. o tema do pecado) ou coletivas (a instituição da realeza ou do sacerdócio, p. ex.).

O Antigo Testamento se presta principalmente a esta definição: faz tempo que foram reconhecidos nos relatos do Gênesis, do Dilúvio ou da Torre de Babel, esquemas míticos compartilhados pelas civilizações antigas do Oriente Médio[1].

Até mesmo o Novo Testamento não escapa à ciência dos mitos: como não reconhecer na história do Filho de Deus nascido de uma virgem, condenado à morte, ressuscitado, um esquema mítico bastante comum? Além do mais, Cristo falava por parábolas, ele mesmo inscrevendo dessa forma a presença do mito em sua história.

Portanto, não há nada de surpreendente no fato de, a partir do século XIX, a ciência do folclore, com, por exemplo, Paul Saintyves[2], ter procurado nas Escrituras, inclusive no Novo Testamento, esquemas míticos igualmente atestados em outras culturas.

Hoje, esse reconhecimento de uma "mitologia cristã" pode ser proposto sem espírito polêmico; ele procede apenas de uma abordagem antropológica que, desviando-se do "etnocentrismo" tradicional da cultura ocidental, aceita ver no cristianismo um sistema religioso entre outros, sem que nada de sua especificidade lhe seja retirado. Há cerca de 40 anos, um teólogo, Rudolf Bultmann, propôs até mesmo, não sem provocar alguns sobressaltos, "desmitologizar" (*Entmythologisierung*) os evangelhos; sob a influência de Heidegger, parecia-lhe necessário reencontrar a essência verdadeira da Revelação, seu *kerugma*, sob o envelope do *muthos* da história de Cristo[3].

---

1. Cf., para uma abordagem de conjunto, a contribuição de Maurice Sznycer sobre os semitas ocidentais em BONNEFOY, Y. (org.). *Dictionnaire des Mythologies*. 2 vols. 1981. Paris, Flammarion, t. II, p. 421-429. Cf. a obra clássica, mais antiga: FRAZER, J.G. *Folklore in the Old Testament: Studies in Comparative Religion* – Legend and Law. Londres: MacMillan, 1920 [trad. francesa parcial a partir da versão resumida de 1923: *Le Folklore dans l'Ancien Testament*. Paris: Paul Geuthner, 1924]. • LEACH, E.R. *Genesis as Myth and Other Essays*. Londres: Cape, 1969. • LEACH, E.R. & AYCOCK, D.A. *Structuralist Interpretations of Biblical Myth*. Cambridge: Cambridge University Press, 1983.

2. *Essais de folklore biblique* – Magie, mythes et miracles dans l'Ancien et le Nouveau Testament. Paris: E. Nourry, 1922.

3. "Neues Testament und Mythologie". BARTSCH, H.W. *Kerygma und Mythos*. I. Hamburgo, 1948, p. 22 [apud DETIENNE, M. "Le mythe en plus ou en moins". *L'Infini*, 6, 1984, p. 27-41, p. 29, nota 1].

2. Contudo, com exceção de sua evolução recente, o cristianismo sempre se defendeu de ser uma mitologia; desde os tempos apostólicos, depois entre os Pais da Igreja, ele, ao contrário, definiu-se por oposição ao mito. Para ele, o mito era a verdade dos outros, isto é, o erro, a fábula.

Essa atitude negativa dizia respeito principalmente ao paganismo greco-romano. Os deuses antigos foram assimilados a demônios (*"omnes dii gentium daemonia"*, diz Santo Agostinho), às personificações dos astros e das forças da natureza ou, ainda – segundo a antiga Teoria Evemerista retomada pelos autores cristãos –, aos homens divinizados em razão de seus méritos: *"Quos pagani deos asserunt, homines olim fuisse produntur"*, diz Isidoro de Sevilha[4]. Os pagãos eram também acusados de ter copiado e falsificado as verdades reveladas do Antigo Testamento, anteriores a qualquer paganismo[5].

Ainda na latinidade pagã, a palavra *fabula* fora tomada como equivalente do grego *muthos*; tradução que reforçava a ideia pejorativa de uma narrativa fictícia e vã. Para Macróbio, apenas uma minoria de *fabulae narrationes* era digna de alimentar a reflexão do filósofo[6].

No Novo Testamento, todas as cinco ocorrências de *fabula* (ou de *muthos* na Bíblia grega) têm uma conotação pejorativa atribuindo aos judeus e aos pagãos as "fábulas ineptas contadas pelas velhas mulheres" e os "mitos artificiosos"[7]. A esses mitos se opõe o acontecimento único, "que aconteceu apenas uma vez", "uma vez por todas", diz São Paulo (Hb 7,27; 9,26), da paixão redentora de Cristo. Para os cristãos, a Encarnação não poderia ser um mito. Ainda em nossa época, para o teólogo Oscar Cullmann, este

---

4. SÉVILLE, I. "Etymologiae", VIII, 11; "De diis gentium". *PL* 82, col. 314.
5. PÉPIN, J. "Christianisme et mythologie – Jugements chrétiens sur les analogies du paganisme et du christianisme". *Dictionnaire des Mythologies*. Op. cit. T. I, p. 161-171. A tese da anterioridade e do roubo desfrutou de uma notável longevidade: para Jules Corblet (*Parallèles des traditions mythologiques avec les récits bibliques*. Beauvais, 1845), ela vale para todas as religiões do mundo, inclusive a chinesa ou a hindu: "Todas as mitologias tomam sua força na tradição judaica que os povos antigos travestiram a ponto de torná-la quase irreconhecível" (p. 1).
6. MACROBIUS. *Commentary on the Dream of Scipio*. Nova York/Londres: Columbia University Press, 1952 [org. de W.H. Stahl].
7. Todas essas ocorrências pertencem às epístolas: 1Tm 1,4: *"Neque intenderent fabulis et genealogis"*. • 1Tm 4,7: *"Ineptas autem et aniles fabulas devita"*. • 1Tm 4,4: *"Et a veritate quidem auditum avertent, ad fabulas autem convertentur"*. • Tt 1,14: *"Non intendentes Judaicis fabulis et mandatis hominum"*. • 2Pd 1,16, *"Non enim doctas fabulas secuti..."* [Trad. do grego: *"sesophismenoi muthoi"*].

acontecimento único é o núcleo duro da história da Salvação que escapa a qualquer interpretação mitológica[8].

Na Alta Idade Média, as *Etimologias* de Isidoro de Sevilha também consideram as *fabulae* como ficção das quais é preciso desconfiar: "Os poetas nomearam as fábulas a partir do verbo *fari*, porque não são fatos que realmente aconteceram, mas apenas ficções da linguagem". Isidoro cita, por exemplo, as fábulas de Esopo, que já faziam parte da categoria inferior das *fabulae* estabelecidas por Macróbio, as das ficções cujo único objetivo é distrair e que o filósofo deve deixar para as babás.

À *fabula*, Isidoro opõe a *historia*, que é "o relato dos fatos realizados que permitem conhecer as ações do passado"[9]. *Historia* contra *fabula*: esta oposição é essencialmente a da verdade e a do erro, do cristianismo ou do judaico-cristianismo e do paganismo. Para Isidoro, retomado por toda a tradição dos enciclopedistas medievais – por exemplo, por Vincent de Beauvais no século XIII –, Moisés foi o primeiro, "*apud nos*", a escrever "histórias"[10]. A "História Sagrada" não poderia ser um mito.

Ao que, claro, nós hoje podemos responder: não há nenhuma razão para não considerar a "História Sagrada" como o mito fundamental da sociedade cristã. Mas este é um mito particular, que se distingue de outras mitologias por sua dimensão histórica. Com efeito, ele se desenrola em um tempo finalizado desde as origens do mundo (o Gênesis) até o final dos tempos (o Juízo Final do Apocalipse), de um extremo ao outro de um instante crucial que marca uma inversão da cronologia: a encarnação do Filho de Deus. Não apenas a Cristandade não é uma "sociedade fria", retomando aqui os termos do velho debate entre história e estruturalismo, como é uma "sociedade quente" que teve plena consciência de sua natureza histórica. Ao contrário, por exemplo, do helenismo, seu pensamento de um tempo finalizado informa todo seu mito[11].

---

8. CULLMANN, O. "Le mythe dans les écrits du Nouveau Testament". In: BARTH, K. (org.). *Comprendre Bultmann – Un dossier*. Paris: Du Seuil, 1979, p. 15-31. Cf. PUECH, H.-C. "Temps, histoire et mythe dans le christianisme des premiers temps" (1951), retomado em *En quête de la Gnose – I: La gnose et le temps*. Paris: Gallimard, 1978, p. 1-23.
9. SEVILHA, I. "Etymologiae", I, 40. *PL*, 82, col. 121-122.
10. BEAUVAIS, V. *Speculum doctrinale*, III, cap. CXIII.
11. PUECH, H.C. "Temps, histoire et mythe dans le christianisme des premiers temps". Art. cit.

3. Em contrapartida, a exemplo da filosofia grega, toda uma parte da cultura cristã – seu nível erudito – sempre acompanhou a expressão do mito cristão com um discurso "distanciado" e "desmitologizador" sobre esse mito; esse discurso é, desde os Pais da Igreja, o da exegese bíblica[12].

Na Idade Média, a função "desmitificadora" da exegese dizia respeito principalmente ao Antigo Testamento. A Antiga Lei estava de fato reduzida pela Encarnação, se não à posição do mito, pelo menos à de uma prefiguração do Novo Testamento que era o único plenamente e de acordo com a *historia*. A verdade do Antigo Testamento não podia ser decifrada senão sob o véu das imagens, que são justamente o próprio dos mitos. É isso que Orígenes explica em *Contra Celso* (II, 4): "Aos judeus que têm uma inteligência de criança, a verdade era ainda proclamada sob a forma de mito"[13]. Por isso o estatuto ambíguo do Antigo Testamento: ele já é a "História Sagrada", mas sem que sua verdadeira significação seja claramente dada; como o mito, ele deve ser interpretado pela exegese cristã que se distingue da exegese rabínica, pois se recusa a fazer uma interpretação literal do Antigo Testamento.

Quando fez isso, a cultura cristã erudita forjou em relação ao texto bíblico instrumentos de análise e de interpretação que ela também poderia utilizar em outro campo: aquele, como veremos, da mitologia greco-romana.

Esse discurso "desmitificador" do cristianismo sobre seu próprio mito religioso conheceu um desenvolvimento considerável nos séculos XII e XIII, quando se afirmaram nas escolas urbanas, e depois na universidade, os métodos da teologia escolástica. A lógica de Abelardo ou das regras da *disputatio* universitária buscava reduzir as contradições e recusava a ambivalência característica do símbolo e do mito. A razão teológica afirmava-se contra a razão do mito, carregava em si a condenação desta última. Com Platão, a cidade grega conhecera uma evolução análoga e que pesou muito na história particular da racionalidade cristã: quando se começa a falar *do* mito, torna-se cada vez mais difícil falar *pelos* mitos.

---

12. Cf. a síntese sempre fundamental de SMALLEY, B. *The Study of the Bible in the Middle Ages*. Notre Dame: University of Notre Dame Press, 1952. • RICHE, P. & LOBRICHON, G. *Le Moyen Âge et la Bible*. Paris: Beauchesne, 1984.

13. Apud DETIENNE, M. "Le mythe en plus ou en moins". *L'Infini*, 6, 1984, p. 27-41.

O desenvolvimento do mito cristão

Além de a Bíblia ser o receptáculo de mitos, ela também foi o ponto de partida de uma imensa quantidade de tradições mais ou menos legítimas, apócrifas e às vezes até mesmo heréticas, que o cristianismo (como antes o judaísmo) não cessou de engendrar. Do vasto *corpus* dos textos apócrifos, a Igreja pouco a pouco separou os textos que julgava "autênticos". Nem por isso aqueles que eram oficialmente rejeitados deixaram de inspirar fortemente, ao longo da Idade Média, a literatura e a arte religiosas; eles pertencem inteiramente à mitologia cristã.

A parte apócrifa da mitologia cristã pôde se desenvolver ainda mais porque não estava presa aos cânones rigidamente vigiados do dogma. Completando os textos legítimos, amplificando-os, preenchendo suas lacunas aparentes, retomando alguns apócrifos judaicos anteriores ao cristianismo (como o *Livro de Enoque*), a literatura apócrifa dedicou-se particularmente a esclarecer os episódios obscuros da vida de Cristo, as origens do mal e os fins derradeiros da humanidade.

Assim os evangelhos são quase que completamente silenciosos sobre os doze primeiros anos da vida de Cristo; ao contrário, os *Evangelhos da Infância* buscaram preencher essa lacuna. No final da Idade Média, uma maior sensibilidade em relação à infância garantiu a riqueza de seus temas realistas e às vezes bastante divertidos[14].

O silêncio também é quase completo sobre o tempo decorrido entre a morte de Cristo e sua ressurreição: três textos canônicos fazem uma breve menção à ressurreição de Cristo "dentre os mortos"[15]. O apócrifo *Evangelho de Nicodemos* desenvolve ao contrário o relato da "Descida ao Inferno", que desfrutou de uma considerável aprovação a partir do século XII[16].

---

14. *L'Évangile de l'Enfance* – Rédactions syriaque, arabe et arménienne. Paris: [s.e.], 1914. Sobre a literatura apócrifa, cf. TISCHENDORF, C. *Evangelia apocrypha*. 2. ed. Leipzig: [s.e.], 1876. • BOVON, F. & VOICU, S.J. *Écrits apocryphes chrétiens*, I. Paris: Gallimard/Bibl. de la Pléiade, 1997, p. 107-140 (Évangile de l'Enfance du Pseudo-Mathieu) e p. 191-204 (Histoire de l'enfance de Jésus).

15. Mt 27,64; 28,7; At 2,31; Ef 1,20.

16. Cf., em último lugar, LE GOFF, J. "Les Limbes". *Nouvelle Revue de Psychanalyse*, XXXIV. • *L'Attente*, outono/1986, p. 151-173.

De origem oriental, os relatos apócrifos sobre a vida e a morte de Cristo não permaneceram, uma vez traduzidos no Ocidente, uma literatura morta; durante toda a Idade Média, foram constantemente ampliados e embelezados com lendas hagiográficas e com a imensa literatura das peregrinações e viagens à Terra Santa[17]. A partir do século XIII, o relato de viagem de Jean de Mandeville – cujo autor talvez não tenha jamais deixado a cidade de Liège onde era médico[18] – foi a fonte de inúmeros relatos que se repetiram até pelo menos o final do século XVI. Na Palestina, no Sinai (no Mosteiro Santa Catarina) e até mesmo no Egito, os cristãos vinham seguir as pegadas sempre visíveis de Cristo, da Virgem ou dos santos dos primeiros tempos. Cada um dos lugares marcados pela "história santa" – Belém, Canaã, o Gólgota, o Santo Sepulcro ou, mais distante, a árvore da Virgem em Matarieh – tinha seu tesouro de relatos maravilhosos e edificantes. Mais além se abriam outros espaços, que o imaginário povoava com pagãos e raças monstruosas: é o que afirmava a literatura de ficção, como a lenda de Alexandre ou da *Carta do Padre Jean*, e que eram confirmados pelos autênticos relatos de viajantes. Apenas uma minoria deles – como o relato de Guillaume de Rubrouck[19] – testemunha um verdadeiro senso de observação.

No interior da cultura cristã dos séculos XIII e XIV, todas essas tradições formam um conjunto notável por sua amplitude e também sua coerência. Em um estudo pioneiro sobre a mitologia cristã dos arômatas e, mais particularmente, das representações relativas à busca do óleo santo, Jean-Pierre Albert extraiu recentemente a estrutura mítica de todo esse *corpus* de textos – relatos de viagens, hagiografia, bestiário, liturgia etc. A simbólica, os usos litúrgicos (unção do batismo, dos sacerdotes, dos doentes) e os mitos relativos ao óleo santo – fruto suposto do bálsamo de Matarieh que as gotas de suor do Menino Jesus fizeram crescer quando a Virgem ali descansou

---

17. Cf. o estudo clássico HALBWACHS, M. *La topographie légendaire des Évangiles en Terre Sainte* – Étude de mémoire collective. 2. ed. Paris: PUF, 1971 [Prefácio de Louis Dumont].
18. LETTES, M. *Mandeville's Travels*. Londres: [s.e.], 1953.
19. LE GOFF, J. "L'Occident medieval et l'Océan Indien: un horizon onirique" (1970) [reed. em *Pour un autre Moyen Âge* – Temps, travail et culture en Occident, 18 essais. Paris: Gallimard, 1977, p. 280-298]. • RUBROUCK, G. *Voyage dans l'Empire mongol*. Paris: Payot, 1985 [Trad. e comentário de Claude e René Kappler]. Cf. tb. o estudo AUZEPY, M.-F. "Guillaume de Rubrock chez les Mongols". *L'Histoire*, 100, mai./1987, p. 114-124.

durante a fuga para o Egito – permitiam cotidianamente ao Ocidente reatar com a memória do mito crístico e o sonho da Terra Santa[20].

Outro conjunto de mitos dizia respeito aos fundamentos da história humana e às origens do mal: é encontrado nos relatos concorrentes, ortodoxos ou heréticos, sobre a queda dos anjos.

Um primeiro mito se enraíza em um dos mais estranhos episódios do Gênesis (6,1-4): os "filhos de Deus" – em quem a tradição verá os anjos caídos – vieram sobre a terra se unir aos "filhos dos homens". Dessa união nasceram os gigantes. Tendo como base esse episódio, o *Livro de Enoque* explica que Deus castigou os homens com o Dilúvio e trancou os anjos culpados nas trevas para que ali ficassem até o Juízo Final. Quanto aos gigantes, eles deram origem aos demônios que, desde o dilúvio, não cessam de atormentar os descendentes de Noé.

Um segundo mito, já presente nos apócrifos judaicos do século I a.C., situa a queda dos anjos antes da criação do homem. Ele foi retomado por Santo Agostinho (*Cidade de Deus*, VIII e XIV) e Gregório o Grande (*Morales sur Job*): para eles, satã é o primeiro "anjo de luz" que, tomado pelo orgulho, quis se igualar ao seu criador. Sendo então lançado no mais profundo precipício junto com seus cúmplices. Essa queda é o início da história humana, uma vez que Deus criou os homens para que ocupassem no paraíso os lugares vagos deixados pelos anjos caídos. Mas, depois da Criação, satã, para se vingar de Deus, retornou sob a forma da serpente do Gênesis para tentar os primeiros homens.

É interessante comparar este último mito da origem do mal com sua versão cátara, que é conforme à ideia do antagonismo entre os dois princípios do bem e do mal. Eva é aqui a criatura de satã, que a utiliza para seduzir os espíritos de Deus. Através de uma abertura, estes fogem do paraíso. Quando Deus se apercebe disso, coloca seu pé sobre a abertura, mas é tarde demais, e quase todos os espíritos já haviam partido. Mas, ao lado de satã, esses espíritos fugitivos sentem a nostalgia da glória celeste que antes haviam conhecido. Para fazer com que a esquecessem, satã lhes dá um corpo, que é portanto uma criação do mal, e não de Deus. Com a morte do corpo, a

---

20. ALBERT, J.-P. *Odeurs de sainteté* – La mythologie chrétienne des aromates. Paris: Ehess, 1990.

alma passa para outro corpo, o de um animal ou o de um homem, de um "perfeito" no melhor dos casos. Com a morte deste, se o rito do *endura* foi respeitado, a alma purificada é definitivamente arrancada da matéria.

A elucidação dos fins últimos foi outro fator de desenvolvimento do mito cristão. A Escritura era aqui um guia mais explícito, graças ao Apocalipse de São João, que foi o único a escapar da condenação que atingiu as escatologias apócrifas. Mas sua interpretação conheceu a oposição cada vez mais radical de duas correntes: a escatologia ortodoxa, preocupada em preservar apenas o sentido espiritual do Apocalipse, e em reduzi-lo a um ensinamento para a salvação da alma, e o milenarismo, que a partir de Joaquim de Fiore, no final do século XII, inspirou a maior parte das heresias populares do final da Idade Média. Para essa corrente, tratava-se de fazer do mito histórico uma história real e de converter o anúncio do Reino dos Justos em projeto de edificação de um reino terrestre conquistado no sangue contra os aliados do Anticristo: os senhores da Igreja.

O que se alcança aqui, no ponto extremo de desenvolvimento do mito, é a utopia[21]. Ela questiona a ordem social e religiosa estabelecida. Podemos vê-lo nos casos das utopias heréticas ou revolucionárias da Baixa Idade Média, contra as quais se uniram as potências temporais espirituais – a Igreja Romana em primeiro lugar, mas também Lutero, durante a Guerra dos Camponeses. Também podemos vê-lo no caso da utopia folclórica da região de Cocanha, mundo de inversão de todos os valores da renúncia e do jejum impostos pela Igreja Medieval[22].

Mitologia indo-europeia e folclore

Uma característica da mitologia do Ocidente medieval é sua complexidade; ela não forma um conjunto homogêneo, mas se compõe de tradições diversas que se integram mais ou menos no plano geral da "História

---

21. Cf. GRAUS, F. "Social Utopias in the Middle Ages". *Past and Present*, 38, 1967. Sobre o mito e a utopia: VIDAL-NAQUET, P. "Esclavage et gynécocratie dans la tradition, le mythe et l'utopie". *Recherche sur les structures sociales dans l'Antiquité Classique*. Paris: CNRS, 1970, p. 63-80 [retomado em *Le Chasseur noir – Formes de pensée et formes de societé dans le monde grec*. Paris: Maspero, 1981, p. 267-288].
22. COCCHIARA, G. *Il paese di cuccagna*. Turim: Boringhieri, 1980.

Sagrada". Há duas razões para isso: a cultura cristã, longe de estar isolada no tempo e no espaço, apropriou-se de inúmeras heranças culturais (judaísmo, paganismo greco-romano, tradições autóctones célticas ou germânicas etc.). Além do mais, ela era a cultura de uma sociedade complexa, na qual uma minoria de clérigos – *litterati* detentores da escrita e do monopólio da interpretação das Escrituras – distinguia-se de um "povo" de *illitterati* cuja cultura permaneceu por muito tempo exclusivamente oral. Há uma sociedade complexa, cultura e mitologia complexas.

As tradições indo-europeias e a mitologia greco-romana são os dois conjuntos míticos que o cristianismo, bem ou mal, teve de assimilar.

1. Sabemos a que ponto a obra central de Georges Dumézil inspirou importantes pesquisas sobre o reaparecimento, no Ocidente dos séculos XI e XII, do esquema trifuncional indo-europeu de organização social. Mas os documentos geralmente estudados, como a famosa carta de Adalbéron de Laon ao Rei Roberto o Piedoso, expressam apenas uma representação ideológica da sociedade, sem a dimensão narrativa característica do mito[23].

É preciso, portanto, distinguir as narrativas históricas ou as obras literárias mais desenvolvidas que parecem revelar, até na Cristandade medieval, versões da antiga mitologia indo-europeia. É o que foi recentemente demonstrado a propósito da crônica polonesa de Gallus Anonymus (por volta de 1117)[24] e, de uma maneira mais inesperada, no caso de uma canção de gesta tardia, a *Canção dos Narbonenses,* escrita por volta de 1210, e de sua adaptação italiana, *I Narbonnesi,* feita por Andrea da Barberino por volta de 1410.

Joël H. Grisward comparou a trama dessa epopeia à história de Yayàti na epopeia indiana do Mahabarata[25]. Aymeri, o conde de Narbonne, tem sete filhos, dos quais o mais jovem, Guibert, permanece junto dele e herda sozinho o condado paterno; o conde – como de modo geral, todo monarca feudal –

---

23. DUBY, G. *Les Trois Ordres ou l'imaginaire du féodalisme.* Paris: Gallimard, 1978. • LE GOFF, J. "Les trois fonctions indo-européennes et l'Europe féodale". *Annales ESC*, 1979, p. 1.187-1.215. • NICCOLLI, O. *I sacerdoti, i guerrieri, i contadini –* Storia di un immagine della società. Turim: Einaudi, 1979.

24. BANASZKIEWCZ, J. "Note sur le siège triparti – Capitoli, Narnonne et Glogow". *Annales ESC*, 1984, p. 776-782.

25. GRISWARD, J.H. *Archéologie de l'épopée médiévale –* Structures trifonctionnelles et mythes indo-européens dans le cycle des Narbonnais. Paris: Payot, 1981.

encarna o conjunto das funções indo-europeias. Estas, em contrapartida, se distribuem entre os outros seis irmãos, todos obrigados a se expatriar e se estabelecer em outros feudos ou entrar a serviço do imperador:

- Entre os três primeiros irmãos, Beuve, a oeste, torna-se *rei* da Gasconha (primeira função, de soberania); Aïmer, ao sul, vai *combater* os sarracenos (segunda função, militar); Garin, a leste, possuirá *riquezas* da Lombardia (terceira função, de fecundidade).

- Os três últimos – Bertrand, Guillaume e Hernaut – partirão a Aix-la-Chapelle, ao norte, para obter respectivamente junto a Carlos Magno os cargos de *conselheiro* (primeira função), de *gonfaloneiro* (segunda função) e de *senescal* (terceira função).

Excetuando-se o jovem Guibert, cada uma das três funções indo-europeias é portanto representada por dois irmãos distintos; um dos principais interesses da análise de Joël Grisward é mostrar como cada par de irmãos encarna as duas modalidades distintas de cada uma das três funções indo-europeias. Assim, para a função guerreira, Guillaume representa o ideal da guerra ordenada, da "batalha", ao passo que Aïmer encarna o das escaramuças e das emboscadas, conduzidas pelos pequenos grupos de "jovens cavaleiros". Com razão, Joël Grisward compara essa imagem das formas do combate dos "jovens" na sociedade feudal (já estudadas por Georges Duby) com o tema da guerra selvagem na mitologia germânica e também da caça selvagem, do exército dos mortos ou *mesnie** Hellequin, que conhece na época feudal um desenvolvimento sem precedente.

A influência das estruturas míticas indo-europeias possivelmente também se exerceu sobre a literatura medieval por intermédio de suas fontes célticas e, mais particularmente, galesas. Sabemos que os três romances de Chrétien de Troyes, *Perceval ou o Conto do Graal*, *Yvain ou o Cavaleiro com leão* e *Érec e Énide* vinculam-se aos três relatos galeses de Pérédur, Owain e Geraint. Ora, para alguns especialistas da literatura galesa antiga, cada um desses três relatos parece ilustrar uma das três funções indo-europeias. Sem

---

* Séquito de um senhor, seu exército, sua tropa, seu bando e também a casa onde mora a família e seus servidores. Palavra do francês antigo usada para se referir ao Bando Hellequin. Definição retirada do *Lexique de l'Ancien Français* de Frédéric Godefroy. Paris: Librairie Honoré Champion, 1990 [N.T.].

que ela possa pretender abarcar toda sua significação, a hipótese merece então ser estendida às obras literárias francesas que se inspiram na "matéria da Bretanha". No relato de Pérédur, "os juramentos, as profecias e os destinos representam um papel decisivo"[26]; o erro do herói, como mais tarde de Perceval, é não perguntar o significado da lança que sangra; caso tivesse feito a pergunta, o rei, que é seu tio, teria se curado e seu reino teria reencontrado a paz. O segundo, Owain, distingue-se por suas proezas guerreiras; elas lhe permitem ganhar a mão da Dama da Fonte, cujo marido ele matou; como Yvain, ele também liberta um leão que se torna seu fiel companheiro. Enfim, Geraint perde seu valor de guerreiro e de caçador quando permanece mais do que deve nas festas da corte e na companhia das mulheres; este também será o infortúnio de Érec, herói, como ele, da terceira função.

Se todas essas obras literárias podem ser vinculadas a sistemas míticos anteriores e mais vastos, elas devem sua coerência à sua inscrição na sociedade feudal, suas estruturas do poder, suas hierarquias e seus valores. Dessa maneira, quando Jacques Le Goff vê na lenda medieval de Melusina a expressão da terceira função indo-europeia de fecundidade e de abundância material, ele também ressalta o vínculo entre a emergência dessa lenda no século XII e as ambições contemporâneas das linhagens de *milites* preocupadas em se dar, por meio desses empréstimos à cultura folclórica, uma justificação ideológica frente à cultura oficial dos clérigos e à da grande nobreza[27].

2. Foi muito mais em relação às tradições orais do folclore que os historiadores e os folcloristas falaram de "mitologia"; em 1835, a *Deutsche Mythologie* dos Irmãos Grimm deu o exemplo e em 1949, mais de um século depois, fez-lhe eco a *Mitologia francesa* de Henri Dontenville. Assim como a "escola céltica", este último vincula ao herói de Rabelais, Gargantua, todos

---

26. REES, B. "Arthur et les héros arthuriens au pays de Galles". *Dictionnaire des Mythologies*. Op. cit. T. I, p. 78-80.
27. LE GOFF, J. "Mélusine maternelle et défricheuse". *Annales ESC*, 1971, p. 587-603 [retomado em *Pour un autre Moyen Âge*. Op. cit., p. 307-334]. Para Claude Lecouteux (*Mélusine et le Chevalier au Cygne*. Paris: Payot, 1982), Melusina é o último avatar de uma linhagem de "deusas" da terceira função, de origem céltica, e do tipo Epona, Ryanon ou Macha. Lohengrin é o seu equivalente masculino, mas procede da mitologia escandinava e germânica: ele tem uma semelhança com os deuses Freyer e Njordr.

os grandes personagens lendários da Idade Média: o Rei Artur, a fada Morgana, o mágico Merlin, a mulher-serpente Melusina, o cavalo Bayart, a Tarasca etc. Há, portanto, nesse autor a vontade de reconstituir a totalidade de uma mitologia, de seus personagens, de seus lugares (do Monte São Michel ao Monte Gargano na Itália do Sul) e de sua inscrição no calendário. Mais recentemente, um projeto comparável – mas em um espaço geográfico que não se considera mais estritamente nacional – inspira a pesquisa de Claude Gaignebet sobre a "religião do Carnaval" e, mais particularmente, sobre o folclore na obra de Rabelais[28].

Contudo podemos nos perguntar sobre o grau de autonomia dessa "mitologia popular" e sobre suas relações com a mitologia cristã. Será preciso, como Claude Gaignebet, defender a hipótese de uma "religião do calendário" trans-histórica na qual as festas e o simbolismo cristãos tiveram, assim como outras, de se fundir? Ou então devemos pensar, como Nicole Belmont, que "o sistema folclórico (francês) não precisou se constituir como verdadeira mitologia, uma vez que se formou e se desenvolveu apoiando-se no mito cristão"?[29] Segundo essa hipótese, o cristianismo desempenhou o papel de princípio organizador e os contos e lendas do folclore, variados e de alcance mais limitado, a ele se juntaram secundariamente e sofreram uma cristianização mais ou menos rápida e profunda.

Dizer que o folclore não se "constituiu em mitologia" significa estabelecer, como podemos observar, uma distinção e uma hierarquia entre diversos "gêneros" narrativos: mitos, contos, lendas. Georges Dumézil dizia, no entanto, não perceber uma diferença notável entre os contos e os mitos; em ambos, segundo Claude Lévi-Strauss, encontram-se os mesmos jogos de oposição e de homologias, mas, no caso dos contos, eles se apresentam sob uma forma "enfraquecida"[30], além do mais, o contexto dos contos é passado, ao passo que o dos mitos é presente; o mito explica o estado presente da sociedade dos homens, do mundo dos deuses e da natureza. Contudo, Claude Lévi-Strauss também se posicionou sobre a questão da gênese dos

---

28. GAIGNEBET, C. *Le Carnaval* – Essais de mythologie populaire. Paris: Payot, 1974.
29. BELMONT, N. *Mythes et croyances de l'ancienne France*. Paris: Flammarion, 1973, p. 10-11.
30. "La structure et la forme – Réflexions sur un ouvrage de Vladimir Propp" (1960) [reed. em *Anthropologie structurale*, II. Paris: Plon, 1973, p. 139-173, esp. p. 154].

contos e, consequentemente, do folclore; opondo-se a Vladimir Propp, que buscava nas mitologias muito antigas, até mesmo pré-históricas, as "raízes do conto maravilhoso"[31], o antropólogo afirma que a relação entre os contos e os mitos é de outra ordem: existem, de fato, sociedades que têm ao mesmo tempo contos e mitos; os primeiros não se originaram dos segundos, mas têm funções e formas diferentes. Em determinadas condições históricas, os mitos podem até desaparecer e apenas os contos permanecem; esta seria a situação do conto na Europa.

Mas os gêneros narrativos devem ser encerrados em uma tipologia tão rígida? Vamos tomar, por exemplo, o campo imenso e movediço da lenda hagiográfica, no qual Paul Saintyves reconhecia não sem razão uma "mitologia cristã" rica em temas vindos ou do folclore, ou da mitologia greco-romana[32]. *A Lenda dourada* de Jacques de Voragine constitui realmente uma espécie de "teogonia" cristã, fundada na recorrência dos mesmos "mitemas" legados por treze séculos de tradição hagiográfica e organizada segundo o ciclo anual das celebrações litúrgicas[33].

Em muitos casos – para legitimar uma peregrinação, uma festa ou origens dinásticas –, a lenda hagiográfica funciona plenamente como um mito. Pode ser que ela também incorpore em um mesmo relato tradições de origens diversas, eruditas e folclóricas; contribuindo assim para a integração da sociedade cristã por meio de uma mitologia cristã que tende a se unificar.

A mitologia greco-romana

A despeito da oposição do cristianismo ao paganismo, em nenhum momento a cultura greco-romana foi completamente esquecida pela cultura cristã medieval. Esta encontrou naquela ao mesmo tempo os instrumentos

---

31. PROPP, V.J. *Les racines historiques du conte merveilleux* (1946). Paris: Gallimard, 1983 [Prefácio de Daniel Fabre e Jean-Claude Schmitt].
32. Em *Les Saints successeurs des dieux Essais de mythologie chrétienne*, I. Paris: [s.e.], 1907. • *En Marge de la legende dorée: Songes, miracles et survivances* – Essai sur la formation de quelques thèmes hagiographiques. Paris, 1931.
33. BOUREAU, A. *La légende dorée* – Le système narratif de Jacques de Voragine († 1298). Paris: Cerf, 1984.

linguísticos e conceituais que lhe permitem pensar a questão do mito e um tesouro inesgotável de imagens e de figuras míticas próprias a enriquecer seus próprios mitos.

1. A mitologia antiga pesou ao longo da Idade Média e no Renascimento sobre o conjunto da cultura cristã e das artes[34]. O repúdio aos deuses pagãos não impediu a "cristianização" mais ou menos consciente de figuras e de relatos da mitologia greco-latina. Tempos atrás, Paul Saintyves pôde até mesmo arriscar uma fórmula muito significativa, ainda que não seja totalmente justa: os santos seriam os "sucessores dos deuses". O folclorista via, por exemplo, no mito de Édipo a matriz da lenda de São Julião Hospitaleiro. Essas influências fecundaram particularmente a expansão de dois campos da cultura da Idade Média central: a mitologia política e a reflexão filosófica e científica.

A constituição de uma mitologia política, dinástica e nacional foi inseparável da construção das monarquias europeias. Essa mitologia política bebeu em várias fontes, principalmente hagiográfica; é o caso, na França, da lenda de São Dionísio, que confundia em um mesmo personagem Dionísio o Areopagita, convertido por São Paulo, um Dionísio bispo de Paris no século III e o renomado autor da *Hierarquia celeste*, o Pseudo-Dionísio. Este também é o caso da lenda do batismo de Clóvis por São Remígio que teria ungido o rei com um óleo sobrenatural trazido pela pomba do Espírito Santo: esta lenda tornou-se a justificação da unção real dos reis da França, que permaneceu em vigor até o final da monarquia no século XIX.

Contudo, em todos os países, o prestígio da Antiguidade exerceu um fascínio particular. Todas as nações nascentes quiseram, de acordo com o modelo romano apresentado pela *Eneida* de Virgílio, se dar uma origem troiana. É o que expressam as crônicas (desde a de Fredegário no século VII no Reino dos Francos até as *Grandes Crônicas da frança* do século XIII), os libelos políticos, as obras literárias.

---

34. Cf., em primeiro lugar, a grande obra de Jean Seznec: *La Survivance des dieux antiques* – Essai sur le rôle des traditions mythologiques dans l'humanisme e dans l'art de la Renaissance. Londres: [s.e.], 1940. [reed., Paris: Flammarion, 1980].

O ponto de partida desses mitos é o relato da tomada de Troia pelos gregos, na tradição homérica[35]. Para os troianos sobreviventes iniciara-se então um longo êxodo que conduziria alguns até a Germânia, outros até a Inglaterra, e outros ainda até a França. Na realidade, de um autor e de uma época para outra, importantes variantes aparecem no mito, em razão tanto da diversidade das fontes como das necessidades da utilização política do mito. Durante toda a Idade Média central, estabeleceu-se que uma parte dos troianos instalou-se às margens do Danúbio, em Sicambria. Mais tarde, quando se recusam a se submeter aos romanos – e como signo de sua liberdade, começaram a se chamar francos –, eles teriam chegado à Gália.

No século XV, como tão bem demonstrou Colette Beaune, essa tradição foi cada vez mais questionada; ao mesmo tempo porque o conhecimento da Antiguidade – e principalmente da história da Gália – pelos humanistas rejeitava progressivamente a reconstrução mítica do passado, e porque a ideia de um povo franco invasor se acomodava pouco à vontade de dar à nação francesa um vínculo original com seu território. Por isso uma reescritura do mito que culmina por volta de 1500 na obra de Jean Lemaire des Belges, as *Ilustrações da Gália e singularidades de Troia*.

A partir de então, a principal ênfase é dada aos gauleses, vinculados à descendência de um filho de Noé, Jafé[36]. Para Lemaire des Belges, uma parte dos gauleses abandonou muito tempo atrás a região para fundar Troia. Os francos troianos eram portanto os ancestrais dos gauleses, e não invasores;

---

35. Cf. esp. BEAUNE, C. *Naissance de la nation France*. Paris: Gallimard, 1985, p. 19-54.
36. Dos dois outros filhos, Sem era considerado como aquele que deu origem à "raça" judaica, e Cam a dos africanos, depois, por extensão, no século XVI, aos índios do Brasil. Cf. as conjecturas de LÉRY, J. *Histoire d'un voyage fair en la terre du Brésil*. La Rochelle, 1578, cap. XVI [reed., Paris: Plasma, 1980, p. 196-197]: "Ainda nos resta tratar da questão que poderíamos propor: de onde esses selvagens podem descender? E eu respondo, em primeiro lugar, que é quase certo que eles saíram de um dos filhos de Noé; mas é difícil afirmar de qual, ainda mais que isso não poderia ser provado pela Sagrada Escritura, e nem mesmo, creio eu, pelas histórias profanas. É certo que Moisés, quando menciona os filhos de Jafé, diz que foram eles que habitaram as ilhas; mas (como todos expõem), em relação a esse lugar, fala-se da Grécia, Gália, Itália e de outras regiões próximas que Moisés chama de as Ilhas, porque o mar as separa da Judeia; sendo assim não haveria por que entender que se trata da América ou das terras que lhe são próximas. Provavelmente, acho que ninguém concordaria em dizer que eles vieram de Sem, do qual saiu a semente bendita e os judeus [...]. Parece portanto que é muito mais razoável concluir que eles descendem de Cam". Jean de Léry imagina que os cananeus, descendentes de Cam, expulsos por Josué da região de Canaã, embarcaram para a América, mas conclui de forma prudente: "Todavia, porque poderiam ser feitas várias objeções quanto a isso, não quero decidir nada, e deixarei que cada um acredite no que quiser".

eles reencontraram na Gália seus parentes distantes, e a aliança de uns com os outros sancionou o vínculo do povo reunificado em sua terra.

Esse mito de autoctonia satisfazia plenamente a exigência de uma inscrição territorial da ideia recente de nação no final da Idade Média. Ele permitia repudiar a ideia de que os francos eram invasores e que, portanto, teriam tido sobre o solo apenas um frágil direito de conquista. Podemos observar aqui toda a diferença entre o mito medieval e o mito aristocrático que acabará se impondo no século XVII e que oporá os nobres, descendentes da raça guerreira e conquistadora dos francos, ao povo submisso, descendente dos gauleses vencidos. No século XV, o mito de autoctonia também permitia refutar as pretensões hegemônicas das nações vizinhas, em particular da Inglaterra; no concerto das nações europeias cada vez mais rivais, ele era, portanto, um instrumento de política externa.

2. O cristianismo apropriou-se não apenas dos mitos ou das figuras míticas da Antiguidade, mas dos modos de interpretação alegórica dos mitos que já eram correntes entre os antigos mitógrafos. De fato a mitologia pagã chegou ao cristianismo por intermédio de seus comentadores neoplatônicos (Calcídio, tradutor latino de Platão, Proclo, Plotino) ou dos mitógrafos da baixa Antiguidade (Macróbio, Marciano Capela, Fulgêncio). O cristianismo recebeu ao mesmo tempo os mitos antigos e seu manual de instrução.

Os autores cristãos apenas desviaram o sentido da leitura dos mitos no sentido de uma "moralização" cristã. Ao fazê-lo, deram continuidade à obra de "desmitologização" iniciada antes deles e produziram, com base no duplo fundamento da mitologia antiga e do saber cristão, novos mitos filosóficos e científicos.

Uma de suas fontes era o *Comentário do Sonho de Cipião*, de Macróbio, sendo ele mesmo a concretização de uma tradição de reflexão sobre o mito que, pelo intermédio de Cícero, remontava até o mito de Er, no décimo livro de *A República* de Platão.

As *Mitologias*, de Fulgêncio (que foi talvez cristão), constituíam outra importante fonte. Seu prólogo tem um tom autobiográfico: a musa da poesia, Calíope, surge ao autor para ajudá-lo, junto com Filosofia e Urânia (a Física) a alegorizar os mitos gregos. Fulgêncio utiliza de forma ampla Ovídio (as *Metamorfoses*), Cícero (*De natura deorum*, o *Sonho de Cipião*) e outros autores mais tardios[37].

Essa tradição de alegoria do mito atravessa toda a cultura latina e cristã da Alta Idade Média: é encontrada em Boécio no século VI, entre os "mitógrafos do Vaticano" no século VII, no *Liber monstrorum de diversis generibus* no século VIII, na obra de Jean Scot Érigène no século IX. Mas floresceu sobretudo a partir do século XII.

Nessa época, a reapropriação do mito antigo caracteriza as escolas urbanas. Ela se faz em torno da palavra *involucrum*, que designa o "revestimento" da verdade pelos "véus" do mito e da alegoria[38]. O princípio de "desvelamento", isto é, de interpretação, não estava ausente da cultura cristã, uma vez que ele tradicionalmente comentava a interpretação do sentido "espiritual" das Escrituras, por oposição ao sentido "literal". Mas agora tratava-se, sobre todos os outros textos, de levantar os véus da alegoria para criar uma filosofia e uma ciência cristãs. Essa obra foi realizada pelos comentadores do *Timeu* de Platão (Bernard de Chartres, Guillaume de Conches, Jean de Salisbury), em Chartres e por Bernardo Silvestre, em Tours.

Tomando apenas um exemplo, cuidadosamente estudado por Brian Stock, a *Cosmografia* de Bernardo Silvestre, escrita por volta de 1143-1148, apresenta-se ao mesmo tempo como "um mito dramático repleto das ações de um grupo de personificações alegóricas", um modelo de ordem universal fundado no comentário neoplatônico de Calcídio e relacionando o macrocosmo e o microcosmo, e uma obra científica utilizando os últimos ensinamentos da Medicina e da Astronomia árabes[39]. Na primeira parte, consagrada ao macrocosmo, Natureza aos prantos se lamenta a *Nous* (a Providência divina) por causa da confusão da matéria primordial (*hulê*) e lhe suplica que restaure a ordem do mundo. Natureza cumpre sua obrigação criando a harmonia estável dos quatro elementos. Depois a *anima mundi* (*endelichia*) desce do céu como uma emanação, e *Nous* realiza a união entre o corpo e a

---

37. *Fulgentius the Mythographer*. [s.l.]: Ohio State University Press, 1971 [Trad. de L.G. Whitbread] [ed. do texto latino por R. Helm. Leipzig: Teubner, 1898].
38. CHENU, M.-D. "Involucrum – Le mythe selon les théologiens médiévaux". *Archives d'Histoire Doctrinale et Littéraire du Moyen Âge*, 22, 1955, p. 75-79.
39. STOCK, B. *Myth and Science in the Twelfth Century – A Study of Bernard Silvester*. Princeton: Princeton University Press, 1972.

alma do mundo. Bernardo Silvestre descreve em seguida todas as partes do universo e justifica seu caráter de eternidade.

A segunda parte da obra é consagrada ao microcosmo, isto é, à criação do homem. Esta criação é concebida ao mesmo tempo a partir do texto do Gênesis e o do *Timeu*: o esforço de síntese das tradições escriturárias e filosóficas é eloquente. A criação do homem é ao mesmo tempo um problema de Inteligência – e por isso é *Nous* que a realiza – e um problema de Necessidade: sendo realizada pela Natureza, assistida por Urânia e por Fisis.

Mas no século XII nem todos eram adeptos de tais elaborações alegóricas; Guillaume de Saint-Thierry, Daniel de Morlay mostraram-se hostis em relação a elas. Em contrapartida, na virada do século XIII, o *Anticlaudianus*, de Alain de Lille, marca o auge dessa tradição retomada nos séculos XIII e XIV pelo *Romance da Rosa*, e depois pela *Divina Comédia*, de Dante. Este ofereceu também, no *Convívio*, uma teoria da leitura alegórica dos mitos extraída dos comentadores antigos[40].

*

Na aurora do Renascimento, a relação entre o mito cristão e a mitologia greco-romana, a qual desfruta de um prestígio crescente, está prestes a se modificar mais uma vez. Ao mesmo tempo se reforça o processo de "desmitologização" do mito cristão em ação na própria cultura clerical desde suas origens e, sobretudo, desde a emergência, no século XII, de uma razão teológica. Essa crítica leva até mesmo a denunciar o caráter mistificador dos mitos: quando Maquiavel comenta que Numa impôs aos romanos a disciplina de crenças cuja falsidade ele não ignorava, falta pouco para que o argumento não se volte contra o cristianismo.

No entanto, esse lento trabalho de destruição só se concretiza no século XVIII, quando paradoxalmente a sacralização dos mitos, por tanto tempo desprezados, dos "bons selvagens" ou até mesmo dos antigos bárbaros da Europa – a descoberta de Ossian, dos bardos celtas e do *Edda* escandi-

---

40. Cf. RENAUDET, A. *Dante humaniste*. Paris: Les Belles Lettres, 1952.

navo – possibilita que se veja no cristianismo uma mitologia como as outras. Podemos admitir então que o longo processo de "desmitologização" começado por Platão no século V a.C. dá finalmente seus frutos, frente ao cristianismo, na época do Iluminismo[41]. Mas a história nunca é linear, e a dos mitos não mais do que as outras; ao concentrar aqui o foco na Idade Média, quisemos mostrar, ao contrário, a complexidade do problema do mito e as variações de sua cronologia.

---

41. STAROBINSKI, J. "Le mythe au XVIIIe siècle". *Critique*, 366, 1977, p. 975-997.

IV

A crença na Idade Média*

Para quem se preocupa em construir uma história da crença, o período medieval parece oferecer o modelo acabado de uma adequação ideal entre um corpo social e um sistema de representações ao qual todos os "crentes" aderem. A Idade Média é considerada como "a época da fé" por excelência, uma fé "que move montanhas" ou que, pelo menos, teria permitido a construção das catedrais. A época contrastaria assim, de um lado, com o ritualismo da religião cívica da Antiguidade greco-romana, do outro, com o agnosticismo moderno que surge no Renascimento, quando Lucien Febvre pode se perguntar, por exemplo, sobre a "descrença" ou o "ateísmo" de um Rabelais[1].

A partir dessas bases, alguns, nostálgicos, lamentam a perda irremediável desse paraíso da crença de outrora e outros, ao contrário, denunciam o império da "credulidade" e das "superstições" medievais, base de todas as alienações. De fato, esses julgamentos, aparentemente antagonistas, acabam se encontrando em razão de seu caráter igualmente redutor: eles subestimam todas as nuanças que o historiador, que se recusa a confundir o objeto afirmado da crença (Deus, o diabo, o inferno etc.) e as modalidades cambiantes do crer (o que significa, exatamente, crer no diabo?) pode trazer a um quadro demasiado maciço. Como escreveu Michel de Certeau, nós não reduzimos a objetos senão as crenças nas quais não acreditamos mais, incapazes que somos de descobrir operações de crença tão sutilmente embaraçosas em nossas próprias práticas[2]. Sem mesmo falar do "retorno religioso", que muitas vezes acontece à margem das igrejas estabelecidas, como não ver

---

* Retomado de "La croyance au Moyen Âge". *Raison Présente*, n. 113, 1995, p. 15-22.
1. In: *Le problème de l'incroyance au XVIe siècle* – La religion de Rabelais. Paris: Albin Michel, 1942 [reed., 1968].
2. "Croire: une pratique sociale de la différence". In: VAUCHEZ, A. (org.). *Faire croire* – Modalités de la diffusion et de la réception des messages religieux du XIIe siècle. Roma: École Française de Rome, 1981.

que a crença, ou melhor, alguns tipos de crença estão hoje no coração do funcionamento da sociedade de consumo, das mídias, da loteria, da especulação da bolsa ou ainda da vida política?

Entre o passado e o presente, algumas diferenças se impõem, no entanto, ao olhar. Sem dúvida elas dizem respeito às relações entre a crença e a religião, de um lado, a razão e a ciência, do outro. Qualquer que seja a parte da crença em todo saber, até mesmo no âmago da própria abordagem científica (quando uma hipótese acaba de ser formulada, p. ex.), não é possível duvidar que o racionalismo moderno e o desenvolvimento das ciências exatas provocaram o recuo de, pelo menos, toda uma frente do império das crenças, em toda parte, principalmente, onde a ilusão religiosa povoava com figuras sobrenaturais o invisível que escapa à observação direta e à compreensão. No entanto, evitemos uma visão linear do progresso da razão e de um recuo inexorável das crenças. O historiador observa muito mais os deslocamentos dos campos da crença, das mudanças de seus conteúdos e o surgimento de novas formas sociais de enquadramento e de produção do crer.

Os contextos sociais da crença na Idade Média

Não podemos falar da crença na Idade Média sem evocar em primeiro lugar o papel central da Igreja na definição dos objetos de crença (o cristianismo), na obrigação de crer (a ortodoxia), na pedagogia da crença (o apostolado). E ainda, qualquer abordagem das crenças medievais é amplamente dependente do testemunho dos clérigos, cuja função era a de exaltar e de difundir as crenças legítimas: e, para isso, por muito tempo foram os únicos a escrever. Todavia, para os próprios clérigos medievais, a questão da crença não se limita à fé religiosa, mas engloba muitos outros objetos e maneiras de crer, quer se trate de crer em um relato ordinário, nos propósitos anódinos de seu vizinho, em um presságio aparente ou em seu próprio destino...

Na língua clerical latina da Idade Média, assim como antes no latim clássico do qual ela se originou, o essencial do campo da crença pode ser coberto por duas palavras. De um lado, o verbo *credere*, que significa no sentido próprio "fazer crédito", esperar em retorno o equivalente daquilo que se emprestou[3]. A crença supõe então uma relação com outrem, que este seja um homem ou um ser divino. Por outro lado, o substantivo *fides*, que designa a confiança, a fidelidade e, por extensão, a fé religiosa. Em todos os casos, essas palavras se aplicam ao conjunto das atividades sociais. De maneira significativa, a "fé", a "fidelidade" são as palavras-chave de todo um sistema sociopolítico, o da feudalidade. A ideia de contrato, inerente às noções de crer e de fidelidade, aplica-se às relações atadas pelo "fiel" tanto com seu senhor quanto com seu Deus, ele também nomeado *dominus*: nos dois casos se estabelecem relações de confiança mútua, em um contexto hierárquico bem afirmado e em uma duração destinada a permitir a reciprocidade dos benefícios esperados de um contrato (proteção do senhor e ajuda do vassalo, homenagem do crente a seu Deus e promessa da salvação no além).

Ainda que o contexto linguístico tenha pouco mudado desde a Antiguidade, nem por isso a especificidade medieval é mais nítida. Ela se prende aos novos conteúdos sociológicos e religiosos dessas noções e, mais particularmente, tratando-se do cristianismo, ao advento de um sistema religioso radicalmente diferente.

A singularidade da crença cristã vem primeiramente do exclusivismo da nova religião, que contrasta com a recepção dada em Roma pela religião cívica aos deuses estrangeiros, na medida em que seu culto, pelo menos, não ameaçasse os fundamentos do império (por isso, justamente, a perseguição aos cristãos)[4]. Quanto mais o monoteísmo cristão exclui de forma vigorosa todo compromisso com os outros cultos, tanto mais vai se dando, ao longo dos primeiros séculos, um corpo de crenças definido de forma rígida, um dogma. Este é resumido pelo Concílio de Niceia de 325 na fórmula do *Credo*. Menos de um século mais tarde, Santo Agostinho legitima suas fórmulas no *De doctrina christiana*. O que funda a obrigação da crença cristã de excluir qualquer outra é o caráter revelado da Verdade, assim como enunciado pelas Escrituras. No entanto, contra todo encerramento em *um* e apenas um único, a porta logo se abre a uma atitude mais maleável em relação à

---

3. Cf. BENVENISTE, É. "Créance et croyance". *Vocabulaire des Institutions Indo-européennes*. T.I. Paris: De Minuit, 1969, p. 171-179. • POUILLON, J. "Remarques sur le verbe *croire*". IZARD, M. & SMITH, P. (org.). *La fonction symbolique* – Essais d'anthropologie. Paris: Gallimard, 1979, p. 43-51.
4. LINDER, M. & SCHEID, J. "Quand croire c'est faire – Le problème de la croyance dans la Rome Ancienne". *Archives de Sciences Sociales des Religions*, 81, 1993, p. 47-62.

Verdade: primeiramente, não há um Evangelho, mas quatro, que sem dúvida estão de acordo com o essencial, mas o expressam em termos diferentes e às vezes até mesmo apresentam variantes bem reais, mesmo deixando obscuros muitos aspectos da Promessa. Assim o texto sagrado, que expõe sob a forma de vários relatos os enunciados da crença obrigatória, exige ao mesmo tempo um comentário e outros relatos. Mesmo fazendo uma distinção entre estatutos e graus de legitimidade diferentes, a crença e, de forma mais geral, o crível englobarão assim muito mais do que o núcleo estrito das Escrituras: tudo o que constitui a tradição produzida pela instituição de crença que é a Igreja, seja no plano doutrinal (desde os escritos dos Pais até as decisões dos concílios), seja no plano narrativo (isto é, todo o lendário cristão, da vida de santos aos relatos de milagres e aos *exempla* dos pregadores).

Contudo, qualquer que seja a autoridade à qual pretenda, a tradição jamais se confunde completamente com a Verdade revelada. Ela não pode fazer com que se esqueçam de que é a obra dos homens, ainda que estes últimos sejam *autorizados* pela sacralidade de seu estatuto e pela santidade da instituição à qual servem: no mais, os heréticos e mais tarde os reformados se encarregarão de lembrá-la. Mas, no momento, o que poderia ser uma fraqueza transformou-se em uma vantagem, pois a crença encontra-se assim próxima dos fiéis, que se tornaram familiares de uma variedade de palavras e de figuras (o Menino Jesus, a Sagrada Família, os santos, o Juízo Final etc.) surgidas no espaço entre o humano e o divino e muito mais aptas a manter coeso todo o corpo social que repousa, como mostra o vocabulário, em uma rede complexa de "crenças" homólogas.

Outro traço específico é o universalismo de uma crença oferecida e aberta a todos os homens, qualquer que seja seu estatuto social (os escravos tanto quanto os homens livres), sem distinção de Estado (o cristianismo jamais se identificou com a religião de uma única cidade nem de um único império), sem restrição étnica (virtualmente todos os homens compõem o povo eleito). Segui-lo foi a única coisa que Cristo pediu aos homens. Esse é um dos aspectos mais revolucionários de sua mensagem e foi a garantia evidente do sucesso rápido e da expansão do cristianismo.

Mas esse traço tinha duas implicações: de um lado, a necessidade de um aparelho eclesial forte, remediando a ausência de qualquer outro vínculo institucional permanente. O que caracteriza o cristianismo, comparado principalmente com as religiões da Antiguidade, do judaísmo e do islã, é realmente a existência de uma Igreja forte e cada vez mais centralizada, com padres, clérigos, administração, imensa riqueza material, universidades etc. Não se poderia analisar a crença medieval e sua eficácia independentemente do papel determinante dessa instituição de crença, a Igreja, que era ao mesmo tempo produtora de crença, instrumento do fazer crer e, enquanto referência obrigatória da *auctoritas*, objeto de crença.

Uma segunda implicação do universalismo do cristianismo é a insistência sobre o caráter de aquisição individual de uma crença que não se pode herdar passivamente. O cristianismo sempre recorre à conversão: conversão externa à nova fé, de acordo com o modelo de São Paulo, ou conversão interna e nunca consumada, que exige, por exemplo, a tomada do hábito monástico. Em um primeiro momento, a cultura cristã parece então privilegiar as características de intimidade, de interioridade, de liberdade individual da crença e o vínculo pessoal entre o homem e Deus (as *Confissões* de Santo Agostinho, p. ex.). Mas, como veremos, também não se pode subestimar as manifestações de exterioridade individuais e coletivas da crença, inclusive no âmbito religioso. Por fim, se nossas concepções modernas da crença individual sem dúvida devem muito à cultura cristã antiga, é preciso evitar qualquer anacronismo uma vez que tradicionalmente, para o cristão, está claro que o motor principal da conversão cristã não é apenas o livre-arbítrio, mas a graça, o sopro do Espírito que a criança recebe por ocasião de seu batismo.

Limites da crença?

A importância da Igreja e da fé cristã não deve dissimular a extrema diversidade dos comportamentos, nem os debates medievais relativos aos conteúdos e aos graus da crença. Há, nessa cultura religiosa aparentemente tão unânime, um lugar para a descrença? Além disso, em que situação se encontram, ao lado ou contra as crenças legítimas, as "falsas crenças" rejeitadas pela Igreja? Por fim, como se coloca, no pano de fundo desse debate, a questão da crença no "verdadeiro" ou no "falso" na cultura medieval?

A questão da descrença é sem dúvida, em razão das fontes de que dispomos, uma das mais difíceis de ser colocada. Lucien Febvre tentou, e acabou concluindo pela impossibilidade mesma da descrença na Idade Média. Como Jean Wirth demonstrou[5], é preciso hoje relativizar essas conclusões, o que farei situando-me em dois planos diferentes. De um lado, seria bom interrogar de uma maneira outra que aquela feita até agora os inúmeros testemunhos de que dispomos, principalmente na literatura hagiográfica, nos relatos de milagres, nos relatos dos pregadores, alguns comportamentos que os clérigos julgam sacrílegos ou blasfematórios e que questionavam, de maneira agressiva ou maliciosa, a realidade de um milagre, a materialidade da presença real, o caráter sagrado do sacerdócio, o poder de consagração ou de maldição dos padres, a faculdade de um santo curar um doente. Quando somamos todas essas críticas, ataques, brincadeiras às vezes indecentes, percebemos a extrema difusão de comportamentos que, sem dúvida, não expressam por parte de simples "fiéis" um agnosticismo de princípio, mas antes uma desconfiança dependente das circunstâncias que denota uma grande liberdade na recepção do discurso ortodoxo dos clérigos.

De outro lado, é preciso levar em conta outro fenômeno, desta vez no nível mais erudito da vida intelectual: o esforço incessante de racionalização do religioso. Ele é tão antigo quanto o comentário das Escrituras (*sacra pagina*), mas conhece uma etapa decisiva com a escolástica, quando, segundo a expressão do Padre Chenu, a teologia torna-se uma "ciência". Esta logo afirma uma extrema audácia em relação à crença: é pela dialética que Santo Anselmo pretende demonstrar a necessidade da Encarnação. E usando os mesmos procedimentos lógicos, Abelardo submete a tradição doutrinal à crítica do verdadeiro e do falso (*Sic et non*). Essas abordagens expressam uma notável liberdade em relação ao texto, conforme ao preceito segundo o qual "o espírito vivifica e a letra mata". Com o tempo, como até hoje mostram os recorrentes alertas dirigidos aos teólogos pelo magistério, o destino delas também era o de minar os próprios fundamentos da crença cristã, de abrir espaço para um pensamento dessacralizado e profano, de relativizar o alcance histórico da mensagem religiosa. A "morte de Deus" (que se verifi-

---

5. WIRTH, J. "La naissance du concept de croyance (XIIe-XVIe siècle)". *Bibliothèque d'Humanisme et de Renaissance* – Travaux et documents, XLV, 1983, p. 7-58.

cou muito depois da Idade Média, é bem verdade) veio tanto do exterior da Igreja quanto foi, desde a época medieval, preparada em seu interior.

Resta que o debate medieval essencial não acontece entre a crença religiosa e o agnosticismo, mas entre "verdadeira" e "falsa" crença. Para os clérigos, a crença é confrontada com duas grandes categorias antagonistas do verdadeiro e do falso. Entre elas, a oposição é explícita: a *veritas* é o objeto mesmo da Revelação, o coração da crença obrigatória. Ela se opõe à *falsitas*, isto é, por definição a tudo o que não é ela. Ora, a "falsidade" se encarna em tipos sociais e culturais que tomam um lugar considerável no discurso da Igreja.

Trata-se primeiramente da crença dos pagãos, designada de forma genérica como "idolatria", cujos mitos são denunciados como se fossem palavras inúteis, como *fabulae*.

Em seguida, trata-se dos judeus, com quem, no entanto, as relações são diferentes, uma vez que o Antigo Testamento mantém seu valor de anúncio da Encarnação: por isso a interpretação tipológica dos clérigos permite ler nos episódios da Antiga Lei a prefiguração ou as lições morais da Nova. Mas como crença, caduca e incompleta, de judeus atuais, o judaísmo é relegado à posição da *superstitio*, ou seja, no sentido etimológico, de um testemunho que, por não ter reconhecido o Messias, sobreviveu de uma maneira anacrônica e cada vez mais maltolerada.

O termo *superstitio* também se aplica às "crenças populares" que a Igreja, a despeito de sua grande capacidade de adaptação, não soube ou não quis fundir em suas próprias crenças e práticas. A língua alemã as nomeia *Aberglaube*, isto é, etimologicamente, "não crença". Ou seja, todo um folclore malcontrolado no qual dominam as práticas de adivinhação e os ritos, benéficos ou maléficos, relativos ao corpo, à doença, à morte[6]. Para os clérigos da Idade Média assim como, mais tarde, para os eruditos e os folcloristas, essas crenças são percebidas como "sobrevivências" heteróclitas, as *membra disjecta* da antiga idolatria, no seio do cristianismo e da maioria iletrada da população. Mas a noção de "sobrevivência" não consegue explicar plenamente

---

6. Cf. SCHMITT, J.-C. "Les 'superstitions'". In: LE GOFF, J. & RÉMOND, R. (org.). *Histoire de la France religieuse*. T. I. Paris: Du Seuil, 1988, p. 417-551.

essas crenças, que se integram, na realidade, à dinâmica mesma da história. De fato, a própria Igreja nunca deixou de alimentar as "superstições" rejeitando de seu interior "autorizado" práticas e crenças que ela deixou de admitir ao longo do tempo. Ora, essas mesmas "observâncias", desviadas de seu uso original, encontram no "povo" uma nova aceitação. Por exemplo, práticas adivinhatórias que eram corriqueiramente utilizadas na Alta Idade Média para confirmar a eleição de um novo bispo não são mais toleradas pelas autoridades eclesiásticas no século XIII, apesar de continuarem nas paróquias e nas casas. Como não fazer observações análogas, em uma duração ainda mais longa, a respeito da crença no diabo, que para Santo Tomás de Aquino, por exemplo, era digna da mais alta especulação, antes de estar reduzida hoje à posição de um amável folclore ou de não representar senão um papel metafórico? A historicidade do cristianismo está no princípio daquilo que poderíamos chamar o retratamento permanente das crenças, umas sendo legitimadas de uma maneira nova, ao passo que outras, ao contrário, perdem sua legitimidade, mas, transformadas e folclorizadas, permanecem vigorosas. Longe de ser um sistema de crença fechado e fixado de uma vez por todas, o cristianismo medieval nunca deixou de se modificar, de inovar (inventando entre outras a crença no purgatório), de se adaptar e de suprimir: desde o século XIII, por exemplo, o tradicional *clamor* – a greve do serviço litúrgico decretada pelos monges contra seu santo padroeiro suspeito de não desejar protegê-los – caiu em desuso, mas logo é encontrada de forma mais ou menos clandestina e denunciada pelos clérigos entre os simples fiéis.

Estejamos certos de que essa faculdade de adaptação foi um dos segredos da força e da perenidade da Igreja, a tal ponto que os ataques lançados diretamente contra ela e provocando a cada vez seu restabelecimento a fortaleceram muito mais do que a enfraqueceram. O principal perigo residia na heresia, definida como a perversão da crença legítima. Ela parecia sempre renascer e acompanhar os progressos da Igreja. À mensagem desta última, os heréticos opunham uma interpretação "fundamentalista" das Escrituras, recusando todos os acréscimos e acomodamentos da tradição. À concepção flexível da crença proposta com sucesso pelos clérigos, os heréticos (entre os quais aqueles que no momento oportuno certos textos designam como os *credentes*) opõem seu rigorismo doutrinal e moral e rejeitam qualquer concessão ao mundo. Mais do que crenças diferentes (o que realmente é o caso apenas para os cátaros e só em parte) se opõem assim, no mesmo terreno, duas concepções da crença, uma intransigente e por isso destinada ao fracasso, outra muito mais flexível e por isso destinada ao sucesso. A Igreja sem dúvida venceu seus adversários por causa de sua força institucional, política e material, mas também e talvez sobretudo graças a uma concepção mais maleável da verdade, que foi para ela, em todas as circunstâncias, um fator decisivo de adaptação, e até mesmo de útil compromisso.

A questão da verdadeira e da falsa crença não opõe apenas a Igreja e os adversários que ela designa e se propõe a convencer ou condenar. Ela também se coloca no centro das crenças e dos comportamentos julgados legítimos. Pois a verdade, não mais que a falsidade, não é dada *a priori*: sempre é duvidosa. No limite, a falsidade pode até mesmo ser necessária para a verdadeira crença.

Os usos feitos na Idade Média da figura do diabo são um testemunho disso; o mestre de toda falsidade, de todas as crenças ilusórias, designadas pelo adjetivo *fantasticus*. As "ilusões" são os desejos vãos e as imagens de sonho que, segundo as concepções da época, não nascem sozinhas no espírito dos homens, como pensamos atualmente, mas são ali introduzidas sub-repticiamente pelo diabo com a ajuda da noite, do sono e do sonho. Portanto é preciso temer os sonhos, não "acreditar neles" precipitadamente, confiar muito mais no que dizem as pessoas "autorizadas", os clérigos, que por sua sabedoria e pela virtude de seu *ordo*, estão aptos a distinguir o sonho "verdadeiro" (enviado por Deus e seus anjos) do sonho "falso" (de origem diabólica), ou ainda os "bons espíritos" (os anjos, as almas) dos "maus espíritos" (os demônios que tomam sua aparência): do carisma da *discretio spirituum*, os clérigos fizeram um ministério reservado, o do exorcismo. Uma vez mais, a instituição se constrói como fiadora da crença ao impor sua mediação entre os homens e o sobrenatural, ao mesmo tempo para dizer o verdadeiro e o falso e para colocar o segundo a serviço do primeiro. Pois se o diabo é a própria falsidade e a fonte das falsas crenças, é indispensável para sua salvação que os homens acreditem nele e em seus poderes. É por isso que, na tribuna, os pregadores não se privam de fortalecer por meio de seus relatos a crença no diabo e de tirar proveito das angústias que ela inspira.

A distinção entre o verdadeiro e o falso é portanto o objeto de perpétuos e difíceis reajustes. Claro, ela pode em alguns casos ser definida de maneira nítida e alguns clérigos medievais não esperaram a crítica positivista moderna para denunciar aqui a fraude, acolá o erro condenável. Sabemos, por exemplo, como o Monge Guibert de Nogent, no início do século XII, tomou a iniciativa de demonstrar que a pretensão de algumas igrejas de possuir relíquias corporais de Cristo (um dente de leite, o prepúcio, o umbigo etc.) entrava em contradição com o dogma da ressurreição do Salvador. Mas, na maioria dos casos, a "verdade" de objetos que, para nós, são evidentemente "falsos" não levantava nem podia levantar nenhuma dúvida, uma vez que deles dependiam o estatuto social e a legitimidade daqueles que os possuíam, quer se trate de uma carta atestando antigos privilégios, de uma das incontáveis relíquias da Verdadeira Cruz ou ainda do pretenso corpo de um santo conservado simultaneamente em vários santuários. Para os felizes detentores, monges ou cônegos na maioria das vezes, a verdade desses preciosos objetos, atestada pela tradição ou pela força do testemunho, causava ainda menos dúvidas porque participava minimamente de uma esfera do *verossímil* que, aquém de qualquer verificação positiva ou demonstração racional, delimitava para a satisfação de todos o horizonte das crenças admissíveis. Afinal de contas, se a relíquia tinha a reputação de ser eficaz contra a doença e se a suposta antiguidade de um mosteiro era um componente de sua eminente dignidade, por que seria necessário não "acreditar nelas"?

Em resumo, a flexibilidade da crença era a melhor garantia de seu funcionamento eficaz. Foi o que Alain Boureau demonstrou tão bem a respeito dos relatos produzidos pela cultura clerical da Idade Média, em torno do relato fundador da Revelação[7]. Ele propôs fazer a distinção entre diversos "regimes de veridicção" que permitem classificar hierarquicamente esses relatos, segundo seus usos (desde a liturgia até a disputa argumentada, p. ex., contra os doutores judeus ou contra os heréticos, passando pelos *exempla* dos pregadores) e segundo suas fontes: no alto da escala encontram-se os relatos evangélicos, expressão da verdade revelada, núcleo duro, ainda que não unívoco, da crença obrigatória. Depois vem a verdade "autorizada", a que

---

7. In: *L'événement sans fin* – Récit et christianisation au Moyen Âge. Paris: Les Belles Lettres, 1993. Cf. tb., do mesmo autor, *La Papesse Jeanne*. Paris: Aubier, 1988.

os Pais da Igreja enunciaram de uma maneira que para a Igreja permanece irrefutável. Em seguida vem a verdade "autenticada" pelo próprio narrador, que não cita mais uma "autoridade" (Agostinho, Gregório o Grande, Beda etc.), mas seu próprio testemunho, tomando o cuidado de escrever: "eu vi", "eu ouvi". Normalmente, ele nomeia seu informante, um homem "digno de fé", e dá as razões de sua fiabilidade: sabedoria, bons costumes, "intenção devota", pertencimento a uma ordem religiosa, sobretudo se esta é a mesma do narrador. Acrescentemos que nesses casos de verdade "autenticada", que de fato envolvem uma grande parte do *corpus* narrativo medieval, a crença tende a alimentar a crença, na medida em que o relato feito por escrito e declarado conforme aos critérios de verdade tende a subir um grau na escala da verdade tornando-se por sua vez uma "autoridade": isso pode ser visto nas coletâneas de *exempla* dos séculos XIII e XIV em que relatos recentes, atribuídos com uma maior ou menor certeza a um pregador célebre (p. ex. Jacques de Vitry), tornam-se a fonte "autorizada" de novos relatos.

O último grau da escala é o "alegado", sustentado por um simples *fertur, dicitur*. Chegamos aqui ao simples rumor ou ao que os textos mais teóricos por prudência qualificam de "opinião". Se não é possível se pronunciar sobre a forma exata do relato, este, por sua natureza, permanece admissível na medida em que não infringe a verdade. Do verdadeiro nitidamente afirmado, passa-se então, de forma imperceptível, a um verossímil legítimo no qual não é, muito pelo contrário, prejudicial de se acreditar. Um grande número de relatos prodigiosos, de *mirabilia*, que dizem respeito à natureza ou aos acontecimentos surpreendentes, procedem dessa categoria: aparições estranhas e inexplicadas, suposta presença de monstros em um determinado lugar, histórias feéricas etc. A atenção e o crédito que lhes são dados não devem ser apenas colocados na conta da "credulidade" dessa época. É preciso ver antes, pelo menos por parte dos clérigos que consignaram esses prodígios, uma imensa curiosidade pelos fenômenos "maravilhosos" que lhes pareciam escapar ao âmbito familiar dos "milagres" tradicionais e que podiam trazer conhecimentos inéditos sobre o mundo e os homens. A crença nas fadas e nas "pedras de fogo" caídas do céu talvez tenha alimentado os primeiros balbucios de um espírito científico de tipo moderno.

Contudo, para entender realmente o funcionamento da crença, não se deve apenas levar em conta as diversas marcas de veridicção que introduzem esses relatos, mas também as provas materiais enunciadas na própria intriga. Em muitos relatos de conversão, a frequente manifestação dramática de uma prova material da verdade provoca uma brusca mudança do cético ou a iluminação súbita do coração do insensível: atingido pelo castigo divino, repentinamente encurvado pela dor sob o efeito da maldição de um santo ou, ao contrário, milagrosamente livre de uma doença julgada incurável, o homem logo se convence a acreditar. Há, portanto, um tempo da conversão, que se prepara mais ou menos lentamente e de repente se acelera, e também uma concepção da crença que, ao contrário do que poderíamos esperar, procede menos de um percurso interior, de uma psicologia sem dúvida anacrônica, do que de um comportamento público obediente às modalidades estabelecidas e rituais e que marcam de forma ruidosa a adesão a uma verdade que não é senão a norma social. Mais do que a interioridade, a crença medieval participaria assim da exterioridade, a dos comportamentos públicos e rituais e a das provas materiais que ao mesmo tempo alimentam e ilustram a crença.

Assim, em muitos dos relatos em que há a intervenção do sobrenatural, por exemplo, a aparição de Cristo, da Virgem, do diabo ou de um morto, o recurso à necessidade de crer supõem algumas garantias materiais que habitualmente os textos nomeiam como *signa*. A crença não se satisfaz em ser apenas afirmada ou solicitada, ela precisa de provas tangíveis e duráveis. Claro, a fé, a crença na revelação, não deveria precisar de "sinais": Cristo não recriminou Tomé por desejar tocar sua ferida antes de crer na ressurreição? Mas na enorme quantidade de relatos que não pararam de aumentar e de ampliar o drama da origem, os *signa* são a regra, sob formas variadas. São provas materiais, mas também imateriais, como a evocação de uma lembrança ou um presságio cujo reconhecimento leva à crença; por outro lado, os "sinais" se dispõem sobre o eixo do tempo, quer sejam anteriores, exatamente contemporâneos ou posteriores ao acontecimento sobrenatural que é objeto da crença. Assim o diabo pode deixar, sobre o corpo do adormecido ao qual apareceu durante o sono, os traços visíveis e doloridos dos golpes que lhe deu e com os quais o adormecido confessa ter sonhado. Outro caso, a evocação de uma lembrança que apenas os protagonistas conseguem identificar: um fantasma relembra a seu irmão uma aventura de juventude que somente eles poderiam compartilhar. Em um célebre milagre de São Mercúrio, o testemunho *a posteriori* de um peregrino permite compreender que foi o santo em pessoa que, muito distante dali, matou em combate Juliano o Apóstata, no exato momento em que as armas do santo desapareciam da igreja onde estavam guardadas. Enfim, não é raro que o ser sobrenatural prediga a morte daquele a quem apareceu, e a realização dessa previsão funesta é considerada pelas testemunhas incrédulas como prova da verdade do fato.

Naturalmente, o reconhecimento desses "sinais" e de seu valor de prova supõe um deciframento do real e uma interpretação do tempo e do destino que pertencem ao mesmo mundo religioso da crença. Os sinais são mudos para aqueles que não sabem ligá-los entre si e aos detalhes mesmo ínfimos da existência: dar-lhes importância, dar-lhes o estatuto de prova, supõe conceber uma história sem acaso e um mundo cuja parte invisível comanda a parte visível. Mas nem por isso viver em tal mundo significa a submissão ao destino, sem possibilidade de dominá-lo, ou sob o domínio de uma credulidade que ignoraria a dúvida e a crítica dos "sinais".

As modalidades do crer

Para além das categorias eruditas nas quais as crenças foram pensadas e classificadas, é necessário então, para finalizar, tentar se aproximar das modalidades vividas do ato individual do crer, do equilíbrio entre o que é dado como certo, ainda que presentemente fora de alcance (creio na misericórdia do rei, na vida eterna etc.) e a dúvida que inevitavelmente mina qualquer afirmação dessa ordem (sim, creio, mas...). Ora, não é fácil para o historiador penetrar nas consciências do passado, nem mesmo interpretar os "sinais" exteriores da crença de que falamos. Por exemplo, se o alcance e muitas vezes a beleza dos testemunhos artísticos e arquiteturais da civilização da Idade Média podem, por um lado, ser vistos como a expressão das crenças religiosas dessa época, de sua autenticidade e de sua força, como ir além e conhecer os conteúdos, as nuanças, e até mesmo as dúvidas que constituem a totalidade do "crer" dos próprios indivíduos?

Alguns testemunhos mereceriam ser examinados com uma atenção maior do que aquela dispensada até agora. Fico surpreso, por exemplo, com a frequência das imagens do diabo que, não apenas nos lugares públicos, nos portais das catedrais entre outros, mas também nas miniaturas dos manuscritos, foram sistematicamente e sem sombra de dúvida apagadas ou desfiguradas de maneira intencional. A posição dessas imagens mutiladas até em livros inacessíveis a um grande público mostra que esses comportamentos não eram reservados aos leigos, mas também podiam ser praticados pelos clérigos. Será que não podemos interpretar essas mutilações ou destruições como o vestígio de um medo dessas imagens e do poder que o olhar do diabo poderia guardar até nas obscuras miniaturas?

Também seria necessário procurar todos os testemunhos explícitos dos autores medievais sobre as crenças pessoais. Essa lista é longa a partir das *Confissões* de Santo Agostinho. A autobiografia cristã passa por uma renovação a partir dos séculos XI e XII, o que torna esse tipo de pesquisa possível, mesmo limitada a uma ínfima minoria de pessoas, monges e clérigos que eram os únicos capazes de escrever. Mas esses autores, por exemplo os monges Otloh de Saint-Emmeran ou Guibert de Nogent, eram adeptos da introspecção, da análise dos movimentos da alma, das resistências da razão, das dúvidas que a assaltam diante da potência divina, das tentações atribuídas às armadilhas do diabo, dos sonhos e das visões pessoais que rememoram e sobre os quais se perguntam com angústia se são "verdadeiros" ou "falsos". Estudei toda uma série desses relatos, no caso, bastante privilegiado para o que nos ocupa aqui, da "crença nos fantasmas"[8].

A ideia que habitualmente prevalece entre os historiadores é que os "homens da Idade Média" viviam em uma familiaridade imediata com os mortos, que deviam lhes aparecer com frequência em sonho ou mesmo durante a vigília para aterrorizá-los ou, mais serenamente, pedir-lhes os "sufrágios" a fim de se verem livres mais rapidamente dos sofrimentos do purgatório. Esta é, com efeito, a impressão que se retira da leitura dos incontáveis relatos de aparição que permeiam sobretudo os sermões e os relatos de *exempla*. A esses relatos de visão dou o nome de relatos indiretos, pois a maioria deles pertence ao regime de veridicção qualificado mais acima como "autentificado": um pregador compõe um *exemplum* a partir de um relato de aparição que diz ter obtido da boca de um confrade "digno de fé", o qual pôde cer-

---

8. In: *Les revenants, les vivants et les morts dans la société medieval*. Paris: Gallimard, 1994.

tificar a autenticidade de seu relato colhido em circunstâncias que, segundo ele, não permitem nenhuma dúvida. Esses relatos, tomados ao pé da letra, ilustrariam, como dizem, a "crenças nos fantasmas": esta seria dada *a priori*, antes do relato cuja função consistiria simplesmente em expressá-la.

Para mim, ao contrário, parece que a pretensa possibilidade de os fantasmas se mostrarem em plena luz do dia a seus parentes vivos e bem-acordados não remete a uma crença estabelecida, mas a todo o processo de sua enunciação. A objetivação da figura do fantasma é inseparável da socialização do relato, que passa por sua transmissão e sua autentificação e interessa a todo um conjunto de pessoas: não apenas o narrador, mas seus informantes, outras testemunhas eventuais, seus ouvintes e leitores imediatos e virtuais. O que alcançamos com isso não é uma "crença", mas o ato social do "crer": nem mais nem menos do que em uma "história de fantasma" (ou de óvni) narrada atualmente na televisão e que em seguida é difundida, transformada e cada vez mais solidificada como se fosse uma asserção indiscutível.

Esta análise é corroborada *a contrario* pelos testemunhos autobiográficos, uma vez que estes, com raras exceções, nunca se referem à visão acordada de um fantasma, mas sempre à sua aparição em um sonho do narrador. Este sonha com os mortos que conheceu e amou, conta seu sonho e reflete sobre ele, assim como nós mesmos poderíamos fazê-lo depois de ter sonhado, especialmente se estamos às voltas com experiências de luto. Ora, neste caso, ao contrário do anterior, o autor insiste sobre suas dúvidas e seus próprios temores e sobre a aparência fugidia, imaterial e fantasmagórica da figura que lhe apareceu.

Sem dúvida a condição de possibilidade de todos esses relatos é inicialmente a crença em uma determinada forma de sobrevivência da alma após a morte e na manutenção de uma relação ativa, para além do passamento, entre os vivos e os mortos. Mas esse *a priori* necessário não prejulga em nada as modalidades precisas do crer e do fazer crer, que dependem das condições sociais de enunciação e dos fins visados por cada narrador.

Se admitirmos então que a crença é, antes de mais nada, um processo, um crer, mais do que um objeto, não devemos buscá-la em outro lugar que não apenas o do *corpus* de seus enunciados explícitos? Essa consciência, os próprios pensadores escolásticos já a tinham, uma vez que distinguiam entre a crença "explícita", a dos clérigos ou *majores* aptos a ouvir e comentar os mistérios divinos, e a crença "implícita", a dos *minores* ou simples leigos que deveriam apenas conhecer o *Credo*, o *Pai-nosso* e a *Ave-Maria*, mesmo que ignorassem todas as implicações das fórmulas recitadas[9]. Semelhante concessão feita aos necessitados da evangelização supunha de um lado que o *Credo*, de afirmação solene da ortodoxia cristã, tornara-se uma prece entre outras. E, de outro, confirmando o que foi dito mais acima, que a crença não foi distinta de seu enunciado, mas que dependeu estreitamente das palavras que a diziam: seja o reconhecimento da eficácia pedagógica ou de autossugestão da palavra (de tanto dizer que eu creio, eu creio), ou mesmo da eficácia mágica de uma fórmula latina cujo sentido exato escapa, mas sobre a qual todos concordam em dizer, por exemplo, que ela afugenta os demônios ou a morte súbita. Podemos concluir então que a recitação de tais fórmulas e toda a execução gestual e ritual que a acompanhava eram portadoras e mesmo criadoras de enunciados de crença talvez ainda mais eficazes na medida em que eram amplamente implícitos...

Ora, esta observação não poderia tratar apenas das "crenças populares" dos *minores*. Ao contrário, é preciso considerar que toda a vida religiosa medieval, para os ministros do culto ao menos tanto quanto para os fiéis, nos monastérios, nos capítulos das catedrais, porque ela era ritmada ao longo de um dia pelo canto das horas monásticas ou canonicais, pelos gestos rituais dos padres administrando os sacramentos e sacrificando cotidianamente o corpo de Cristo, pelas procissões e bênçãos diversas, o brilho das velas, o odor do incenso, o farfalhar e as cores das vestimentas litúrgicas, era uma formidável máquina de produção do crer e ao mesmo tempo do fazer crer, independentemente até mesmo das fórmulas explícitas que os enunciavam. Nesse sentido, a "crença medieval", a despeito de seus traços específicos, apresenta muitas analogias com o que pôde ser dito sobre a crença na religião cívica ritualizada da Roma Antiga. Mas, na realidade, será que ela também não se aproxima de todos os modos de produção do crer que já conhecemos ou ainda conhecemos na época contemporânea, desde as técnicas

---

9. Cf. o capítulo V, "Sobre o bom uso do *Credo*", p. 89-115.

de mobilização das massas pelos regimes totalitários até a publicidade e as mídias colocadas a serviço da sociedade do espetáculo?

*

Quando fala da crença na Idade Média, o historiador é permanentemente tentado a ressaltar as diferenças em relação à sua época e, simultaneamente, estabelecer analogias. Uma diferença essencial reside, claro, nos conteúdos religiosos que informaram de forma bastante ampla a cultura e a sociedade medievais. Esses conteúdos de crença são inseparáveis do enquadramento institucional e social, historicamente datado, da Igreja medieval: é nesse sentido que um cristão da Idade Média difere profundamente de um "crente" de hoje, ainda que, no essencial, creiam na mesma Revelação. O que era crença universal, oficial, amplamente compartilhada e de certa forma obrigatória, tornou-se uma escolha individual, e por essa razão considerada inviolável e procedendo da liberdade de consciência.

Contudo, para além do estatuto da crença religiosa, a análise das modalidades do crer e de sua produção evidencia analogias com nossa época e revela o âmbito de uma problemática da crença em geral: seus termos principais são a plasticidade da crença e da própria verdade, o debate entre a razão e a crença, a dialética entre crença individual e crença coletiva, a relação entre a dimensão interior e "psicológica" e as manifestações exteriores, rituais e públicas do crer, os usos e manipulações possíveis da credulidade. À sua maneira, esses termos caracterizam as crenças medievais, mas também o funcionamento das crenças em geral, aquelas nas quais não cremos mais e aquelas, novas, nas quais cremos sem ainda sabê-lo.

V

Sobre o bom uso do *Credo**

Antes de estudar os meios pelos quais a Igreja buscou "fazer crer" na Idade Média, e especialmente no século XIII, devemos constatar que o próprio objeto de nosso questionamento era designado na época considerada, no coração do sistema das crenças religiosas, pela fórmula fundamental: "eu creio" (*Credo*); e que a cultura cristã medieval teve não apenas um cânone da crença, mas uma teoria da crença, e até mesmo uma teoria do "fazer crer", estabelecidas no século XIII pelos teólogos.

Nessas condições, parece legítimo se perguntar em primeiro lugar sobre essa teoria da crença e sobre a teoria da prática daqueles que admitiam "fazer crer" aos outros, para definir em seguida o conteúdo e as modalidades, e depois os limites sofridos ou voluntários, de sua ação[1].

O mínimo de crença *explícita*

1. A teologia do século XIII possuía uma definição da crença. Na linha da tradição agostiniana, essa definição estava dada no capítulo "De fide" dos comentários do terceiro livro das *Sentenças* de Pierre Lombard: a crença é "o argumento daquilo que não é evidente"; é um modo de conhecimento (*cognoscere*) e de compreensão (*intellectus*), intermediário entre a *scientia* – fundada em certezas objetivas – e a *opinio*, que comporta uma dúvida: trata-se com efeito de crer em coisas invisíveis, o que requer ao mesmo tempo uma *adhesio* firme e uma *cogitatio*, isto é, uma "agitação" do espírito face a um dado que pode ser questionado[2].

---

* Retomado de "Du bon usage du *Credo*". In: VAUCHEZ, A. (org.). *Faire croire* – Modalités de la diffusion et de la réception des messages religieux du XIIe au XVe siècle. Roma: École Française de Rome, 1981, p. 337-362

1. Agradeço ao Padre Pierre-Marie Gy por ter aceitado discutir longamente comigo sobre esse trabalho, que se enriqueceu com suas inúmeras sugestões.

2. AQUINO, T. *Summa theologica*, IIa IIe, Q. 2, art. A: "Croire, est-ce cogitation ou adhésion?"

Essa definição é como um negativo de uma teoria do conhecimento segundo a qual a percepção pelos cinco sentidos, e principalmente pela visão, é o fundamento do saber objetivo do real. A crença é ao contrário o saber do invisível.

Essa definição destacava menos o sujeito ou mesmo o objeto da crença do que a operação da crença: era uma definição *em geral*, independentemente de qualquer objeto preciso da crença, ainda que o contexto no qual estivesse dada se referisse sobretudo à crença em Deus.

Essa descrição da operação da crença afirmava que existe entre "crença" e "ciência" uma relação dialética, e não uma exclusão mútua; assim a crença é um saber, da mesma forma que a ciência não ignora a dúvida. Esta definição se conformava assim com toda tradição filosófica ocidental; mas ao associar estreitamente o *intellectus* à crença, ela também ilustrava um momento preciso da história da teologia: aquele em que a fé, desde Santo Anselmo, era definida "como busca de inteligência" (*fides quaerens intellectum*).

Essa fórmula marca um momento fundamental da evolução do pensamento teológico. Ela não estava menos carregada de significação na prática social que consiste em "fazer crer", pois convidava a diferenciar os homens em sua crença segundo possuíssem mais ou menos "razão".

2. A crença não se opunha como hoje à *"descrença"*. Há alguns anos, uma verdadeira teologia da descrença se desenvolve mesmo diante de nossos olhos na Igreja[3]. Esta oposição entre a descrença e a crença só é concebível a partir do século XVI[4]. Na Idade Média, os teólogos não deixavam espaço para a descrença: eles pensavam que apenas os loucos podiam negar a existência de Deus[5]. Em contrapartida, distinguiam vários graus qualitativos da crença, da

---

3. Onde a *descrença* aparece quase como o conceito primeiro: cf. SIX, J.-F. *L'incroyance et la foi ne sont pas ce qu'on croit*. Paris: Du Centurion, 1979, p. 85-89. Do mesmo autor, em colaboração com M.-D. Chenu: *L'esprit qui nous parle à travers l'incroyance*. Paris Cerf, 1976.

4. A tese de Lucien Febvre (*Le problème de l'incroyance au XVIe siècle* – La religion de Rabelais. Paris: Albin Michel, 1942 [reed., 1968]), segundo a qual a descrença era inconcebível no século XVI, é amplamente posta em dúvida hoje em dia. Cf., em último lugar, WIRTH, J. *La jeune fille et la mort* – Recherches sur les thèmes macabres dans l'art germanique de la Renaissance. Genebra: Droz, 1979, p. 137-140.

5. PERAULT, G. *Summa virtutum et vitiorum*, Colônia, 1614, p. 34ss., cap. VI: o "erro" daqueles que negam a existência de Deus "*non solum est insipientia, imo insania*". Eles são "*stulti et superbi*", diz Santo Tomás no *Opusculum in Symbolum apostolorum...* T. XVI. [s.l.]: Parma, p. 136.

"verdadeira crença" ou fé (*fides*) às formas variadas no tempo e no espaço da *infidelitas*. O prefixo *in-* não significava ausência de fé, mas a adesão a outro sistema de crenças religiosas (por isso os muçulmanos eram designados como "Infiéis"). Assim, ainda que a verdadeira fé fosse dada como verdade absoluta pela Igreja, ela era relativizada pela *infidelitas*: esta sempre estava presente no horizonte da *fides*, nas margens geográficas do Ocidente ou, sob a forma de desvios ou de recusas diversas, no próprio seio da Cristandade; estes dois pontos de fixação da "infidelidade" justificavam ações diferentes, mas complementares e muitas vezes sincrônicas, para "fazer crer": cruzadas ou missões de um lado, inquisição ou catequese do outro.

3. A própria palavra *fides* era essencial no século XIII: ela designava o juramento feito a uma pessoa, mas também a troca, o crédito, a "dívida" contraída com ela, que essa pessoa fosse o senhor temporal, Deus, ou até o diabo, a quem os mágicos supostamente homenageavam e com quem as bruxas poderiam ter feito um pacto.

Quando se tratava do reconhecimento de Deus, a crença podia se revestir de diferentes formas: os teólogos estabeleciam uma hierarquia entre aqueles que, assim como os gentios, contentam-se em crer que Deus existe (*credere Deum*), aqueles que creem no que Deus diz, mas que levam uma vida imoral (*credere Deo*), e os verdadeiros cristãos que creem "em Deus" (*credere in Deo*) com amor[6].

O mesmo verbo "crer" servia assim para definir várias formas de crença ou enunciá-las (*credere quod*). Esta polissemia não é evidente, é um fato cultural: analisando alguns sistemas de crença estranhos ao cristianismo, os antropólogos descobrem com efeito que as diversas acepções de nosso verbo "crer" são ali expressas por palavras muito diferentes[7]. Mas essa situação linguística caminha junto com uma concepção e uma prática da "religião"

---

6. AQUINO, T. Op. cit., art. 2: "É conveniente fazer distinções no ato de fé nisto que há: crer no Deus, crer Deus e crer em Deus?" A questão é muitas vezes comentada, p. ex., pelos pregadores. Cf. Jourdain de Pisa († 1311). Cf. tb. LUCA, G. (org.). *Scrittori di religione del Trecento – Testi originali*. Turim, Rinaudi, 1977, I, p. 13-17.

7. POUILLON, J. "Remarques sur le verbe '*croire*'". In: IZARD, M. & SMITH, P. *La fonction symbolique – Essais d'anthopologie*. Paris: Gallimard, 1979, p. 43-51. • IZARD, M. & SMITH, P. "Vous croyez". *Nouvelle Revue de psychanalyse – La croyance*, 1978, 18, p. 29-34.

muito diferentes das nossas. Na civilização ocidental, a afirmação de uma única fé, única legítima, por parte de uma Igreja que usa sua "autoridade" para definir em relação a ela todas as formas da crença, sem dúvida não é estranha à riqueza semântica do verbo "crer". E essa observação também vale para o substantivo "fé" que lhe corresponde.

4. Sem dúvida, a "boa crença" é a fé. Segundo os teólogos, a própria fé conhece graus qualitativos: ela pode ser *viva* ou *mortua* (dependendo das disposições morais que a acompanham), *formata* ou *informis* (esta última é a fé dos infiéis ou a fé obrigada dos demônios que creem em Deus apesar deles), *non ficta* ou *ficta* (os heréticos que fingem crer em Deus), *magna* ou *modica*[8], e sobretudo *explicita* ou *implicita*, distinção fundamental sobre a qual voltaremos a falar. Mas as formas julgadas imperfeitas da fé também não deixam de participar desta. A noção de fé, sob todas suas formas, caracteriza-se portanto por sua grande extensão; *fides* é, aliás, na cultura cristã, o principal substantivo do verbo *credere*[9].

5. Essa extensão da noção de fé parece-me ligada ao projeto ao mesmo tempo escatológico e universalista que caracteriza o cristianismo, cujo objetivo principal é a salvação para *todos* os homens. Ora, a fé é necessária à salvação antes mesmo das ações, pois "sem fé é impossível agradar a Deus"[10]. Mas se ela é antes de mais nada conhecimento (*cognitio*) da verdade, como conciliar a necessidade da salvação para todos e a exigência da Revelação, da qual todos os homens, historicamente, não puderam se beneficiar? Essa questão fundamental foi primeiramente posta em termos históricos, depois

---

8. P. ex., PERAULT, G. Op. cit., cap. XXIX: "De diversitate fidei".
9. Como ressalta Émile Benveniste (*Le Vocabulaire des Institutions Indo-européennes*. T. I. Paris: De Minuit, 1969, cap. XV: "Créance et croyance", p. 171-179), observando que *fides* tornou-se sobretudo o substantivo de *credere* sob a influência do cristianismo. *Credulitas* pode ter o mesmo sentido, mas designa muito mais a crença em geral (crer em um homem, em um relato...) ao contrário de *fides*. Cf. o diferente uso dessas duas palavras como rubricas do *Aphabetum narrationum*, coletânea *de exempla* do século XIV, edição crítica feita por Colette Ribaucourt e Jacques Berllioz (Editora Brepols).
10. São Paulo, Hb 11,6, *Sine fide impossibile est placere Deo*, desenvolvido entre muitos outros por Santo Tomás em seu sermão sobre o *Credo*, sobre o qual P. Mandonnet achou que tivesse sido feito em 1273, em Nápoles, durante a Quaresma: *Opusculum in Symbolum apostolorum*. T. XVI. [s.l.]: De Parma, p. 135. Cf. MANDONNET, P. *Le Carême de Saint Thomas d'Aquin à Naples (1273)* – Miscellanea storico-artistica. Roma: [s.e.], 1924, p. 195-212.

sociológicos. A resposta, nos dois casos, era a mesma: o mínimo de fé necessária e suficiente para ser salvo *varia* de acordo com a época e a condição das pessoas.

Historicamente, era inconcebível que a possibilidade de ser salvo não tenha sido dada aos homens que viveram antes de Cristo. "Foi [portanto] necessário [diz Santo Tomás] que, de alguma maneira, os seres humanos de qualquer época tenham acreditado nesse mistério da encarnação de Cristo." Mas antes da Encarnação, os homens podiam ter apenas a "presciência" desta, o que bastou para a salvação deles. No tempo da Lei, o limite mínimo foi elevado à "presciência da Paixão e da Ressurreição"[11]. Enfim, no tempo da graça "é preciso", diz Pierre Lombard, "crer em tudo o que está contido no Símbolo"[12].

Mas quando constata a incapacidade de alguns em satisfazer essa exigência, o autor das *Sentenças* e, muito mais, seus comentadores do século XIII estabeleceram uma dupla distinção entre *majores* e *minores*, entre "fé explícita" e "fé implícita". Esta distinção já lhes parecia legítima na época da Lei, em que Moisés e Abraão faziam parte dos *majores*. Ela dizia respeito sobretudo à situação atual da Igreja[13]: nela os *majores* são os clérigos, que devem aderir "explicitamente" ou "distintamente" a todas as crenças da Igreja, sobre a qual devem, em razão de seu *officium docendi et praedicandi*, explicar o essencial aos *minores* ou *simplices*. Estes são os leigos, e Pierre Lombard já constata que são incapazes de *"distinguere et assignare"* os artigos do Símbolo. Por isso têm uma fé "velada" (*velata*), e se contentam em aderir ao ensinamento dos *majores*. Segundo Jó (1,14), eles são comparados com os asnos que pastam ao lado dos bois que trabalham e aos quais são assimilados os clérigos. Portanto, os *minores* do tempo presente têm, basicamente, uma fé "implícita", como os *minores* do Antigo Testamento: mas, ao contrário deles, têm o privilégio de viver no tempo da graça: por isso

---

11. AQUINO, T. *Summa Theologica*, II ͣ II ͤ, Q.2, art. 7.
12. Esta última frase é o ponto de partida da Distinção XXV do livro III das *Sentenças*, que é objeto dos comentários posteriores "De fide" (*Ad Claras Aquas*, II, ed. de 1916, p. 665-670).
13. SCHULTES, R.-M. *Fides implicita – Geschichte der Lehre von der Fides implicita und explicita in der katholischen Theologie*, I. Ratisbonne, 1920. E, por último, cf. esp. GY, P.-M. "Évangélisation et sacrement au Moyen Âge". In: KANNENGIESSER, C. & MARCHASSON, Y. (orgs.). *Humanisme et foi chrétienne – Mélanges scientifiques du centenaire de l'Institut catholique de Paris*. Paris: Beauchesne, 1976, p. 564-572.

devem ter um *mínimo* de fé "explícita", assegurada pelo ensino da Igreja e em comum com os clérigos. Os teólogos do século XIII se esforçaram para determinar qual era esse mínimo.

Para justificar essa busca, Santo Tomás toma o caso do homem selvagem (*"aliquis natus in silvis, vel etiam inter lupos"*) que no fundo da floresta não poderia ser alcançado pelo anúncio do Evangelho. Mesmo privado de crença explícita na verdadeira fé, ele será salvo se, pelo menos, deixar-se guiar na direção do bem por sua "razão natural", pois Deus, considerando sua boa vontade, não deixará de iluminá-lo "seja por uma inspiração interior, seja por uma revelação, seja pelo envio de um missionário"[14].

Os leigos ordinários estão em uma situação bastante comparável: se para serem salvos, diz São Boaventura, precisassem assimilar todos os artigos da fé *"distincte et implicite"*, "poucos seriam salvos, o que é algo bem cruel de se dizer"[15].

Mas, ao contrário, uma fé inteiramente implícita não seria o suficiente, e os leigos não teriam desculpas para ignorar o ensinamento da Igreja que busca "explicitar" pelo menos uma parte da crença para proveito deles.

Sobre essa parte de fé "explícita", necessária aos leigos, São Boaventura e Santo Tomás estavam de acordo: os leigos devem crer explicitamente na unidade e na trindade das pessoas divinas, na Encarnação, na Paixão, na Ressurreição e, acrescenta São Boaventura, na remissão dos pecados; ou seja, em tudo o que é enunciado pelo *Credo* – como afirma Jacques de Vitry[16] no início do século ou, pelo menos, segundo os teólogos de meados do século XIII, talvez menos exigentes, na Trindade e nos mistérios de Cristo.

São Boaventura também indicou por quais meios os leigos podem assimilar esses rudimentos de fé explícita: 1) ouvindo a *praedicatio* dos *majores*,

---

14. AQUINO, T. *Questiones disputatae* [...] *de veritate*, Q. XIV, "De fide", 11, obj. 1, e outras ocorrências na obra de Santo Tomás (cf. *Index Thomisticus*, s. v. *"silvis"*). Cf. CAPERAN, L. *Le problème du salut des infidèles* – Essai théologique. Paris: [s.l.], 1912, p. 193-199. Cf. esp. GY, P.-M. Op. cit.
15. BONAVENTURE. *Sent. Lib. III*, Dist. XXV, art. 1, q. 3 (ed. Quaracchi, III, p. 543-544).
16. VITRY, J. *Sermo ad viduas et continentes*, Th. s. ex Cant. I, 9, *Pulchre sunt gene tue sicut turturis collum tuum sicut monilia* (B.N.F., ms. lat. 17509, f. 142s.-145s.): "*In novo autem testamento oportet explicite credere omnes articulos principales sicut in Symbolo continentur*". Agradeço a Marie-Claire Gasnault por ter gentilmente me passado o texto de suas transcrições dos sermões *ad status* de Jacques de Vitry.

2) seguindo o *ecclesiasticus usus e consuetudo*: por exemplo, fazendo o sinal da cruz, "em nome do Pai, do Filho e do Espírito Santo", eles se recordarão da unidade e da trindade das pessoas divinas; seguindo as grandes festas celebradas pela Igreja, e os "atos dos padres", assimilarão o Natal, a Paixão, a Ressurreição e a remissão dos pecados.

Posição de instruído e conformismo ritual eram então os fiadores da fé dos leigos: a *devotio* devia lhes atenuar as fraquezas da *cognitio*. Isso era ainda mais verdadeiro no caso de sua fé "implícita", que para os *minores* consistia em se remeter à fé que apenas os *majores* têm explicitamente (Pierre Lombard, Santo Tomás) ou "em crer de modo geral no que a santa mãe Igreja crê" (São Boaventura).

6. Pelo menos em teoria, as condições de *majores* e *minores* não eram estanques, uma vez que "a sucessão dos tempos" parecia marcada por uma explicitação crescente da fé: mais uma vez o modelo, emprestado de Gregório o Grande (Homília sobre Ezequiel: "*Per sucessiones temporum crevit divinae cognitionis augmentum*"), era primeiramente histórico, mas se aplicava ao progresso da fé na vida de um único homem ("*profectus unius hominis in fide per sucessionem temporum*")[17]. Esta concepção "progressista" da fé não podia senão encorajar os esforços apostólicos da Igreja do século XIII.

Fazer crer ou fazer dizer?

O Símbolo da fé estava no próprio centro da definição da "boa crença", e sua aquisição ("conservar e crer no Símbolo") era o objetivo declarado do ensino religioso. Desde muito tempo, sua "simplicidade", sua "brevidade" e sua "plenitude"[18] o destinavam a ser o ponto forte do apostolado da Igreja. Aliás, sua versão mais antiga, o *Credo*, era considerada como tendo sido escrita pelos doze apóstolos.

---

17. AQUINO, T. *Questions disputatae* [...] *de veritae*. Op. cit., Q. XIV, 11.
18. PSEUDO-AGOSTINHO. Sermão CCXLI. "De Symbol". *PL*, 39, col. 2.190.

Claro, o Símbolo da fé não era o principal da crença: ele comportava "detalhes" e "circunstâncias", como dizia São Boaventura[19], mas era, como também pregava Maurice de Sully, o "fundamento" de toda a fábrica" da vida espiritual e moral do cristão[20].

1. A versão mais antiga do Símbolo, e a mais usada no século XIII, era o *Credo*. As versões do Símbolo compostas mais recentemente na defesa da verdadeira fé contra a heterodoxia (Símbolos de Niceia em 325, de Constantinopla em 381, Símbolo *"Quicumque vult"*, composto no século V, ainda que atribuído a Atanásio, bispo de Alexandria, um século antes) também eram conhecidas no século XIII, mas para uso litúrgico mais limitado[21] e não tinham nenhum lugar na catequese.

O *Credo*, originalmente, era a fórmula batismal do catecúmeno[22]. Esse vínculo entre o *Credo* e o batismo nunca foi esquecido[23], mas em razão da passagem progressiva, entre os séculos IX e XI segundo as regiões, do batismo dos adultos ao batismo das crianças, a obrigação de conhecê-lo foi imposta então aos padrinhos e madrinhas e não mais aos próprios batizados[24]. Ao inverter a ordem cronológica da profissão de fé e da administração do batismo, esta evolução modificou talvez a significação teológica da relação entre fé e sacramento: concretamente, ela também colocou o problema, fundamental no século XIII, da educação religiosa das crianças pequenas já batizadas.

---

19. BOAVENTURA. *Sent. Lib. III*. Dist. XXV, art. 1 (ed. Quarrachi, III, p. 537): *"Multa sunt credenda, quae in Symbolo non continentur [...], verum est de antecedentibus, sicut est hoc quod est Deum esse, et de consequentibus, sicut sunt multa alia [...]"*.

20. SULLY, M. *Hodie, carissimi nobis sancte et individue Trinitatis* etc. Paris, B.N.F., ms. lat. 14.937 f. 59s.

21. O Símbolo de Niceia era cantado nas missas solenes de todas as festas que tinham uma relação com um de seus artigos: Trindade, Natal, Circuncisão, Epifania, Páscoa, Ascensão etc. Esta longa lista foi estendida a outras grandes festas, às suas oitavas etc. Cf. DURAND, G. *Rationale Divinorum Officiorum*. Nápoles: [s.e.], 1859, p. 206-212.

22. Que devia recitá-lo, bem como o *Pai-nosso*, depois de ter satisfeito aos três "escrutínios" preliminares. Cf. COLBERT, J. *Histoire [...] du sacrement de baptême*, I. Paris/Bruxelas/Genebra: [s.e.], 1881, p. 461-465.

23. Jean Beleth explicava, por exemplo, que o *Credo* é cantado na missa *"ad neophitorum in articulis fidei instructionem"* (DOUTEIL, J. (org). *De ecclesiasticis officis* – Turnhout, Corpus Christianorum, Continuatio Mediaevalis XLI A, 1976, p. 214 [101]). Se Santo Tomás de Aquino pregou sobre o *Credo*, em 1273 em Nápoles, *durante a Quaresma*, o fato pode ser interpretado no mesmo sentido. Cf. WEISHEIPL, J.A. *Friar Thomas d'Aquino, His Life, Thought and Works*. Oxford: [s.e.], 1975, p. 401, n. 86.

24. Em 803-811, Carlos Magno e o Bispo Gerbald de Liège proibiam que aqueles que ignoravam o *Pai-nosso* e o *Credo* segurassem as crianças sobre as pias batismais. Cf. *Capitularia Regum Francorum*. Legum Sectio II, t. I. Hanover: [s.e.], 1883, p. 241-242.

O *Credo* intervinha de duas maneiras na liturgia:

• Nos ofícios das horas canônicas, marcados tradicionalmente pela leitura de salmos, pelo menos para aqueles (monges, clérigos e depois leigos cultos, principalmente em meio urbano) que sabiam ler o latim; os simples fiéis incapazes de ler deviam durante esse tempo recitar um determinado número de *Pai-nossos* e, a partir do século XII, de *Ave-Marias*[25]. Além do mais, na "prima" e na "completas", isto é, de manhã e à noite, clérigos e leigos deviam recitar em voz baixa o *Credo*[26]. Este costume era de regra nos rituais dos séculos XII e XIII (Jean Beleth, Guillaume Durand), e de todas as ordens a dos Pregadores era a mais ligada a essa prática[27].

• Durante a missa dominical, em que o *Credo* era explicado aos fiéis, em língua vulgar, entre a homilia e a Eucaristia, isto é, durante as "orações do sermão", que constituíam a única parte em língua vulgar da liturgia da missa[28]. No *Speculum Ecclesie*, Honorius Augustodunensis (início do século XII) mostra como o padre deve convidar os fiéis a dizer o *Credo* junto com ele e como lhes deve explicar os seus méritos[29]. E mais, o próprio sermão podia ser integral[30] ou parcialmente[31] sobre o *Credo*

---

25. GY, P.-M. "L'office des Brigittines dans le contexte general de la liturgie médiévale". In: SLOTT, H. *Nordisk Kollokvium II, 1. Latinsk Liturgiforskning (12-13 mai 1972)*. Institutionen for Klassiska Sprak vid Stockholms.
26. JUNGMAND, J.A. *Pater Noster und Credo in Breviergebet* – Eine altchristliche Tauferinnerung [reed. em *Gewordene Liturgie*. Innsbruck/Leipzig, 1941, p. 167.
27. ROMANS, H. "Expositio super constitutiones fratrum praedicatorum", I, XLIII. In: BERTHIER, J.-J. (org.). *De Symbolo*. Roma: [s.e.], 1889, p. 141-144: "*Sic ergo patet quare pluries Symbolum divinus quam alii multi* etc.".
28. As "orações do sermão" são "o conjunto de um ou vários invitatórios que indicam ao povo as intenções de preces que ele ouvia sentado, e preces propriamente ditas que eram recitadas em pé ou de joelhos, e tudo estava ligado ao sermão da missa dominical" (cf. MOLIN, J.B. "L'oratio communis fidelium au Moyen Âge en Occident du Xᵉ ao XVᵉ siècle". *Miscellanea Liturgica...* – Giacomo Lercaro. II. Roma/Paris/Tournai/Nova York: [s.e.], 1967, p. 321).
29. AUGUSTODUNENSIS, H. "Speculum Ecclesia". *PL*, 172, col. 823-824. • MOLIN, J.B. Op. cit., p. 344.
30. Como o SULLY, M. "De Símbolo laicis dicendo – Credo in Deum, Patrem etc. Nos creons la Sante Trinité etc." In: ROBSON, C.A. *Maurice de Sully and the Medieval Vernacular Homily with the Text of Maurice's French Homilies from a Sens Cathedral Chapter Ms*. Oxford: [s.e.], 1952, p. 82-83. Cf. tb. seu sermão sobre a Trindade (cf. supra, p. 96, nota 20), os sermões já citados de Santo Tomás e de Jourdain de Pisa.
31. Dois modelos de sermões *ad status* de Jacques de Vitry, um dirigido *Ad pueros et adolescentes* (B.N.F., ms. lat. 17509, f. 149s.-151s.), o outro *Ad viduas et continentes* (cf. supra, p. 94, nota 16).

e oferecer uma explicação ainda mais detalhada. O ensino do Símbolo da fé ao "povo", nesse momento também desejado pelos teólogos, surge assim como uma realidade, vinculada principalmente à renovação da homilética no século XIII.

2. A partir do século XII, e muito mais no século XIII, multiplicaram-se os estatutos sinodais impondo o ensino do *Credo*. Parecem ter sido especialmente numerosos no sul da França, em relação à luta contra a heresia, e na Inglaterra, sob a influência dos bispos reformadores. Este esforço de ensino visava três tipos de pessoas:

- Os próprios clérigos, cuja fé nem sempre era tão "explícita" o quanto convinha. A ignorância do clero paroquial nesse campo já fora amplamente denunciada na época carolíngia[32]. Essa preocupação permaneceu no século XIII, ao passo que o episcopado dava provas de crescentes exigências em relação ao seu clero, sobretudo para os padres, chamados para administrar os sacramentos[33].

- Os leigos adultos, a quem os curas tiveram de expor os artigos do *Credo "simpliciter ac distincte"*, em língua vulgar, aos domingos e dias de festa (*"domestico ydiomate inculcent"*). Os leigos deveriam conhecer três "preces": a oração dominical, ou *Pai-nosso*, cujas sete *peticiones* que a constituíam eram explicadas pelos padres; a saudação angélica, ou *Ave-Maria*; o *Credo*. Considerado dentro dessa trilogia, a tendência era de que este último não fosse mais considerado como uma profissão de

---

32. *Capitularia regum francorum*. Op. cit. Cf. o índex, s.v. *"Symbolum"*. Cf. esp. o *Admonitio Generalis*, de Carlos Magno. In: ibid., 789, p. 61-62.

33. Isso aparece sobretudo na Inglaterra onde, em cada nível da hierarquia eclesiástica, eram definidos os deveres de educação em relação aos clérigos do nível logo abaixo: dos arcebispos aos bispos, aos arquidiáconos, aos curas, aos padres, aos simples clérigos. Os curas devem conhecer o Decálogo, os sete pecados capitais, os sete sacramentos etc., e os Símbolos *major* (isto é, de Niceia) e *minor* (isto é, o *Credo*), e o *Tractatus "Quicumque vult" qui quotidie ad Primam psallitur*, isto é, o Símbolo dito de Atanásio. Cf. GROSSETESTE, R. *Epistolae*. Londres: [s.e.], 1861, p. 154-166 [org. de H.R. Luard], ou os estatutos sinodais de Norwich (1257). In: WILKINS, D. *Concilia Magnae Britanniae et Hiberniae*, I. Londres: [s.e.], 1737, p. 731-732. Mais do que citar aqui todos os estatutos consultados, remeto aos estudos gerais: MOORMAN, J.R. *Church Life in England in the Thirteenth Century*. Cambridge: [s.e.], 1946. • DOBIACHE--ROJDESTVENSKY, O. *La vie paroissiale en France au XIIIᵉ siècle d'après les actes épiscopaux*. Paris: [s.e.], 1911. • FOREVILLE, R. "Les statuts synodaux et le renouveau pastoral du XIIIᵉ siècle dans le Midi de la France". *Le Credo, la morale et l'Inquisition*. Toulouse: [s.e.], 1971 [*Cahiers de Fanjeaux*, 6]. • OEDINGER, F.W. *Über die Bildung der Geistlichen im späten Mittelater*. Leyde: [s.e.], esp. p. 51.

fé e se destacasse do contexto litúrgico: tornou-se uma das três orações características da devoção cotidiana das pessoas simples[34].

• As crianças deviam aprender essas três preces a partir da idade de sete anos, "idade de discrição" que os transforma plenamente nesses seres de "razão" cuja fé era necessária para a salvação. Para o P. Gy, que sobre esse ponto abraça as conclusões de Philippe Ariès, as crianças eram consideradas como "adultos em miniatura"[35]. Isso é verdadeiro, mas o ensino do *Credo* às crianças não se baseava apenas na ideia de que a fé lhes era necessária, "*a puericia*" era tanto para as crianças quanto para os adultos; notemos também que a observação, feita por Jacques de Vitry, de que a criança é uma "cera mole" à qual é mais fácil imprimir a marca da religião do que a um homem adulto: ensinar as crianças era garantir bons adultos no futuro[36]. Pelo viés dessa atenção ao crescimento da criança, a especificidade da infância tendia então a ser reconhecida desde o início do século XIII, harmonizando-se com a visão "progressista" da fé ao longo da existência de cada homem.

Essa educação das crianças era feita primeiramente na igreja, como também para seus pais, que eram convidados a conduzi-los todos os domingos e dias de festa. Ali recebiam também um ensino específico quando respondiam à "convocação" dos curas; estes últimos às vezes eram obrigados a instruir particularmente uma ou duas crianças que, por sua vez, instruíam as outras[37].

O primeiro modelo de sermão "*Ad pueros et adolescentes*" de Jacques de Vitry permite um julgamento concreto desses métodos de ensino e dos resultados esperados pelo clero: o "teor" do sermão trata das relações entre

---

34. Assim, os estatutos de Coventry (1237) impõem a todo cristão dizer "todos os dias": sete *Pai-nossos*, sete *Ave-Marias* e dois *Credos*. Cf. MANSI, J.D. *Sacrorum conciliorum nova et amplissima collectio*. T. XXIII. Florença/Veneza, 1724-1733, col. 432.

35. GY, P.-M. "Évangélisation et sacrement..." Art. cit., p. 569, n. 31.

36. VITRY, J. *Sermo ad pueros et adolescentes, ex Proverb. XXII "Adolescens juxta viam suam etc." op. cit.*, início do protema: "[...] *Valde sunt necessaria pueris et adolescentibus qui habiles sunt et ydonei ad suscipiendam doctrine eruditionem, sicut cera mollis et tenera facile suscipu sigille impressionem. Sed pauci sunt aut nulli qui predicent illis et frangant eis panem doctrine*".

37. Principalmente depois do Sínodo de Salisbury, a partir de 1127 (MANSI. Op. cit., t. XXII, col. 1107): "*pueros frequenter quoque convoncent, et unum vel duos instruant, qui alios instruans in praedictis*". Uma bela prefiguração, do outro lado do canal da Mancha, do "ensino mútuo" tão debatido no século XIX.

os pais e seus filhos, e poderia se dirigir tanto aos primeiros quanto aos segundos. Mas, no "protema", Jacques de Vitry dirige-se diretamente às crianças, pedindo-lhes que façam primeiro o sinal da cruz, assim como devem se habituar a fazê-lo no início de todo sermão; depois expõe os gestos e as preces que devem ritmar sua vida cotidiana: ao se levantar, um sinal da cruz e um *Pai-nosso*; ao sentar-se à mesa, um *Pai-nosso*, e o mesmo no final da refeição; ao se deitar, um sinal da cruz e um *Pai-nosso*, contra os pesadelos e os demônios: um *Pai-nosso* também quando ouvem o sino da igreja ou quando atravessam um cemitério; quando entram na igreja, um sinal da cruz, uma genuflexão diante do altar ou do crucifixo e cinco ações de graças em honra das cinco chagas de Cristo; depois uma genuflexão diante da estátua da Virgem, e sete *Ave-Marias*; isso feito, convém, para encerrar, que a criança "ofereça sua fé a Deus" dizendo o *Credo*, e depois recitando "as outras preces que Deus lhe inspira".

Mas a educação religiosa das crianças não acontecia apenas na igreja sob a responsabilidade imediata dos padres; elas também deviam ser instruídas na fé no seio de sua família, por seus pais, principalmente pela mãe quando esta era viúva: Jacques de Vitry dirigia-se às viúvas nesse sentido[38].

Tanto para os adultos quanto para as crianças, os padres deviam se certificar de que esse ensino fora recebido. Esse controle não se fazia apenas, como na época carolíngia, pela ocasião do batismo de uma criança, mas durante a confissão, que em 1215 tornou-se obrigatória para todo cristão pelo menos uma vez por ano: ainda que o conhecimento dos artigos da fé não fosse necessário para a administração do Sacramento da Penitência, logo no início da entrevista com o penitente o confessor devia se certificar de que este conhecia o *Credo*[39].

3. A educação da fé baseava-se na aquisição de um *habitus* social, pela participação imposta nos ritos eclesiásticos (pregação, missa dominical, confissão e comunhão anuais), pela execução de gestos mais ou menos au-

---

38. VITRY, J. *Sermo ad viduas et continentes*. Cf. supra, p. 94, nota 16).
39. GROSSETESTE, R. Op. cit., p. 157. Cf. tb., para o sul da França e a *Summula* de Bérenger Frédol, MICHAUD-QUANTIN, P. "Textes pénitentiels languedociens au XIIIe siècle". *Le Credo, la morale et l'Inquisition*. Op. cit., p. 168-169.

tomáticos (sinais da cruz, genuflexões), pelo uso de meios mnemotécnicos, fundados na repetição (os verbos mais usados, *frequentari, inculcare*, são reveladores), em esquemas numéricos (há sete *petiones* no *Pai-nosso*, sete pecados capitais, sete dons do Espírito Santo, sete sacramentos, e como há 12 apóstolos, há também 12 artigos no *Credo*, e de suas 14 verdades podemos distinguir sete sobre a "divindade" e sete sobre a "humanidade" de Cristo etc.), e enfim nos ritmos da métrica: assim dois hexâmetros evocavam os sete artigos relativos à humanidade de Cristo: *"Nascitur, abluitur, patitur, descendit ad ima / Surrexit, scandit, veniet discernere cuncta"*[40].

Mas como essa fórmula valia apenas em latim, em que língua os leigos deveriam recitar o *Credo*?

4. O P. Gy sugeriu que no início do século XVI distinguiam-se pelo menos dois espaços culturais: de um lado, os países alemães onde o *Credo* era comumente recitado em língua vulgar pelos leigos no final da Idade Média; de outro, os países "latinos", onde os clérigos, talvez considerando o parentesco entre as línguas vulgares e o latim, insistiam para que os fiéis recitassem o *Credo* em latim[41]. Os documentos do século XIII que conheço não me permitem responder diretamente a essa questão: se a obrigação feita aos clérigos de *explicar* em língua vulgar o sentido das três preces para suas ovelhas era constantemente e em toda parte reiterada, os textos não deixam claro em que língua essas preces deviam ser *recitadas*. A ausência de precisão sobre esse ponto, que contrasta com a repetição frequente da ordem dada aos clérigos para explicar o *Credo* em língua vulgar, talvez indique que a obrigação feita aos leigos de recitar em latim o *Pai-nosso* e o *Credo* parecia ser evidente. Outros indícios reforçam essa hipótese: na língua falada, era em latim que o nome das três orações era citado[42]. Sobretudo, se Jacques de Vitry oferecia às crianças que ignoravam o latim a possibilidade de pronunciar a saudação do Crucifixo (*"Adoramus te Christe"* etc.) em língua vulgar, tratava-se então,

---

40. *Décrétales de Grégoire IX, Glose*. Lion: [s.e.], 1553 (Lib. I, *De Summa trinitate et fide catholica*), p. 4.
41. GY, P.-M. "Évangélisation et sacrement..." Art. cit., p. 568.
42. P. ex., quando Joana d'Arc, em 21 de fevereiro de 1431, responde a seu juiz: "Et oultre dist que sa mere luy apprint le *Pater Noster, Ave Maria* e *Credo*, et que aultre personne que sadicte mere ne luy appris sa creance". Cf. DONCOEUR, P. (org.). *Minute française des interrogatoires de Jeanne la Pucelle*, Melun: [s.e.], 1952, p. 87.

evidentemente, de uma derrogação excepcional, e cuja possibilidade para as três preces fundamentais do cristão[43] ele não considerava. Citemos, enfim, uma historieta contada por Géraud de Frachet: um leigo compara diante de Jourdain de Saxe os leigos que "ignoram a virtude" do *Pai-nosso* e os clérigos que, quando recitam essa prece, "sabem o que dizem"[44]; a última frase dá a entender que os leigos não compreendiam o sentido de sua prece, talvez justamente porque deviam dizê-la em latim.

No entanto, desde o século XII existiam, em língua vulgar, e principalmente em francês e em língua d'oc, traduções em prosa ou paráfrases em versos do *Credo*, da *Ave-Maria* ou do *Pai-nosso*[45]. Mas a maioria desses textos data do final da Idade Média: e, por isso, talvez sejam o indício de um progresso tardio do costume de recitar essas preces em língua vulgar. Autor de uma paráfrase em versos provençais do *Credo* por volta de 1354, Peyre de Serras, mercador de especiarias em Avignon, opunha claramente a recitação em latim, assim como ele próprio, um leigo culto, a praticava, à recitação em língua vulgar "daqueles que não compreendem o latim":

> *Credo in Deum* e mon seu
> Que devem dir premieyrament [...]
> Mas sel que non enten latin.
> Lo deurie dire en ayci:
> "En cre en Dieu lo glorios
> El payre trestot poderos" [...][46].

Na maior parte do tempo, contudo, o estatuto dessas versões do *Credo* escritas em língua vulgar é um problema: algumas traduções podem ter

---

43. VITRY, J. *Sermo ad pueros et adolescentes, ex Proverb. XXII "Adolescens juxta viam suam* etc." Op. cit.: "*Et si predictam crucifixi salutationem nesciatis dicere latine, dicatis lingua vulgari*".
44. FRACHET, G. *Vitae Frattrum Ordinis Praedicatorum*. Lovaina: Mophl, 1896, p. 137, cap. 42 [citado por GY, P.-M. "Évangélisation et sacrement". Art. cit., p. 567].
45. Contabilizo mais de quinze traduções em francês entre os séculos XII e XV, das quais três quartos nos dois últimos séculos, em SONET, J. *Répertoire d'incipit des prières en ancien français*. Genebra: Société des Publications Romanes et Françaises, LIV, 1956, n. 290-294, 297, 788-797. • WOLEDGE, E. & CLIVE, H.P. *Répertoire des plus anciens textes en prose française depuis 842 jusqu'aux premières années du XIIIe siècle*. Genebra: Société des Publications Romanes et Françaises, LXXIX, 1964, p. 52. Também se deve acrescentar o "*Credo* de Joinville", composto em 1250-1251: FRIEDMAN, L.J. *Text and Iconography for Joinville's Credo*. Cambridge, Mass.: The Mediaeval Academy of America, 1948.
46. MEYER, P. "Notice de quelques manuscrits de la collection Libri à Florence". *Romania*, XIV, 1885, p. 485-548, esp. p. 535-536.

servido aos clérigos que liam a versão francesa do *Credo* ou do *Pai-nosso*[47] aos leigos que ignoravam o latim; mas entre esses textos aqueles que aparecem como instrumentos de uma piedade individual não vinham remediar a ignorância do latim: testemunham ao contrário, como no caso do *Credo* de Joinville, novas aberturas de uma cultura erudita que, versada no uso das letras latinas, buscava elevar a língua vernacular à dignidade da literatura religiosa. Uma prova disso é a presença, entre esses textos, de versões em língua vulgar do Símbolo dito de Atanásio, cujo conhecimento nunca foi exigido dos simples leigos[48].

Além do mais, esses textos eram muitas vezes inseridos nos livros das horas ou nos dos salmos: ora, estes geralmente não eram recitados de memória, como as três preces fundamentais, mas lidos: supunham então certa familiaridade com a cultura erudita[49]. É possível até mesmo se perguntar em que medida algumas paráfrases do *Credo* em língua vulgar não foram compostas com um objetivo amplamente literário, cuja prova seria principalmente a escolha variada das rimas; por essa razão, essas peças se inscreveriam em uma longa tradição literária, que conduz dos "*Credos* épicos" dos séculos XI e XII ao *Credo* de Dante no *Paraíso*[50]. Enfim, mesmo sendo verdadeiro

---

47. Talvez este tenha sido o caso da mais antiga tradução francesa, que poderia ter servido para a educação de conversos cistercienses: SONET, J. Op. cit., n. 793. Esse texto faz parte, junto com um *Pai-nosso* em francês, de um manuscrito (perdido) de Charleville de uma regra cisterciense (século XII). Não resta dúvida no caso do *Doctrinal des simples gens* (final do século XIV), "feito para as pessoas simples que não compreendem bem a escritura santa. E também para as pessoas simples que não compreendem o latim", que começa pelo texto francês do *Credo* e seu comentário (texto gentilmente transmitido por M.-C. Gasnault).

48. Assim, no *Psautier de Cambridge* ou no *Psautier d'Oxford*. Cf. WOLEDGE, B. & CLIVE, H.P. *Répertoire des plus anciens textes...* Op. cit., p. 52.

49. No século XIII existia portanto um limite cultural essencial entre aqueles que recitavam as três preces e aqueles que, além disso, dominavam o Livro dos Salmos: este é o sentido de um *exemplum* de Étienne de Bourbon (*Anecdotes historiques, légendes et apologues...* org. de A. Lecoy de La Marche. Paris: [s.e.], 1877, p. 179, n. 206) que mostra como uma *vetula* perdeu o dom das lágrimas e a inspiração do Espírito (sob a forma de uma pomba) quando o bispo, considerando a piedade com que ela recitava o *Credo*, o *Pai-nosso* e a *Ave-Maria* (*inculcans iterabat*) quis também lhe "oferecer o Livro dos Salmos". A mesma ignorância em uma beguina parisiense, à qual se dirigia Guillaume d'Auxerre: "*Tu dices michi: 'Certe, domine, nullos psalmos scio, quia non sum clericus vel clerica'. Ad minus tu scis tuum Pater Noster, et Ave Maria, hoc scire teneris*" (cf. BÉRIOU, N. "La prédication au béguinage de Paris pendant l'année liturgique 1271-1273". *Recherches augustiniennes*, XIII, 1979, p. 181, a. 232). No entanto, como grupo "intermediário" entre clérigos e leigos, as beguinas se distinguiam muitas vezes desses últimos pela prática do Salmo; Jacques de Vitry (*Sermo ad virgines et juvenculas, ex Cant. II, 1 "Ego flos campi*" etc."), dizendo para defender as beguinas contra seus detratores: "*Nonne libenter ad ecclesiam vadunt et psalteria sua frequenter legunt*".

50. LABANDE, E.-R. "Le *Credo* épique, a propos des prières dans les chansons de geste". *Recueils de travaux [...] Cl. Brunel*. Paris: [s.e.], 1955, p. 68-80. • DANTE. *A divina comédia*, XXIV, 130-154.

que a partir do século XIV esses textos aparecem às vezes a serviço de uma piedade leiga que dessa forma vence o obstáculo da língua latina, seus exemplos são limitados e tardios, e de toda maneira supunham a aquisição por parte dos leigos de um estatuto social e de uma bagagem cultural fora do comum[51].

Sem que seja possível delimitar melhor a "geografia" proposta por P. Gy, nem confirmar seguramente sua hipótese, o certo é que no século XIII, e no campo linguístico românico pelo menos, a Igreja não ensinou de forma sistemática aos leigos a recitar o *Credo* em sua língua materna; preferiu adotar uma atitude mais matizada, deixando paradoxalmente o uso da língua vulgar aos clérigos quando estes explicavam o sentido dos artigos da fé, mas exigindo mesmo assim que os leigos recitassem o *Credo* em latim. Sobre este último ponto, é provável que uma evolução tenha acontecido no final da Idade Média na França, a recitação do *Credo* em língua vulgar tendo sido mais bem-aceita aqui do que na Itália, mas bem menos do que na Alemanha.

5. Conduzidos em tais condições, os esforços empregados pela Igreja para "fazer crer" os leigos sem dúvida tiveram resultados limitados: prova disso é a incansável repetição das mesmas prescrições na Baixa Idade Média[52] ou, a partir do século XIII, a maneira pela qual as exigências da Igreja em matéria de "fé explícita" reduziram-se do conjunto do *Credo* apenas à crença na Trindade, manifestada por um gesto – o sinal da cruz – na falta de uma palavra. Jacques de Vitry escandalizava-se também com o espetáculo de velhos incapazes, a despeito de sua idade, de recitar o *Pai-nosso* para além da palavra *santificetur* ou *debitoribus*[53].

---

51. *Pai-nosso, Ave-Maria* e *Credo* em língua d'oc, redigidos por volta de 1354, bem como outros textos piedosos, por Peyre de Serras já mencionado. Cf. MEYER, P. "Notice de quelques manuscrits de la collection Libri à Florence". Art. cit. • Paráfrase do *Credo* em língua d'oc composta por volta de 1400 e inserida em seu livro razão por Jean de Barbentane, procurador do capítulo de uma Igreja de Apt. Cf. CHABANEAU, C. "Paraphrase des litanies en vers provençaux". *Revue des Langues Romanes*, 1886, p. 243-246.
52. Cf. OEDINGER, P.W. Op. cit., p. 51.
53. VITRY, J. *Sermo ad pueros et adolescentes, ex Proverb. XXII "Adolescens juxta viam suam etc.":* "*Quidam tamen ita sunt rudes et bestiales quod vix semel in anno, quando debent communicare ad ecclesias vadunt, et nesciunt orare, neque 'Pater Noster' vel 'Ave Maria' aut 'Credo in Deum' didicerunt. Unde quando adulti facti sunt, nunquam plene et integre possunt addiscere, sicut quidam senes rudes et facui dicunt quando queritur ab eis si sciunt 'Pater Noster'; repondent: 'Scio usque ad sanctificetur' vel usque ad 'debitoribus' ser nunquam ultra potui transire' [...]*".

Sobretudo, reduzida a uma simples fórmula cujo sentido era mais ou menos bem-compreendido, a "prece" do *Credo* talvez não tivesse para os leigos o mesmo sentido que para os clérigos. Para a Igreja, a profissão de fé tinha uma *virtus* espiritual: recitada de manhã, ela ajudava a realizar durante o dia as "boas obras" também necessárias para a salvação: à noite, afastava as "tentações dos demônios". Ao contrário, a falta de fé favorecia a agressão demoníaca[54]. Étienne de Bourbon contava em um *exemplum* que um "costume" dos Pregadores desejava que na agonia de um irmão os assistentes "repitam o Símbolo" para "afugentar os demônios"[55]. Qualquer que tenha sido o significado dado por Étienne de Bourbon e pelos irmãos pregadores a esta última expressão, é provável que os ouvintes leigos desse *exemplum* representassem a derrota dos demônios de uma maneira muito realista. Assim como para as outras duas preces, às quais foi pouco a pouco associado, o *Credo* era efetivamente para os leigos uma fórmula "mágica", cuja *virtus* consistia em proteger instantaneamente contra a agressão dos demônios, da morte ou das angústias noturnas. Essa situação foi sem dúvida favorecida pela dificuldade que eles tinham em perceber o sentido exato dessas fórmulas. Mas se os clérigos fizeram inegáveis esforços para fazê-los compreender, também parecem ter se acomodado em uma concepção "popular" da *virtus* que não era exatamente a deles: ao leigo preocupado por "ignorar a virtude" do *Pai-nosso,* ao contrário dos clérigos que "sabem o que dizem", Jourdain de Saxe respondia que essa prece "vale o mesmo nos dois casos, como uma pedra preciosa vale o mesmo tanto na mão de quem ignora sua virtude quanto na de quem a conhece"[56]. Estaria o *Pai-nosso* reduzido ao estado de "objeto mágico"? É exatamente isso que aparece em um sermão de Jacques de Vitry que exorta às viúvas que ensinem as três preces às crianças: "Ainda que não compreendam muito bem a virtude das palavras, estas lhes são pelo menos úteis; assim como a serpente não compreende a força do canto e do encantamento cujas pala-

---

54. Cf., p., ex., LITTLE, A.G. (org.). *Liber exemplorum ad usum praedicantium*. Aberdeen, 1908, p. 85-86, n. 142.
55. BOURBON, É. *Anecdotes historiques, légendes et apologues...* Op. cit., p. 284, n. 334.
56. Cf. ibid., nota 44.

vras, no entanto, lhe fazem mal, da mesma forma a virtude (das palavras da prece) age naqueles que não as compreendem"[57].

Essas citações sugerem uma reflexão e uma hipótese:

• Sem negar a eclosão de uma "espiritualidade dos leigos" nos últimos séculos da Idade Média, seria temerário generalizar, para além de certas elites sociais e culturais, a ideia de uma "interiorização" da fé muitas vezes compreendida como o resultado de uma evolução linear e de um evidente "progresso" inspirado pela Igreja.

• O "magismo", que passa correlativamente por ter sido o freio principal dessa evolução como "sobrevivência" de uma mentalidade arcaica[58], talvez também tenha sido, e paradoxalmente, o resultado do esforço de educação das massas leigas empreendido pela Igreja a partir do século XIII, ou melhor, de suas contradições: no momento em que a Igreja buscava "explicitar" em proveito de todos os cristãos a fé necessária para sua salvação, impunha-lhes limites, principalmente linguísticos, para uma compreensão ortodoxa das preces que deviam recitar. Quais foram então as razões para essa atitude contraditória?

Non credenda

Tanto em sua reflexão teológica quanto em sua prática apostólica, a Igreja do século XIII deu prova de realismo em relação à fé dos simples leigos e tolerou da parte deles uma grande "ignorância"[59].

Não era de se esperar que a Igreja se sentisse obrigada a adotar essa atitude, assim que se viu confrontada à "incultura" dos *illitterati*, estranhos à cultura clerical, erudita, escrita e latina? Sem dúvida essa explicação é insuficiente: o mínimo de fé "explícita" exigido dos leigos foi fixado, de

---

57. VITRY, J. *Sermo ad viduas et continentes, ex Cant. I, 9, "Pulchre sunt gene lue etc."*: Hec omnia compendiose debetis cogitare et filios vestros docere, qui si bene virtutem verborum non intelligunt, nichilominus eis prosunt, sicut serpens verbum carminationis et incantationis non intelligit, et tamen verba illa illi obsunt, et virtutem suam consequntur in illis qui ea non intellegunt".

58. Para a crítica mais detalhada dessas teses, permito-me remeter a meu artigo "Religion populaire et culture folklorique". *Annales ESC*, 1976, 5, p. 941-953.

59. É também em um sentido mais laxista que os teólogos do século XIII redefiniam o "pecado de ignorância". Cf. LOTTIN, O. "La nature du péché d'ignorance – Enquête chez les théologiens du XIIe et du XIIIe siècle". *Revue Thomiste*, XV, 1932, p. 634-652, 723-738.

forma deliberada pela Igreja, como o único meio de preservar os simples cristãos de dois perigos: de um lado as crenças heréticas, do outro as crenças "supersticiosas" do folclore. Ambas eram efetivamente apresentadas por Maurice de Sully como os dois tipos de crença que desviavam o cristão da verdadeira fé[60]. E o Bispo Roger de Weseham (1245-1256), que acabara de dar ao seu clero da diocese de Coventry um modelo de comentário do *Credo* destinado à instrução do "povo", opunha ao Símbolo os dois fatores que "destroem, ocultam e obscurecem" a verdadeira fé: "Em primeiro lugar, as heresias que manifestamente se opõem aos artigos da fé [...]. E de outro lado, o que retirou sua origem das artes mágicas, que os demônios inventaram para transmiti-las aos homens; entre estes últimos como, alguns, foram assim enganados, esforçam-se diariamente para enganar os outros"[61].

1. A negação pelo menos parcial do Símbolo da fé estava compreendida na própria definição da heterodoxia. A composição das novas versões do Símbolo (Niceia, Constantinopla, *"Quicumque vult"*) estava historicamente ligada à refutação da heresia ou do cisma e os clérigos do século XIII realmente sabiam disso: contra o cisma, quando em 1274 os Pais do segundo Concílio de Lyon obtiveram de Miguel Paleólogo uma profissão de fé apta a lhes dar a ilusão passageira de uma próxima reunião das igrejas[62], contra, sobretudo, a heresia, uma vez que todos os sínodos meridionais reunidos para lutar contra os cátaros encorajaram ao mesmo tempo os curas a ensinar o *Credo* aos fiéis; e quando Inocêncio III fez com que Durand de Huesca, antigo chefe dos valdenses de Aragão, se reconciliasse com a Igreja, impôs-lhe a recitação do *Credo* antes de autorizá-lo a pregar[63].

Ora, a própria "simplicidade" dos *simplices* parecia ou conduzi-los mais facilmente ao "erro" quando pretendiam compreender por si mesmos as "sutilezas", ou transformá-los em presas fáceis dos heréticos que busca-

---

60. SULLY, M. Sermão *De sancta et individua Trinitate*: "Hodie, carissimi etc." (cf. supra, p. 96, n. 20), f. 59s.: "Ita et nos, dilectissimi, abjecta omnium heretice pravitate et sortilegiis quibus illi christiani qui sanam non habent fidem utunrur et variis divinationibus in quibus credunt etc."
61. WESEHAM, R. "Instituta". In: CHENCY, C.R. (org.). *English Synodalia of the Thirteenth Century*. Oxford: Oxford University Press, p. 152 [reed., 1968].
62. Cf. *1274, année charnière* – Mutations et continuité (Lion e Paris, 30/09-05/10/1974). Paris: CNRS, 1977, p. 137-207 [Colloques Internationaux du CRRS., n. 558].
63. DUMEIGE, G. *Textes doctrinaux du magistère de l'Église sur la foi catholique*. Paris: [s.e.], 1969, p. 131.

vam seduzi-los. Diante desse perigo, a Igreja escolheu instruir melhor os fiéis, mas ao mesmo tempo pregar a submissão dos *minores* aos *majores*, reservando a estes a plena *cognitio* da fé e o dever de ensiná-la, e àqueles a *devotio* e o dever de obediência à Igreja: toda vez que o *homo simplex* ou a *vetula* ouviam a pregação de alguma novidade deviam se assegurar, antes de aderir a ela, de que a Igreja universal "sustentava" essa crença; e coube a São Boaventura acrescentar: para os *simplices*, o principal remédio ao erro é a "instrução"[64].

Para a Igreja, confrontada desde o século XI com a ameaça das heresias populares, era então necessário encontrar um equilíbrio, difícil de manter, entre dois objetivos contraditórios: a instrução dos leigos e a submissão deles aos clérigos. Esta dificuldade fica clara na atitude da Igreja em relação à língua vulgar: no século XIII, os clérigos usaram-na intensamente em sua pregação[65]; porém, mais do que nunca, eles também controlaram seu emprego pelos leigos para fins religiosos, pois ela era a língua da heresia. Alguns heréticos possuíam versões escritas em língua vulgar do *Credo*, do *Pai-nosso* e até mesmo da *Ave-Maria*[66]. Assim compreende-se que apenas uma elite social e cultural, clerical na maior parte das vezes, conseguisse fazer tais traduções impunemente e que o número destas permanecesse limitado. Assim também se explica o duradouro apego da Igreja à recitação do *Credo* em latim pelos leigos.

Temendo a falta doutrinal, a Igreja quis, portanto, limitar o raciocínio dos "simples"[67]. Mas teve então de reduzir o mais que pôde sua *cognitio*, reduzindo muito o limite de tolerância abaixo do qual, dizia São Boaventura,

---

64. BOAVENTURA. *Sent. Lib. III*, Dist. XXV, art. 1, q. III [ed. Quarachi, p. 545].

65. ZINK, M. *La prédication en langue romane avant 1300*. Paris: Honoré Champion, 1976.

66. Por ocasião da condenação dos heréticos amauricianos em 1210, o arcebispo de Sens, Pierre de Corbeil, ordenou que fossem enviados aos bispos "os livros teológicos escritos em românico [...], o *Credo in Deum* e o *Pai-nosso* em românico, mas não a vida dos santos [...], descobertos na casa daquele que é considerado herético". Cf. DENIFLE-CHÂTELAIN (org.). *Cartulaire de l'Université de Paris*, I. Paris: [s.e.], 1889, p. 70, n. 11. Cf. GY, P.-M. Op. cit., p. 569, n. 26. Alguns heréticos Lollards julgados pelo bispo de Norwich em 1428-1431 confessaram possuir livros escritos em *inglês* que continham o *Pai-nosso*, a *Ave-Maria* e o *Credo*. Cf. TANNER, N.P. (org.). *Heresy Trials in the Dioceses of Noewich 1428-1431*. Londres: [s.e.], 1977, p. 69 e 73 [Camden Fourth Series, 201].

67. Cf., p. ex., entre muitos outros, o que pregava Humbert de Romans "*Ad omnes laicos: (Laici) non debent ascendere ad scrutandum secreta fidei quam tenent clerici, sed adhaerere implicite*". Cf. ROMANS, H. *De modo prompte cudendi sermones*. Lion: [s.e.], 1677, p. 491 [org. de M. de la Bigne] [Maxima Bibliotheca Veterum Patrum, XXV].

a ignorância não é mais desculpável e revela "negligência e desprezo". A falta dos "simples" era até mesmo desculpável na medida em que não fosse defendida com a característica obstinação (*pertinacia*) do herético[68]. Jacques de Vitry exemplificava, denunciando "a opinião detestável e diabólica" daqueles que afirmam que no Juízo Final ou no paraíso ninguém reconhecerá seu próximo, com exceção dos padrinhos e das madrinhas que são os únicos que reconhecerão seus afilhados[69]. De todas as faltas condenadas pelo pregador na sequência de seu comentário do *Credo*, esta, relativa ao Juízo Final, era a única que tinha uma relação direta com um dos artigos da fé. No entanto, mesmo combatendo-a, Jacques de Vitry não falava de "heresia", mas apenas de "opinião". É verdade que nesse sermão ele denunciava principalmente as "falsas crenças" das *vetule*, mais suspeitas de sortilégios do que de heresias.

2. Vários sermões consagrados ao *Credo* e destinados ao "povo" opunham aos artigos da fé algumas crenças distintas da heresia, mas que o cristão deve banir com a mesma energia (*non credenda, stulta et falsa credulitas*, ou, mesmo, *infidelitas*): crenças nas adivinhações e nos sortilégios, "sorceries et charaies" (*caracteres*), para empregar os termos franceses de Maurice de Sully.

Este ordenava aos "padres" que desviassem seus fiéis da "malvaise creance" em proveito da "bone creance", que está contida no *Credo*. Jacques de Vitry, ao recomendar às viúvas que educassem seus filhos na fé, ordenava-lhes que as preservassem e que elas mesmas se desviassem dessas crenças contrárias. Três tipos de argumentos podem ser distinguidos em seu raciocínio, ilustrados por um grande número de *exempla*.

• Ele condenava as mulheres que, para conhecerem o futuro ou descobrir coisas ocultas, recorrem aos videntes; quando estes não passam de charlatães que só servem para enganá-las abusando de sua "simplicidade", eles às vezes dizem a verdade, mas porque o diabo fala por meio

---

68. AQUINO, A. *In Lib. III Sent.*, Dist. XXV, q. II, solutio 3: "Ad primum ergo dicendum, quod non condemnantur simplices pro haereticis, quia nesciunt articulos, sed quia pertinaciter defendunt ea quae sunt contraria articulis: quod non facerent, nisi per haeresim fidem corruptam haberent".
69. VITRY, J. *Sermo ad viduas et continentes, ex Cant. I, 9 "Pulchre sunt gene tue etc."*: "Contra illos que credunt quod in judicio vel in paradisio nom cognoscent se nisi patrinus filiolum et e converso [...]".

deles; assim essas mulheres são duplamente culpadas em relação a Deus: esperam dos videntes ou dos presságios o conhecimento do futuro, mas o tempo futuro pertence apenas a Deus; elas dedicam aos demônios, que inspiram os videntes, as honras devidas apenas a Deus.

A essas crenças estão intimamente mescladas "observâncias vãs e curiosas": oferendas no ano-novo, projeção de trigo sobre os recém-casados como sinal de boa sorte etc. A "idolatria" também é citada (mas não a palavra "superstição") a respeito daqueles que "colocam sua fé nas pedras ou estátuas".

• Certamente, Jacques de Vitry condenava os próprios videntes, verdadeiros ou falsos, e as feiticeiras (*sortilege* e *malefice*), que utilizam as preces da Igreja nas invocações que cantam (*carminationes*), confeccionam com a hóstia ou o óleo santo filtros de amor ou se tornam culpados de malefícios sexuais.

• Todas essas condenações tinham em comum a referência ao diabo e aos demônios, cujas figuras adquiriam assim uma importância considerável e nova no século XIII, mas cujos poderes também eram cuidadosamente determinados: ele pode revelar as coisas ocultas, sobretudo os pecados, e predizer o futuro; ele age sobre a imaginação dos homens (*diabolica suggestio, illusio diabolica*) fazendo, por exemplo, uma mulher crer que ela voa durante a noite ou um homem crer que sua esposa foi transformada em um jumento; ele pode enfim tomar a forma (*forma, species*) de um homem ou de um animal. Seus extensos poderes têm, no entanto, um limite essencial: como já ensinava Santo Agostinho, o diabo só pode agir com "a permissão de Deus".

Ao "demonologizar" partes inteiras da cultura folclórica, aplicando-lhe a grade de análise e de interpretação do sistema demonológico agostiniano, ao vulgarizar talvez uma parte desse saber e principalmente a obsessão por satã, a Igreja, nos séculos XII e XIII, conferiu ao diabo e aos demônios uma inegável promoção dentro do sistema de crenças: finalizando o retrato do "Inimigo", ela não perdeu a oportunidade, em resposta sem dúvida ao dualismo dos cátaros, de evocar que ele estava submetido a Deus, seu mestre e criador; mas sobretudo ela soube fazer do diabo, dentro do contexto novo de seu apostolado em meio leigo, um precioso auxiliar de sua própria ação.

Com a condição de não conceder ao diabo o que pertence a Deus, a crença *no* diabo tornava-se efetivamente um elemento essencial da "verdadeira" crença *em* Deus e da vida moral do cristão, pois já que os poderes do diabo devem ser temidos levando-se em consideração os pecados que ele sugere ao homem e depois denuncia pela boca dos videntes, uma existência virtuosa é a melhor proteção contra suas armadilhas; quem negligencia os sacramentos e, sobretudo, deixa de se confessar abre os flancos às tentações diabólicas: eis o que vinha a calhar como reforço ao cânone *Omnis utriusque sexus* de 1215 que impunha que todo cristão se confessasse pelo menos uma vez por ano; enfim a recitação frequente da *Ave-Maria* ou do *Credo* afugentava os demônios nos momentos de desespero. Assim fica mais claro o que significava a *virtus* do *Credo*: ela colocava o diabo em seu devido lugar dentro de um sistema da "boa crença" onde ele desempenhava um papel essencial, ainda que subordinado ao de Deus.

Mas o lugar do diabo no sistema da crença era ambíguo: devia-se crer no diabo como se crê no enganador por excelência (*delusor*), que "faz crer" no que "não se deve crer" (*non credenda*), a fim de evitar sua artimanha e alcançar a salvação.

Entre as artimanhas tradicionalmente atribuídas à ação do diabo sobre os espíritos dos "simples", e, sobretudo, das mulheres, a principal era a crença de que certas mulheres participavam do voo noturno no cortejo de Diana ou de Herodíade. Tradicionalmente, a Igreja considerava que essa crença era não apenas "infiel" ("*a recta fide deviant*"), mas falsa ("*hec omnino falsa esse*") e inspirada pelo maligno ao espírito daqueles que a consideravam como verdadeira ("*a maligno spiritu talia fantasmata mentibus fidelium irrogari*"): sua condenação por volta do ano 900 pelo *Canon Episcopi* (atribuído incorretamente a um Concílio de Ancira do século IV, mas essa antiguidade reforçava ainda mais sua autoridade) foi evocada por Burchard de Worms, Yves de Chartres e, sobretudo, Graciano, em seu *Decreto* em meados do século XII[70]: o *Canon Episcopi*, ao negar qualquer realidade objetiva ao voo noturno das feiticeiras, tornou-se assim um dos fundamentos da demonologia da Idade Média central.

---

70. GRACIANO. *Decretum*, Pars II, Causa XXVI, Quaestio V, c. 12 [Ed. Friedberg, I; col. 1.030-1.031].

Ora, a crença religiosa assim como as técnicas para "fazer crer" são fenômenos históricos, submetidos à mudança. Entre 1450 e 1470, os fundamentos dessa demonologia foram questionados: Jean Vineti, Nicolas Jacquier, Pierre Mamoris impuseram a ideia de que o voo noturno das feiticeiras não era uma ilusão sugerida pelo diabo, mas uma realidade, e que era preciso crer nessa realidade com o mesmo ardor que, até agora, servira para denunciar a ilusão. Esse tipo de inversão da crença oficial fundava a possibilidade teórica do sabá, cujo nome surgiu e se espalhou no mesmo momento[71]. Ela iria permitir o início da caça às feiticeiras.

Esta importante evolução exigiria uma análise e uma interpretação muito precisa. Observemos simplesmente como a Igreja se distanciou da crença que professava há vários séculos: ela não declarou que sua crença anterior era falsa, o que, em sua posição de instituição cuja "autoridade" se desejava absoluta, teria sido simplesmente inconcebível; ela sustentou que o objeto da crença havia mudado, que as feiticeiras não eram mais as mesmas: tanto as "antigas feiticeiras" eram vítimas de crenças vãs, tanto as "novas feiticeiras" – cujo *Malleus maleficarum* situava a aparição por volta de 1400[72] – concluíam voluntariamente com o diabo um "pacto firme" para que todas voassem juntas no sabá, metamorfoseando-se e transformando os outros em animais.

Aparentemente, a demonologia erudita acabara se apoderando da crença folclórica no voo noturno das feiticeiras, desde muito tempo denunciada com base no *Canon Episcopi*. De fato, longe de reconhecer tardiamente o seu fundamento legítimo, a Igreja a submetera a uma racionalidade positiva e historizante, que, descartando qualquer possibilidade de dúvida e de alternativa, arruinava o próprio fundamento da crença: para ela, não se tratava mais de uma crença, mas de um fato objetivo garantido pela sua autoridade e

---

71. Cf. a notável síntese de Franco Cardini: *Magia, stregoneria, superstizioni nell'Occidente medievale*. Florença: La Nuova Italia Editrice, 1979, p. 81-85. Cf., depois, os inúmeros trabalhos publicados em Lausanne sobre os inícios do sabá no século XV no arco alpino, esp. *L'Imaginaire du sabbat – Édition critique des textes les plus anciens (1430 c.-1440 c.)*, reunidos por Martine Ostorero, Agostino Paravicini-Bagliani, Kathrin Utz Tremp em colaboração com Catherine Chène (Lausanne: Université de Lausanne, 1999 [Cahiers Lausannois d'histoire Médiévale, 26], que afinam e completam GINZBURG, C. *Les batailles nocturnes – Sorcellerie et rituels agraires en Frioul, XVe-XVIe siècle*. Lagrasse: Verdier, 1980 [1. ed., 1966]. Cf. tb. do mesmo autor: *Le Sabbat des sorcières*. Paris: Gallimard, 1992 [1. ed. ital., 1989].

72. INSTITORIS, H. & SPRENGER, J. *Le Marteau des sorcières*. Paris: Plon, 1973, p. 341 [apresentação e tradução de A. Danet].

que justificava a mais severa repressão. Diante do inquisidor, a feiticeira não era culpada de "crer mal", mas de ter fisicamente ido ao encontro do sabá e ter praticado crimes...

A obsessão pelo satanismo não era tão intensa no século XIII. Talvez nessa época os clérigos buscassem menos denunciar em toda parte o domínio do diabo do que colocar a crença no diabo a serviço da crença em Deus. Mas se estavam bem-armados para estabelecer essas distinções, o mesmo não se pode dizer dos *minores*, a partir do momento em que sua "ignorância" foi transformada em virtude; então não poderíamos nos surpreender com o fato de que, desses dois polos constitutivos e desiguais da "verdadeira crença", às vezes eles tenham invertido a relação, arruinando todo o edifício do sistema eclesiástico da crença; foi assim que o *Credo*, expressão mínima da única fé "explícita" exigida dos simples leigos, pôde servir de sortilégio para as feiticeiras[73]. Alguns historiadores da "religião popular" veriam nisso uma forma pervertida da religião oficial. Vejo muito mais um traço característico do funcionamento da cultura folclórica, no contato com a cultura dominante e no nível preciso em que a Igreja escolhera estabelecê-la; o de uma "santa ignorância" que mal atenuava o mínimo de crença "explícita" necessário à salvação dos mais "simples" e fora exatamente definido com a preocupação de exorcizar ao mesmo tempo o perigo da heresia popular, promovendo a *devotio* dos leigos, e o da magia, dando a estes últimos rudimentos de *cognitio*.

3. Inspirada pelo temor de uma dupla perversão da fé, a atribuição de semelhante posição cultural e religiosa aos simples leigos na Igreja é bem-ilustrada pelo *exemplum* da *vetula* habituada a dizer o *Credo*, o *Pai-nosso* e a *Ave-Maria*, e que perdeu o "dom das lágrimas" quando, por uma infeliz sugestão de seu bispo, ela acrescentou a leitura do Salmo[74]. A própria natureza desse relato, que era um *exemplum* destinado a ser pregado aos principais interessados, os leigos, mostra que a Igreja buscou fixar de forma

---

73. *Le Doctrinal des simples gens: Des sorceries et devinements* [...]: "Nous ne disons pas que s'aucuns cueillent herbes medicinables en disant le *Credo* ou le *Pater Noster*, que ce soit pechie mortel, mais qu'il nele face par sorcellerie ou par autre mauvaise entencion" (B.N.F., mss. Fr. 1008, 1055 e 1846; texto transcrito por M.-C. Gasnault).

74. Cf. supra, p. 103, nota 49.

muito consistente, e até mesmo "militante", essa posição dos leigos, e que desejou fazê-lo no nível mais baixo possível: a evocação do dom sobrenatural das lágrimas servia para justificar a impossibilidade para essa velha senhora de ultrapassar o limite cultural atribuído ao seu estado e que a privava do uso da leitura. Para ressaltar melhor o fundamento legítimo desse limite, os teólogos às vezes valorizavam a ignorância da *vetula*, afirmando que em matéria de fé ela sabia mais do que os antigos filósofos[75]. Mas o julgamento deles estava marcado por uma grande ambiguidade, uma vez que utilizavam a mesma palavra para denunciar as feiticeiras[76].

E dessa forma a Igreja se contradizia duplamente:

• De um lado, mantendo a "ignorância" e a "simplicidade" dos leigos, ela corria o risco de deixá-los sem defesa face aos erros dos quais ao mesmo tempo procurava desviá-los, ou porque foram seduzidos pelas "novidades" e pelas "sutilezas" da heresia, ou porque sua "vaidade" os levou a consultar os videntes. O fato é que a Igreja jamais conseguiu erradicar as "superstições" que ela sempre condenou.

• Por outro lado, ao desejar *fixar* essa posição dos leigos, ela contradizia sua própria visão de uma "explicitação" progressiva da fé, na vida de cada homem considerado tanto individualmente quanto na história da humanidade. De fato, essa perspectiva acabava questionando, no final, a superioridade dos clérigos sobre os leigos; é justamente essa hierarquia que os heréticos recusavam, negando a legitimidade do sacerdócio e reivindicando para todos os leigos o direito de pregar. Para a Igreja, ao contrário, a submissão imposta aos leigos preservava a dominação cultural e social dos clérigos. Para melhor demonstrar o caráter imutável dessa hierarquia, Humbert de Romans a inscrevia em uma ordem biológica e lhe dava a rigidez da pedra: há duas "raças" de homens (*dua genera hominium*): a dos clérigos "que são superiores em dignidade e mais inteligentes por sua ciência" e a dos leigos "que possuem menos essas

---

75. Cf. *Index Thomisticus*, s.v. "Vetula", por ex. *Sermon pour les SS. Pierre et Paul*: "Plus scit modo una vetula de his quae ad fidem pertinent, quam quondam omnes philosophi" (Opera omnia. Parma, XXIV, 228 A), que ilustra a ideia de um progresso linear da fé na história.

76. Sobre os julgamentos feitos por um pregador como Étienne de Bourbon sobre as vetula, cf. SCHMITT, J.-C. *Le Saint Lévrier – Guinefort, guérisseur d'enfants depuis le XIIIe siècle*. Paris: Flammarion, 1979, p. 56-57.

coisas"; é por isso que o edifício da Igreja compreende "duas partes, o coro, reservado aos clérigos, e a nave, reservada aos leigos"[77].

Na teoria, e, em uma larga medida, na prática, um esforço constante para "fazer crer" devia garantir à fé um progresso contínuo. Mas a própria ideia desse progresso se chocava contra um limite ideológico, cuja expressão teológica residia na relação imutável e complexa entre crença "explícita" e crença "implícita", *majores* e *minores*, e cuja consequência prática era, a despeito de trocas constantes, a manutenção de uma forte dicotomia entre a cultura folclórica e suas crenças específicas destinadas pela Igreja ao domínio dos demônios, e a cultura clerical, em posição dominante, cujo acesso era amplo e deliberadamente proibido aos mais "simples".

---

77. ROMANS, H. *De modo prompte cudendi sermones.* Op. cit., 491. Modelo de sermão *Ad omnes leigos.*

Parte II

Tradições folclóricas e cultura erudita

VI

As tradições folclóricas na cultura medieval*

A multiplicação das pesquisas sobre as "culturas populares" da Europa tradicional, da Idade Média ao século XIX, é um dos traços marcantes da orientação dos estudos históricos destes últimos anos. Para explicar essa orientação da pesquisa, geralmente são invocadas causas sociológicas gerais, tal o interesse que as transformações rápidas da sociedade contemporânea suscitam por um "mundo que perdemos"[1]. Por outro lado, essa orientação apoia-se no desenvolvimento de novos campos da história: o estudo da civilização material e, sobretudo, a antropologia histórica, que permite ao historiador, em colaboração com o etnólogo, pôr em ação novos métodos e descobrir novos objetos (relações de parentesco, sistemas simbólicos, tradições orais etc.)[2].

---

* Retomado de "Les traditions folkloriques dans la culture médiévale – Quelques réflexions de méthode". *Archives de Sciences Sociales des Religions*, 52/1, 1981, p. 5-20.

1. LASLETT, F.P. *Un monde que nous avons perdu* – Famille, communauté et structure sociale dans l'Angleterre pré-industrielle. Paris: Flammarion, 1969. Cf. tb. CERTEAU, M.; JULIA, D. & REVEL, J. "La beauté du mort: le concept de culture populaire". *Politique aujourd'hui*, dez./1970, p. 3-23. De um ponto de vista mais sociológico: POUJOL, G. & LABOURIE, R. (orgs.). *Les cultures populaires* – Permanence et émergence des cultures minoritaires locales, ethniques, sociales et religieuses. Toulouse: [s.e.], 1979.

2. BURGUIÈRE, A. "Anthropologie et sciences historiques dans l'étude des sociétés européennes". *L'Anthropologie en France*: situation actuelle et avenir. Paris: CNRS, 1979, p. 105-122 [Colloque international du CNRS, n. 573 (Paris, 16-22/04/1977)].

As exigências da história

Esta evolução refere-se a diversos países[3], mas afeta, além dos países anglo-saxões, a Itália, a França e o Quebec[4]. Certamente a diversidade das

---

3. Em um país como a Alemanha, a noção de "antropologia histórica" parece se orientar muito mais para a antropologia física e a história da medicina do que para a etnologia. Cf. SCHIPPERGES, H.; SEIDLER, E. & UNSCHULD, P.U. (orgs.). *Krankheit, Heilkunst, Heilung* – Veröffentlichungen des Instituts für historische Anthropologie E.V. Friburgo/Munique, I, 1978. Na ex-URSS existe evidentemente um fio condutor, mas que permanece aparentemente marginal, entre a obra de Mikhaïl Bakhtine (*L'Oeuvre de François Rabelais et la culture populaire au Moyen Âge et sous la Renaissance*. Paris: Gallimard, 1970) e a de Aaron I. Gourevitch ("Le comique et le sérieux dans la littérature religieuse au Moyen Âge". *Diogène*, 90, abr.-jun./1975, p. 67-89). Do mesmo autor, cf. esp. *Das Weltbild des mittelalterlichen Menschen*. Dresde, 1978. Para a Polônia: GEREMEK, B. (org.). *Kultura elitarna a kultura masowa w Polsce poznego sredniowiecza*. Varsóvia: Polska Akademia Nauk/Instytut Historii, 1978.

4. Nos países anglo-saxões, a influência da antropologia social sobre a história é bastante precoce: assim os trabalhos de E.E. Evans-Pritchard sobre a feitiçaria entre os Azandé marcaram os inúmeros trabalhos de Keith Thomas, Alan MacFarlane et al. sobre a feitiçaria europeia. Cf. STONE, L. "The Disenchantment of the World". *The New York Review of Books*, voll. XXVII, n. 9, 02/12/1971, p. 17-25. Da mesma forma, o sucesso das análises dos rituais por Victor Turner, junto a historiadores como Natalie Zemon Davis (*Society and Culture in Early Modern France* – Eight Essays. Stanford: Stanford University Press, 1975 [trad. francesa: *Les cultures du people* – Rituels, savoirs et résistances au XVIe siècle. Paris, 1979]). Cf. tb. BURKE, P. *Popular Culture in Early Modern Europe*. New York: New York University Press, 1978. Na Itália se encontram hoje duas tradições. De um lado os inúmeros estudos da "religiosidade popular": cf. DE ROSA, G. "Religione e religiositá popolare". *Ricerche di Storia Sociale e Religiosa*, VI, 11, jar.-jun./1977. Para a Idade Média, cf. esp. MANSELLI, R. *La religion populaire au Moyen Âge* – Problèmes de méthode et d'histoire, conférence Albert le Grand (1973). Montreal/Paris: Vrin, 1975. Cf. tb. o relatório crítico de Richard Trexler em *Speculum*, 52, 1977, p. 1.019-1.022. Por outro lado, as pesquisas mais antropológicas, ao contato com a jovem etnologia italiana oriunda do ensino de Ernesto de Martino e alimentada pela obra de Antonio Gramsci. Cf. esp. CIRESE, A.M. *Intellectuali, folklore, instinto di classe* – Note su Verga: Deledda, Scotellaro, Gramsci. Turim: Einaudi, 1976. Entre os etnólogos da mesma tendência, citemos, além de Cirese, Clara Gallini, Luigi Lombardi-Salriani, Vittorio Lanternari, Alfonso Di Nola etc. Para os historiadores que representam essa corrente, cf. esp. GINZBURG, C. *I Benandanti Stregoneria e culti tra Cinquecento e Seicento*. Turim: Einaudi, 1966 [trad. Francesa, *Les Batailles nocturnes* – Sorcellerie et rituels agraires en Frioul, XVIe-XVIIe siècle. Lagrasse: Verdier, 1980]. • "Folklore, magia, religione". *Storia d'Itália*. I. Turim: Einaudi, 1976 [trad. francesa: *Le fromage et les vers* – L'univers d'un meunier du XVIe siècle. Paris: Flammarion, 1980]. • CAMPORESI, P. *La maschera di Bertoldo* – G.C. Croce e la letteratura carnavalesca. Turim: Einaudi, 1976. • *Il paese della fame*. Bolonha: Il Mulino, 1978. • *Il pane selvaggio*. Bolonha: Il Mulino, 1980 [trad. francesa: *Le pain sauvage* – L'imaginaire de la faim, de la Renaissance au XVIIIe siècle. Paris: Le Chemin Vert, 1981. Cf., do mesmo autor, *La chair impassible*. Paris: Flammarion, 1986 [1. ed. italiana, 1983]. Na França, a antropologia histórica atual encontra-se no cruzamento de várias tradições científicas: 1) A sociologia durkheimiana redescoberta pelos historiadores muito recentemente. 2) A sociologia religiosa de Gabriel Le Bras, ela mesma oriunda da primeira corrente e que se encontra na origem de inúmeros trabalhos sobre a "religião popular", de inspiração muitas vezes católica, e mesmo clerical. TOUSSAERT, J. *Le sentiments religieux, la vie et la pratique religieuse des laïcs en Flandre maritime et au West Hoeck de langue flamande aux XIVe-XVe et au début du XVIe siècle*. Paris: [s.e.], 1963. • DELARUELLE, E. *La piété populaire au Moyen Âge*. Turim: Bottega d'Erasmo, 1975 [Prefácio de Philippe Wolff; Introdução de Raoul Manselli e André Vauchez]. Homenagem coletiva à sua obra: "La religion populaire en Languedoc du XIIIe siècle à la moitié du XIVe siècle". In: *Cahiers de Fanjeaux*, 11, 1976. • PLONGERON, B. (org.). *La religion populaire, approches historiques*. Paris: Brauchesne. 1976. • PLONGERON, B. & PANNET, R. (orgs.). *Le christianisme populaire, les dossiers de l'histoire*. Paris: Le Centurion, 1976. 3) Enfim, os estudos de folclore, ilustrados principalmente pelo nome de Arnold Van Gennep.

tradições nacionais é grande, mas alguns reagrupamentos metodológicos e epistemológicos podem ser efetuados de um país ao outro. Vamos distinguir, de uma maneira voluntariamente esquemática, de um lado os trabalhos de história da "religião popular", de outro lado aqueles que provêm da antropologia histórica.

O processo da história da "religião popular" foi várias vezes examinado nestes últimos anos[5]: o que se lhe recrimina é o fato de apreciar a religião das massas em função de uma norma mais ou menos explícita do cristianismo, no melhor dos casos a da Igreja da época; de desconhecer a cultura folclórica, suas capacidades de acolhimento ou de resistência à vulgarização dos modelos dominantes; de não ver no folclore senão "sobrevivências" do paganismo e de tentar explicá-lo recorrendo a uma "psicologia" do povo descrita em termos de afetividade, de emotividade, de primitivismo etc.; de nunca procurar definir seus conceitos ("religião", "magia", "superstição", "sobrevivências" etc.), de estudar a cristianização apenas nos limites de uma história da espiritualidade e dos "progressos" da fé, e nunca como fator de reprodução social.

Ao contrário, utilizar na história métodos oriundos da etnologia, considerar nos séculos passados tradições folclóricas estudadas pelo etnólogo em

---

Ainda que as relações entre a sociologia e o folclore tenham sido difíceis no começo (cf. ISAMBERT, F.A. "Religion populaire, sociologie, histoire e folklore, II: De Saint Besse à Saint Rouin". *Archives de Sciences Sociales des Religions*, 46/1, 1978, p. 111-133), seu encontro produziu muito cedo obras de uma grande qualidade; desde 1913 por R. Hertz ("Saint Besse, étude d'un culte alpestre" [reed. em *Sociologie religieuse et folklore*. Paris: PUF, 1970, p. 110-160]), depois por um etnólogo aluno de Marcel Mauss, Louis Dumont (*La Tarasque* – Essai de description d'un fait local d'un point de vue ethnographique. 2. ed. Paris: Gallimard, 1951). O primeiro historiador a ter utilizado sistematicamente os métodos de Van Gennep foi R. Vaultier (*Le folklore pendant la guerre de Cent Ans d'après les lettres de rémission du Trésor de Chartres*. Paris: Guénégaud, 1965). Foi quase nessa data, mas sob a influência da antropologia estrutural, que os estudos de etnologia histórica se "iniciaram", principalmente sob o impulso de Jacques Le Goff e de Emmanuel Le Roy Ladurie. No Quebec, a orientação antropológica torna-se sensível em BOGLIONI, B. (org.). *La culture populaire au Moyen Âge*. Montreal: L'Aurore, 1979 [Estudos apresentados no quarto colóquio do Instituto de Estudos Medievais da Universidade de Montreal, 02-03/04/1977].

5. DAVIS, N.Z. "Some Tasks and Themes in the Study of Popular Religion". In: TRINKAUS, C. & OBERMAN, H.A. (orgs.). *The Pursuit of Holiness in Late Medieval and Renaissance Religion* – Papers from the University of Michigan Conference, Studies in Medieval and Reformation Thought, X. Leyde: Brill, 1974, p. 307-336. • SCHMITT, J.-C. "Religion populaire et culture folklorique". *Annales ESC*, 1976, 5, p. 941-953. • ISAMBERT, F.A. "Religion populaire, sociologie, histoire et folklore". *Archives de Sciences Sociales des Religions*, 43/2, 1977, p. 161-184. Este último artigo é particularmente crítico em relação aos dois volumes coletivos publicados sob a direção do Abade B. Plongeron (cf. supra), às vésperas de um colóquio internacional que também foi conduzido por B. Plongeron: *La religion populaire*. Paris: CNRS, 1980 [Colóquio Internacional do CNRS, n. 576. Paris, 17-19/10/1977]. Do ponto de vista folclorista, cf. tb. as observações críticas de DUNDES, A. *Analytic Essays in Folklore*. La Haye/Paris: Mouton, 1975.

uma época mais recente (e às vezes ainda hoje), recusar a delimitação *a priori* de um terreno "religioso" a ser estudado e se preocupar com uma reflexão global sobre o funcionamento das sociedades conduzida com antropólogos caracterizam a "antropologia histórica". Mas os próprios defensores dessa abordagem não experimentam dificuldades para cercar seu objeto?

Para começar, a própria existência de uma "cultura popular" deve ser vigorosamente questionada caso ela seja compreendida como um sistema autônomo distinto da cultura dominante. Da dominação sofrida, os dominados participam aderindo às normas, aos modelos, aos valores que lhes são propostos e nos quais encontram a legitimação de sua própria condição[6]. As reservas em relação à cultura popular, e mesmo sua constituição como objeto de ciência, não seriam uma antiga astúcia da ideologia para justificar ora a atenção indulgente em relação a um "povo criança", ora a correção vigilante de seus excessos? Por essa razão, o vocabulário latino da Idade Média é instrutivo na medida em que apenas usa, para designar as "pessoas do povo", ou termos pejorativos (*vulgus, idiotae, minores, rudes, simplices* etc.), ou termos privativos (*illitterati, ignobiles, indocti* etc.)[7]. E esse é o vocabulário que encontramos em muitos dos trabalhos de historiador.

Contudo, por trás desses termos que sempre parecem denunciar um vazio a ser preenchido, um defeito a ser corrigido, uma desordem a ser organizada, desenham-se, ao longo da Idade Média (e sob vocábulos equivalentes, do Antigo Regime), tradições folclóricas entre as quais algumas se harmonizam perfeitamente com os modelos dominantes e até mesmo se confundem com eles, ao passo que outras, ou as mesmas em outras épocas, contradizem esses modelos de forma mais ou menos violenta. A recente

---

6. A questão da existência ou não de uma "cultura popular" é debatida com um vigor particular quando se trata das classes populares dos séculos XIX e XX: às análises clássicas de E.P. Thompson sobre a classe operária inglesa (cf. tb. desse autor: "Rough music: le charivari anglais". *Annales ESC*, mar.-abr./1972, p. 285-312) ou de R. Hoggart (*The Uses of Literacy*, 1975 [trad. francesa: *La culture du pauvre* – Étude sur le style de vie des classes populaires en Angleterre. Paris: De Minuit, 1970]), opor as negações vigorosas de Pierre Bourdieu (*La distinction* – Critique sociale du jugement. Paris: De Minuit, 1979, p. 459).

7. LACROIX, B. & LANDRY, A.-M. "Quelques thèmes de la religion populaire chez le théologien Thomas d'Aquin". In: BOGLIONI, P. Op. cit., p. 168. Hoje, basta nos arriscarmos a colecionar objetos supostamente "populares" e acabamos, sem nunca explicitar os critérios das escolhas feitas, oferecendo o mesmo sentimento do heteróclito: cf. *Religions et traditions populaires*. Paris: Reunião dos Museus Nacionais, 1979 [Catálogo da exposição do Musée national des arts et traditions populaires, 04/12/1979-03/03/1980].

atenção dada pelos historiadores ao folclore nas sociedades passadas nos faz então pensar que o problema da "cultura popular" ou da "religião popular" é mais complexo do que poderia parecer.

A dificuldade é tripla: ela se prende à identificação das tradições folclóricas, à avaliação de sua difusão social, à maneira de abordar sua análise.

Mas a primeira dificuldade não pode ser considerada uma, pois para o historiador é folclórico aquilo que os folcloristas e os etnólogos coletaram ou ainda coletam, classificam, estudam: os "contos tipos" de Antte Aarne e Stith Thompson, os "motivos" deste último, os ritos e crenças repertoriados por Paul Sébillot, Arnold Van Gennep, Eduard Hoffmann-Krayer e Heinrich Bächtold-Stäubli etc. No mais, os documentos de época são bons guias para localizar essas tradições folclóricas: nos textos medievais, expressões como *vulgo dicitur* frequentemente introduzem essa relação e manifestam que os representantes da cultura erudita realmente tinham o sentimento de uma diferença cultural.

Em segundo lugar, a atenção dada pelos folcloristas quase que exclusivamente, desde o século passado, às classes populares rurais corre o risco de induzir o historiador ao erro: o folclore não é nem exclusivamente rural nem limitado a uma classe social particular. Na época medieval, suas tradições podem abranger todos os meios, mas é apenas em alguns deles – principalmente entre os clérigos – que elas são confrontadas a outras práticas culturais além da oral (escrita, leitura) e a outros conteúdos culturais (literatura escrita, ciência, teologia etc.). Naturalmente, a diversidade desses meios – vamos chamá-los de *litterati* – é grande. Mas a dos *illitterati* não é menor: sem desenvolvê-la, formulamos a hipótese de que o folclore europeu se organiza e se reorganiza entre os séculos X e XII simultaneamente ao conjunto das estruturas sociais, em torno de três células fundamentais, que são a linhagem cavaleiresca, a cidade (e o bairro) e a comunidade rural[8].

---

8. Três exemplos revelam a importância dessa virada do século XII. Para a linhagem, Melusina: LE GOFF, J. & LADURIE, S. "Mélusine maternelle et défricheuse". *Annales ESC*, 1971, p. 587-622. A primeira parte retomada em LE GOFF, J. *Pour un autre Moyen Âge – Temps, travail et culture en Occident: 18 essais*. Paris: Gallimard, 1977, p. 307-331. Para a cidade, São Marcel: LE GOFF, J. "Culture ecclésiastique et culture folklorique au Moyen Âge: Saint Marcel de Paris et le Dragon". In: DE ROSA, L. (org.). *Ricerche storiche ed economiche in memoria di Corrado Barbaggalo*. II. Nápoles: ESI, 1970, p. 51-90. Retomado em *Pour un autre Moyen Âge... Op. cit.*, p. 236-279. Para a comunidade rural, São Guinefort: SCHMITT, J.-C. *Le Saint Lévrier – Guinefort guérisseur d'enfants depuis le XIIIe siècle*. Paris: Flammarion, 1979.

Como abordar então esses problemas, que lugar os historiadores devem dar ao folclore em sua representação do campo histórico, que conceitos utilizar para tentar analisá-los? É neste ponto, certamente, que as opiniões mais divergem.

Para uns, o folclore, nas épocas medievais e modernas, não é um sistema cultural coerente e completo; tal sistema teria existido antigamente, mas teria se desfeito em contato com o cristianismo: o folclore seria constituído, retomando uma expressão de Michel Vovelle, de *membra disjecta* esparsos, sobreviventes de uma cultura outrora coerente[9]. Essa posição desfruta de certa consideração na Itália. Analisando a surpreendente confissão de uma feiticeira piemontesa em 1519, segundo a qual no sabá a *domina cursus* obriga suas companheiras a comerem um boi, depois ressuscita o animal batendo em seus ossos com um bastão, Maurizio Bertolotti reencontra essa crença atestada desde o século VII na *Historia Brittonum* (a respeito de São Germano de Auxerre) e no *Edda* escandinavo (a respeito do deus Thor); estuda de maneira muito precisa e convincente a "demonologização" do tema ao longo da Idade Média; mas, em relação às fontes escritas, postula a existência de um "mito" muito antigo que, segundo ele, remonta à passagem de uma civilização de caçadores-coletores a uma civilização de agricultores e criadores sedentários[10]. Essa abordagem inspira-se na de Vladimir Propp que, depois de publicar em 1928 sua célebre *Morphologie du conte*, acreditou em 1946 reencontrar as "raízes históricas do conto maravilhoso" nas diversas civilizações da pré-história, comparadas com as "sociedades primitivas" que subsistem ainda hoje[11]. Na Alemanha, uma hipótese semelhante, independente daquela de Vladimir Propp, inspirou o trabalho de August Nitschke, mas sua abordagem é mais complexa, pois se baseia em uma comparação entre, de um lado, os contos e, de outro, os afrescos e gravuras pré-históricas[12]. Essa ideia é interessante, mas o método seguido é, por ao

---

9. VOVELLE, M. "La religion populaire: problèmes et méthodes". *Le Monde Alpin et Rhodanien*, n. 1-4, 1977, p. 28.

10. BERTOLOTTI, M. "Le ossa e la pelle dei buoi – Un mito popolare tra agiografia e stregoneria". *Quaderni Storici*, 41 (2), 1979, p. 470-499.

11. Trad. do russo Vladimir J. Propp: *Les racines historiques du conte merveilleux*. Paris: Gallimard, 1983 [Prefácio de Daniel Fabre e Jean-Claude Schmitt].

12. NITSCHKE, A. *Soziale Ordnungen im Spiegel der Märchen*. Stuttgart. • CANNSTATT, B.; HOLZBOOG, F. & HOLZBOOG, G. 2 vols. 1976, Cf. meu relatório no *Annales ESC*, 1979, 6, p. 1.281-1.283).

menos duas razões, contestável; os procedimentos de comparação entre o conto e a imagem são vagos e subjetivos, e a ideia de que as imagens e os contos são o espelho (*Spiegel*) da vida real não pode ser admitida. Parece difícil, nessas condições, ver nos afrescos de Lascaux ou de Altamira os documentos que faltam a Propp ou a Bertolotti para provarem suas hipóteses. A esta primeira dificuldade se acrescenta uma segunda, fundamental, mas não resolvida pelo autor: Por que e como tais motivos folclóricos teriam sobrevivido ao desmembramento da cultura primitiva onde tinham sua coerência, enquanto outros desapareceram? Essa questão decorre, de fato, de um problema maior, cuja solução também deveria dar uma resposta às outras questões: Qual é a função dessas tradições no meio social e na época em que são atestadas?

Uma segunda hipótese apresenta pontos em comum com a primeira, uma vez que também remonta às "origens". No entanto, distingue-se dela quando nega a perda de coerência do folclore nas épocas históricas. Ela é ilustrada pela obra rica e original de Claude Gaignebet, que prolonga e amplia a de Paul Saintyves sobre a "mitologia cristã" e os ciclos calendários, e a de Mikhail Bakhtine sobre o simbolismo carnavalesco[13].

Para Gaignebet, a cultura folclórica tem uma coerência fundada no calendário, mais precisamente na combinação de um cômputo solar (equinócios, solstícios) com um cômputo lunar: luas novas e luas cheias, dividindo o ciclo do ano em oito períodos de quarenta dias (uma quarentena representa uma lunação e meia). O pivô desse sistema calendário é o dia 2 de fevereiro, primeira data possível do Carnaval, dia em que o urso, ou o homem selvagem, sai de sua caverna para verificar o início da primavera. Cada momento importante desse ciclo está ilustrado nos ritos e nas crenças por um simbolismo muito rico, que Gaignebet reencontra não apenas no folclore contemporâneo, mas na literatura cortês ou na literatura farsesca da Idade Média, na mitologia escandinava, na religião romana da Antiguidade etc. Ele afirma de forma definitiva a existência tenaz, através dos séculos e das civilizações, de uma verdadeira "religião" baseada no calendário e, em particular, carna-

---

13. GAIGNEBET, C. "Le Combat de Carnaval et de Carême de P. Bruegel" (1559). *Annales ESC*, 1972, p. 313-345. • GAIGNEBET, C. & FLORENTIN, M.-C. *Le carnaval* – Essai de mythologie populaire. Paris: Payot, 1974.

valesca. A reflexão e a erudição de Claude Gaignebet merecem muito mais consideração do que a que lhe foi dada até agora pelos historiadores[14]. E, no entanto, inquieto-me com a maneira pela qual a história é aqui colocada entre parêntesis: a história produziria apenas acidentes, as civilizações que se sucedem não fazem senão cobrir superficialmente a estrutura fundamental do "mito", que, imutável, atravessa os séculos. Ora, não podemos ver apenas nos conteúdos históricos dos ritos e dos relatos, que são o produto de situações sociais singulares, uma roupagem secundária, sem importância para sua compreensão. Para julgar dessa perspectiva anistórica, não no sentido em que a história seria apenas o estudo das evoluções, mas na medida em que o historiador busca antes compreender plenamente todos os aspectos de um fenômeno social, vamos nos referir àquilo que o próprio autor diz, não sem certo sabor de provocação, quando apresenta os *lais* do século XII: "Pois ao ouvido de um folclorista – ouvido que, como tantos outros, só dá atenção a determinados detalhes, recusa, suprime tudo aquilo que faz o relato se inscrever em um tempo, em uma sociedade, em uma moral, em uma história... – a matéria aqui tratada certamente é tão 'medieval' quanto 'da Bretanha'"[15]. Ao contrário, parece-me importante reconciliar a análise dos sistemas simbólicos e a perspectiva histórica[16].

Uma terceira abordagem foi definida por Nicole Belmont, especialista em história da etnologia francesa a partir do início do século XIX. Uma das originalidades dos trabalhos dessa autora reside na utilização dos conceitos psicanalíticos. Em um recente artigo, ela busca dar um estatuto científico à noção de "superstição", tradicionalmente oposta pela Igreja (da Antiguidade Tardia até o *Tratado das superstições* do abade J.B. Thiers, no final do século XVII), à noção de "religião"; segundo ela, essa é a mesma noção que foi retomada pelos folcloristas do século XIX, sob o nome de "sobrevivências", e

---

14. Cf. as observações pertinentes de FABRE, D. "Le monde du carnaval". *Annales ESC*, 1976, 2, p. 389-406.

15. GAIGNEBET, C. "Les contes de la lune rousse sur la montagne verte". Prefácio ao *Le coeur mangé – Récits érotiques et courtois*, XIIe et XIIIe siècles. Paris: Stock, 1979, p. 13 [transcrito para o francês moderno por Danielle Régnier-Boler].

16. O modelo de uma etnologia preocupada em situar os sistemas simbólicos em seu contexto histórico foi fornecido por VERDIER, Y. *Façons de dire, façons de faire – La laveuse, la couturière, la cuisinière*. Paris: Gallimard, 1979.

pelos etnólogos do século XX, sob o nome de "crenças populares"[17]. Nicole Belmont não questiona a existência de práticas e de crenças que correspondem a essas denominações: ela ressalta, ao contrário, sua realidade e sua especificidade, reconhecendo-lhes um estatuto intermediário entre as "condutas obsessionais individuais" e os "fatos religiosos coletivos", assim como definidos por Freud. As "superstições" corresponderiam a uma "necessidade" coletiva de *exteriorização* (comparável com a "projeção" no indivíduo) que a religião oficial, acentuando mais e mais a *interiorização* ao longo de sua história, não poderia ter satisfeito. Confesso: esse esquema evolucionista da história das religiões não me convenceu muito, pois me parece provir principalmente da imagem que toda religião constituída deseja dar de si mesma. Por outro lado, a transferência das categorias da análise individual à psicologia coletiva me parece levantar muito mais problemas do que aqueles que pretende resolver. De mais a mais, tomar o partido de percorrer os séculos para alcançar apenas alguns testemunhos isolados (da Roma Antiga ao abade de Thiers, e depois a Freud) parece bem perigoso na ausência atual de estudos precisos sobre as "superstições" no conjunto de cada sistema social considerado. E, por último, admitir *a priori* a "realidade" das "superstições" só pode, com efeito, criar o compromisso de lhes encontrar uma razão de ser; mas se as "superstições" eram primeiramente uma palavra, uma categoria do discurso erudito, a explicação não deveria ser procurada antes na análise das ideologias do que na psicologia?

Na maioria dos casos, o historiador da civilização ocidental não dá a devida atenção ao fato de que ele próprio pertence à sociedade cuja história está estudando: acaba se esquecendo com muita frequência de que o vocabulário utilizado espontaneamente em sua disciplina é o produto de uma história que ele pretende explicar com as mesmas palavras.

Este é o caso dos pares "religião"/"magia" ou "religião"/"superstição", fundamentais no discurso oficial da Igreja e herdado pelas ciências humanas. Historiadores e sociólogos, desde Frazer e Durkheim, raramente con-

---

17. BELMONT, N. "Superstition et religion populaire dans les sociétés occidentales". In: IZARD, M. & SMITH, P. *La fonction symbolique* – Essais d'anthropologie. Paris: Gallimard, p. 53-70. Para a noção de superstição na época medieval, completaremos com HARMENING, D. *Superstitio* – Uberlieferungs-und theoriegeschichtliche Untersuchungen zur kirchlich-theologischen Aberglaubensliteratur des Mittelalters. Berlim: Erich Schmidt, 1979.

testaram a legitimidade dessas distinções: ao contrário, buscaram dar a elas o estatuto científico que lhes faltava. A tentativa de Nicole Belmont, apesar de interessante e nova, inscreve-se ainda nessa tradição. Mas outros pesquisadores, antropólogos, como Hildred Geertz[18] ou Marc Augé[19], sociólogos, como François Isambert[20], mostraram que as diversas características habitualmente dadas à "magia" ou às "superstições" também poderiam ser encontradas naquilo que se convencionou chamar "religião". E a recíproca não é menos verdadeira. Por isso é difícil aderir às proposições de Jean Delumeau, matizadas, é verdade, ao longo da análise: "Uma antipatia fundamental opõe magia e religião [...], magia e religião são essencialmente hostis uma à outra". Ora essas distinções, expressas aqui de maneira significativa em termos psicológicos ("antipatia", "hostilidade"), não me parecem fundadas em teoria. Elas procedem de uma confusão entre os conceitos científicos que o historiador deve manejar e o vocabulário das Igrejas da Reforma e da Contrarreforma. Essa confusão fica ainda mais clara quando o autor escreve logo depois: "Não foi essa antipatia estrutural [entre "magia" e "religião"] que os promotores da espiritualização do Ocidente sentiram na época de nosso estudo?"[21]

Na realidade, a maioria dos autores, e Jean Delumeau em primeiro lugar, tem consciência da dificuldade e pretende se desviar dela falando de "mágico-religioso" ou de "religião marcada de magismo", o que, para mim, significa dobrar a dificuldade em vez de reduzi-la...

A abordagem que proponho é bastante diferente daquelas que acabo de citar, e também os méritos e o que para mim constituem seus limites. Para escapar à aporia das noções indefiníveis ("popular") ou à armadilha das palavras herdadas ("religião", "magia", "sobrevivências", "superstições"), é preciso analisar as relações sociais, construir um modelo que valorize os polos de oposição, as tensões, os desafios ideológicos de uma sociedade ao

---

18. Cf. o debate entre Hildred Geertz e Keith Thomas em "An Anthropology of Religion and Magic, I, II". *Journal of Interdisciplinary History*, VIII, 1975, p. 71-109.
19. AUGÉ, M. "Dieux et rituels ou rituels sans dieux?". In: MIDDLETON, J. *Anthropologie religieuse, textes fondamentaux, les dieux et les rites*. Paris: [s.e.], 1974, p. 9-36 [apresentação de Marc Augé].
20. ISAMBERT, F. *Rite et efficacité symbolique* – Essai d'antrhropologie sociologique. Paris: Du Cerf, 1979, p. 27-61.
21. DELUMEAU, J. *Le catholicisme entre Luther et Voltaire*. 2. ed. Paris: PUF, p. 262, 1979 [1. ed., 1971].

longo de sua história ou em um momento preciso desta. Falarei aqui exclusivamente da sociedade feudal nos séculos XII e XIII.

Polaridades e circulações culturais

Não é possível sustentar que a sociedade que estudamos tem uma unidade, forma um sistema, se ao mesmo tempo duvidamos da unidade de sua cultura. Feita esta colocação, é preciso identificar as clivagens, as linhas divisórias e também de trocas que atravessam, de maneira singular, a sociedade estudada e o campo de suas representações.

Dois exemplos concretos irão permitir colocar os problemas e introduzir alguns princípios de análise.

Exemplo 1

Uma série documental excepcional por sua densidade e a precisão de suas indicações cronológicas permite reconstituir a gênese de um *exemplum* do pregador dominicano Étienne de Bourbon na primeira metade do século XIII[22]. O relato contido por esse *exemplum* provém do testemunho oral de Bérengère, uma mulher leiga de Fanjeaux (Aude), durante o processo de canonização de São Domingos em 1233: interrogada, ela contou como o santo – que pregou contra os cátaros no Languedoc em 1206 – teria feito surgir o diabo, sob a forma de um medonho gato preto, diante de nove mulheres heréticas de Fanjeaux. Étienne de Bourbon, por volta de 1256-1261, conheceu esse testemunho graças a uma dupla transmissão: erudita e oral, feita por outro dominicano, Romée de Livie. Erudita e escrita por meio das duas *Vidas* sucessivas do santo, redigidas por Constantino de Orvieto em 1246-1247 e Humbert de Romans em 1256. Como *exemplum*, o relato estava destinado a ser repetido para um auditório leigo e, para esse fim, precisava encontrar uma expressão em língua vulgar.

Como mostra o esquema 1, esse relato "circula" entre 1233 e 1261, entre dois "eixos" orientados que, por convenção, representam, de um lado,

---

22. Peço a permissão de retomar aqui alguns elementos de um estudo muito mais detalhado (que data de 1979), desenvolvido no capítulo VIII, "A palavra domesticada".

as tradições clericais, de outro as dos meios leigos. O caso de Bérengère, de quem só conhecemos o nome, nos convida a banir a expressão, particularmente pouco satisfatória aqui, de "cultura popular"; certamente próxima da ordem dominicana mesmo sendo leiga, ela faz uma comparação entre os cátaros e o gato (*catus*) que é conforme à etimologia já proposta no início do século por Alain de Lille. Mas, por outro lado, refere-se às crenças atestadas desde essa época nas tradições folclóricas.

Seria realmente inútil tentar caracterizar de maneira estática o face a face de duas culturas; o importante, ao contrário, é estudar uma relação dinâmica, assim como revelada pelas transformações do relato. De forma significativa, essas transformações intervêm nos dois momentos em que se produz o contato entre os clérigos e os leigos: principalmente quando o relato de Bérengère é retomado pelos hagiógrafos e, em segundo lugar, quando o pregador Étienne de Bourbon remolda esse relato tendo como objetivo uma vulgarização oral sob a forma de *exemplum*. Na primeira vez (em 1246-1247), a descrição metafórica do gato cede lugar a uma descrição realista, "objetiva", destinada a reforçar a aparência de veracidade do acontecimento; por outro lado, a *invocatio* do demônio pelo santo, muito próxima no relato de Bérengère dos métodos atribuídos na mesma época na literatura eclesiástica aos "mágicos" invocadores do diabo, está acompanhada, nas versões clericais, pela menção de inúmeras preces realizadas pelo santo antes e durante o acontecimento, prova de sua ortodoxia e de sua potência milagrosa; por último, se São Domingos, segundo Bérengère, dirigiu-se às mulheres *já* convertidas, para lhes manifestar "gratuitamente", como se poderia dizer, o objeto de seu erro passado, os hagiógrafos transformaram a evocação na *causa* da conversão, que acontece, portanto, após a aparição diabólica. A finalidade apostólica justifica o recurso a um milagre meio sulfuroso...

Se essas transformações podiam bastar a um texto escrito, destinado à *leitura* dos religiosos (*legenda*), ainda era necessária uma última modificação (em 1256-1261), antes de o relato retornar, pela voz do pregador, aos fiéis: os hagiógrafos diziam que o gato surgira "do meio do santo" (*de medio sui*), expressão inquietante quanto às relações entre Domingos e o diabo, pois o pregador podia temer que ela fosse mal-interpretada pelos "simples" leigos. Por isso, no *exemplum*, diz-se mais prudentemente que o gato, quando apareceu, "saltou no meio das mulheres" (*in medio earum*), o que deixa ainda mais claro que elas ainda eram heréticas naquele momento.

Exemplo 1 São Domingos e o gato de Fanjeaux

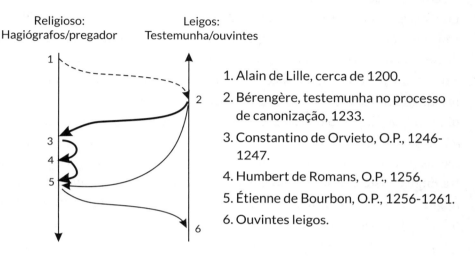

1. Alain de Lille, cerca de 1200.
2. Bérengère, testemunha no processo de canonização, 1233.
3. Constantino de Orvieto, O.P., 1246-1247.
4. Humbert de Romans, O.P., 1256.
5. Étienne de Bourbon, O.P., 1256-1261.
6. Ouvintes leigos.

Exemplo 2 A viagem ao Paraíso

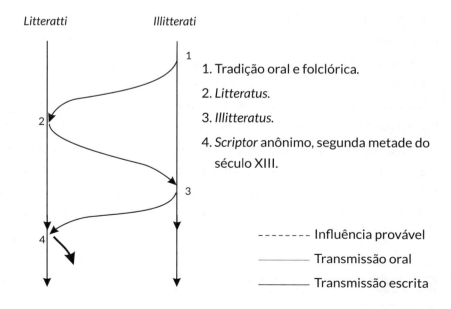

1. Tradição oral e folclórica.
2. *Litteratus*.
3. *Illitteratus*.
4. *Scriptor* anônimo, segunda metade do século XIII.

-------- Influência provável
———— Transmissão oral
———— Transmissão escrita

Exemplo 2

Uma das mais antigas versões conhecidas do conto tipo 470 narra como um recém-casado seguiu um anjo até o paraíso, de onde retornou três séculos mais tarde para morrer em sua terra natal. Sua versão escrita foi feita em meados do século XIII por um clérigo anônimo que adicionou ao seu relato uma extraordinária reflexão sobre seu próprio trabalho de escriba. Com razão, o etnólogo italiano Giuseppe Gatto ressaltou recentemente o interesse desse testemunho[23]: o clérigo esclarece que apenas "escreveu essa história", e que não é a "fonte" (*fons ejus*), mas apenas o "canal" (*canalis*) que a transmitiu. Quem lhe contou era um *illitteratus*, que também não a tinha, "como diz o vulgar chupado de seu próprio dedo" (*nec ipse, ut vulgo dicitur, ex suo digito suxit*), isto é, inventado; ele a ouvira de um *litteratus*, e guardara apenas as palavras em língua vulgar, esquecendo-se das pronunciadas em "outra língua", isto é, sem dúvida em latim (*sed a litterato rem audiens materne lingue verba retinuit, alterius lingue vocabula retinere non potuit*). O escriba julgou a história digna de ser posta por escrito, mas, mesmo se defendendo de tê-la alterado, descreve precisamente o duplo processo de cristianização e de construção erudita ao qual submeteu esse relato folclórico: "Não acrescentei nada além do que é permitido aos escribas, organizei os acontecimentos em sequências, adaptei os significados antigos aos novos, adicionei as tábuas de Moisés, o sal de Eliseu e por fim o vinho de Cristo feito a partir da água, não para enganar, mas para aumentar a elegância do relato".

Construído tendo como modelo o primeiro esquema, o esquema 2 mostra uma circulação semelhante entre duas tradições culturais; nele, o polo folclórico desta vez está mais bem-identificado uma vez que o relato é uma versão de um conto amplamente atestado até o período contemporâneo.

Ora, uma versão mais antiga do T 470 permite, também desta vez, julgar algumas transformações que a cultura clerical pôde realizar, confessado pelo próprio escriba, no relato folclórico: ela foi posta por escrito na segunda metade do século XII por Walter Map, clérigo inglês de origem galesa da corte

---

23. "Le Voyage au paradis: la christianisation des traditions folkloriques au Moyen Âge". *Annales ESC*, 1979, 5, p. 929-942. O documento estudado foi publicado em SCHWARZER, J. "Visionslegende". *Zeitschrift für deutsche Philologie*. [s.l.]: [s.e.], 1882, p. 338-351.

de Henrique II Plantageneta[24]. O "herói" não é aqui um jovem piedoso, mas o "antigo rei dos bretões", Herla, que simplesmente celebra seu casamento; e não é convidado por um anjo, mas pelo rei dos anões (o "rei dos pigmeus", diz Walter Map); ele não visita o anão dentro dos três dias – prazo imposto pelo anjo ao jovem piedoso para obrigá-lo a preservar sua virgindade em respeito às três noites de Tobias –, mas no final de um ano, segundo um modelo da contraprestação amplamente atestada no folclore, e principalmente na literatura arturiana (*Primeira Continuação de Perceval, Perlesvaus, Sire Gauvain e o Cavaleiro Verde*); o lugar aonde vai não é o paraíso, mas um mundo maravilhoso onde se penetra por uma caverna e que tem todas as características do "além-céltico"[25], Herla não retorna para morrer em odor de santidade, mas para conhecer, por meio de uma artimanha do anão, a errância perpétua de um fantasma colocado no comando da *familia Herlethingi*, ou "*mesnie* Hellequin".

E mais uma vez podemos ver a que ponto a transformação do relato é sistemática, como abarca *todos* os seus aspectos. Para ter sua exata dimensão é preciso considerar a *totalidade* do sistema de transformação: no relato mais antigo, o além é um mundo maravilhoso indiferenciado; nos relatos atestados a partir do final do século XIII existem três possibilidades: o inferno, o purgatório e o paraíso. De fato, apenas dois devem ser levados em conta, pois, pelo menos nessa época, raramente se retorna do inferno. O relato da viagem ao paraíso feito pelo clérigo anônimo do século XIII representa um dos termos da alternativa própria à cultura clerical; o outro termo, a viagem ao purgatório, é ilustrado por vários *exempla* dos séculos XIV e XV que desenvolvem o conto tipo vizinho 470 A ou "lenda de Dom Juan"[26]; quando convidado por um morto que o desafiara, o herói vai ao purgatório, onde assiste aos tormentos das almas que expiam seus pecados; quando dali retorna

---

24. MAP, W. *De Nugis Curialium*, cap. XI e XIII. Oxford: [s.e.], 1914, p. 13-16 e 186-188 [org. de M.R. James]. O conto tipo 470 cruza-se aqui com o tema da "Busca selvagem", o que irá merecer em outro lugar um desenvolvimento muito mais amplo do que as breves indicações que me contento de dar aqui. Naturalmente, não chegaria a afirmar que a versão de Walter Map é exatamente semelhante àquela que o escriba, mencionado anteriormente, teria ouvido e depois cristianizado.

25. Cf., entre outros, JODOGNE, O. "L'autre monde celtique dans la littérature française au XIIe siècle". *Bulletin de l'Académie Royale de Belgique* – Classe des lettres et sciences morales et politiques, 5e série, t. XLVI, 1960, 1, p. 584-597.

26. PETZOLDT, L. *Der Tote als Gast* – Volksage und Exempel. Helsinque (FFC 200), 1968, p. 99-100 e 112.

depois de alguns instantes, ele reza por elas e corrige sua própria conduta. Ora, essa mudança do espaço do conto bem como da finalidade da viagem é acompanhada de uma transformação do principal motivo temporal: no paraíso, assim como no além-maravilhoso visitado por Herla, o tempo parece transcorrer muito rápido, demasiado rápido, e quando retorna depois de vários séculos, o herói tem a sensação de ter se ausentado por apenas três dias; no purgatório, ao contrário, os tormentos são tais que aquele que os sofreu durante uma hora acredita terem-se passado mil anos.

Esses exemplos mostram bem o sistema único que o campo das representações constitui, mas também o *trabalho* ao qual está submetido; eles deixam claro quais clivagens – principalmente a oposição clérigos/leigos – suscitam essas tensões e indicam por qual meio se exerce primeiramente e se justifica o controle ideológico: pela escrita, que também é (especialmente no segundo exemplo) a Sagrada Escritura, monopólio dos clérigos, instrumento e fiador do poder da Igreja, pelo menos até o início do século XIII.

Homens, animais e demônios

No século XIII, a escrita, ou melhor, a "razão gráfica" como compreendida por Jack Goody[27], com todas suas possibilidades de abstração, de crítica e de capitalização do saber, está de fato no centro de uma formidável reorganização da cultura e da sociedade: de um lado, o monopólio clerical sobre o escrito e com ele o poder dominante da Igreja bateram em retirada com o advento dos Estados monárquicos (com sua chancelaria, seus arquivos etc.) e com o fortalecimento de uma cultura leiga letrada e de língua vulgar; por outro lado, a cultura clerical, escrita, latina e universitária conhece um desenvolvimento sem precedente, mas também, e em particular face às tradições folclóricas, um endurecimento em relação direta com essas posições ameaçadas. A "razão gráfica" permite primeiramente uma crítica interna da cultura erudita, inclusive do sistema oficial das crenças, em nome

---

27. GOODY, J. *The Domestication of the Savage Mind.* Cambridge: Cambridge University Press, 1977 [trad. francesa: *La raison graphique* – La domestication de la pensée sauvage. Paris: De Minuit, 1979]. • *Literacy in Traditional Societies.* Cambridge: [s.e.], 1968. • CLANCHY, M.T. *From Memory to Written Record: England, 1066-1307.* Cambridge, Mass.: Harvard University Press, 1979.

de uma nova racionalidade, alimentada pela redescoberta de Aristóteles, que permite a expansão de uma verdadeira "ciência" teológica, o advento de uma filosofia natural distinta da teologia e o desenvolvimento sem precedente das ciências do *quadrivium*[28]. Essa evolução tem como efeito, entre outros, rejeitar os modos de pensamento simbólico da exegese tradicional e submeter o "maravilhoso cristão" às classificações e aos limites que reduzem em muito suas possibilidades. Podemos notar, por exemplo, que no mesmo momento em que Hostiensis ou Santo Tomás se dedicam a definir o milagre, e enumeram suas categorias (*supra, contra, praeter naturam*), os primeiros processos de canonização regulamentam na prática o que André Vauchez denomina perfeitamente de a "fábrica dos santos"; ora, podemos então observar que os milagres, sobretudo aqueles que se produzem a partir das relíquias dos santos, ocupam um lugar cada vez mais reduzido entre os critérios de santidade, enquanto se reforça, ao contrário, o lugar das *vertus* manifestadas pelo santo enquanto ainda vivia[29].

É a partir do mesmo movimento que a cultura erudita consome nessa época a constituição da "cultura popular" como objeto distinto, da qual ela nomeia ao mesmo tempo os detentores (*vulgus*), as formas de expressão (*fabulae*) e as produções ora sedutoras (*mirabilia*), ora repulsivas (*superstitiones, sortilegia*). Essa organização também atinge o maravilhoso, o "maravilhoso folclórico" no qual abundam os "seres mistos"[30]: meio-homens, meio-animais, como os lobisomens, as mulheres serpentes, as crianças cisnes, os homens selvagens, ou mesmo o cão que é santo, todos rejeitados pela cultura erudita, que tende a neles ver criaturas demoníacas[31]; meio-homens meio-demônios, possibilidade lógica que a demonologia erudita oriunda da tradição agostiniana, mas em plena renovação nessa época, descarta cate-

---

28. CHENU, M.-D. *La Théologie comme science au XIIIe siècle*. Paris: Vrin, 1957 [Bibliothèque Thomiste, XXXIII]. Para a ciência, cf. tb. LINDBERG, D.C. (org.). *Science in the Middle Ages*. Chicago/Londres: The University of Chicago Press, 1978.

29. VAUCHEZ, A. *La sainteté en Occident aux derniers siècles du Moyen Âge (1198-1431) d'après les procès de canonisation et les documents hagiographiques*. Roma: École Française de Rome, 1981.

30. LE GOFF, J. "Le merveilleux dans l'Occident médiével". In: ARKOUM, M.; LE GOFF, J.; FARD, T. & RODINSON, M. *L'Étrange et le merveilleux dans l'Islam medieval*. Paris: J.A., 1978, p. 61-70. Cf. tb. discussão sobre esse relatório: Ibid., p. 81-115.

31. É o destino da Fada Melusina no século XIV em Jean d'Arras. Cf. LE GOFF, J. "Mélusine...". Retomado de *Pour un autre Moyen Âge...* Op. cit, p. 313 nota 10 e p. 324 nota 35.

goricamente: um demônio pode apenas transportar a semente humana que recolheu sob a forma de súcubo e fecundar em seguida uma mulher sob a forma de íncubo; mas não pode ser, de forma alguma, o verdadeiro pai da criança que vai nascer; esta, plenamente humana, poderá então ser legitimamente batizada e ter uma chance de ser salva[32].

Podemos constatar que as soluções propostas ou impostas pela racionalidade erudita não são mais lógicas, nem menos primitivas, do que as do folclore, que têm sua própria razão. Mas a teologia recusa a ambivalência (o que é bem diferente da ambiguidade) de um ser que seria ao mesmo tempo cão e santo, de um homem que seria ao mesmo tempo santo e mágico, de um além que seria ao mesmo tempo purgatório, inferno e paraíso. Contra essa lógica da ambivalência, ela desenvolve uma lógica da não contradição que, ao opor o homem a tudo aquilo que ele não é (anjo, animal, demônio), define a singularidade de seu destino no plano da salvação: o homem é a criatura privilegiada de Deus; é o único que recebe a graça divina (ao contrário dos animais) e faz livremente a escolha entre o bem e o mal (o que um ser demoníaco não pode fazer) para aceder à salvação. Observemos, aliás, que contrariamente à reprovação folclórica feita pelo humanismo cristão, outra ameaça pesa sobre este: a tentação para alguns heréticos radicais, desde o século XI, de querer se identificar com os anjos (ou com as abelhas que, como se pensava, reproduziam-se sem coito) e assim recusar qualquer relação sexual[33]. Entre o folclore que parece negar a separação entre os homens, os animais e os demônios, e os heréticos que se pretendem anjos, a Igreja, que se situa, como sempre, exatamente no meio, revela ao homem que ele não é "nem anjo nem animal". É mais ou menos isso o que Santo Tomás diz explicitamente: a alma está "no meio" (*media est*), entre as "substâncias superiores e divinas com as quais se comunica por meio da razão" (*per intellectum*), e a "animalidade brutal" (*animalia bruta*) da qual ele participa por meio dos sentidos (*in sensitivis potentiis*). Devemos ressaltar que

---

32. SCHMITT, J.-C. *Le Saint Lévrier...* Op. cit., p. 112. Cf. tb. cap. VIII desta obra: • "A palavra domesticada", p. 166-189. Os "filhos de íncubos" não estão apenas presentes nas lendas (Merlim, Roberto o diabo etc.). Acusado de "malefícios", o bispo de Triyes Guichard (1309-1314) teve de se defender de ser "o filho do íncubo", como o nomeavam as testemunhas citadas em seu processo. Cf. RIGUALT, A. *Le precès de Guichard, évêque de Troyes.* Paris: [s.e.], 1896, p. 116-119 e 125-127.
33. TAVIANI, H. "Le mariage dans l'hérésie de l'an mil". *Annales ESC*, 1977, 6, p. 1.082-1.083.

o "Doutor angélico" oferece essa definição no momento em que fala da *bestialitas*[34]. Geralmente, aqueles que se entregam ao pecado merecem o nome de *homines animales*[35]. Estes são por excelência aqueles que infringem a "lei da natureza", cometendo o crime "contranatura", a homossexualidade, cuja condenação a partir do século XIII contrasta com a tolerância maior ou menor dos séculos anteriores. Esse "crime" é, de maneira significativa, associado quase que completamente à bestialidade. John Boswell demonstrou que nem os textos escriturários nem mesmo a tradição eclesiástica impunham tal hostilidade; como a perseguição contemporânea aos judeus e aos heréticos, essa hostilidade seria a consequência do "bloqueio" da sociedade feudal no século XIII[36]. É nesse mesmo contexto social e intelectual que se manifesta uma crescente desconfiança em relação às "superstições", que responde principalmente ao mesmo problema de *lógica*: o da ambivalência das representações e dos comportamentos – basta lembrar também dos travestimentos folclóricos de homens em animais ou em mulheres[37] – daqueles que parecem misturar os sexos, as espécies e os gêneros.

Nessa vasta retomada de controle conceitual, moral, ideológico do século XIII, tudo está ligado: o conceito aristotélico de lei natural funda as especulações teológicas, filosóficas, científicas do tempo, tanto quanto os novos modelos éticos; tanto mais a ciência do século XIII identifica a lei natural ao curso normal das coisas[38], tanto mais a teologia moral define uma normalidade "natural" (na realidade eminentemente histórica) que justifica a

---

34. AQUINO, T. *In X Libros Ethicorum*, VII, 1 (*Opera omnia*. T. XXI. Parma, 1867, p. 224).

35. AQUINO, T. *In Epistolam I, ad Cor.*, cap. II, lectio 3 (*Opera omnia*. T. 13. Parma, 1862, p. 172). Para uma ilustração concreta desse princípio em um *exemplum*, cf. LA MARCHE, A.L. *Anecdotes historiques, légendes et apologues tirés du recueil d'Étienne de Bourbon, dominicain du XIIIe siècle*. Paris: [s.l.], 1877, p. 392. O familiar de um príncipe entregue à luxúria encontra-o prostrado em seu quarto na postura de um animal, coberto de excrementos e morrendo sem arrependimento: "*Invenit eum solum super cubile suum, quase super quatuor pedes procumbentem, et omnia interiora cum intestinis et fecibus et fetore maximo emittentem, et sine aliquibus signis penitentie animam exhalantem*" (grifo meu).

36. BOSWELL, J. *Christianisme, tolérance sociale et homosexualité* – Les homosexuels en Europe Occidentale des débuts de l'ère chrétienne au XIVe siècle (1980). Paris: Gallimard, 1985.

37. Um exemplo: o homem grávido. Cf. ZAPPERI, R. *L'homme enceinte* – L'homme, la femme et le pouvoir. Paris: PUF, 1983 [1. ed. italiana, 1979]. • FABRE, D. "'Faire la jeunesse' au village". In: LEVI, G. & SCHMITT, J.-C. (orgs.). *Histoire des jeunes en Occident* – Vol. 2: L'Époque contemporaine. Paris: Du Seuil, 1996, p. 51-83.

38. HANSEN, B. "Science and Magic". In: LINDBERG, D.C. (org.). *Science in the Middle Ages*. Op. cit., p. 485.

perseguição aos comportamentos julgados "monstruosos" dos judeus e dos heréticos, da *gay subculture* (de acordo com a expressão de John Boswell) e das "superstições".

*

Desejei apenas esboçar aqui uma reflexão sobre o lugar das tradições folclóricas na sociedade e na cultura do século XIII. Seria conveniente aprofundar essa análise, nos mesmos termos de globalidade, de sistema de relações, de desafio ideológico. Vários obstáculos devem ser evitados: primeiramente se abster de ver a criatividade, a mobilidade, a historicidade apenas do lado da cultura erudita. O folclore também mudou, graças às grandes modificações da estrutura social, principalmente no século XII, no início do XVI, no XIX, adquiriu novas formas. Por outro lado, a noção de dinâmica cultural, que empreguei, conduziria a deslocar a atenção dos conflitos mais violentos, da perseguição ativa, para os processos mais lentos de impregnação recíproca e inconsciente[39]: assim, para os séculos XVI e XVII, Carlos Ginzburg mostrou como, para os próprios camponeses, o "ritual onírico" dos *Benandanti* pouco a pouco cedeu o lugar à crença do sabá, conforme a demonologia dos inquisidores; mas quando essa evolução terminou, era demasiado tarde para que os *Benandanti*, assim transformados em feiticeiros, fossem realmente perseguidos. Nessa longa duração da história cultural, seria mais conveniente então indicar as evoluções, que em nenhum caso me parecem lineares: a hipótese de uma opressão crescente e de uma aculturação implacável, defendida por Robert Muchembled a respeito da França moderna, não me parece generalizável nem isenta de julgamentos de valores[40]. Observo muito mais mudanças de ritmos, uma alternância de períodos

---

39. Cf. a esse respeito as análises de Hans Robert Jauss reagrupadas e traduzidas para o francês em *Pour une esthétique de la réception*. Paris: Gallimard, 1978.

40. MUCHEMBLED, R. *Culture populaire et culture des élites dans la France moderne (XVe-XVIIIe siècle) – Essai*. Paris: Flammarion, 1978. Cf. relatório crítico em LEBRUN, F. *L'Histoire*, 5, 1978, p. 72-75. Para um alerta contra a oposição demasiado simplista de uma cultura popular idealizada e de uma "modernidade" repressiva, cf. WEBER, E. *Peasants into Frenchmen – The Modernization of Rural France, 1870-1914*. Stanford: Stanford University Press, 1977. Cf. tb. o artigo sugestivo consagrado a esse grande livro por Roberto Vivarelli: "I Contadini francesi tra il 1870 e il 1914 e il problema della trasformazione culturale delle campagne". *Rivista Storica Italiana*, vol. 91, n. 1, 1979, p. 52-70, esp. p. 66ss.

de trocas, como no século XII e no início do XVI, e períodos de bloqueio[41]: nesse sentido, os séculos XIII e XIV (de Santo Tomás a João XXII) preparam e prefiguram a segunda metade dos séculos XVI e XVII, marcados pela perseguição à feitiçaria.

---

41. Na primeira parte de seu livro, Keith Thomas (*Religion and the Decline of Magic*. Nova York: Charles Scribners's Sons, 1971) considera o período medieval como um todo a ser oposto ao período moderno, o que é conveniente nuançar.

VII

"Jovens" e dança dos cavalos de madeira*

O objeto de nossas pesquisas e os princípios metodológicos que adotamos não são os mesmos que guiaram os trabalhos de Étienne Delaruelle sobre a "religião popular". E as razões para isso foram explicadas em outra obra[1]. Se nos parece justo e necessário ressaltar que Étienne Delaruelle deu à história religiosa medieval novas orientações e que trabalhou com uma erudição e uma inteligência do passado fora do comum, também nos parece que ele desdenhou a importância da cultura folclórica que está na base da "religião popular" e que percebeu mal a significação e o desafio da oposição entre cultura folclórica e cultura clerical. A reprodução da sociedade feudal, amplamente assegurada pela Igreja em razão de sua posição dominante nas relações de produção e, mais ainda, em razão de sua função ideológica, exigia que a cultura clerical aumentasse mais e mais sua influência. E isso ela conseguiu às vezes por meio de uma repressão tenaz da cultura folclórica. De forma menos brutal, ela também assimilou traços da cultura folclórica, seja sob a pressão de certos meios leigos, seja ao final de um processo de recuperação e de transformação pelos clérigos de elementos da cultura folclórica. É o que mostram inúmeros *exempla*.

Um *exemplum* é um relato geralmente breve, considerado como autêntico e posto a serviço de uma palavra – a pregação, para atestar uma verdade moral[2]. Ele se define, portanto, por sua função e, sem dúvida também, por sua estrutura narrativa.

---

* Retomado de "'Jeunes' et danse des chevaux de bois – Le folklore méridional dans la littérature des *exempla* (XIIIe-XIVe siècles)". *Cahiers de Fanjeaux*, 11, 1976, p. 127-158. Toulouse.

1. SCHMITT, J.-C. "'Religion populaire' et culture folklorique – À propos d'une réédition: *La Piété populaire au Moyen Âge* d'Étienne Delaruelle". *Annales ESC*, 1976.

2. Cf., para mais exatidão, BRÉMOND, C.; LE GOFF, J. & SCHMITT, J.-C. *L'Exemplum*. Turnhout: Brépols, 1988, p. 37 [2. ed., 1996].

O conteúdo temático de um *exemplum* pode ser emprestado ou de uma fonte erudita escrita (os *Diálogos* de Gregório o Grande, as *Vidas dos Pais* ou mesmo uma coletânea de *exempla* anterior, p. ex.), ou de uma tradição oral coletada pelo próprio autor do *exemplum* ou por outro clérigo digno de fé que lhe relatou (*exemplum* pessoal).

A literatura dos *exempla*, assim como entendemos esse termo, desenvolveu-se no final do século XII, no momento em que a Igreja sentiu a necessidade de se adaptar às transformações profundas da sociedade medieval (crescimento econômico e demográfico, desenvolvimento das cidades, ameaça das heresias...). Como resposta a essa situação nova, uma das soluções adotadas foi, junto com a criação das ordens mendicantes, o desenvolvimento de uma pregação destinada às multidões leigas e fazendo amplo uso do *exemplum*. Coletâneas de *exempla* foram compostas (como o *Dialogus miraculorum* do cisterciense Césaire de Heisterbach, depois o *Tractatus de variis materiis praedicabilibus secundum septem Donis Spiritus Sancti ordinatis...* do pregador Étienne de Bourbon etc.). Essas coletâneas contêm um grande número de *exempla* pessoais. Uma segunda geração assimilou os primeiros às "autoridades" e reproduziu um grande número de seus *exempla*. No final do século XIII, elas começaram a ser compostas segundo a ordem alfabética das matérias, à razão de alguns *exempla* por cada rubrica. A difusão desses relatos nos séculos XIII e XV parece ligada ao desenvolvimento do movimento urbano e das ordens mendicantes: foi sem dúvida a razão pela qual o sul da França, cedo urbanizado, mas conhecendo em seguida uma estagnação relativa[3], desempenhou apenas um modesto papel no desenvolvimento dessa literatura.

Sem falar dos sermões meridionais que contêm alguns *exempla*, nós nos contentaremos em enumerar as coletâneas de *exempla*, distinguindo aqueles que foram redigidos pelos clérigos do sul da França e aqueles que o foram pelos clérigos do norte que passaram um tempo no Sul e levaram uma parte deles[4].

---

3. LE GOFF, J. "France du Nord et France du Midi dans l'implantation des Ordres Mendiants au XIIIe siècle (résumé)". *Cahiers de Fanjeaux*, 8, 1973, p. 133-140.
4. Tomamos como base Jean-Thiébaut Welter (*L'Exemplum dans la littérature religieuse et didactique du Moyen Âge*. Paris/Toulouse, 1927 [reimpr., Genebra: Slatkine, 1973]), a partir da leitura dos arquivos do

Coletâneas de clérigos meridionais

1) Coletânea sem dúvida composta por um religioso marselhês da Ordem dos Sachets (ca. 1251-1295): 259 *exempla*, dos quais pelo menos sessenta são pessoais[5].

2) Com restrições, coletânea de um franciscano da região que atualmente faz parte dos departamentos do Gard, do Hérault, do Aude, e que data da segunda metade do século XIII[6].

3) Com restrições, coletânea de um franciscano, talvez um membro da Ordem dos Irmãos Menores da Haute-Garonne, do primeiro terço do século XIV[7].

4) Coletânea, na ordem alfabética, do dominicano Jean Gobi, prior do Convento de Alès († 1350): a *Scala Coeli*, escrita por volta de 1323-1335. Esta coletânea contém 1.003 *exempla* distribuídos entre 125 rubricas. Não existem manuscritos no sul, com exceção de um único em Marselha. Em contrapartida, inúmeros manuscritos atestam seu sucesso no norte. Houve até mesmo três edições incunábulos, em Lübeck, Ulm e Louvain. A maioria de seus *exempla* é retirada de coletâneas anteriores, na maior parte das vezes não meridionais[8].

Coletâneas compostas por clérigos que não eram do sul, mas que ali residiram. Essencialmente

1) Coletânea de um franciscano talvez originário do norte da Itália[9].

2) Coletânea do dominicano lionês Étienne de Bourbon, escrita por volta de 1250-1261. Ela contém, como veremos, alguns *exempla* pessoais que dizem respeito ao sul[10].

Instituto de pesquisa e de história dos textos (Paris: CNRS) e do arquivo realizada no âmbito da pesquisa já citada feita por Nora Scott, a quem agradecemos sua preciosa colaboração.

5. WELTER. J.-T. Op. cit., p. 254-257. • Ms. único: Arras, Biblioteca Municipal, 1019. In: WELTER, J.-T. *Études franciscaines*, XXX, 1913, p. 646-665; XXXI, 1914, p. 194-213 e 312-320.

6. WELTER, J.T. p. 248-251. Ms. único: B.N.F. lat. 3.555, p. 168v-212r. In: WELTER, J.T. *Études franciscaines* XIII (1930), p. 432-476 e 585-621.

7. WELTER, J.T. Op. cit., p. 265-272. • British Museum. Ms. add. 33.956, f. 90r-90v. Ed. (que permaneceu manuscrita) de WELTER, F.T. B.N.F. Ms. nal 2632, f. 305-450.

8. WELTER, J.T. Op. cit., p. 319-325.

9. Ibid., p. 380-383.

10. Ibid., p. 215-233. Ed. parcial de LA MARCHE, A.L. (cf. Étienne de Bourbon). A edição completa do ms. lat. 15.970 da B.N.F. está em andamento na pesquisa já citada e com o apoio da École Nationale des Chartes, do IRHT e do Istituto Storico Italiano per il Medio Evo (Roma).

Três *exempla* inseparáveis

A nossa proposta é estudar detalhadamente três *exempla* que dizem respeito ao folclore meridional nos séculos XIII e XIV.

O primeiro é extraído da *Scala Coeli* do dominicano Jean Gobi d'Alès[11]. Mais precisamente, trata-se de um dos *exempla* consagrados à dança (*De corea*). O autor afirma que a dança faz muito mal (*multa mala inducit in nobis*) por quatro razões:

1) Ela agrada ao diabo: segue-se um *exemplum*.

2) Ela é uma injúria a Deus: seguem-se três *exempla*, entre os quais o nosso.

3) Ela é o início da danação: segue-se um *exemplum*.

4) Ela é signo de fatuidade: seguem-se dois *exempla*.

Desses sete *exempla*, nenhum é pessoal[12]. A letra "G" designa aquele que mantivemos, as razões são dadas mais adiante, e cuja tradução apresentamos a seguir, com o texto latim em anexo.

[Sobre a dança [...]]

Lemos no *Livro dos sete dons do Espírito Santo* que em uma cidade o costume era de se dançar através da cidade em certas festas, e que os jovens, com máscaras muito indecorosas, montam em cavalos de madeira. Um pregador se opusera a esse costume, pois os dançarinos preferiam o dia do mundo ao dia de Deus e dos santos. A despeito dessa pregação, eles não pararam, e dançavam na praça da cidade em um determinado dia de festa, quando chegou dançando um grupo de demônios que tinham a aparência de jovens rapazes e de moças que se misturaram aos dançarinos dessa cidade. Depois um desses demônios começou a cantar, dizendo [em língua d'oc]:

> Aqueles que me amaram,
>
> Alguém os afligirá.
>
> Vocês agiram de maneira demoníaca:

---

11. Cf., então, a edição crítica: BEAULIEU, M.-A.P. *La Scala Coeli de Jean Gobi*. Paris: Du CNRS, 1991, p. 310-314 [Sources d'histoire médiévale publiées par l'Institut de Recherche et d'Histoire des Textes]. O *exemplum* tratado traz o número 341, p. 312. Para o canto do demônio em língua d'oc, a editora reteve uma versão ligeiramente diferente daquela que eu apresento.

12. Esses *exempla* são retirados das obras de Gregório o Grande (1), de Guillaume de Malmesbury (2), de Jacques de Vitry (3) e de Étienne de Bourbon (4), entre os quais o nosso.

Por isso não existe ninguém que não seja retribuído.

Não sei se foi depois dessas palavras: a terra se abriu, e uma grande labareda os envolveu e os conduziu ao inferno.

No início desse *exemplum*, Jean Gobi refere-se explicitamente ao *Livro dos sete dons do Espírito Santo*, isto é, à coletânea de Étienne de Bourbon, anterior em quase 60 anos. Esta coletânea possui então dois *exempla* consagrados às danças sobre cavalos de madeira. Desta vez, esse costume é encontrado na Diocese de Elne.

A coletânea de Étienne de Bourbon se apresenta de fato como um tratado sobre os sete dons do Espírito Santo em que os *exempla* estão inseridos em um comentário teológico. Cada um dos sete dons deve ter sido objeto de uma parte dessa obra. Mas o autor morreu em 1261, antes de poder escrever as duas últimas partes.

A quarta é consagrada ao dom de ciência "que produz no homem a verdadeira penitência". São examinados sucessivamente os oito meios da penitência, entre os quais a peregrinação (sexto *titulus*). Este "título" também se divide em vários capítulos consagrados às virtudes do verdadeiro peregrino, que deve principalmente possuir a alegria: a alegria espiritual que estimula o louvor a Deus, e não as alegrias profanas da luxúria e da dança. É aí que, precedidos de um curto comentário, são citados nossos dois *exempla*, aqui designados "E-1" e "E-2" (texto em latim em anexo):

> *Item* [a peregrinação] deve ser alegre (*Salmo*: "cantai para mim vós, os justos" etc.), de maneira a cantar Deus, como o fazem os alemães, e não cantar as vaidades e as turpitudes como os judeus que saíam da Babilônia e diziam *azotice* (*Nee, ult*)[13]. *Azotice* significa incêndio. Semelhantes a eles são esses peregrinos que, quando visitam os lugares santos, cantam canções luxuriantes pelas quais inflamam os corações dos ouvintes e acendem o fogo da luxúria; e algumas vezes o Senhor incendeia com um fogo material ou infernal aqueles que são sacrílegos entre todos, aqueles que pisoteiam os corpos dos santos cristãos nos cemitérios onde dançam nas vigílias dos santos, aqueles que inflamam com o fogo da luxúria os

---

13. Ne 8,24. Trata-se das crianças nascidas de judeus e de mulheres asdoditas. Eles não falavam o hebreu, mas o asdodeu. A interpretação simbólica ignora ostensivamente o sentido literal da palavra.

templos vivos de Deus, quando vêm aos templos nas festas e nas vigílias dos Santos, conduzem as danças e são um obstáculo ao ofício de Deus e dos santos.

[E-1] E aconteceu na diocese de Elne que um pregador pregara nessa terra e com firmeza proibiu que se dançasse nas igrejas e nas vigílias dos santos. Nessa paróquia alguns jovens tinham o hábito de vir para a vigília da festa dessa igreja e montar sobre um cavalo de madeira, mascarados e preparados para conduzir as danças na igreja e por todo o cemitério. E por causa das palavras desse pregador e da proibição de seu padre, os homens renunciaram às danças e velaram em oração na igreja, um rapaz veio até seu companheiro, convidando-o à brincadeira habitual. Como seu companheiro recusasse a brincadeira afirmando que fora proibida pelo pregador e pelo padre, o outro se enraiveceu, dizendo que seria maldito aquele que renunciasse à brincadeira habitual por causa de suas proibições. Quando esse jovem que estava sobre o cavalo de madeira entrou na igreja onde os homens velavam em paz e em oração, nesse exato momento um fogo o tomou pelos pés consumindo completamente ele e o seu cavalo. Como nenhum parente nem nenhum amigo estava na igreja, ninguém conseguiu impedir que não fosse consumido; por isso todos abandonaram a igreja aterrorizados e fugiram para a casa do padre. Este, que se levantou precipitadamente e veio até a igreja, encontrou o rapaz quase que completamente queimado; de seu corpo saía uma labareda tão grande que parecia escapar pelas janelas do campanário da igreja.

Soube disso nessa paróquia mesma, pouco depois do acontecido, da boca de um capelão, dos pais do dito jovem e de outros paroquianos.

[E-2] *Item*, na mesma diocese, na mesma época, várias pessoas foram para a vigília e para a peregrinação de um santo, e dançaram a noite toda pelo cemitério desprezando uma proibição semelhante. Como vieram de manhã até uma capela, na aurora, para ouvir a missa, quando o padre entoou o *Gloria in excelsis*, houve um trovão e um tremor de terra tão fortes que o padre teve a impressão de tocar com seu joelhos a parte de cima do altar. Ninguém lhe respondeu. Até ele, segundo me disse, acreditou que teria perdido os sentidos se não tivesse sido reconfortado por uma pomba branca que diante dele estendeu suas asas. O raio, entrando pela igreja, atingiu aqueles que tinham sido os duques e os capitães da dança:

uns, matou pelo odor, de outros, rompeu os braços ou as pernas, e feriu outros tantos de diversas maneiras.

Esses dois *exempla*, eu os ouvi nos tempos e nos lugares onde aconteceram, da boca de várias testemunhas, que testemunharam até mesmo sob a fé do juramento.

Esses três textos não são idênticos. O de Jean Gobi não é realmente fiel a nenhum dos dois *exempla* anteriores, que, no entanto, constituem sua fonte explícita: com certeza, o dominicano de Alès transformou essa fonte em função de uma tradição local. Mas, ainda que diferentes, esses três *exempla* devem ser considerados como variantes de um mesmo "texto", por três razões:

1) De uma maneira ou de outra, os próprios autores estabeleceram uma relação entre eles.

2) Sua temática é idêntica.

3) Sua estrutura é semelhante, articulando-se sobre quatro "funções", no sentido proppiano de ação que tem uma significação no desenvolvimento da intriga[14].

   a) Situação inicial: evocação do costume.

   b) Interdito: o pregador proíbe o costume.

   c) Transgressão do interdito: seja coletiva, seja individual.

   d) Castigo: em todos os casos, a morte pelo fogo.

Convém, pois, analisar esses três textos uns em relação aos outros. Convém também, para cada um deles, perceber a natureza complexa do documento, distinguindo, não sem algum artifício:

1) O nível erudito, isto é, o fato de que se trate de um *exemplum*, documento que pertence à cultura erudita, escrito, em latim, acompanhado de um comentário teológico, submetido a uma tradição erudita que vai de Étienne de Bourbon a Jean Gobi, cujo próprio texto apresenta algumas variantes.

2) O nível folclórico, pois ainda que seja Étienne de Bourbon quem coletou os dois relatos lendários, ele os apresentou com insistência como autênticos, pertencentes à tradição oral (*Audivi...*). É *através* desses relatos que nós podemos conhecer as danças folclóricas.

---

14. PROPP, V. *Morphologie du conte* (1928) [Trad. francesa, Paris: [s.d.], 1970, p. 31].

A dança dos cavalos de madeira

Evidentemente a dança é aqui inseparável da lenda, da qual constitui um dos temas. Para identificá-la, no entanto, temos de isolá-la provisoriamente e analisar suas características.

1) É uma dança costumeira (*consuetudo, solitus ludus*). Observemos que o termo *ludus*, o jogo, designa exclusivamente a dança sobre o cavalo, ao passo que *chorea* designa o conjunto das danças.

2) Ela é localizada: em uma paróquia da diocese de Elne (E-1), em uma *civitas* ou *villa* (G). Desenrola-se mais precisamente na igreja e no cemitério (E-1), neste e provavelmente perto de uma capela rural (E-2), através da cidade, na praça da cidade (G). O caráter urbano de G é bem-acentuado: sem dúvida este também é o efeito de uma readaptação local. O percurso da dança está bem-descrito, com um duplo caráter de travessia (*per cimiterium, per villam*) e de penetração (*in capellan intrare, ad capellam convenire*). Essas danças nas igrejas e nos cemitérios eram objeto de frequentes proibições[15]. As que são abordadas aqui não deixam de ser bastante particulares.

3) Segundo Étienne de Bourbon, a dança ocorria apenas uma vez por ano, durante a vigília da festa do santo padroeiro da paróquia (E-1) ou durante a vigília e a peregrinação de um santo (E-2). Segundo G, ela ocorria durante várias festas ao longo do ano, e foi em uma delas que o infortúnio aconteceu. Outra diferença: G pode sugerir que essa dança era realizada de dia, enquanto E-1-2 deixam claro que já era noite: *in vigiliis*, o padre é acordado, e a expressão *tota nocte* se opõe à missa da aurora (*in mane, in aurora*).

4) E-1 e G insinuam que havia dois grupos distintos de dançarinos: em E-1, os homens dançam antes com os jovens, que são os únicos que montam nos cavalos de madeira. Também em G, os jovens e suas montarias são distinguidos do conjunto dos dançarinos. Jovens ou homens, todos esses dançarinos são do sexo masculino. Se o comentário introdutório de Étienne de Bourbon insiste sobre as tentações da luxúria, esse *topos* clerical não

---

15. GOUGAUD, L. "La danse dans les églises". *Revue d'Histoire Ecclésiastique*, XV, 1914, p. 5-22 e 229-243. A fórmula de interdição de *"choreas duci in cimiterio vel in ecclesiis"* é exatamente a dos estatutos sinodais. Cf. *Les Status Synodaux Français du XIIIe siècle* – T. I: Les Status de Paris et le synodal de l'Ouest (XIIIe siècle). Paris: O. Pontal, Paris, 1971.

parece se aplicar muito bem a essas danças em que a separação dos sexos era, aparentemente, radical. As únicas mulheres são, em G, as demônias. Em E-1 o comportamento dos jovens é em todos os pontos oposto ao dos homens: os primeiros se apresentam como os guardiões do costume, contra os segundos que se dobram às ordens do clero; os primeiros exibem uma conduta violenta (*armavit se*), diante da atitude pacífica dos adultos (*in pace et oracione*). Oposições de faixa etária: vemos em ação, no nível da sociedade vilareja, esse grupo dos jovens, intermediário entre o mundo das crianças e o dos homens feitos, casados e pais de família, que Georges Duby estudou para o meio aristocrático[16].

5) Esses jovens usam para dançar um equipamento particular que precisam preparar (*parati*) e que devia ter um aspecto guerreiro (*armavit se*). Além do mais, eles estão mascarados (*larvati*) e essas máscaras talvez tivessem, segundo G, uma aparência "torpe" (*larvis turpissimis*). Mas esse adjetivo não se encontra nos outros dois textos e *turpissimis* foi talvez acrescentado por Jean Gobi dentro da lógica da interpretação clerical tradicional da dança em termos de luxúria. Sobretudo, esses jovens montavam cavalos de madeira: a despeito das primeiras indicações dadas por E-1, é possível pensar que havia apenas um cavaleiro por cavalo. O cavaleiro montava no (*super equum ligneum ascendere*) ou, mais exatamente, entrava no cavalo (*juvenis in equo ligneo intraret*), isto é, passava através do corpo do animal de modo a se mover com a ajuda de seus próprios pés, que tocavam o chão (*ignis arripuit eum per pedes*).

6) Os dançarinos evoluem frente a frente: o jovem refratário convida seu companheiro (*socius*) a dançar com ele. Da mesma forma o grupo de demônios vem ao encontro do grupo dos dançarinos.

7) Por fim, a dança tem chefes: *duces et capita*. Essas palavras latinas mal ocultam os nomes que designaram até o século XIX os chefes eleitos

---

16. Em "Les 'jeunes' dans la société aristocratique de la France du Nord-Ouest au XIIe siècle". *Annales ESC*, 19, 5, 1964, p. 835-846 [reed. em *Hommes et structures du Moyen Âge* – Recueil d'articles. Paris/La Haye: Mouton, 1975, p. 213-225]. Sobre a história dos jovens, por muito tempo negligenciada, agora podemos ler: LEVI, G. & SCHMITT, J.-C. *Histoire des jeunes en Occident*. 2 vols. Paris: Du Seuil, 1996. Para um período mais recente, cf. tb. DAVIS, N.Z. "The Reasons of Misrule: Youth Groups and Charivaris in Sixteenth-Century France". *Past and Present*, 50, fev./1971, p. 41-75.

pela juventude: *rei del jovent, cap del jovent*[17]. O desafortunado herói de E-1 também era um deles? O fato é que ele dispunha de um poder considerável, o poder de amaldiçoar. Na tradição da Igreja, o papa estava na origem desse poder e era o único que podia delegá-lo[18]. Étienne de Bourbon devia sabê-lo: com a escolha desse termo, será que quis mostrar que o conflito entre a cultura folclórica e a cultura clerical ia mesmo até o enfrentamento de dois poderes sobrenaturais?

Agora já sabemos o suficiente para identificar essa dança, que sobreviveu às proibições eclesiásticas e subsiste ainda hoje em algumas localidades: trata-se de uma dança de *chevaux-jupons* atestada pelos folcloristas do sul da França na Provença, em algumas localidades do Languedoc, no país Basco, nos Pirineus espanhóis e, enfim, no Roussillon, onde nossos *exempla* demonstram, consequentemente, a antiguidade dessa tradição[19].

O *cheval-jupon* tem outros nomes: chibalet, chivau-frux, zalmazain (basco), cavallet, cavallin etc. Ele pode ser apenas um pedaço de madeira que apresenta em suas extremidades uma cabeça de cavalo estilizada de um lado, um rabo do outro; o dançarino introduz seu corpo em um buraco central. Mas também pode se tratar de uma reprodução muito mais fiel do animal (Fig. 1). Os nossos *exempla* nos fazem pensar mais nessa forma elaborada.

Os dançarinos são sempre homens. Pode haver toda uma tropa de cavaleiros ou apenas um *cheval-jupon* e aquele que lhe dá aveia (o *socius*? cf. Fig. 2), ou ainda dois cavaleiros frente a frente que enquanto dançam fingem um torneio; talvez a alusão ao armamento de um dançarino (*armavit se*) sugira essa forma de representação. De todo modo, outras pessoas estão presentes ou mesmo efetuam uma dança comum.

---

17. FABRE, D. & LACROIX, J. *La vie quotidienne des paysans du Languedoc au XIXe siècle.* Paris: Hachette, p. 157ss.

18. ZIMMERMANN, M. "Protocoles et préambules dans les documents catalans du Xe au XIIe siècle". *Mélanges de la Casa Velázquez*, X, 1972, p. 41-75. • LITTLE, L.K. *Benedictine Maledictions – Liturgical Cursing in Romanesque France.* Ithaca/Londres: Cornell University Press, 1993.

19. VAN GENNEP, A. *Manuel du folklore français contemporain.* T. I. vol. 3. Paris: Picard, p. 905ss. • e VAN GENNEP, A. "Notes comparatives sur le cheval-jupon (chivaufrux, chibalet, zalmazain, calus, chinchin, chevaol-godin, hobby-horse)". *Cahiers d'ethnographie folklorique.* [s.d.]: Institut d'Études Occitanes/L'Université de Toulouse, 1945. • ALFORD, V. *Pyreneam Festivals, Calendar, Customs, Music and Magic, Drama and Dance.* Londres: Chatto/Windus, 1937. • ALFORD, V. *Dance of France – III: The Pyrenees.* Londres: M. Parrish, 1952. • AMADES, J. *Costumari català en curs de l'any.* 5 vols. Barcelona: [s.e.], 1950-1956.

De acordo com o caso, o cavaleiro usa um chapéu, uma simples boina ou um boné: portanto não está mascarado. Mas às vezes outros participantes podem usar máscaras: durante a Festa da Caça ao Urso em Arles-sur-Tech, na Festa da Candelária, Violet Alford viu um pequeno *cheval-jupon* e também quatro homens vigorosos, com a cabeça recoberta por um tonel pintado representando "um rosto monstruoso", com "dois pavorosos olhos nos lados, um assustador nariz de madeira, uma boca escancarada bem realista; réstias de alho cujos bulbos foram retirados e formam os cabelos, e quando esses homens se viram, um segundo rosto tão assustador quanto aparece do outro lado"[20]. O qualificativo "muito torpe" parece se aplicar mal a essas máscaras, que deviam principalmente aterrorizar. No entanto, elas são femininas, como mostra o resto da vestimenta usada por esses homens (Fig. 3). Supondo que esses personagens realmente tenham feito parte das danças evocadas por Jean Gobi, a repugnância que homens fantasiados de mulheres devia inspirar aos clérigos explicaria o adjetivo "muito torpe"[21]. Na dúvida, talvez seja melhor pensar que esse adjetivo recobriria ao mesmo tempo a noção de extrema feiura e uma condenação moral: o feio não era um signo do mal?

Essa dança é, por excelência, primaveril: sendo com frequência o ciclo do carnaval o seu contexto. Mas também pode ocorrer na Ascensão, em Pentecostes, no *Corpus Christi*, nas festas marianas e nas festas dos padroeiros, muitas vezes situadas na mesma parte do ano e cuja organização cabe, quase que totalmente, ao grupo da juventude.

Van Gennep evocou as duas interpretações propostas:

1) A hipótese "agrária": o cavalo é o espírito da vegetação, ele também encarna as almas dos mortos; ele é morto no final do inverno e dele renasce a primavera[22].

---

20. ALFORD, V. *Pyrenean Festival*. Op. cit., p. 17-18.
21. Para nos convencer disso, podemos ressaltar que o mesmo adjetivo "torpe" é utilizado por Jean Beleth e retomado por Jacques de Voragine a respeito da armadilha feita a São Jerônimo por seus companheiros: "Foi usando uma vestimenta de mulher que zombaram dele de maneira torpe". Durante seu sono, eles substituíram suas roupas por vestimentas de mulheres que inadvertidamente o santo colocou e com as quais entrou na igreja. Cf. VORAGINE, J. *La légende dorée*. Vol. 2. Paris: Garnier/Flammarion, 1967, p. 246.
22. Nessa perspectiva, mas em relação ao cavalo processional, cf. um importante livro, renegado, ao que parece, por seu autor: DUMÉZIL, G. *Le problème des centaures* – Étude de mythologie comparée indo-européenne. Paris: Annales du Musée Guimet, 1928 [Bibl. d'Études 41].

Figura 2

Figura 3

Figura 1

Figura 1 Armavit se. "Ball de cavallins", em Olot, segundo AMADES, J. *Costumari catalã*. Op. cit., t. V, p. 44.

Figura 2 Aquele que lhe dá aveia. O *socius*? "Chibalet" no Languedoc, segundo ALFORD, V. Op. cit., p. 70.

Figura 3 Cum larvis turpissimis. Um dos quatro "batedores" de Arles-sur-Tech (caça ao Urso na Festa da Candelária), segundo AMADES, J. *Costumari catalã*. Op. cit., t. I, p. 677.

2) A hipótese "historicista": "Os grupos que desfilam com os *chevaux-jupons* são paródias populares de um jogo reservado principalmente aos nobres cavaleiros, o jogo dos torneios e das justas". Van Gennep seguiu muito mais essa segunda interpretação, acrescentando apenas a quintana aos dois jogos cavaleirescos já citados. No final das contas, o adágio "Para ser bom cavaleiro, basta ser um com sua montaria" pareceu-lhe suficiente para explicar essa espécie de fusão entre o homem e o cavalo em relação ao *cheval-jupon*[23].

Veremos que nenhuma dessas hipóteses é satisfatória, mas que nenhuma delas pode ser completamente rejeitada: para demonstrá-lo, contamos com o estudo das relações entre a dança e o relato lendário no qual ela aparece.

Um relato de Pentecostes

Com a lenda, o maravilhoso entra no *exemplum* e, todas as vezes, em um momento bastante preciso: o do castigo. Mas o maravilhoso não é obrigatoriamente, ao menos para os contemporâneos, o extraordinário: assim o *exemplum* que mais nos surpreende, o E-2, apresenta-se, de fato, como um simples relato de Pentecostes. Quatro elementos contribuem para basear essa hipótese:

1) a descida sobre o padre de uma pomba branca com as asas abertas;

2) o hino de alegria *Gloria in excelsis* que o padre entoa na missa da aurora;

3) o desencadeamento instantâneo dos elementos: trovão, tremor de terra, raio, odores mortais;

4) o estupor do padre que acredita "ter perdido a razão".

Para confirmar nossa hipótese, basta que retomemos esses elementos na ordem:

1) A pomba branca desfruta desde a Antiguidade cristã de um simbolismo muito rico: ela simboliza a alma, a inspiração divina que designa o eleito e, sobretudo, o Espírito Santo durante o batismo de Cristo e no Pentecos-

---

23. VAN GENNEP, A. "Notes comparatives sur le cheval-jupon". Op. cit., p. 37-38.

tes[24]. Ausente da descrição de Pentecostes em Atos dos Apóstolos (2,1-41), a pomba só apareceu na iconografia dessa festa com a *Bíblia de Rabulas*. A partir do século XIII – na mesma época de Étienne de Bourbon – e até o século XVIII, a liturgia de Pentecostes reproduziu a descida da pomba em várias igrejas[25]: em Louhans, estopas inflamadas eram lançadas do alto da abóboda da igreja durante o *Veni Creator*, e pombas e rolinhas eram soltas exatamente no início do *Gloria in excelsis*[26].

2) Muito antigo, o hino de alegria *Gloria in excelsis* era entoado depois do *Kyrie Eleison* aos domingos e dias de festa, e unicamente na primeira missa: na aurora, na terceira hora, porque, como esclarece Guillaume Durand, bispo de Mende, essa foi a hora em que o Espírito Santo desceu sobre os apóstolos[27]. Portanto, esse hino está intimamente ligado à Festa de Pentecostes.

3) Na falta da pomba, os Atos dos Apóstolos mencionam um súbito ruído vindo do céu e semelhante ao de um vento impetuoso, enquanto línguas de fogo desciam sobre os apóstolos (por isso as estopas inflamadas na liturgia).

4) Mal receberam o Espírito Santo, os apóstolos começaram a falar todas as línguas, o que os judeus interpretaram como um sinal de bebedeira: como o padre do *exemplum*, eles pareciam ter perdido a razão.

Mesmo não havendo mais qualquer dúvida de que E-2 é um relato de Pentecostes, não podemos deduzir que E-1 e G se referem à mesma festa. G é extremamente vago. E-1 situa explicitamente a ação durante a festa do padroeiro, e não no Pentecostes. Mas além do fato de que essa festa podia, em determinados anos, coincidir com o Pentecostes, pois este último é uma festa móvel, a significação social dessas duas festas era idêntica. Ambas eram por excelência e até recentemente as festas em que o *jovent*, o grupo dos jovens, manifestava sua existência social e exercia suas funções na comunidade. Na maioria dos casos, a festa do padroeiro acontecia nos ciclos da Ascensão e de Pentecostes, em maio ou em junho. Era frequentemente em

---

24. CABROL-LECLERQ. "Colombe". *Dictionnaire d'Archeologie Chrétienne et de Liturgie*, III, p. 2.212-2.213.
25. DURAND, G. Op. cit., cap. CVII: "De Die Pentecoste".
26. VAN GENNEP, A. *Manuel...* Op. cit. T. I, vol. 4, p. 1.659ss.
27. DURAND, G. Op. cit., cap. IV, 13, "De Gloria in excelsis". • BELETH, J. "Rationale...". *PL*, 202, col. 135-137. • *Encyclopédie Migne*, t. XVI, 1847, 74.

uma delas que o *cap de jovent* era eleito, em geral depois de uma prova de tiro com o arco ou de uma justa simbólica. E era muito particularmente na festa do padroeiro que a juventude assumia uma de suas funções essenciais: a organização dos divertimentos coletivos[28].

Nossos três *exempla* (sendo G o menos preciso, mas remetendo aos dois outros) referem-se assim, de maneira mais ou menos explícita, ao ciclo primaveril de Pentecostes e ao papel social que o *jovent* representava nessa parte do ano. Existe então uma relação entre essas características temporais de nossos relatos e as danças dos cavalos de madeira?

Danças e torneios: a morte iniciática

Na aristocracia laica dos séculos XII e XIII, o Pentecostes era por excelência a festa dos jovens; na cerimônia da investidura dos cavaleiros que, do *puer* fazia um *juvenis*, acontecia com muita frequência em um domingo de Pentecostes. No dia seguinte ocorriam torneios e jogos de quintana[29].

Em seguida, o torneio permanecia a principal atividade dos jovens: pelos deslocamentos em grupos, sob as ordens de um deles (geralmente o filho do senhor), pelos riscos corridos juntos, ele desempenhava uma função de integração do grupo[30].

Esses torneios tomaram forma no século XI quando se constituiu a classe dos *milites*, mas como expressão regulada, ritual, de justas mais antigas que não eram próprias à aristocracia: a partir do século IX, a palavra *ludus* designa justas populares, como designará mais tarde torneios cavaleirescos, assim como a dança dos cavalos de madeira (*solitus ludus*)[31].

Certamente, a constituição de uma classe de cavaleiros que se reservam o uso das armas, e monopolizam as formas ritualizadas da violência, con-

---

28. FABRE, D. & LACROIX, J. Op. cit., p. 162.
29. D'ARDRES, L. "Historia comitum ghisnensium". In: HELLER, J. (org.). *MG. SS.*, XXIV, p. 78 e 91. • MEYER, P. (org.). *L'Histoire de Guillaume le Maréchal*, I. Paris: [s.e.], 1891, verso 3.683 [Société de l'Histoire de France, 79]. • FLORENCE, B., apud GAUTHIER, L. *La chevalerie*. Paris: [1895], p. 814.
30. Cf. DUBY, G. Op. cit., p. 162, n. 1.
31. BLOCH, M. *La société féodale*. Reed. Paris: [s.e.], 1968, p. 423. Interdição em 895 pelo Concílio de Tribur de "jogos pagãos". Mesmos termos para designar em 1077 o combate em que um homem de Vendôme morreu.

duziu à distinção de dois tipos de "jogos": o torneio aristocrático e a dança dos cavalos de madeira em que os dançarinos "armados" se aproximam e se distanciam sucessivamente um do outro de acordo com os passos prescritos pela dança, simulando então uma justa desprovida agora de qualquer violência. Não houve, no essencial, vulgarização de um modelo aristocrático, mas diferenciação progressiva, sob o efeito do processo de diferenciação social, de dois ritos folclóricos estruturalmente semelhantes, desempenhando as mesmas funções de integração no grupo dos jovens e se afirmando muito especialmente durante a festa ou no Ciclo de Pentecostes, quando a juventude estava em festa.

Tentemos levar a comparação um pouco mais longe: é por meio dos relatos lendários que conhecemos as danças com os cavalos de madeira. Claro que dos torneios cavaleirescos nós possuímos descrições mais "realistas". Mas estas também podem ser apreendidas por meio dos relatos lendários: são eles que devem ser comparados com os nossos *exempla*. Preferir aqui à lenda a "realidade" de uma descrição pretensamente mais objetiva certamente constituiria um erro de método.

Muitas vezes esses relatos lendários aliam uma parte, ao menos, dos seguintes elementos: a investidura do cavaleiro, o torneio e quintana, o Pentecostes, o cavalo e a morte[32]. Por que falar da morte nesse dia de festa? Uma explicação historicista é insuficiente: claro, depois da investidura, os torneios que ritmavam durante longos anos a vida dos jovens também os expunham a uma morte violenta, verificada em inúmeros casos[33]. Falava-se da morte para preparar o novo cavaleiro a um destino talvez fatal? Penso mais que essa evocação da morte era inseparável da própria função da investidura, rito de iniciação, isto é, morte simbólica da criança indispensável ao nascimento de um homem novo[34].

---

32. CASTER, F. (org.). *La chanson des quatre fils Aymon...* Montpellier: Société pour l'Étude des Langues Romanes, 1909, 23. Por volta de 1727-1758, temos sucessivamente: 1) a investidura do cavaleiro; 2) entrega do cavalo fantástico Bayart; 3) jogo da quintana; 4) assassinato do sobrinho do rei e ameaça de morte que pesa sobre os quatro irmãos; 5) fuga dos irmãos montados em Bayart.

33. Cf. DUBY, G. Op. cit., p. 162, n. 1. Os mortos no torneio continuavam suas lutas nos *torneamenta mortuorum*. Cf. HEISTERBACH, C. *Dialogus miraculorum*. Vol. 2. Colônia/Bonn/Bruxelas: J. Stange, 1851, p. 327-328.

34. Sobre o desenrolar de uma iniciação hoje e em uma civilização evidentemente diferente, cf. JAULIN, R. *La mort sara – L'ordre de la vie ou la pensée de la mort au Tchad*. Paris: [s.e.], 1967.

Ora, nossos três *exempla* também se organizam como uma entrada no mundo dos mortos, e todos os elementos do relato, *desde o início*, contribuem para lhes dar o caráter fúnebre que se afirma no final:

1) Pelo menos em E-1-2, trata-se de danças noturnas.

2) Os dançarinos atravessam em todos os sentidos o espaço dos mortos, o cemitério onde "pisoteiam" os corpos dos cristãos, como se procurassem o contato físico de seus ancestrais mortos, mas bem próximos.

3) Utilizam um cavalo (fictício), animal que diversas lendas medievais, como também os contos maravilhosos, designam como psicopompo. Citando um exemplo apenas, um dos *exempla* inseridos por Étienne de Bourbon em sua coletânea, que vem logo após os dois textos que estudamos, relata o transporte sobre o cavalo pertencente a Santiago de Compostela do corpo de um peregrino morto no caminho e abandonado por seus companheiros de viagem; com uma rapidez estonteante, o cavalo carrega o cadáver até bem próximo de Compostela onde é inumado[35].

4) Como nos contos maravilhosos, há uma ambiguidade do auxiliar mágico, o cavalo neste caso: o cavalo de madeira é a montaria do dançarino (*"super equum ligneum ascendere"*) e junto com ele forma apenas um (*"in equo ligneo intrare"*). Citar um adágio não é dar uma explicação. Por seu lado, Vladimir Propp mostrou que o animal auxiliar era não apenas montaria, mas lugar de passagem graças a seu ventre que absorve, depois expele: ele engole, como a floresta engole o iniciado ao longo da morte iniciática[36]. Essa equivalência estrutural entre o animal e a floresta é encontrada em E-1, entre o cavalo de madeira (onde o dançarino penetra) e a igreja, lugar onde repousam os ancestrais mortos e cujo limite basta atravessar para logo morrer. Nossos relatos aparecem assim não apenas como relatos de morte (facilmente recuperáveis, nesse sentido, pela cultura clerical: o pecador é punido), mas como relatos de morte iniciática. Essa última interpretação pode sozinha explicar toda uma série de elementos, que encontra assim sua significação folclórica.

---

35. BOURBON, É. Op. cit., p. 170-171.
36. PROPP, V. *Les racines historiques du conte merveilleux* [Prefácio de Daniel Fabre e Jean-Claude Schmitt].

5) As máscaras desempenham na iniciação um papel muito importante: elas dão outro rosto, expressam a dialética entre o visível e o invisível, entre o vivo e a morte, "elas indicam o pertencimento ao reino dos mortos"[37].

6) Os ferimentos provocados pelo fogo nos pés, coxas, braços, isto é, nas partes do corpo que agem no rito e, da mesma forma, em G a ameaça diabólica de uma mutilação (*sera desonrai*) também podem ser comparados com as provas e as marcas iniciáticas, efetivamente dolorosas nas sociedades arcaicas, simbólicas, mas não menos importantes no ritual da investidura do cavaleiro (o toque com a espada).

7) Em G, o fato de a terra se abrir e tragar os dançarinos reforça o que já dissemos sobre a entrada na igreja: nos dois casos, reencontra-se a crença segundo a qual os iniciados são "engolidos" pela floresta ou por qualquer outro lugar da iniciação que aparece como o reino dos mortos.

8) Assim, serem tragados pela terra finaliza por baixo, sob a casca arreganhada da terra, um percurso que conduz ao reino dos mortos. Se considerarmos novamente o conjunto dos textos em sua progressão narrativa, surpreende-nos a forma como o plano no qual se inscrevem os gestos e as ações oscila ao longo do relato da horizontal para a vertical, como se fosse para garantir melhor esse "mergulho" no mundo dos mortos: a dança acontece primeiramente na horizontal (*per cimiterium, per villam*, e mesmo *in introitu ecclesie*). Mas montar sobre o cavalo (*ascendere*) tanto quanto passar seus pés através da carcaça de madeira já supõe uma orientação de cima para baixo dos gestos do corpo. Em seguida essa direção vertical se afirma: em E-1, com uma inversão de baixo para cima, o fogo parte dos pés, sobe pelos corpos embolados do dançarino e do cavalo, sai pelas janelas do campanário. O caso E-2 é mais complexo: primeiramente são apresentados os dois polos extremos e igualmente ameaçadores dessa direção dominante, o alto (*in excelsis, tonitruum*) e o baixo (*terre motus*). Depois, de baixo para cima, o padre dá um salto, sem querer, a ponto de seus joelhos tocarem a parte de cima do altar. Uma inversão completa então acontece: de cima para baixo descem uma pomba branca, depois o raio que, ao contrário do fogo de E-1, atinge primeiro a cabeça (morte por asfixia e, mesmo com outro sentido, a

---

37. Ibid., p. 217.

presença da palavra *capita* não é indiferente), depois os braços, então as coxas. Apenas G termina então o relato fixando sob a terra, no inferno, no mais baixo, a extremidade inferior de um eixo vertical cuja extremidade superior encontrava-se em um ponto bem acima, "no mais alto dos céus" (*in excelsis*).

Essa oscilação da horizontal para a vertical coincide com a irrupção do maravilhoso no relato: certamente a oposição estrutural alto-baixo resultante pertence à cultura folclórica. Mas ela não estava em contradição com a oposição cristã entre o "mais alto dos céus" e o inferno: essa convergência certamente favoreceu a reinterpretação cristã feita pelos próprios camponeses de suas tradições orais, antes de permitir sem dificuldade a recuperação dessas tradições pela cultura clerical sob forma de *exempla*.

Antes de avançar, façamos um resumo: acabamos de encontrar por meio dos três *exempla* as variantes que se completam de um relato iniciático recolhido no século XIII no meio rural. O desvio pelos relatos iniciáticos da aristocracia cavaleiresca revela uma identidade de estrutura entre todos esses relatos. Além do mais, os relatos cavaleirescos remetem aos ritos primaveris (investidura, torneio, quintana), ao passo que os nossos remetem da mesma forma às danças dos cavalos de madeira, que até hoje acontecem.

No entanto, a comparação não deve ir muito além: com certeza, a primeira dança marcava para o jovem a integração ao *jovent*, depois novas danças lembravam-lhe periodicamente seu pertencimento a esse grupo cuja coesão elas reforçavam. A dança dos cavalos de madeira garantia, portanto, a função dos torneios, mas não parece que a própria investidura tenha tido um equivalente no meio rural. Os folcloristas também não observaram ali verdadeiros ritos de iniciação garantindo a passagem da infância à juventude[38].

Cultura folclórica e cultura clerical

A partir de nossa interpretação são possíveis duas objeções:

1) Será que não há contradição entre o caráter fúnebre desses relatos, ligados ao ciclo ou mesmo em E-2 à Festa de Pentecostes, e o caráter tra-

---

38. FABRE, D. & LACROIX, J. Op. cit., p. 157. Para ser admitido no grupo dos jovens, "nenhum rito de passagem especial é imposto, geralmente a ele pertencem os rapazes a partir de 14 ou 16 anos que têm um emprego remunerado de doméstico ou de pastor".

dicionalmente alegre dessa festa, proclamado pelo hino *Gloria in excelsis*? Certamente, havia uma oposição, a propósito de uma grande festa do ano, entre duas culturas, folclórica e clerical: para esta última, o Pentecostes era a festa alegre do Espírito Santo. Na cultura folclórica – ainda que a investidura pudesse ser acompanhada de uma festa alegre, ainda que nossos dançarinos provavelmente não estivessem tristes[39] – a iniciação era inteiramente colocada sob o signo da morte: porque a passagem de uma faixa etária à outra supunha a morte simbólica de seu primeiro estado e porque os ancestrais presidiam a entrada de um novo membro na comunidade. Podemos avançar um pouco mais: Esse momento do ano não seria o da iniciação porque era fundamentalmente uma festa folclórica dos mortos? De fato, observamos que a Igreja, por pelo menos duas vezes e provavelmente sob a pressão da cultura folclórica, instituiu uma festa dos mortos no momento de Pentecostes: a segunda-feira de Pentecostes segundo a *Regra* de Isidoro de Sevilha[40]. Mais tarde (ca. 1100-1108), São Hugo instituiu em Cluny uma festa dos mortos na quinta-feira depois da Oitava de Pentecostes tendo como modelo a festa dos mortos que pouco antes Odilon, abade de Cluny, fixara em 2 de novembro[41]. Nos séculos XVI e XVII, os testamentos do Languedoc citam o Pentecostes entre as quatro "festas das almas" em que se rezava pelos mortos[42].

O domínio do tempo aparece assim como o desafio essencial de um conflito entre a cultura folclórica e a cultura erudita. Ora, para além da festa propriamente dita de Pentecostes, o conflito se estendia ao conjunto dos ciclos da Páscoa e de Pentecostes. Na cultura folclórica, esse período do ano era consagrado à juventude, às danças, aos torneios, à eleição do *cap de jovent*, à investidura do cavaleiro etc. Para a Igreja, esse período era mais do

---

39. V. Propp (*Il riso rituale nel folclore* – A proposito della fiaba di Nesinejana [Trad. e reed. em *Edipo alla luce del folclore*... Turim, 1975, p. 41-82]) observa que a ausência do riso caracteriza a primeira fase da iniciação, ao passo que o riso criador de vida marca o nascimento para uma nova vida do iniciado, no final da cerimônia.

40. SEVILHA, I. "Regula... XXIV", De defunctis, § 2, PL, 83, col. 893-894: *"Pro spiritibus defunctorum altera die post Pentecostem sacrificium Domino offeratur, ut beatae vitae participes facti, purgatiores corpora sua in die resurrectionis accipient".*

41. CHARVIN, G. *Status, chapitres généraux et visites de l'ordre de Cluny*, I. Paris, 1965, p. 17: *"Generale officium fieri singulis annis feria V post octavas Pentecostes pro cunctis in cemiterio hujus loci quiescentibus, ita ut sicut in festivitatibus Omnium Sanctorum agitur".*

42. FABRE, D. & LACROIX, J. Op cit., p. 26. As quatro "festas das almas" eram a Quarta-feira de Cinzas, a Quinta-feira Santa, a Segunda-feira de Páscoa e o Domingo de Pentecostes.

que qualquer outro o das procissões, das peregrinações, da cruzada: assim a partida para a cruzada na primavera de 1146, como descrita por Eudes de Deuil, aparece como uma verdadeira liturgia da Páscoa e de Pentecostes[43]. É por isso que, ao paralelismo do torneio e da dança dos cavalos de madeira, ritos de integração aos grupos de jovens nos dois meios sociais diferentes respondem ao paralelismo das proibições eclesiásticas dos torneios e das peregrinações.

Em relação aos torneios, os textos são bastante explícitos: o Concílio de Lyon de 1245 os proíbe "porque na mesma época é um obstáculo à cruzada"[44]. Assim, o ideal cavaleiresco que depois da investidura era seguido pelos torneios estava ameaçado por uma nova fórmula, exaltada pela Igreja, segundo a qual as armas recebidas na investidura logo deveriam ser colocadas a serviço da cruzada: o caso do "santo" conde, Charles de Flandres, era exemplar[45]. Para o jovem cavaleiro, a partir de então, a peregrinação ou a cruzada iriam portanto se inserir no rito de passagem da infância à *juventus* e, se fossem em grande número os jovens a partir juntos, a cruzada revestia-se de todos os aspectos de um rito de iniciação: é dessa maneira que se deve compreender a cruzada das crianças, que partiu na oitava de Pentecostes de 1212 (a data é significativa). Ela era o *transitus vernalis*, a *passagium vernale*, o rito de passagem primaveril da juventude eleita (*praelecta juventus*) animada pela promessa escatológica de uma morte redentora[46].

Assim como no Pentecostes (E-2) ou na proximidade dessa festa (E-1), as danças dissipavam o recolhimento exigido pelos clérigos durante uma peregrinação ou uma festa do padroeiro. Somente em E-2 trata-se de peregrinação e, no entanto, os dois *exempla* de Étienne de Bourbon figuram no

---

43. DEUIL, E. "De Ludovici VII profectione in Orientem". *PL*, 185, col. 1.202. A partida aconteceu em Metz no Pentecostes.

44. MANSI, J.D. *Sacrorum conciliorum nova et amplissima collectio.* T. XXIII. Florença/Veneza, 1724-1733, col. 631-632: "*Torneamenta sint [...] interdicta quia tamen hoc tempore crucis negotium per ea plurimum impeditur*".

45. WALTER. "Vita Karoli comitis Flandriae". In: KOEPKE, R. (org.). *MG. SS.*, XII, 520: "*Hic autem noster Karolus annis pueritie transactis adultus, postquam miliciae cingulum accepit, Jherusalem sanctam sepulchrum dominicum visitaturus devotus adiit, ibique adversum paganos fidei nostre inimicos arma ferens*".

46. Paul Alphandéry e Alphonse Dupront (*La chrétienté et l'idée de croisade*. II. Paris: [s.e.], 1954, p.. 133) acrescentam com razão: "A interpretação do teólogo descobre a base ritual profunda ou mesmo o afloramento antropológico".

mesmo *titulus "De peregrinatione"*. É possível portanto que o autor tenha sido sensível, mais ainda que aos riscos indicados explicitamente (licença sexual, profanação dos túmulos, obstáculos feitos à celebração do culto), à incompatibilidade das significações dadas ao mesmo ciclo do ano pela cultura folclórica e pela cultura clerical.

Por sua vez, G confirma que o tempo estava bem no centro do conflito: o pregador teria recriminado os dançarinos por preferirem o "dia do mundo" – o tempo do folclore – ao "dia de Deus e dos santos" – o tempo da Igreja. Esta fórmula não foi mais incluída depois: a lição (bastante defeituosa) dos incunábulos posteriores em 75 anos ao manuscrito utilizado mostra que a valorização do repouso dominical influenciada pelo desenvolvimento das atividades mercantis e artesanais, sobretudo nas regiões setentrionais de onde provêm essas edições, tornara-se central na reflexão sobre o tempo. As duas palavras adicionadas pelo editor (*laborem requiet*) sugerem que o pregador também recriminara os dançarinos de não respeitarem o repouso dominical. A evolução que se desenha assim ao longo do século XV, mas que deve também corresponder às diferenças regionais, é portanto nítida: a oposição entre o tempo do folclore e o tempo da Igreja foi pouco a pouco substituída pela oposição entre o tempo da Igreja e o tempo do mercador[47].

A oposição entre a cultura folclórica e a cultura clerical em relação ao tempo ainda se manifestava, e de maneira permanente, em relação ao tempo diurno. De acordo com E-1 e 2, esse conflito parecia se resolver em uma divisão radical do tempo diurno, inscrevendo-se uma divisão radical do espaço: à Igreja o dia e o espaço consagrados, ao folclore a noite e o espaço não consagrados pela Igreja. A interdição das "missas negras" e a obrigação de celebrar a missa durante o dia caminhavam no mesmo sentido. Portanto, os conflitos deviam estourar de preferência nos limites temporais e espaciais dessas duas culturas: a terceira hora e a porta da igreja. O castigo divino se exerce no momento preciso em que esses limites são violados. Mas abusos ainda mais importantes aconteceram: em E-2 os jovens respeitam pela metade a divisão, pois, quando o dia chega, as danças param e os dançarinos não temem ouvir a missa: é verdade que durante a noite profanaram o cemitério.

---

47. LE GOFF, J. "Temps de l'Église et temps du marchand". *Annales ESC*, 1960, p. 417-433.

Em E-1, a divisão é ultrajada pelas duas partes: a vigília que à noite mantinha os homens na igreja ofendia a festa noturna dos jovens: um deles, como resposta, profanou então o espaço consagrado da igreja.

Em todos os casos, a cultura folclórica foi vencida, o que nos leva a examinar uma segunda objeção possível.

2) Como é possível que relatos folclóricos deem a esse ponto a impressão de um reconhecimento, pelos próprios informantes de Étienne de Bourbon, da superioridade da cultura clerical?

Que os jovens morram estava na lógica de um relato iniciático: Mas, para tanto, era necessário que fossem para o inferno empurrados por um bando de demônios? Isso não é contrário principalmente à estrutura acabada de um relato de iniciação – assim como aparece, por exemplo, no relato de uma viagem ao purgatório, em que a morte e as provações no além são logo seguidas de um retorno entre os vivos – que os jovens dançarinos entrem no país dos mortos e dele não retornem? Por fim, em E-1, a superioridade reconhecida à cultura clerical é ainda mais evidente porque um único pregador, que prega uma única vez, venceu um costume, bem comum de todo um grupo.

Sobre este último ponto, ainda é preciso estabelecer algumas distinções: é insuficiente falar da "cultura clerical" uma vez que E-1 e E-2 convidam a distinguir o pregador – com certeza um dominicano –, estranho à comunidade e à sua cultura, e o cura, realmente obrigado no dia a dia a compor com a cultura de seus paroquianos. E essa cultura, no essencial, também devia ser a sua: foi preciso a passagem do dominicano para que o cura o imitasse. E mais, quando o infortúnio chegou, ele, por não conseguir impedir as danças, sem dúvida preferiu voltar para sua casa e dormir. Quanto ao capelão de E-2, ele não teve uma única palavra de reprovação para os dançarinos e não temeu começar a missa na presença deles: foi por pouco que também não sofreu o castigo do céu. As margens da divisão cultural não estavam, portanto, definidas e, certamente, a situação do cura do interior era mais desconfortável do que a de um dominicano como Jean Gobi, convicto de suas certezas: Talvez o diabo não falasse a língua d'oc?

O mesmo acontecia entre os leigos: o grupo dos jovens era o guardião da tradição folclórica. Em E-1 os homens, ao contrário, se resignaram a vigiar na igreja. Foi entre eles que Étienne de Bourbon encontrou algumas testemunhas, que juraram a veracidade do relato. Não tinham qualquer razão de duvidar: a trama de seus relatos estava inscrita no mais profundo de sua cultura oral. Não foi nos contos maravilhosos que Vladimir Propp encontrou a estrutura das narrativas iniciáticas? Mas esses relatos traem também os efeitos da cristianização parcial dessa cultura folclórica.

Em um primeiro nível, aqueles que tradicionalmente os historiadores da "religião popular" apreendem podem estar definidos como os "deveres do cristão" assim como expressos nesses textos. Aliás, deveres principalmente negativos: é preciso respeitar os lugares consagrados, obedecer aos padres, temer o castigo de Deus e as penas do inferno. As únicas exigências positivas: "paz e oração".

O desvio pela análise folclórica nos permite ir ainda mais longe: vemos primeiramente que a cristianização exacerbou o conflito entre as faixas etárias e dividiu a comunidade, uma vez que o respeito ou a rejeição das tradições folclóricas são colocados no centro do enfrentamento entre jovens e homens. Vemos sobretudo que estes últimos, fazendo causa comum com os clérigos, foram levados a reinterpretar e a modificar sensivelmente suas tradições orais: agora, o relato de iniciação termina-se por uma morte sem esperança de retorno, e os pais que testemunham destinam seus filhos ao inferno... A cristianização adquire aqui a dimensão trágica da "aculturação".

Étienne de Bourbon não se enganou sobre isso: se seus dois *exempla* são tão fiéis aos relatos folclóricos é por que estes já haviam se transformado bastante ao contato da cultura clerical para se prestar facilmente a uma recuperação sob a forma de *exempla*.

ANEXO

I. Jean Gobi, *Scala Celi*, Ms. lat. 3.506, f. 37 v da Bibliothèque Nationale de France, Paris (escrito por Guillaume de Mailly, OP. Auxerre, 1401). Variantes: edições incunáveis publicadas em Lübeck (1476), Ulm (1480), Louvain (1485), conservadas na BNF. Rés. D 1875, 846, II 580, in folio.

[G] *De chorea*. Legitur in *Libro de 7 donis Spiritus Sancti* quod in quadam civitate consuetudo erat ut in quibusdam festivitatibus coree ducerentur per villam, et iuvenes cum larvis turpissimis starent super lígneos equos.

Cum autem quidam predicator hoc reprehendisset eo quad diem mundo preponerent diei Dei et sanctorum[48], dum propter eius predicationem non desisterent et in platea civitatis in quadam sollempnitate coreizarent[49], venit quedam multitudo demonum in specie iuvenum et mulierum coriando et miscuerunt se coreizantibus[50] illis de illa civitate. Tunc unus illorum demonum incepit cantare et dicere sic:

> Acquels qui mi en amat
> Par un sera desonrat
> Demoniot avertz usat;
> Parso nulli qu'en siatz pagat[51].

Nescio quidem hoc dictu et[52] tunc aperta est terra et flamma magna eos involvit et omnes ad infernum deduxit.

II. Étienne de Bourbon, *Tractatus de variis materiis praedicabilibus...*, Ed. citada de A. Lecoy de La Marche, p. 169-170.

Item debet esse leta (Psalm: "Cantate mihi eciam justi" etc.), ut de Deo cantent, ut faciunt Theutonici, non de aliis vanitatibus et turpibus, ut qui exiverant de Babilonia Judei, qui loquebantur azotice (Nee., ult.) Azotus interpretatur incendium. Sunt símiles hiis illi peregrini qui, cum loca sanctorum visitant, luxuriosas cantilenas cantant, per quas corda audiencium inflammant et succendunt ignem luxurie; et aliquando succenduntur a Domino igne materiali vel gehennali, ut illi máxime sacrilegi qui corpora sanctorum christianorum in cimiteriis conculcant, ubi choreant in vigiliis sanctorum, et templa viva Dei igne luxurie inflammant, dum in festis et vigiliis sanctorum in templis conveniunt et choreas ducunt et Dei officium et sanctorum impediunt. [E-1] Accidit in dyocesi Elnensi, quod, cum quidam predicator in terra illa predicasset et multum choreas inhibuisset fieri in ecclesis et vigiliis sanctorum, cum in quadam parrochia quidam juvenes consuevissent venire et super equum ligneum ascendere, et larvati et parati

---

48. Variante: eo quad diem diei preponerent diei mundi et laborem requiei...
49. Variante: in quodam festo corisarent...
50. Variante: et coniuxerunt se corisantibus...
51. "Anssels quimiam amat/amaseran deysonraret/demon met aves usat/personueil que scias pagatz."
52. O membro da frase "nescio... et" não está reproduzido.

choreas ducere, in vigilia festivitatis illius predicatoris et inhibicionem sui sacerdotis, dimissis choreis, vigilarent homines in ecclesia in oracione, venit quidam juvenis ad sociem suum, invitans eum ad solitum ludum. Cum autem ille ludum respueret, dicens hoc esse inhibitum a dicto predicatores et sacerdote, armavit se alius, dicens quod maledictus esset qui propter eorum inhibiciones solitum ludum dimitteret. Cum autem in ecclesia, ubi agebant homines vigílias in pace et oracione, dictus juvenis in equo ligneo intraret, in ipso introitu ecclesie, ignis arripuit eum per pedes et combussit eum totum et equum suum. Nullus qui esset in ecclesia illa, Nec consaguineus Nec amicus, potuit aliquod apponere consilium quin combureretur ibi: unde tandem omnes, divino judicio perterriti, ecclesiam dimiserunt solam, confugientes ad domum sacerdotis; qui, cum surrexisset et ad ecclesiam venisset, invenit dictum juvenem Jam fere exustum totum, de cujus corpore tanta exibat flamma, quod videbatur exire par fenestras pinnaculi ecclesie. Hoc in ipsa parrochia audivi, cito post hoc, ab ipso capellano et parentibus dicti juvenis et ab aliis parrochianis.

[E-2] Item in eadem dyocesi, eodem tempore, accidit quod, cum ivissent multi ad cujusdam sancti vigilias et peregrinacionem, et contra consimilem inhibicionem quidam tota nocte choreas ducerent per cimiterium, cum in mane in quadam capella convenissent, in aurora, ad missam audiendam, cum sacerdos incepisset *Gloria in excelsis*, factum est tantum tonitruum et terre motu, quod visum fuit sacerdoti quod de genibus suis tangeret super altare. Nullus respondit ei; ipse, ut mihi dixit, credidit quod sensum ibi amisisset, nisi columba Alba ante eum alas expandens eum confortasset. Fulgur, intrans ecclesiam, illos qui duces et capita in chorea illa fuerant, alios fetote occidit, aliorum brachia, aliorum crura fregit, alios aliter diversimode afflixit. Hec duo exempla audivi temporibus et locis quo acciderunt, a multis qui interfuerum, eciam juratis.

VIII

A palavra domesticada*

Como buscam definir a "religião popular" ou, mais geralmente, a "cultura popular" dos séculos passados, os historiadores atualmente descrevem as relações entre "cultura erudita" e "cultura popular" em termos de trocas: refutam a ideia de uma influência unívoca da primeira sobre a segunda que com demasiada frequência fez com que se visse nesta apenas a forma degenerada daquela. Por isso Jacques Le Goff analisou a "pressão" exercida pela "cultura folclórica" sobre a "cultura eclesiástica" da Alta Idade Média e do século XII. Para a Itália dos séculos XVI e XVII, Carlos Ginzburg e Piero Camporesi insistiram sobre a "circularidade das trocas culturais".

No século XIII, a nova pregação destinada aos leigos e desenvolvida especialmente pelas ordens mendicantes rapidamente se adapta a essa relação dinâmica entre níveis de cultura: os pregadores "vulgarizam" os conceitos fundamentais da cultura clerical, mas não deixam de dar atenção às palavras dos leigos de quem são os confessores e a quem devolvem do alto da cátedra, transformados em *exempla*, os relatos que eles lhes fazem.

Gostaria de partir de um desses *exempla*, escrito em meados do século XIII por um dominicano de Lyon, Étienne de Bourbon, para tentar analisar essa relação complexa entre níveis de cultura e para compreender suas implicações ideológicas.

Nos últimos anos de sua vida, Étienne de Bourbon compôs um *Livro dos sete dons do Espírito Santo*, que, com sua morte em 1261, permaneceu inacabado. Essa obra apresenta uma rica coleção de relatos reagrupados segundo a ordem lógica de um tratado teológico. No primeiro livro (*Sobre o*

---

* Retomado de "La parola addomesticata – San Domenico, il gatto e le donne di Fanjeaux". *Quaderni Storici*, n. 41, 1979, p. 416-439

dom de temer), que trata do medo do purgatório e muito especialmente dos demônios, há o relato do seguinte testemunho:

> *Item*, sobre o horror inspirado pelos demônios, do qual falei anteriormente, ouvi o irmão Romée, homem sábio e piedoso, dizer que foi por um tempo prior provincial dos Irmãos pregadores da província de Provença, e que também pode ser lido na nova vida (*in legenda nova*) de São Domingos que, como este santo viera pregar em Fanjeaux contra os heréticos e estivesse rezando na igreja, nove matronas foram até ele e se jogaram a seus pés dizendo-lhe: "Servidor de Deus, esses homens contra os quais tu pregas, nós acreditamos neles até hoje e os chamamos 'homens bons', e como agora hesitamos, pedimos que ore a Deus para que Ele nos mostre em que fé seremos salvas, e a esta iremos aderir". Então, depois de orar para si mesmo durante alguns instantes, disse-lhes: "Não temam, Deus lhes mostrará a qual senhor serviram até agora". E a essas palavras, o gato mais medonho pulou no meio delas, tinha o tamanho de um grande cão, olhos enormes e flamejantes, uma língua larga, comprida, sanguinolenta que ia até o umbigo, um rabo curto e ereto, e, para qualquer lado que se virasse, mostrava seu traseiro ignominioso que exalava um intolerável mau cheiro. Depois de girar para lá e para cá em torno das mulheres durante uma boa hora, ele saltou sobre a corda do sino e por ela subiu, deixando para trás vestígios repugnantes. As mulheres, reconfortadas pelo santo, converteram-se totalmente à fé católica e algumas dentre elas vestiram o hábito das irmãs de Prouille[1].

O oral e o escrito

Esse relato, escrito em Lyon pouco antes de 1261, refere-se a um episódio da vida de São Domingos que trata de sua pregação, em 1206, contra os cátaros do Languedoc. Étienne de Bourbon garante que esse relato veio de duas fontes "eruditas": uma escrita, a outra oral. Como São Domingos

---

1. O texto em latim foi publicado em LA MARCHE, A.L. *Anedoctes historiques, legendes et apologues d'Étienne de Bourbon, dominicain du XIIIe siècle*. Paris: [s.e.], 1877, n. 27, p. 34-35. Ele se encontra no livro I (*Du don de crainte*), título 5 (De la crainte du purgatoire présent et futur...), capítulo V (... en raison de la qualité des tortures et de l'horreur des démons). No manuscrito (Paris: BNF, Latim 15.970, f. 159, v. 160), ele é precedido de dois outros *exempla* que relatam a aparição do dragão a Santa Margarida aprisionada e a ressurreição feita por São Marçal de um jovem sufocado pelos demônios.

morreu em Bolonha em 6 de agosto de 1221, passaram-se mais de dez anos antes de o papa abrir o procedimento para sua canonização. Ele ocorreu sob a pressão da Ordem Dominicana que, por volta de 1233, encarregou Jourdain de Saxe de redigir um *Libellus*, primeira *Vita* que não traz esse nome, pois seu herói ainda não foi canonizado. Esse texto, sóbrio e desprovido de maravilhoso[2], não contém o relato que nos interessa e compreendemos a razão para isso: a exaltação da memória do santo, dos acontecimentos sobrenaturais de sua existência e dos milagres ocorridos depois de sua morte começou verdadeiramente após a redação do *Libellus*, no momento da translação do corpo (24 de maio de 1233), durante o movimento popular bolonhês do *Aleluia* e da pesquisa ordenada pelo papa sobre "a vida e os milagres" de Domingos.

Essa pesquisa, preliminar necessária à canonização (finalmente proclamada por Gregório IX em 3 de julho de 1234), aconteceu primeiramente em Bolonha de 6 a 19 de agosto de 1233. Os três comissários, que seguiam (pela primeira vez) uma lista de 25 *articuli interrogatorii*, coletaram o testemunho de nove religiosas bolonhesas que acima de tudo garantiram o zelo pastoral e o espírito de caridade do fundador de sua Ordem[3]. Esses documentos reservam pouco espaço ao maravilhoso, citando apenas uma cura e um milagre de multiplicação dos pães durante a vida de São Domingos, e outro caso de cura depois de sua morte[4].

Em 19 de agosto de 1233, o pedido de pesquisa é transmitido no Languedoc a três subcomissários de Toulouse, que, por sua vez, passam-no para quatro pesquisadores. Estes se dirigem especialmente a Fanjeaux e a Prouille (no atual departamento do Aude). Ali interrogam 27 pessoas, anotam a aprovação "de uma grande parte dos habitantes de Fanjeaux" e, para encerrar, de "mais de 300 homens e mulheres". A condição das pessoas interrogadas é bastante diversa: homens e mulheres, clérigos e leigos, religiosos, monges e irmãs enclausuradas... É provável que exista um elo entre essa diversidade e uma parte de maravilhoso mais importante nesses

---

2. VICAIRE, M.-H. *Histoire de Saint Dominique*. Vol. 1. Paris: [s.e.], 1957, p. 340-341.
3. VAUCHEZ, A. *La sainteté en Occident aux derniers siècles du Moyen Âge d'après les procès de canonisation et les documents hagiographiques*. Roma: [s.e.], 1981.
4. VICAIRE, M.H. *Saint Dominique, la vie apostolique*. Paris: [s.e.], 1966, p. 215.

testemunhos colhidos no Languedoc do que nos relatos dos religiosos de Bolonha: ali são contados quatro milagres de cura efetuados por Domingos enquanto vivo, o surgimento milagroso de um denário no dia em que o santo não tinha como pagar o barqueiro, duas libertações de demoníacos pela intervenção do santo. Eis o 23º testemunho:

> Bérengère declarou sob juramento depois de ter visto com seus próprios olhos e de ter escutado com seus próprios ouvidos que o bem-aventurado Domingos obrigou nove mulheres convertidas do erro a olhar o demônio que as possuíra: este apareceu sob a forma de um gato cujos olhos, grandes como os de um boi, pareciam as labaredas de uma fogueira; sua língua pendia de meio-pé e parecia de fogo, e o comprimento de sua cauda era de meio-côvado; certamente alcançava as dimensões de um cão. Sob a ordem do bem-aventurado, ele fugiu pela abertura da lareira e desapareceu de suas vistas. Felizmente, o bem-aventurado Domingos dissera-lhes para que não se assustassem, anunciando que lhes mostraria a qual senhor elas tinham servido...[5]

Bérengère afirma que testemunhou a cena, mas não que dela participou: ela não faz parte das "nove mulheres". Também não diz que estas últimas logo em seguida entraram para o Mosteiro de Prouille e ela mesma não se apresenta como uma monja. Podemos supor que era uma simples leiga. Seu testemunho, provavelmente colhido durante o verão de 1233, constitui a versão mais antiga desse relato. Ele é mais breve do que o *exemplum* de Étienne de Bourbon (o relato propriamente dito contém 74 palavras ao passo que o do *exemplum* contém 160) e apresenta diferenças de conteúdo que examinaremos mais adiante.

Menos de 30 anos mais tarde, Étienne de Bourbon afirma que ouviu esse relato da boca de um irmão dominicano: Romée de Livie[6], um de seus "informantes privilegiados"[7]. Este era prior do convento de Lyon em 1233,

---

5. Ibid., p. 84. Para o texto em latim: "Acta canonizationis S. Dominici". In: WALZ, A. *Monumenta Ordinis Fratrum Praedicatorum Historica*, XVI, n. 23, 1935, p. 186. • KOUDELKA, V.J. "Les dépositions des témoins au procès de canonisation de S. Dominique". *Archivum Fratrum Praedicatorum*, 42, 1972, p. 47-67.

6. Sobre esse personagem cf. CORMIER, H.M. *Le Bienheureux Romée de Livie*. Toulouse: [s.e.], 1884. • *Archivum Fratrum Praedicatorum*, 3, 1910, p. 504ss.

7. O próprio Romée de Livie também lhe contou como o dominicano Jean de Montmirail recomendava às mulheres que se confessavam com ele que invocassem a Virgem contra as tentações da carne (A. Lecoy de La Marche, n. 127, p. 109) e foi em Lyon, em 1223, e na presença de Romée de Livie, que ouviu uma mulher dizer que o diabo lhe aparecera (n. 230, p. 198-199).

depois, como lembra Étienne de Bourbon, "prior provincial da Provença", região dominicana que incluía o Languedoc e sob sua direção em 1233 no momento da pesquisa feita para a canonização de São Domingos. Podemos supor que, se não assistiu pessoalmente aos interrogatórios, pelo menos foi informado de seus resultados. Ao deixar seu cargo de prior provincial, tornou-se prior em Limoges, e em seguida pregador geral antes de 1257, e participou em 1258 do capítulo geral de Toulouse. Provavelmente foi nessa época que encontrou Étienne de Bourbon que estava justamente escrevendo sua coletânea de *exempla* e que tinha portanto boas razões para interrogá-lo. Os dois morreram no mesmo ano, em 1261, um em Bordeaux (onde se tornara prior), o outro em Lyon.

Por outro lado, Étienne de Bourbon afirma que suas informações vieram da leitura de uma *legenda nova*. Depois da canonização do santo, efetivamente, foram redigidas inúmeras *legendae* ou *vitae*: a de Pierre Ferrand, em 1234-1239, que ainda não contém nosso relato; a de Constantino de Orvieto, em 1246-1248, que ao contrário o inclui[8]. Constantino foi encarregado pelo mestre-geral de escrever essa *Vida* após a reforma litúrgica decidida pelo capítulo geral de 1245. Para realizá-la, utilizou o *Libellus* de Jourdain de Saxe e a *Legenda* de Pierre Ferrand, alguns testemunhos orais relatados durante o capítulo geral de 1245 e, para encerrar, as atas do processo de canonização de 1233, às quais se refere explicitamente no que diz respeito ao nosso relato[9].

Seu relato é, no entanto, bem diferente do testemunho de Bérengère e bem mais longo (281 palavras em vez de 74). A diferença está especialmente no conteúdo e no vocabulário. Em contrapartida, ainda que mais breve (160 palavras), o *exemplum* de Étienne de Bourbon se assemelha ao relato hagiográfico. Contrariando o testemunho de Bérengère, Constantino de Orvieto afirma que as nove mulheres heréticas após se converterem entraram no Mosteiro de Prouille. Este detalhe, retomado por Étienne de Bourbon, é importante, pois revela que entre 1233 e 1248 – e sem dúvida primeiramente em Prouille – começaram a usá-lo para ilustrar os inícios do mosteiro, sua

---

8. ORVIETO, C. "Legenda sancti Dominici". In: SCHEBEN, H. (org.). *Monumenta Ordinis Fratrum Praedicatorum Historica*, XVI, fasc. II, n. 48-49, 1935, p. 319-321.

9. Ibid., p. 319: "*in eisdem partibus Tolosanis per testes juratos inventum est*".

própria origem. Na realidade, se o mosteiro foi fundado em 1206-1207, nós ignoramos em quais circunstâncias[10].

A despeito da estreita proximidade do *exemplum* e do relato hagiográfico de Constantino de Orvieto, este último texto não é a *legenda nova* citada por Étienne de Bourbon. Entre 1247 e 1256, o mestre-geral dos dominicanos, Humbert de Romans, redigiu uma nova *legenda*, adotada oficialmente em 1258. Esta retoma palavra por palavra a versão de Constantino de Orvieto anterior em dez anos e seu comprimento é idêntico[11]. Não resta dúvida de que é a esta *legenda nova* que Étienne de Bourbon se refere, mas é surpreendente que não nomeie seu autor, pois, além de conhecê-lo, ele estava entre seus "informantes privilegiados"[12]. Minha hipótese é que ele não cita explicitamente Humbert de Romans porque, no momento em que escreve, a *legenda nova* ainda não fora oficialmente aprovada pela Ordem. Esta apro-

---

10. Constantino de Orvieto e Étienne de Bourbon afirmam que as nove convertidas entraram no Mosteiro de Prouille depois que o diabo apareceu em forma de gato. O mais antigo documento relativo a Prouille é uma doação de 17 de abril de 1207 que fala de uma comunidade já existente de "algumas mulheres convertidas pelas exortações e o exemplo" de Domingos. Cf. VICAIRE, M.-H. "Saint Dominique à Prouille, Montréal et Fanjeaux". *Saint Dominique en Languedoc* – Cahiers de Fanjeaux, 1, 1966, p. 29. Tolouse. Mas nenhum elemento permite afirmar que essas mulheres se converteram após a suposta aparição do diabo (Constantino de Orvieto, Étienne de Bourbon) ou mesmo antes de beneficiar desta aparição (Bérengère). No entanto, no final do século XVII, os eruditos J.J. Percin (*Monumenta Conventus Tolosanti*. Toulouse, 1693, p. 4, n. 16) e J. de Rechac (*La Vie du glorieux patriarche Dominique*. Paris, 1696, p. 120-121) afirmam, baseando-se em "um velho manuscrito de Prouille", hoje perdido, que Bérengère era uma das nove "nobres senhoras" convertidas por São Domingos. Essa tradição foi retomada no século XIX por J. Guiraud ("Saint Dominique et la fondation du monastère de Prouille". *Revue Historique*, XXII, 1897, p. 228) e pela *Histoite du Monastère de Notre-Dame de Prouille par une religieuse du même monastère* (Grenoble: [s.e.], 1898, p. 5), duas obras criticadas com razão pelo P. Vicaire. O testemunho da própria Bérengère contradiz de fato essa tradição. É interessante observar que esta última provavelmente se desenvolveu no interior do mosteiro cuja origem ela deveria ilustrar. De fato, nossa Bérengère foi confundida com uma irmã também chamada Bérengère, que aparece na lista mais antiga das irmãs de Prouille, que data de 1211 e contém 19 nomes. Essa lista faz parte de um documento do bispo de Toulouse, Foulques (GUIRAUD, J. (org.). *Cartulaire de Notre-Dame de Prouille*. II. Paris: [s.e.], 1908, p. 109). Segundo M.-H. Vicaire (*Histoire de Saint Dominique*. Op. cit., p. 248, n. 72), certamente é dessa lista de 1211 que foi tirada a lista pretensamente anterior do "manuscrito de Prouille", que contém apenas 11 nomes: os de dois *domine* e das nove mulheres convertidas entre as quais Bérengère. Esses 11 nomes estão dispostos em uma ordem diferente na lista de 1211, que contém oito novos nomes. Cf. PERCIN, J.J. Op. cit., n. 27, p. 6. • RECHAC. J. Op. cit., p. 197-198.

11. ROMANS, H. "Legenda sancti Dominici". In: WALZ, R. (org.). *Monumenta Ordinis Praedicatorum Historica*, XVI, 1935, fasc. II, p. 409-410.

12. Étienne de Bourbon ouviu da boca de Humbert de Romans um grande número de *exempla* que ele relata. Cf. LA MARCHE, A.L. Op. cit., p. 29, 44, 222, 353. Ele também relata (p. 181-182) outro milagre de São Domingos segundo a *legenda nova*. De acordo com B. Altaner (*Der heilige Dominikus* – Untersuchungen und Texte. Breslau, 1922, p. 126), é preciso considerar como "*legenda nova*" o texto de Humbert de Romans.

vação aconteceu em 1258. Étienne de Bourbon teria então redigido pouco antes dessa data, entre 1256 e 1258, a primeira parte de sua obra, a qual permaneceu inacabada com sua morte em 1261.

Como estão perfeitamente datadas – o que é absolutamente excepcional –, as diversas etapas da gênese do relato são apresentadas de forma sintética no quadro a seguir:

1) 1206-1207, conversão de nove mulheres heréticas, sob a influência de São Domingos, em presença de Bérengère.

2) 1233, testemunho de Bérengère durante o processo de canonização: relatado por escrito em 74 palavras e conhecido (pelo menos ouvido) por Romée de Livie.

3) 1246-1247, *Vita*, por Constantino de Orvieto (281 palavras).

4) 1256, *legenda nova*, de Humbert de Romans (280 palavras).

5) 1256-1258, *exemplum* de Étienne de Bourbon (160 palavras).

Gênese dos relatos
------ Transmissão escrita
—— Transmissão oral

A reconstrução da gênese desse relato mostra em primeiro lugar que a tradição escrita não é necessariamente mais rígida do que a tradição oral. Já vimos quais foram as variações de cumprimento a que foi submetida em quase 30 anos e o exame das versões posteriores permitiria confirmar essa observação[13].

---

13. Por volta de 1288, duas versões breves: a da *Legenda aurea* de Jacques de Voragine (1271-1288. GRAESSE, T. (org.). Bratislava: [s.e.], 1890, p. 475) e a da *Legenda abbreviata* de Conrad de Trebensee (ALTANER. B. (org.). Op. cit., p. 249-257). Depois, mais longa, a de Thierry d'Apoldia, retomada em 1297 de Humbert de Romans (*Acta Sanctorum*, 1, agosto, p. 562-629). Finalmente, ainda mais breve, a de Galvano Fiamma, anteriormente em 1333 ("Chronica Ordinis Praedicatorum". In: REICHERT, B.M. (org.). *Monumenta Ordinis Praedicatorum Historica*, II, 1, 1897, p. 4).

A natureza diversa dos documentos nos quais o relato se acha inserido explica essas variações de cumprimento: a transcrição seca das palavras das testemunhas no processo de canonização exclui não apenas a língua vulgar original, mas o recurso ao estilo direto; a amplificação hagiográfica caracteriza as *legendae*, mas dentro de certos limites: para Constantino de Orvieto, não é necessário explicar em detalhe a significação do gato, como deve fazê-lo um pregador que "compõe um sermão", mas apenas "tecer uma história", indicar somente sua trama[14]. Todavia, se o *exemplum*, destinado a ser inserido em um sermão, é mais curto do que a *historia* do hagiógrafo, isso só é verdadeiro em sua forma escrita. Não podemos nos esquecer de que seu uso foi primeiro oral, de que para o pregador é apenas o ponto de partida de um desenvolvimento narrativo e de uma moralização do relato quando ele pronunciar efetivamente seu sermão.

Em seguida, ressaltemos o lugar original do *exemplum* na transmissão do relato. Ele se refere simultaneamente a uma tradição oral (*auditi quod*) e a uma tradição escrita (*legitur quod*). Apenas a *legenda nova*, no entanto, teve sobre o *exemplum* uma influência determinante, ao contrário do testemunho do processo de canonização transmitido oralmente por Romée de Livie. Mesmo ignorando o que este último disse exatamente a Étienne de Bourbon, é notável que o *exemplum* esteja, no final das contas, mais próximo da tradição hagiográfica do que do depoimento de Bérengère. Resta que o gênero do *exemplum* impunha a Étienne de Bourbon a citação dessa fonte oral, mesmo não devendo usá-la realmente. Um *exemplum*, com efeito, na maioria das vezes relata um fato contemporâneo, autentificado não por uma *auctoritas* escrita tradicional, mas pelo testemunho oral de uma pessoa "digna de fé" que de fato foi ouvida pelo autor. Étienne de Bourbon, portanto, relata o testemunho do irmão Romée de Livie, que ele ouvira, para em seguida se inspirar basicamente na *legenda nova*, que ele lera. Esta contradição mostra o quanto os hábitos da cultura erudita e livresca eram preponderantes para um pregador do século XIII formado pela Universidade de Paris, ainda que fossem combatidos pelas novas práticas culturais amplamente colocadas sob o signo da palavra.

---

14. ORVIETO, C. Op. cit., p. 320: "*Verum quid cattus ille teterrimus tanteque deformitatis varietas per singula queque significare debuerit, quia cepti non est proposit* sermonem componere, *sed potius* historiam texere, *ad alia properans ad presens omitto*" [destaque meu].

O santo e o diabo

O relato sobre São Domingos e o diabo surpreende por sua originalidade. Nenhuma outra passagem da pesquisa para a canonização, nem mesmo no Languedoc, mostra São Domingos envolvido em semelhante situação. Os únicos relatos comparáveis que lhe dizem respeito encontram-se nos *Milagres de São Domingos* ditados, entre 1272 e 1288, por uma irmã de Bolonha, Irmã Cecília, para a Irmã Angélica[15]. Como Bérengère, Irmã Cecília conheceu Domingos; e foi mesmo diante dele que pronunciou seus votos em 1221, em Roma, no convento de São Sisto. Ela se estabeleceu entre 1223-1225 em Bolonha onde morreria em 1290 depois de ter ditado suas lembranças. Entretempo, a exaltação, em Bolonha como em Prouille, da memória do santo fundador da Ordem, com certeza explica que o maravilhoso, nessas lembranças tardias muito mais do que durante a pesquisa de 1233 no Languedoc, tenha tomado o primeiro lugar: aqui, vemos o santo ressuscitar dois mortos, curar três doentes, livrar uma mulher do demônio, multiplicar por duas vezes o pão e o vinho que faltavam aos irmãos, fazer subir as águas de um rio permitindo assim que um irmão escapasse a seus perseguidores, se beneficiar da aparição de um anjo e da Virgem. Por três vezes, ele se encontra em presença do diabo que lhe surge sob a forma de um animal[16]: o diabo o tenta um dia, disfarçado de macaco, mas o santo, que naquele momento vigiava e orava, obriga-o a segurar uma vela até o final de suas orações, de tal forma que a chama acaba queimando completamente a "mão" do diabo. Nos dois outros casos, a iniciativa da aparição cabe ao santo: um dia, ele conduz as irmãs de São Sisto ao longo do canal ladeado de moinhos e diante delas evoca o diabo que surge sob a forma de um lagarto preto com duas cabeças e duas caudas, ele o faz correr pela margem e depois lhe ordena que desapareça na água. Em outra ocasião, ao pregar para as irmãs através da grade da clausura, São Domingos lhes diz que o diabo pode se transformar até mesmo em um pardal: nem bem acaba de proferir essas palavras, aparece um pardal que o santo fez pousar sobre uma irmã. Depois

---

15. "Die 'Miracula Beati Dominici' der Schwester Cäcilia – Einleitung und Text". In: WALZ, A. (org.). *Miscellanea Pio Paschini – Studi di storia ecclesiastica*, I. Roma: [s.e.], 1948, p. 293-326 [Nova Series, XIV].
16. Ibid., n. 4, p. 312; n. 8, p. 318-319; n. 10, p. 319-321.

de tê-lo completamente desplumado, lançou-o no ar afirmando que agora não fará nenhum mal. E, de fato, "segundo a profecia de São Domingos", o pardal derruba uma lamparina a óleo, mas esta permanece imóvel no ar acima das irmãs e sem que se derrame uma única gota de óleo.

Esses relatos têm muitos pontos em comum com o nosso: o santo conhece o futuro (*prescius futurorum*) e tenta assim tranquilizar de antemão as irmãs que o cercam. Neles são suas palavras (*his dictis*) que provocam a aparição diabólica, cuja duração depende apenas de sua boa vontade: o gato gira em torno das mulheres durante uma hora, o macaco parece prisioneiro do santo durante o tempo em que a vela se consome e lhe queima lentamente a "mão". Por último, no relato da aparição do macaco como no *exemplum* de Étienne de Bourbon e nas versões hagiográficas do mesmo relato (mas não na versão de Bérengère), a oração inicial do santo é ressaltada com insistência. Sabemos que os "nove modos da oração de São Domingos" surpreenderam muito os contemporâneos; o sétimo, que apresenta o santo "com as mãos abertas, os braços fortemente estendidos em forma de cruz, em pé, o corpo tão ereto quanto possível", era justamente reservado "às circunstâncias nas quais, sob a inspiração de Deus, ele sabia que algo importante e maravilhoso iria acontecer pela virtude de sua oração"[17]. Mas o destaque dado pelas versões hagiográficas e pelo *exemplum* à oração do santo não teria uma razão a mais?

Os três relatos – do lagarto monstruoso, do pássaro e do gato – mostram São Domingos fazendo *evocações* diabólicas. Um santo evocar um diabo é um motivo pouco comum da hagiografia, em que normalmente o diabo aparece por sua própria iniciativa[18]. Geralmente, ele vem tentar o santo, como é o caso no episódio do macaco que se apresenta a São Domingos, ou então o agride, e o santo usa seu poder para afugentá-lo. A ação de São Domingos em nosso relato também não é assimilável a um ritual de exorcismo, cuja

---

17. VICAIRE, M.-H. *Saint Dominique, la vie apostolique.* Op. cit., p. 93-102. Este texto foi composto entre 1260-1262 e 1272-1288 e está acompanhado de miniaturas posteriores. Cf., depois SCHMITT, J.-C. *La raison des gestes dans l'Occident medieval.* Paris: Gallimard, 1990, p. 289ss. Cf. tb. a edição em fac-símile e o comentário de BOYLE, L. & SCHMITT, J.-C. (orgs.). *Cod. Ross*, 3 (1). • *Modi orandi sancti Dominici, Die Gebets- und Andachtsgesten des heiligen Dominikus* – Eine Bilderhandschrift. 2 vols. Zurique: Belser Verlag, 1995.

18. GRAFF, A. *Il diavolo.* Milão: [s.e.], 1889, p. 346.

função é expulsar o demônio, e não evocá-lo[19]. Em contrapartida, a evocação do diabo pelo santo se assemelha à *advocatio* ou *incantatio,* característica dos feiticeiros e dos encantadores de demônios que a Igreja denuncia na mesma época. Esses *nigromantici* são frequentes nos textos do início do século XIII, como o "clérigo Philippe" descrito por Césaire de Heisterbach[20] ou o *magister toletanus nigromanticus* cuja atividade é mencionada por Aubry de Trois-Fontaines em Maastricht em 1234[21]. Muitas características autorizam comparar a ação de São Domingos com a deles: na maior parte do tempo são homens de religião, clérigos, padres; na cultura folclórica contemporânea, o padre e o cura muitas vezes são confundidos com os feiticeiros[22]. Certamente essa confusão ameaça os santos, que dela devem se defender[23]. Dos dois lados – magia negra e magia branca –, as técnicas de evocação são bastante próximas: o santo, como o feiticeiro, não deixa de tranquilizar as testemunhas assustadas; nos dois casos também, a aparição é contida na periferia de um círculo "mágico", efetivamente traçado sobre o chão pelo feiticeiro, e que em nosso relato é expresso pelo próprio percurso do gato que gira em torno das mulheres sem poder tocá-las. Todavia, entre os dois modelos de evocação existe uma diferença fundamental: contrariamente aos necromantes, São Domingos reza antes de evocar o gato. Este detalhe é repleto de significação: tem como objetivo dissipar qualquer mal-entendido, imprimir o selo da ortodoxia a uma prática ambígua. Na mesma época, a partir de 1232, os redatores das *formae interrogatorii,* utilizadas para coletar os testemunhos nos processos de canonização, também se preocupavam com a natureza das "invocações" pronunciadas pelos candidatos

---

19. Os meios do exorcismo são muito variados: sinal da cruz, *insufflatio,* aspersão de água-benta etc.

20. HEISTERBACH, C. *Dialogus miraculorum,* I. Colônia/Bonn/Bruxelas: J. Strange, 1851, I, p. 276-281 [Distinctio V, cap. II, III, IV].

21. "Chronica Alberici monachi Trium Fontium". *MGH, SS.,* t. XXIII, p. 932.

22. Sobre esse ponto, cf. THOMAS, K. "Religio and the Decline of Magic – Studies in Popular Beliefs in Sixteenth and Seventeenth-Century England. Londres: [s.e.], 1971, p. 274. • KIECKHEFER, R. *Magic in the Midle Agesi.* 2. ed. Cambridge: [s.e.], 1990, esp. p. 151-175 ("Necromancy in the clerical under world").

23. A. Vauchez (*La sainteté en Occident...* Op. cit., p. 567) observa que Pierre de Morrone (1296) era solicitado por visitantes para que realizasse "encantamentos" sobre as feridas e sobre os membros doentes, mas que, não querendo ser confundido com um feiticeiro, contentava-se em benzê-los fazendo o sinal da cruz.

à santidade[24]. A ambivalência fundamental das relações com o sobrenatural não escapava aos responsáveis da igreja.

Esse desejo de evitar qualquer ambiguidade também fica mais claro quando consideramos a característica que mais nitidamente diferencia as versões hagiográficas de nosso relato e o *exemplum*: ao contrário do testemunho de Bérengère, todos esses textos se alongam sobre o modo da aparição do gato. Constantino de Orvieto e, depois, Humbert de Romans escrevem que as mulheres o viram, logo após o santo ter acabado de falar, saltar *de medio sui*, do "meio" do próprio santo. Em um sermão destinado aos simples leigos, esta expressão, que sugere uma proximidade extrema entre o santo e o diabo, corria o risco de provocar alguma confusão. Talvez seja essa a razão pela qual Étienne de Bourbon, mesmo mantendo as mesmas palavras, tenha transformado a frase: segundo ele, o gato saltou *in medio earum*, "no meio delas", o que se explica melhor na lógica das relações entre a Igreja e a heresia. Esse é o partido tomado no século XIV pelo pintor anônimo de um retábulo catalão que apresenta, em torno da figura em pé de São Domingos, 12 episódios milagrosos de sua existência. Um desses quadros é consagrado ao nosso relato. A torre branca da igreja o divide em duas metades iguais e nele vemos o gato diabólico, todo preto e mostrando os dentes, como empurrado para o lado das mulheres pelo dedo imperativo do santo e escalando o campanário, em vez da corda do sino, como deixam claro todos os relatos dominicanos[25].

No entanto, a transformação de sua fonte hagiográfica por Étienne de Bourbon é excepcional. Fundamentalmente, todas as três versões dominicanas (Constantino de Orvieto, Humbert de Romans, Étienne de Bourbon) se diferenciam do testemunho de Bérengère.

Entre esse testemunho e os relatos dominicanos posteriores, a diferença mais evidente diz respeito à descrição do aspecto físico do gato. Para descrevê-lo, Bérengère usa primeiramente comparações introduzidas pelo advérbio *quasi*: esse gato é grande "como um cachorro", tem olhos "como os de um boi" – dois animais que muitas vezes são associados ao diabo – e seus olhos

---

24. Ibid., p. 59. Pede-se às testemunhas que palavras foram pronunciadas em que circunstâncias: *"Ad cuius invocationem et quibus verbis interpositis?"*
25. Barcelona, Museu de Arte da Catalunha.

queimam "como a chama do fogo". Ainda que seja comum na época, a maneira de medir o comprimento da língua e o da cauda – respectivamente um meio-pé e um meio-côvado – obedece ao mesmo princípio da metáfora. Esse modelo de descrição do diabo era muito comum: é assim que Raoul Glaber vê o diabo ao pé de sua cama "com uma barba de bode", "dentes de cachorro" etc.[26] Na *Vida de São Jorge* de Simon de Freine, o santo descobre um animal na estátua de Apolo: "Seus pelos pendiam como a cauda de um cavalo, sua fronte era peluda como a de um urso, tinha chifre de boi, as sobrancelhas como a cauda de uma raposa, o nariz recurvado como o bico de um gavião, a boca larga como a de um cão de caça (*seuz*), ele mostrava os dentes como um mastim"[27]. O dragão domado por Santa Marta era "metade animal, metade peixe, mais largo do que um boi, mais comprido do que um cavalo, com dentes semelhantes às espadas e grandes como chifres [...]"[28]. Esse tipo de descrição dos seres diabólicos é verificado até nossos dias no falar "popular": em 1975, uma camponesa de 65 anos comenta nesses termos um afresco representando o diabo na igreja de seu vilarejo, Mont-en-Louron (Altos Pirineus): ele tem um corpo de homem, seios de mulher; é peludo como um urso, tem os chifres de um touro, presas de javali, patas de águia e uma cauda de lobo[29].

Essas metáforas revelam, em primeiro lugar, a extrema dificuldade que apresenta a descrição de um ser imaginário e monstruoso, que se caracteriza justamente por emprestar as diversas partes de seu corpo das espécies mais variadas da criação. Também testemunham o poder infinito do diabo de se transformar, de assumir a qualquer momento a aparência dos seres com os quais é comparado. Podemos, mais fundamentalmente, nos perguntarmos

---

26. GLABER, R. *Histoires*, V, I. Turnhout: Brepols, 1996, p. 272-275 [Texto traduzido e apresentado por Mathieu Arnoux].
27. Apud BICHON, J. *L'Animal dans la littérature française aux XIIe et XIIIe siècles*, I. Lille: [s.e.], 1976, p. 26.
28. VORAGINE, J. *La Légende dorée*. T. II. Paris: [s.e.], 1967, p. 22 [trad. francesa: J.-B.M. Roze]. O mesmo tipo de descrição se encontra bem mais tarde em Reginald Scott, apud THOMAS, K. *Religion and the Decline of Magic*. Op. cit., p. 475. Sobre a lenda e a descrição da Tarasca, o dragão domado por Santa Marta, cf. DUMONT, L. *La Tarasque – Essai de description d'un fait local du point de vue ethnographique*. Paris: [s.e.], 1951, p. 150-161, particularmente em relação ao tamanho do animal ("maior do que um boi") e sua cauda ("uma cauda de víbora") apresentada como uma arma, não como um símbolo sexual.
29. Esse afresco é de aproximadamente 1575. Agradeço ao Dr. Fourasté por gentilmente ter comunicado esse testemunho coletado durante a preparação de sua tese de doutorado.

junto com Emmanuel Le Roy Ladurie se a metáfora não é "um procedimento fundamental do discurso popular"[30].

De fato, os relatos posteriores ao testemunho de Bérengère, todos escritos por irmãos dominicanos, propõem um modelo de descrição diferente: sem dúvida o tamanho do gato é ainda comparado com o do cão – outro animal muitas vezes apresentado como diabólico[31] –, mas quando são enumeradas as diferentes partes de seu corpo, as metáforas dão lugar às descrições "objetivas". Esta descrição torna-se particularmente precisa em relação à língua ("larga, comprida, sanguinolenta, que ia até o umbigo")[32]; a cauda mudou completamente de aspecto ("longa de meio-côvado" segundo Bérengère, tornou-se, ao contrário, "curta e erguida no ar", nas versões mais recentes); para terminar, os dominicanos evocam o traseiro do gato, seu mau cheiro e seus excrementos, e ao que parece Bérengère nada dissera sobre isso.

Observemos a relação e a frequência destes três últimos elementos nos textos eclesiásticos da época: o odor fétido caracteriza os pecados, os danados e, acima de tudo, o diabo[33]. Mais precisamente, o odor dos excrementos indica a luxúria[34] e também acompanha os malefícios[35]. Nossos relatos lhe

---

30. Em *Le Carnaval de Romans* – De la Chandeleur au mercredi des Cendres 1579-1580. Paris: [s.e.], 1979, p. 350. Para a Idade Média, pelo menos, essa asserção exige ser seguida com prudência, dada a importância do pensamento metafórico, da *similitudo*, da tipologia, na cultura erudita dos clérigos.

31. No extremo fim da cadeia das versões desse relato, em 1898, para a religiosa anônima de Prouille (*Histoire du monastère de Notre-Dame de Prouille*. Op. cit.), não se trata mais de um gato, mas de um cão!

32. Uma obsessão de pregador? Cf., nos sermões, a importância desse tema: CASAGRANDE, C. & VECCHIO, S. *Les péchés de la langue* – Discipline et éthique de la parole dans la culture médiévale. Paris: [s.e.], 1991.

33. Em relação ao odor dos pecados percebido em confissão, cf. CRANE, T.F. *The Exempla of Illustrative Stories from the Sermones Vulgares of Jacques de Vitry*. Londres: [s.e.], 1890, n. LXIII, p. 25. O odor dos danados no inferno é idêntico ao da carne queimada dos heréticos. Cf. LA MARCHE, A.L. Op. cit., p. 25, n. 18. Sobre o odor deixado para trás pelo diabo em fuga cf. SCHLETTSTADT, R. *Histoire Memorabiles* – Zur Dominikanerliteratur und Kulturgeschichte des 13. Jahrhunderts. Colônia/Viena, 1974, p. 105 [Org. de R. Kleinschmidt]. O macaco evocado por São Domingos tem o mesmo odor (cf. supra).

34. Étienne de Bourbon afirma que a luxúria transforma o homem em um quadrúpede que perde seus intestinos e se esvazia de seus excrementos: "*omnia interiora cum intestinis et fecibus et fetore maximo emittenten*" (Op. cit., n. 455, p. 392).

35. P. ex., segundo Arnaud de Villeneuve (*De maleficiis* (ca. 1330), apud HANSEN, J. *Quellen und Untersuchungen zur Geschichte des Hexenwahns und der Hexenverfolgung im Mittelalter*. Bonn: [s.e.], 1901, p. 46), aquele que, depois de um malefício, é impedido de amar outra pessoa deve segurar na mão direita excrementos (*merda*) dessa pessoa: assim que sentir o odor, o malefício deixará de existir ("*quam cito sentiet fetorem solvetur maleficium*").

opõem "o odor de santidade" que emana maravilhosamente do corpo de São Domingos durante sua translação em 1233[36] e que caracteriza igualmente o próprio mosteiro de Prouille[37]. A menção ao odor fétido do gato, ausente do relato de Bérengère, explica-se com mais facilidade ainda nas outras versões porque o culto de São Domingos e as piedosas narrativas do mosteiro reforçaram-se nesse meio-tempo. Mas o conjunto das diferenças apresentadas por essas versões em relação ao testemunho inicial deve ser confrontado primeiramente com a evolução contemporânea das representações simbólicas do gato demoníaco.

O gato

A análise de cerca de 20 documentos diversos, datados de meados do século XII ao início do XV, permite avançar um determinado número de hipóteses sobre a evolução das representações do gato diabólico na Idade Média. Hipóteses prudentes, uma vez que o *corpus*, ainda que abundante, não poderia ser considerado completo. E mencionarei aqui apenas os documentos que me parecem esclarecer melhor a evolução dessas representações.

Parece-me em um primeiro momento que a imagem do gato é rara antes do início do século XIII. Por volta de 1145-1155, um friso esculpido no portal de Lautenbach (Alto Reno) mostra um gato agarrado às costas de um homem nu que está seduzindo uma mulher adulta que carrega seu filho nos braços; mais adiante, o homem nu e essa mulher estão abraçados; um pouco mais adiante ainda, o marido enganado (?) bate nela, que, junto com seu filho, cai para trás. Por volta de 1180, Walter Map, relatando o testemunho de um "herético francês", descreve a "sinagoga" dos *Patarini* ou *Publicani*: eles se reúnem em uma casa em silêncio; um enorme gato preto, chamado *"murelegus"* (e não *"cattus"* ou *"catus"*, como quase sempre é o caso a partir

---

36. VICAIRE, M.-H. *Saint Dominique, la vie apostolique*. Op. cit., p. 42: "Quando [a pedra do túmulo] foi erguida, dele exalou um odor maravilhoso e dos mais suaves, diferente de qualquer outro aroma, que não tinha nada em comum com nenhum perfume conhecido pelos homens". Esse odor impregnou definitivamente as mãos de todos aqueles que haviam tocado a cabeça do santo e surpreendeu todos os presentes, ainda mais porque temiam que um odor pútrido emanasse do túmulo no momento de abri-lo.

37. Segundo Bernard Gui (*De fundatione et prioribus provinciarum Tolosanae et Provinciae OP*. Roma: [s.e.], 1961, p. 284 [org. de P.A. Amargier]), o Rei Carlos III de Anjou, visitando Prouille em 1290, foi "atraído pelo odor de santidade das irmãs" (*"allectus rex pius earum sanctitatis odore"*).

do século XIII), vem para o meio deles *por uma corda*; depois, no escuro, murmurando hinos, tateando eles vão beijar o gato, seu "mestre", uns nos pés, outros sob a cauda; então, cada um agarra o homem ou a mulher mais próximo para aplacar seus desejos sexuais[38]. Por volta de 1200, Alain de Lille discute o julgamento que, segundo ele, os cátaros têm sobre o casamento: "Eles condenam o casamento, porque restringe os extravasamentos da luxúria. Por isso se comportam da maneira mais imunda em suas reuniões. São chamados 'cátaros', isto é, 'extravasando nos vícios', de *catha* 'extravasamento' (*fluxus*); ou 'cátaros', como 'castos' (*casti*), porque se dizem castos e justos; ou então são chamados cátaros a partir de gato (*a cato*) porque, como dizem, beijam o *traseiro* desse gato, pois é Lúcifer que lhes aparece sob essa forma"[39].

Nesse primeiro período, o gato encontra-se imediatamente associado à luxúria (adultério, orgia) e às "sinagogas" heréticas, cuja licença sexual é um *topos* polêmico muito antigo[40]. A iconografia da *Bíblia moralizada* testemunha isso à sua maneira. Quanto à sua descrição, seu traseiro e sua cauda — objetos do rito atribuídos aos heréticos —, chamam principalmente a atenção. Sobretudo, essas imagens recebem a caução de um teólogo de primeiro plano, Alain de Lille, ainda que este, como sugere o P. Vicaire, não se deixe enganar pela "etimologia divertida" que propõe e que, como diz P. Vicaire, talvez seja de origem "popular"[41]. Seja como for, essas representações pertencem doravante à cultura erudita: se logo depois são encontradas nas confissões extorquidas sob a tortura dos heréticos, é porque figuravam na lista das questões feitas pelos inquisidores.

Pouco depois, com efeito, as menções ao gato diabólico começam a proliferar nos textos, e sua imagem se enriquece.

---

38. MAP, W. *De nugis curialium*. Londres: [s.e.], 1850, p. 61-62 [org. de Thomas Wright].
39. LILLE, A. "Contra haereticos", I, cap. LXIII. In: *PL*, 210, col. 366 A.
40. Cf. esp. COHEN, N. *Europe's Inner Demons*. Londres: [s.e.], 1975, p. 121-124.
41. VICAIRE, M.-H. *Histoire de Saint Dominique*. Op. cit., I, p. 249-250. O argumento de Alain de Lille certamente desempenhou um papel determinante na passagem de *murelegus* a *catus* mencionada mais acima: o primeiro designava sem dúvida tradicionalmente o gato em sua função doméstica positiva de comedor de ratos, mas foi definitivamente suplantado nos textos polêmicos a partir do momento em que, junto com Alain de Lille, *catus* foi dado como a raiz de "cátaro". Sobre as hesitações entre esses dois nomes em um mesmo texto do início do século XIII. Cf. CRANE, T.F. *The Exempla or Illustrative Stones...* Op. cit., p. 8, n. XXIII.

Em 1232, Gregório IX dirige aos prelados alemães o decreto *Vox in rama*[42]. Retomando os termos de um relatório do inquisidor Conrad de Marburg, ele descreve a recepção de um noviço em uma seita herética, na qual aparecem um sapo, depois um idoso que deve ser beijado por todos e, por fim, um pequeno gato preto, com a cauda recurvada (*"retorta cauda"*), em quem cada um vai dar um beijo e prestar homenagem. Depois acontece uma orgia geral, homens e mulheres tendo assim relações homossexuais (*contra naturam*). Todos esses detalhes foram recolhidos pelo inquisidor Conrad de Marburg ao preço de violências que o arcebispo de Mayence denunciou ao papa no ano seguinte, depois do assassinato do inquisidor[43].

No mesmo momento, o bispo de Paris, Guillaume d'Auvergne, em seu *Tractatus de legibus* (ca. 1231-1236), enumerava as diversas formas da tentação diabólica: com a permissão de Deus, o diabo tentou os primeiros pais sob a forma de uma serpente, depois os hebreus sob a forma de um touro ou de um bezerro (o "Bezerro de ouro"), enfim, "em nosso tempo", sob a forma de um gato preto ou de um sapo. Esses dois animais, que também estão associados no *Vox in rama*, recebem um beijo dos "adoradores de Lúcifer", mas o sapo sobre a boca e o gato *sob a cauda*[44]. Uma forte conotação anal se liga portanto ao gato por oposição à *oralidade* do simbolismo do sapo. Étienne de Bourbon relata também, além do *exemplum* do gato de Fanjeaux, e sob o mesmo *titulus* "Sobre as superstições", o caso de Saint-Pourçain (no departamento de Allier, ca. 1227-1249): vítima de malefícios, uma mulher confessou que um *magistra* a conduzira a um lugar subterrâneo onde se reunia uma multidão de homens e de mulheres. Seu "mestre" tendo adjurado ("por sua barba e seu poder") Lúcifer a que viesse entre eles, "um gato aterrador desceu ao longo de uma lança (plantada em uma bacia de água) e, descrevendo um círculo, com sua cauda ele aspergia todo mundo". O apagar das luzes foi o sinal para a orgia sexual[45]. Encontramos aqui a *evocação* do diabo, sua chegada – como sua partida em nosso relato – ao longo de um objeto vertical (corda, lança), o círculo mágico que ele descreve, e por fim

---

42. MARTENE, E. & DURAND, U. *Thesaurus Novus Anecdoturum*, 5 vol., t. I, 1717, col. 950-953. Paris.
43. TROIS-FONTAINES, A. "Chronica". *MGHSS*, XXIII, p. 931, jul./1233.
44. D'AUVERGNE, G. "De Legibus", cap. XXVI. In: *Opera omnia*, I, 1674, p. 83. Orleans.
45. LA MARCHE, A.L. Op. cit., n. 367, p. 322-323.

o simbolismo sexual, aqui muito mais explícito ainda, da cauda do gato. O caso dos Templários, no início do século XIV, não parece trazer elementos realmente novos no plano do simbolismo, que é o único que nos interessa aqui[46]. Observemos primeiramente que dos nove processos verbais de interrogatórios conservados, que se distribuem entre 1307 e 1310, apenas um, tardio, menciona um gato durante a iniciação dos noviços e a adoração de um "ídolo". Os primeiros interrogatórios mencionam apenas *o beijo dado ao* praeceptor, *no final das costas* (in fine spine dorsi), *sobre o ânus* (in ano) ou *o umbigo* (in umbelico), seguido de sodomia. Uma única pesquisa, em 1308-1310 (e, mais provavelmente, ca. 1310), fragmentária, traz uma questão relativa a um gato que teria sido encontrado ao lado do ídolo ou embaixo dele. Em quatro dos 23 casos, a questão não é feita e, em consequência, a testemunha interrogada não fala desse gato. Três outras testemunhas, questionadas sobre esse ponto, negam sua existência. As outras reconhecem tê-lo visto, mas as descrições variam muito: preto aos olhos da maioria, para outros ruivo, marrom, e até mesmo branco. Nenhuma delas suspeita tratar-se do diabo. A despeito da ordem do "preceptor", algumas se recusam a beijar o gato sobre o ânus e se contentam em fazê-lo sobre o dorso ou o traseiro (*in natibus*)[47], ou então aceitam dá-lo, mas sem "adorar" o animal. Não resta nenhuma dúvida de que as confissões foram forjadas *a priori* e extorquidas sob a tortura a despeito da resistência de alguns acusados.

Nessa época, contudo, o simbólico diabólico do gato já se enriquecera de um novo elemento, que só se impôs, é verdade, no século XV. Alguns dos textos citados até agora mostraram como a "adoração" do gato acompanhava-se de práticas de sodomia, que no entanto eram distintas. Um terceiro conjunto de textos ilustra a tendência a associar mais estreitamente o gato e a sodomia, pelo intermédio da crença nos demônios íncubos. Em meados do século XIII, Alberto o Grande, intervindo no debate então acalorado sobre a geração dos demônios, relata a aventura de um homossexual que, encontrando-se "debaixo" (*"dum molliciei vitio subiaceret"*), viu um bando de gatos se lançarem sobre ele para lamber e carregar "a semente que o

---

46. FINKE, H. *Papstum und Untergang des Tempelordens*, II. Münster, 1907, p. 342-364.
47. Ibid., testemunhos LXIX, LXXI, LXXV, LXXVII.

havia poluído"⁴⁸. Como já demonstrava Césaire de Heisterbach, o esperma humano derramado em vão durante as relações sexuais "contranatura" servia para que os diabos tomassem então a forma humana dos íncubos e pudessem fecundar as mulheres⁴⁹. Vale notar que, por volta de 1220, Césaire de Heisterbach ainda não falava dos gatos. Para Alberto o Grande, estes são, no momento em que aparecem, íncubos em potência. Esta ideia é vigorosamente retomada em alguns processos de feitiçaria posteriores. Em 1324, em Kilkeny, na Irlanda, Alice Kyteler é acusada de ter "seu demônio" que lhe aparece ora sob a forma de um gato, ora sob a de um cão preto, com o pelo eriçado, ora sob a de um negro⁵⁰. Alice o autorizava a copular com ela, "como seu íncubo", mas apenas, aparentemente, quando ele tinha forma humana. E também no Dauphiné, um século mais tarde (1436), vários feiticeiros e feiticeiras confessam que conjuram os demônios, que lhes aparecem, entre outras, sob a forma de cães ou de gatos pretos ou de negros⁵¹. E aqui também, apenas sob a forma humana o íncubo tem relações sexuais com as mulheres, não se trata de "bestialidade" diabólica.

Tanto por sua data quanto por seu conteúdo, o relato de São Domingos e do gato de Fanjeaux se insere perfeitamente na junção do primeiro e do segundo conjunto de textos. Esses textos confirmam o caráter fortemente sexual do comportamento do gato girando em torno das mulheres, esclarecem principalmente o simbolismo erótico de sua cauda erguida⁵² e evocam o significado ritual do traseiro do gato que os cátaros deveriam beijar. Mas todos esses detalhes só estão presentes a partir do momento em que Constantino de Orvieto remanejou o relato. Por que estão ausentes do testemunho de Bérengère?

---

48. Apud HANSEN, J. *Inquisition und Hexenprozes im Mittelalter*. Munique/Leipzig: [s.e.], 1900, p. 186.
49. HEISTERBACH, C. *Dialogus miraculorum*, I. Op. cit., p. 124-125.
50. WRIGHT, T. *Narrative Sorcery and Magic*, I. Londres: [s.e.], 1851, p. 25-40. Cf. COHN, N. *Europe's Inner Demons*. Op. cit., p. 199. Sobre o negro diabólico, cf. MEDEIROS, F. *L'Occident et l'Afrique, XIIIe-XVe siècle*: images et représentations. Paris: Karthala, 1985 [Prefácio de J. le Goff].
51. MARX, J. *L'Inquisition en Dauphiné – Étude sur le développement et la répression de l'hérésie et de la sorcellerie du XIVe siècle au début du règne de François Ier*. Paris: [s.e.], 1914, p. 33-35.
52. No quadro de Lorenzo Lotto em Recanati, representando *A Anunciação* (1527), o anjo que aparece para a Virgem no instante em que esta concebe Cristo afugenta um gato preto. Não é o caso de dar uma interpretação sexual a esse quadro, em que os avanços do gato parecem interrompidos pelo anjo? L. Réau (*Iconographie de l'art chrétien*, II, 2. Paris: [s.e.], 1957, p. 180-183) viu apenas "o símbolo do espírito do mal".

As transformações do relato

Só conhecemos o testemunho feito por Bérengère, em 1233, pelas atas do processo de canonização: provavelmente nem tudo o que disse foi relatado por escrito, mas nos é impossível saber se a descrição do gato era mais completa. No entanto, o texto que relata seu testemunho não é apenas mais curto do que os outros, também é diferente por alguns aspectos de seu conteúdo. Essas diferenças, ainda que as declarações de Bérengère tenham sido bastante resumidas, formam um sistema, que deve, portanto, ter um sentido.

Bérengère era uma mulher, como Irmã Cecília. Talvez, quando falou sobre São Domingos, não se sentisse à vontade para insistir sobre as características sexuais mais marcadas do gato: A cauda, que ela não viu "erguida", o traseiro, o odor e os excrementos, símbolos da luxúria? A questão também merece ser colocada porque aos olhos dos contemporâneos as relações entre São Domingos e as mulheres causavam problemas. A quase totalidade das testemunhas interrogadas durante o processo de canonização afirmou com insistência, como se desejassem dissipar uma dúvida, que o santo permaneceu "virgem" até o final de sua vida. O próprio São Domingos confirmou que era casto, ainda que hesitasse compartilhar com outrem esse problema: testemunha bolonhesa no processo de canonização, o irmão Ventura de Verona relata que o santo, depois de confessar publicamente "que nunca pecara mortalmente e que sempre permanecera virgem", disse-lhe em segredo: "Irmão, pequei ao falar publicamente de minha virgindade diante dos irmãos: não deveria tê-lo dito". Em 1242, o capítulo geral de Bolonha reconheceu que o santo fundador permanecera casto até sua morte, mas exigiu que sua *legenda* não mencionasse mais uma fala do santo segundo quem "as conversas das moças o tocavam mais do que o falatório das velhas senhoras"[53]. De fato, podemos citar, a propósito das relações de São Domingos com as mulheres, mas à margem das *Vidas* oficiais, um dos mais perturbadores

---

53. "Acta Capitulo Generalis Bononie celebrati anno 1242". In: REICHERT, B.M. (org.). *Monumenta Ordinis Praedicatorum Historica*, III. Roma: [s.e.], 1898, p. 24.

testemunhos da Irmã Cecília[54]. Todos esses testemunhos não autorizam a duvidar da pureza de São Domingos. Muito ao contrário, eles ilustram o extremo pudor do santo e de seus próximos. Essa reserva talvez explique os silêncios de Bérengère. E com certeza também permite compreender uma das chaves dessas versões posteriores, todas três feitas por irmãos dominicanos: ilustrando o zelo apostólico de São Domingos pelo exemplo da conversão de mulheres heréticas, esses autores não quiseram sobretudo reafirmar, mas de um modo simbólico para não terem de dar explicações mais claras ou demasiado cruas, a "virgindade" do santo confrontado ao gato demoníaco fortemente sexuado e às mulheres cátaras cuja luxúria, desde Alain de Lille, era proverbial?

Mas outra hipótese me parece explicar melhor todas as diferenças observadas entre o testemunho de Bérengère e as versões posteriores. Estas últimas parecem então testemunhar uma reinterpretação clerical de um relato popular, muito sensível em várias ocasiões: quando a imagem do gato é completada para baixo (o traseiro, os excrementos), de maneira a deixá-la conforme às descrições de Alain de Lille e do *Vox in rama*[55]; quando o simbolismo sexual da cauda do gato tornou-se explícito (ela se ergue), de maneira a reforçar a suspeita de luxúria que pesa sobre os heréticos; quando o odor fétido do gato é oposto implicitamente ao "odor de santidade" de Domingos e do Mosteiro de Prouille, do qual este relato estava em vias de se tornar o relato das origens. Assim como uma descrição mais "objetiva" tendia a confirmar a realidade dessa aparição dissipando o caráter de ilusão que se vinculava (certamente contra a vontade de Bérengère) à descrição metafórica do gato. O relato da aparição tornava-se então ainda mais convincente, e se prestava tanto mais à sua utilização na apologética dominicana (leitura das *legendae* e pregação). Ao mesmo tempo, a prece repetida de São Domingos, que não faz parte do testemunho de Bérengère, conferia a essa evocação do diabo

---

54. Segundo M.-H. Vicaire (*Saint Dominique* – La vie apostolique. Op. cit., p. 120), uma reclusa tinha os seios infestados por uma imensa quantidade de vermes, que ela mostrou a São Domingos. Este pegou um verme, que logo se transformou em pedra preciosa; ele a estendeu à reclusa, mas a pedra tornou-se novamente um verme. São Domingos partiu, "os seios repletos de vermes se destacaram de seu peito, os vermes desapareceram, o peito se enrijeceu e os seios se reformaram como os de uma menina de 12 anos".

55. Para M. Bakhtine, o "baixo" é um traço característico da cultura popular. Mas aqui parece-me muito mais o produto de uma reelaboração polêmica e erudita.

seu selo de ortodoxia. Ela marcava toda a diferença entre "magia negra" e "magia branca"[56]: na medida em que, por suas características formais, esse tipo de evocação lembrava por demais a arte dos mágicos, a menção da prece do santo ressaltava que este comandara o diabo com a ajuda de Deus, e não em virtude de poderes maléficos. A insistência na prece dos santos em tais circunstâncias era um *topos* da hagiografia: assim, quando uma noite o diabo apareceu sob a forma de um gato imenso ao jovem Louis d'Anjou, este, que fique bem claro, acabara de deixar seu leito e se dedicava a uma intensa prece[57].

Por fim, é notável que Bérengère tenha situado o acontecimento *depois* da conversão das mulheres: segundo ela, trata-se para São Domingos de realizar uma proeza quase gratuita uma vez que almejava apenas mostrar *a posteriori* às antigas heréticas a que mestre elas serviram. A partir de Constantino de Orvieto, a conversão vem depois da evocação do diabo, que se torna sua causa imediata. Não se trata mais de uma proeza gratuita, mas de uma prova do "zelo pela fé" do fundador dos Pregadores, cuja santidade, entretempo, fora confirmada.

A transformação sistemática do relato de Bérengère pelos Pregadores – Constantino de Orvieto principalmente, Étienne de Bourbon e talvez até mesmo Romée de Livie – não traz mais dúvida. Ela caminha no sentido de uma clericalização e de uma "hagiografização" deliberada do relato primitivo de Bérengère. Mas como este pode ser definido? Será que realmente pertence à "cultura popular"?

Certamente, Bérengère era uma leiga. Mas vivia próxima às religiosas que, antes de se estabelecerem definitivamente em Prouille, residiram em Fanjeaux. Ela fora a testemunha visual, auditiva, daquilo que provocara o nascimento das lendas dominicanas de Prouille, onde o próprio santo passara uma última vez em 1218. Ela não podia ignorar, no mesmo momento

---

56. Cf., a esse respeito, LOOMIS, C.G. *White Magic* – An Introduction to the Folklore of Christian Legend. Cambridge (Mass), 1948, p. 76ss.

57. "Processus canonizationis [...] sancti Ludovici OFM episcopi Tolosan (1307)". *Analecta Franciscana*, 7. Quaracchi/Florença, 1951, p. 13, cap. XXI: "*Crebro eciam de nocte, dormire alios arbitrans, consuevit surgere et prolixius oracioni se dare. Cui semel oranti catus quidam immanis apparuit, ipsumque terribiliter invadere satagens, ad signum vivifice crucis disparendo recessit...*" O detalhe é retomado em a *Vita*. Ibid., p. 342, § 13: "*Eidem devote oranti in specie cati horribilis diabolus apparuit, ut illum immisso terrore turbaret, et pavidum redderet ad vigilandum in orationibus...*"

em que acontecia a cruzada albigense, os temas da polêmica anti-herética, e em particular a acusação feita a partir de Alain de Lille contra os cátaros, suspeitos de adorar o diabo sob a forma de um gato. Mas é possível que o próprio Alain de Lille tenha utilizado uma crença folclórica que Bérengère tinha ainda menos razões para ignorar. De fato, a imagem diabólica do gato é muito frequente no folclore, não apenas em uma época recente[58], mas já na Idade Média: no início do século XIV, ela é atestada nas proximidades de Fanjeaux, nas montanhas de Ariège, em um meio rural pouco acolhedor à cultura eclesiástica uma vez que o Bispo Jacques Fournier perseguia os "Perfeitos" cátaros; para provar que os inquisidores sempre têm um "fim triste", o herético Guillelma lembrava que o irmão Gaufridus, o inquisidor de Carcassonne, morrera só e que no dia seguinte seu corpo foi descoberto sendo velado por dois gatos pretos, "maus espíritos" que tiveram de consolá-lo em sua morte[59].

Em torno da imagem do gato diabólico, percebemos assim vários "níveis de cultura" que seria inútil distinguir de maneira demasiado rígida: o de Alain de Lille se mantém distante dos "dizem" (*dicuntur*) da cultura folclórica, que, no entanto, ele cita; o dos inquisidores e dos pregadores que vieram depois e que, seguros de sua autoridade, aderiram plenamente a essa imagem; o de Bérengère, "intermediária cultural" entre a cultura erudita e a cultura folclórica; o de Guillelma, devolvendo a imagem diabólica do gato contra os próprios inquisidores[60]. Mesmo neste último caso, sem dúvida seria um erro falar de uma cultura folclórica "pura". Certamente no caso de Bérengère, não é tal entidade que aparece, cuja existência é ilusória, mas a indissolúvel relação entre cultura folclórica e cultura erudita que constitui nosso objeto de estudo e que deve ser analisada em termos de ciclos e de trocas e também de relação de forças.

---

58. Cf., p. ex., THOMPSON, S. *Motif-Index of Folk-Literature*. Copenhague, 1955-1958: "Cat and Devil", G. 303.3.1.2 e G. 303.10.1. Cf. tb. SÉBILLOT, P. *Le Folklore de la France*, III. Paris: [s.e.], 1905, p. 145.

59. DUVERNOY, J. (org.). *Le Registre d'Inquisition de Jacques Fournier, évêque de Pamiers (1318-1325)*, II. Toulouse, 1965, p. 69: "*Nam, ut dixit, frater Gaufridus inquisitor Carcassone qui mortuus fuit, nullus eum vidit morientem; et in crastinum quando iverunt ad lectum ejus, in quo mortuus jacebat, invenerunt duos catos nigros, unum ad unam spondam lecti et alium ad aliam, qui cati, ut dixit, eran maligni spiritus qui dicto inquisitori solacium faciebant*".

60. É evidente que, mesmo aqui, não se trata de uma cultura folclórica "em estado puro", impensável nas sociedades complexas. Isso é bem-observado no livro de Emmanuel Le Roy Ladurie: *Montaillou village occitan, de 1294 à 1324*. Paris: [s.e.], 1975.

O testemunho de Bérengère e os relatos posteriores que o utilizam marcam efetivamente os momentos diferentes de um ciclo, no qual tais imagens foram trocadas, fundidas, enriquecidas, transformando-se imperceptivelmente ao mesmo tempo em que mudavam de função. Mas, com o *exemplum* de Étienne de Bourbon, o relato de São Domingos, do gato e das mulheres estava destinado, graças à pregação, a retornar para a cultura "popular" da qual, pelo menos em parte, ele saíra[61]. Ora, nesse meio-tempo, ele fora transformado pelos Pregadores: agora exaltava de maneira bem mais contundente as *virtus* do santo, a legitimidade de seus atos, o poder de conversão de suas palavras, consolidando ao mesmo tempo a suspeita de perversão sexual ligada à imagem polêmica dos heréticos. Assim o "ciclo" apenas aparentemente se fechava sobre si mesmo e talvez fosse essa uma das condições da eficácia do *exemplum* que devolvia aos ouvintes dos sermões um relato que se tornara outro, ainda que guardasse as aparências do mesmo. "Círculo mágico", na realidade, que dá bem a medida dos artifícios da ideologia[62].

---

61. No entanto, podemos nos questionar sobre o insucesso aparente desse *exemplum*, uma vez que, depois de Étienne de Bourbon, ele não se encontra em outras coletâneas de *exempla*. Cf. TUBACH, F.C. *Index exemplorum* – A Handbook of Medieval Religious Tales. Helsinque: [s.e.], 1969, p. 141, n. 1.734. Também seria necessário questionar a raridade das representações iconográficas dessa cena, ao contrário, por exemplo, do milagre dos livros por ocasião da "disputa" de Montreal. Cf. KAFTAL, G. *Saint Dominic in Early Tuscan Painting*. Oxford: [s.e.], 1948, p. 37-59. Quanto às tradições folclóricas profundamente influenciadas pela apologética dominicana, elas parecem ter retido outros quatro acontecimentos que, melhor do que nosso relato, encontravam uma inscrição concreta no espaço: o milagre das colheitas sangrentas, o milagre dos livros em Fanjeaux (onde teria acontecido como em Montreal), a aparição da Virgem em Segnadou, o caminho do Sicário. Cf. JOURDANNE, G. *Contribution au folklore de l'Aude*. Paris/Carcassone: [s.e.], 1900, p. 202-204.

62. Desde a primeira aparição desse estudo, várias publicações esclareceram o lugar do gato na polêmica anti-herética e no bestiário do diabo: LIPTON, S. "Jews, Heretics, and de Sign of the Cat in the *Bible moralisée*". *Word and Image*, 8 (4), out.-dez./1992, p. 362-377. • HERGEMÖLLER, B.U. "Krötenkuss und schwarzer Kater". *Ketzer, Götzendienst und Unzucht in der inquisitorischen Phantasie des 13. Jahrhunderts*. Warendorf: Fahlbusch Verlag, 1996. • BERLIOZ, J. & BEAULIEU, M.-A.P. (org.). *L'Animal exemplaire au Moyen Âge, V*e*-XV*e* siècle*. Rennes, 1999. Esp., p. 225-240, a contribuição de Laurence Bobis sobre o gato. Por outro lado, a versão italiana original de meu artigo foi utilizada por Luigi Canetti, "L'invenzione della memória" (In: *Il culto e l'immagine di Domenico nella storia dei primi frati Predicatori*. Espoleto: Centro Italiano di Studi sull'Alto Medioevo, 1996, p. 254ss. [Biblioteca di Medioevo Latino, 19]. Agradeço a Jacques Berlioz por ter me comunicado essa referência.

IX

As máscaras, o diabo, os mortos*

Existem sociedades, estudadas pelos antropólogos, que às vezes são chamadas "sociedades de máscaras", indicando dessa forma que parecem comungar com as mascaradas e as narrativas míticas que as acompanham. Não importa aqui se essa denominação é ou não justificada; registro apenas que em certas sociedades "primitivas" as máscaras têm um lugar central que, evidentemente, não encontro na sociedade do Ocidente medieval. Esta é uma sociedade "complexa", onde várias tradições culturais se distinguem, se opõem e também se combinam de acordo com uma relação dialética cuja análise é essencial à compreensão de todo o sistema social. No Ocidente medieval, as máscaras desempenham um papel importante nas tradições folclóricas, por ocasião das festas do calendário (dos Doze dias ao Carnaval [do Natal à Epifania]) ou das manifestações rituais ligadas ao "ciclo da vida": banquetes funerários às vezes, charivari nos séculos XIV e XV. Em contrapartida, a cultura por tanto tempo dominante da Igreja condenou as mascaradas desde os primeiros séculos e em termos violentos. No entanto, não parece que a ideia de uma oposição radical da Igreja às máscaras deva ser matizada: como signo duplo, que oculta um (aquele que usa a máscara) e evoca outro (cujos traços a máscara ostenta), ela colocava em sua materialidade um problema demasiado essencial à teologia e, de forma mais geral, ao cristianismo medieval – o da *similitudo*, base do pensamento especular da Igreja – para não suscitar outras atitudes além de uma simples condenação definitiva. A máscara é então um bom revelador da relação dialética entre a cultura clerical e as tradições folclóricas na sociedade medieval, e por sinal encontramos algumas máscaras ali onde essas tradições se combinam, em particular no palco do "teatro" religioso medieval.

---

* Retomado de "Les masques, le diable, les morts dans l'Occident médiéval". *Razo* – Cahiers du Centre d'Études Médiévales de Nice, n. 7, 1986, p. 87-119.

Se nenhuma delas foi conservada, como falar das máscaras da Idade Média? Nós as conhecemos apenas por meio dos textos e das imagens, que emanam da cultura religiosa oficial. Será que não devemos considerar essas representações de máscaras, que talvez apenas "mascarem" estas últimas? Seria este o caso se buscássemos nos documentos – textos ou imagens – apenas ilustrações "exatas" das máscaras do passado. Mas porque esses próprios documentos também trazem a marca do debate entre cultura erudita e tradições folclóricas que perpassam completamente a máscara, eles são capazes, ao que me parece, de nos conduzir "ao sentido da máscara".

Os nomes das máscaras

O vocabulário latino medieval possui um determinado número de palavras que os historiadores concordam em traduzir por "máscaras". Duas observações se impõem de imediato em relação a esse vocabulário: em primeiro lugar, nenhuma dessas palavras é uma criação da cultura medieval; todas são *heranças*, ou, na maioria das vezes, da cultura latina antiga, ou das culturas "bárbaras" (é o caso da própria *máscara*). A herança das palavras traduz a das tradições culturais que a Igreja, de um mesmo movimento, condenou e parcialmente adotou. Em segundo lugar, nenhuma dessas palavras tem como único significado "máscara": todas evocam ao mesmo tempo "potências sobrenaturais" cuja relação com as máscaras devemos tentar compreender.

Larva é de longe a palavra mais frequente. Na maioria das vezes é empregada no plural: *larvae*. O derivado *larvaria* designa a mascarada e, mais precisamente, no século XV, o charivari. Uma expressão frequente, *larvae daemonum*, expressa o julgamento moral desfavorável da Igreja, mas também a aparência demoníaca de, pelo menos, algumas máscaras. *Larva* vem da Antiguidade, em que designa tanto os fantasmas malfeitores quanto a máscara. Depois de Santo Agostinho (em a *Cidade de Deus*) que se inspirava em Platão, Isidoro de Sevilha († 633) ainda ecoa o primeiro significado da palavra: *larvae*, ele diz, designa "demônios feitos a partir de homens de pouca virtude e cuja natureza é assustar as crianças em seus lares"[1]. Na

---

1. SEVILHA, I. *Etymologiae*, VIII, cap. ult. "Larvas *ex hominibus factos daemones aiunt qui meriti mali fuerint, quarum natura esse dicitur terrere parvulos in angulis tenebrosis*". Já Santo Agostinho (*Civ. Dei*): "*Dicit* [Platão] *animas hominum daimones esse, et ex hominibus fieri* lares *si boni meriti sunt,* lemures *si mali seu* larvas". Cf. DU CANGE. *Glossarium mediae et infimae latinitaris*, t. V. Reed. Niort, 1883, p. 32, s.v. "Larvae".

época carolíngia, o Monge de Saint Gall cita um demônio chamado *larva* que à noite costumava assombrar a casa de um ferreiro onde "ele lançava martelos e bigornas"[2]. Mas, de fato, o sentido de fantasma demoníaco está praticamente ausente na Idade Média, ao passo que o sentido de máscara se impõe. Não se deve confundir a etimologia de uma palavra e sua história. Esta conduz a novas questões: se os dois sentidos da palavra se distinguem historicamente, a ponto de ser necessário esclarecer que certas máscaras "representam" demônios (*larvae daemonum*), não podemos pensar que a ideia dessa representação dos demônios ou dos mortos pelas máscaras não é na Idade Média tão simples como possa parecer?

As mesmas observações podem ser feitas a respeito de *persona* e de *figura*, que às vezes designam a máscara, porém mais raramente do que *larva*.

Em 643, na *Lei dos Lombardos*, é citada pela primeira vez a palavra (também feminina) *masca*, certamente emprestada das populações germânicas que tinham recentemente entrado em contato com a cultura latina. Hincmar de Reims († 882) a utiliza na forma *talamascae*, a propósito das mascaradas que ocorriam durante os aniversários dos defuntos[3]. No século XIV, *talemaschier* se introduz em francês com o sentido de "lambuzar", "escurecer o rosto", concorrendo com *masquier, masquiller*. Mas é apenas em 1511 que aparece a forma francesa *masque*[4], mais tardiamente do que a italiana *maschera* (atestada já em Boccaccio)[5], mas pouco antes das formas equivalentes em inglês ou alemão[6]. Enquanto o francês guardava de "masque" o sentido exclusivo que tem ainda hoje, a língua d'oc explorava muito antes outra vertente semântica da palavra *masca*. Como bom conhecedor da Provença e da Itália, Gervais de Tilbury esclarece que no século XIII as lâmias que devoram crianças são chamadas em língua vulgar *mascae*, mas

---

2. Ibid. "*Tunc daemon, qui dicitur* larva, *cui curae est ludicris hominum vel illusionibus vacare, fecit consuetudinem ad cujusdam fabri ferrarii domum venire, et per noctes malleis et incudibus ludere*".
3. Ibid., p. 293, s.v. "Masca". • HINCMAR. "Capitula presbyteris data", cap. XIV. In: *PL*, 125, col. 776-777: "[...] *nec turpia joca cum urso vel tornatricibus ante se facere permittat, nec larvas daemonum quas vulgo talamascas dicunt ibi anteferre consentiat* [...]".
4. WARTBURG, W. *Französisches Etymologisches Wörterbuch*. Bale: [s.e.], 1969, s.v. "Mask". • Tobler-Lommatzsch, *Altfranzösisches Wörterbuch*. Wiesbaden: [s.e.], 1963, s.v. "Masquier", "Masquiller".
5. BATTAGLIA, S. *Grande Dizionario della Lingua Italiana*, IX. Turim, 1975, p. 864-869, s.v. "Maschera".
6. *The Oxford English Dictionary*. Oxford: Clarendon Press, 1933, s.v. "Mask" (aparição em 1534) [2. ed., 1961].

que são apenas, segundo os médicos, imagens de pesadelos (*nocturna imagines*)[7]. O sentido de feiticeira é atestado em provençal desde 1369.

Os termos que, na língua vulgar da Idade Média (mas considero aqui principalmente o francês antigo), designam a máscara colaboram ainda mais para a variedade das denominações, mas muitas vezes informam sobre a aparência da máscara muito melhor do que o latim: são "faulx visage" (rosto falso), "fol visage" (rosto louco) e talvez também "sot visage" (rosto bobo)[8], que chamam a atenção para o contexto "carnavalesco" da maioria dessas máscaras (Festa dos Loucos, de 28 de dezembro, Loucos do Carnaval em fevereiro); são também "artifícios", "barboere" cheios de pelos (máscaras barbudas), "hurepel" (capuz) selvagem e, em inglês médio, *visor* ou *vizor*, alguns termos sobre os quais teremos de voltar.

A máscara, no sentido mais estrito do termo, não se deixa separar dos disfarces. A condenação mais geral dos travestimentos foi até mesmo o contexto no qual se inscreveu a das máscaras, principalmente porque a denúncia dos disfarces era a única suscetível de encontrar um fundamento escriturário. Com efeito, enquanto a palavra *larva* está ausente do vocabulário da Vulgata, são inúmeras as menções aos disfarces. Todavia, essas passagens bíblicas estão longe de trazer sempre um julgamento negativo sobre os travestimentos e, mais do que os disfarces, é a "matriz" simbólica dos travestimentos mais negativos – o poder que o diabo tem de se transformar – que principalmente chamou a atenção. Finalmente, a atitude da Igreja foi muitas vezes bastante ambígua: ela condenou os travestimentos "diabólicos", os do paganismo, mais tarde os do folclore, mas também soube, mesmo no Ocidente, valorizar

---

7. TILBURY, G. "Otia imperialia", III, 88. Apud DU CANGE. Op. cit., s.v. "Masca": "*Lamias, quas vulgo Mascas, aut in gallica lingua strias physici dicunt nocturnas esse imagines, quae ex grossitie humorem animas dormientum perturbant et pondus faciunt*".

8. Monstrelet fala de um bando de assaltantes que, em 1449, se fazia chamar de "Faulx Visages" e "se vestoient et deguisoient d'habits dissolus et epouventables afin qu'on ne les cogneust". Em 1320, a expressão é usada a propósito das máscaras de um charivari. Cf. DU CANGE. Op. cit., s.v. "Masca". "Foi visage" é citado no *Le Blanc Chevalier* por Jean de Condé (1319-1329), a propósito de um idoso que não quer ser reconhecido por sua mulher durante um torneio. Cf. LANGLOIS, C.-V. *La vie en France au Moyen Âge de la fin du XIIe au milieu du XIVe siècle d'après les romans mondains du temps*. Paris: [s.d.], 1926, p. 326 [reimpr. em 1981]. Agradeço a Jacques Le Goff por me ter indicado essa passagem. C.-V. Langlois destaca a expressão "sot visage", citada com efeito no interessante contexto da eleição de seu "rei" efêmero pelos pastores em FARAL, E. "La Pastourelle". *Romania*, XLIX, 1923, p. 221. Não fica claramente estabelecido que se trata de uma máscara.

às vezes o "santo" disfarce, motivado a seus olhos pela humildade e não pela vaidade: por isso o tema hagiográfico da santa travestida[9].

Foram as condenações, no entanto, que acabaram vencendo, repetidas muitas vezes em termos idênticos desde Césaire d'Arles († 542), sobretudo em relação às mascaradas de 1º de janeiro[10]. Dois registros de disfarces são bem marcados: a inversão sexual dos disfarces de homens em mulheres, principalmente em mulheres velhas (*vetula*), os em animais selvagens (cervos e ursos) ou domésticos (bezerros, cordeiros, cabra). No século XIV delineiam-se aqueles em homens selvagens, que se tornam um grande tema iconográfico[11].

---

9. Verifiquei a ausência da palavra *larva* na Vulgata graças a FISCHER, B. *Novae Concordantiae Bibliorum Sacrorum juxta Vulgatam versionem critice editam*. Stuttgart/Tübingen: F. Frommann/Holzboog, 1977. Da mesma forma, *persona* nunca está presente no sentido de "máscara" (mas uma vez no sentido de espectro: Sb 17,4) e *figura*, que nunca é citada no sentido de máscara, é duas vezes no sentido de ídolo (2Rs 23,24; At 7,43). As passagens bíblicas que tratam dos disfarces foram recenseadas em BERGER, C. *Commentatio de personis vulgo larvis sen mascheris; Von der Carnavals Lust* – Critico historico morali atque juridico modo diligenter conscripta. Frankfurt/Leipzig: [s.e.], 1723, in 4º, p. 77. Alguns disfarces tratam dos personagens positivos: Davi simula a loucura para não ser reconhecido pelos filisteus (1Sm 27,14), um profeta se torna irreconhecível com seu cabelo sobre os olhos (1Rs 20,38). O disfarce de Jacó que, para obter a bênção de Isaac, usa as roupas de seu irmão mais velho Esaú e cobre seus braços e a parte lisa de seu pescoço com a pele dos carneiros (Gn 27,15-16) é ambígua: é um embuste manifesto, mas que se inscreve no plano de Deus. Mesma ambiguidade, no caso de Saul, que se disfarça (*"mutavit ergo habitum suum vestitusque est aliis vestimentis"*) para ir consultar a feiticeira de Endor (1Sm 28,8). Os outros disfarces, ao contrário, são severamente julgados: os gabaonitas procuram enganar seu inimigo Israel vestindo-se como povos distantes; eles são condenados a se tornarem servidores de Israel (Js 9,5); Tamar usa o véu como uma prostituta para seduzir à sua revelia seu sogro Judá (Gn 38,14); sobretudo Jeú, rei de Israel, manda matar Jezabel como uma prostituta e uma feiticeira, após ela ter "pintado os olhos, enfeitado a cabeça e olhado pela janela" (2Rs 9,30). Com efeito, não parece que todos esses textos tenham sido muito utilizados: a grande "autoridade" na matéria é o próprio diabo, que tomou a forma de uma serpente (Gn 3,1) e se "transfigurou" em anjo de luz (2Cor 11,14). O tema da santa disfarçada de homem é principalmente bizantino: PATLAGEAN, É. "L'histoire de la femme déguisée en moine et l'évolution de la sainteté féminine à Byzance". *Studi Medievali*, 3. série, XVII, II, 1976, p. 597-623. • PETITMENGIN, P. et al. (orgs.). *Pélagie la penitente: Métamorphoses d'une legende* – T. I: Les textes et leur histoire. Paris: Études Augustiniennes, 1981.

10. O essencial desses textos comentados pode ser encontrado em HARMENING, D. *Superstitio* – Überlieferungs-und theoriegeschichtliche Untersuchungen zur kirchlichtheologischen Aberglaubensliteratur des Mittelalters. Berlim: E. Schmidt, 1979, p. 135-143. Cf. tb., mais precisamente, D'ARLES, C. *Sermons au peuple*, t. I. Paris: Cerf, 1971, p. 426-427 [Org. de M.-J. Delage]. Sobre a permanência desses costumes calendários no final da Idade Média, cf. BASKERVILLE, C.R. "Dramatic Aspects of Medieval Folk-Festivals in England". *Studies in Philology*, XVII, 1920, p. 38-87. Entre outros estudos etnológicos dessas mascaradas do início do ano: SCHMIDT, L. *Perchtenmasken in Österreich*. Viena/Colônia/Graz: [s.e.], 1972.

11. BERNHEIMER, R. *Wild Men in the Middle Ages* – A Study in Art, Sentiment and Demonology. Cambridge: Harvard University Press, 1952. • HUSBAND, T. *The Wild Man* – Medieval Myth and Symbolism. Nova York: The Metropolitan Museum of Art, 1980.

Mais do que citar, depois de muitos outros, todos os textos dos concílios e dos penitenciais que condenaram essas mascaradas, gostaria de insistir na maneira pela qual a Igreja – a julgar pelo vocabulário por ela empregado – concebia o disfarce e a mascarada. A primeira observação é de que nas concepções eclesiásticas a ideia da máscara como meio de dissimulação é secundária. Ela é condenável pelo que mostra, é uma *imago*, uma *figura*; mais exatamente, essa imagem é um signo que remete a outro que não o do portador da máscara; ela é uma *similitudo*, uma *species*, está no campo do espelho. Contudo, essa imagem não dá apenas a aparência do animal ou da mulher, ela induz uma verdadeira transformação do sujeito: *transformatio, transmutatio, transfiguratio*. A máscara não é pensada como algo que oculta, mas como algo que manifesta um sentido: o processo descrito por esse vocabulário é análogo ao instrumento teórico da *similitudo*. Mas ao contrário das "similitudes" que os pregadores manejam para manifestar a Verdade, a *similitudo* da máscara, que assimila o homem à mulher ou ao animal, é ilegítima, perversa.

A máscara quebra, com efeito, a única *similitudo* legítima: a do homem criado "à imagem de Deus" (Gn 1,26)[12]. Porque Deus é a *Figura* absoluta[13], cuja transfiguração não pode ser senão a reprodução evidente do mesmo, o homem, única criatura que carrega seus traços, não pode sem sacrilégio mudar de aparência: ao se mascarar ele faz de si mesmo um ídolo; "mascarar-se é diabólico", conclui a maioria das condenações. O que isso significa?

Porque a máscara, biface, é por excelência um signo e porque a teologia medieval é uma semiologia, a máscara é de imediato objeto de teologia, mas como contraprova da Verdade: no Ocidente medieval, o diabo é a metáfora da máscara.

De fato, o diabo tem, assim como a máscara, o poder de transformar: ele pode transformar os homens (na imaginação das pessoas, esclarece logo a Igreja, "realmente", afirmam os clérigos na segunda metade do século XV); e, sobretudo, ele mesmo se transforma. Um único texto será o bastante para ilustrar essa ação diabólica e sua relação com a máscara.

---

12. LADNER, G.B. *Ad Imaginem Dei* – The Image of Man in Medieval Art. Latrobe, Penn.: The Archabbey Press, 1965.
13. No mais antigo texto de mistério conservado, *Le jeu d'Adam* (primeira metade do século XII), Deus é chamado de *Figura: le mystère d'Adam (Ordo Representacionis Ade)*. Genebra/Paris: Paul Aebischer, 1963.

Em um *exemplum* escrito em meados do século XIII pelo dominicano Étienne de Bourbon, o diabo é capaz até mesmo de tirar a máscara diante de suas vítimas para lhes mostrar como zombou delas[14]. Uma mulher perdera sucessivamente seus dois filhos quando estes tinham um ano. As outras mulheres culpam as estriges que chupam o sangue das crianças e lhe aconselham vigiar seu terceiro filho durante a noite de seu primeiro aniversário mantendo um ferro incandescente ao alcance da mão para poder marcar o rosto e dessa forma identificar o culpado. À meia-noite, sua vizinha cavalgando um lobo entra pela porta que, no entanto, estava fechada e se aproxima do berço. A mãe, que fingia dormir, salta e a queima no rosto. A feiticeira foge urrando de dor. De manhã, como a mãe já prestara queixa junto às autoridades do vilarejo, os vizinhos forçam a entrada da casa da vizinha e então descobrem em seu rosto a marca do ferro incandescente. No entanto, a velha mulher nega ter agido conscientemente. O bispo lhe faz confiança e adjura o demônio a que se manifeste e confesse ser o autor do crime. Ele aparece então sob os traços da velha mulher (*"in similitudinem vetule se transmutans"*), depois, sob a ordem do bispo, retira do rosto da infeliz a película de pele queimada e a coloca sobre seu próprio rosto, tornando assim evidente a todos a sua fraude (*"pelliculam combustam a facie vetule removit coram omnibus et sibi imposuit"*)[15]. Por meio desse gesto, o diabo retira realmente uma máscara e revela sua verdadeira natureza que reside inteiramente em sua faculdade de transformação aparente. Ao se mascarar ostensivamente, ele, poderíamos dizer, desmascarou-se (*"et fraudem suam et causam ejus omnibus verbo et facto patefacit"*). No mesmo momento em que retoma a máscara da velha mulher queimada no rosto, ele revela o mecanismo da mascarada diabólica, que deseja que sob as aparências do outro o diabo exiba seu verdadeiro rosto. O diabo não tem outra máscara a não ser a dele mesmo e, nesse sentido, não está verdadeiramente mascarado: como o rei em certas sociedades "primitivas", ele *é* a máscara, não usa máscara. Assim muitas vezes a iconografia da Baixa Idade Média o representa exibin-

---

14. LA MARCHE, A.L. *Anedoctes historiques, légendes et apologues tirés du recueil inédit d'Étienne de Bourbon, dominicain du XIIIe siècle*. Paris: [s.e.], 1877, n. 364, p. 319-321.
15. Podemos notar que a palavra *pellicula* já é utilizada pela Vulgata (Gn 27,15-16) a propósito das peles de carneiro com as quais Jacó se cobre para se parecer com Esaú (cf. supra, p. 194, nota 9).

do sobre o baixo-ventre e o traseiro as réplicas fiéis de seu rosto[16]. Mas esses rostos multiplicados não são máscaras que o diabo usaria: *são* seu ventre, seu traseiro, suas articulações, como um lembrete delirante daquilo que ele é, a Máscara por excelência.

Ao contrário, o homem pode tomar a máscara do diabo. E mais, para a Igreja qualquer máscara é diabólica, às vezes em sua aparência e sempre em sua significação. É por essa razão que a metáfora diabólica da máscara é eficaz: ela funda a condenação das mascaradas do folclore e também das pinturas das mulheres, comparadas com as máscaras ou "artifícios" dos malabaristas. Por isso Étienne de Bourbon pregava: *"contra illas que, cum sint vetule, quasi ydola se pingunt et ornant, ut videantur esse* larvatae *ad similitudinem illorum joculatorum qui ferunt facies depictas que dicuntur* 'artificia' *gallice, cum quibus ludunt et homines deludunt"*[17]. Nesse texto conciso, reconhecemos, além do vocabulário habitual da máscara como "similitude", a relação entre as mulheres mais velhas e as máscaras, ou porque elas emprestam seus traços à máscara ou porque elas mesmas se "mascaram" quando se pintam: como o texto anteriormente citado explicitou, as velhas se opõem às mulheres jovens ainda submissas aos ritmos biológicos de seus corpos e capazes de engravidar. A máscara da velha surge como uma imagem da morte (ela não é mais capaz de dar a vida, e o que é pior: a velha feiticeira mata as crianças). Sobre esse dado folclórico, a cultura clerical estabelece sua interpretação da mascarada, que é *jogo* e ao mesmo tempo *enganação*. O diabo, a Máscara por excelência, também é o Enganador.

Mas a enganação das máscaras, assim como a do diabo, permitia à Igreja, ao denunciá-la, manifestar a verdade. Da mesma forma que a demonologia era uma parte essencial da teologia, a máscara tinha sua *necessidade* nas representações da Igreja: as condenações eclesiásticas, repetidas durante

---

16. OBRIST, B. "Les deux visages du diable". *Diable et diableries* – La représentation du diable dans la gravure des XVe et XVIe siècles. Genebra: Gabinete das Estampas, 1977, p. 19-29.

17. LA MARCHE, A.L. Op. cit., n. 279, p. 231. Todo o *titulus* sobre os ornamentos femininos mereceria um forte comentário. A relação entre os ornamentos femininos e a máscara nomeada "caridade" é confirmada no século XVI por Rabelais neste texto surpreendente: "Le cahuet de leurs scaputions estoit devant attaché, non derrière; en ceste façon avoient le visage caché et se moquoient en liberté tant de fortune comme des fortunez ne plus, ne moins que font nos damoiselles quant c'est qu'ils ont leur *cachelaid* que vous nommes *tourez de nez*. Les anciens le nomment *chareté* parce qu'il couvre en elles de perchez grande multitude" (RABELAIS, V, 26, ed. de 1544, apud GODEFROY, F. *Dictionnaire de l'Ancienne Langue Francaise, IXe-XVe siècle.* Paris, 1889, s.v. "Charité").

dez séculos em termos quase imutáveis, nunca fizeram com que as máscaras desaparecessem; sob as aparências da perseguição, será que eram algo além de uma lembrança encantatória das figuras do pecado, cuja repetição tinha algo a ver com o retorno periódico das mascaradas do folclore? Muito melhor do que os documentos escritos, as imagens permitem apreciar o lugar exato da máscara nas representações do tempo.

Sobre imagens de máscaras

Sem pretender ser exaustivo, gostaria de citar algumas imagens de máscaras que podem trazer uma melhor compreensão sobre o lugar delas na cultura medieval.

A primeira se encontrar em um livro de salmos do segundo quarto do século XII, talvez originário de Reims[18]. Essa iluminura apresenta, em dois compartimentos sobrepostos, no alto Davi sentado em seu trono e tocando uma lira, cercado por seus músicos e, embaixo, um homem inteiramente recoberto com a pele e a cabeça de um urso, em pé, batendo em um tambor suspenso ao seu pescoço. Ele está cercado por dois músicos e vários dançarinos. A disposição de um compartimento acima do outro e o fato de que o primeiro tenha uma superfície ligeiramente maior do que o segundo introduzem uma hierarquia entre os dois. Entre eles não há, no entanto, verdadeira oposição: com exceção do rei e do urso, os personagens têm a mesma aparência, o que toca a corneta no compartimento superior é quase idêntico ao seu homólogo do compartimento inferior, e o que toca a viola que aparece neste último poderia estar representado ao lado de Davi. As marcas de oposição dizem respeito mais aos gestos e aos sons: às pernas paralelas, levemente flexionadas, dos músicos do alto, se opõem as pernas cruzadas de um dos dançarinos de baixo, e, sobretudo, as cambalhotas de dois outros; ao ritmo cadenciado insuflado no pequeno órgão pelos sopradores,

---

18. Cambridge: St. John's College, Ms. B 18, f. 1, livro de Salmos triplo, do segundo quarto do século XII, proveniente provavelmente de Reims. Miniatura reproduzida em SWARZENSKY, H. *Monuments of Romanesque Art – The Art of Church Treasures in North-Western Europe*. Londres: [s.e.], [s.d.], pl. 126, fig. 288. Erwin Panofsky, em *La renaissance et ses avant-courriers dans l'art d'Occident* (Paris: Flammarion, 1976, p. 118, n. 104), confirmou que se trata não de um urso batendo em tambor, mas de um homem disfarçado de urso. Agradeço a Jean-Claude Bonne por me ter indicado essa miniatura.

ao registro hierarquizado dos sons produzidos pelos sinos e pela flauta se opõe a percussão, também ritmada, mas sem nuança, do tambor do urso. Naturalmente, o contraste entre os dois personagens principais é mais forte: o rei está sentado, sem máscara, a linha inferior de sua roupa e do pequeno tapete sobre o qual repousam seus pés contradiz aquela do focinho enorme do urso; os braços deste nascem no nível das orelhas, dando a impressão de que a cabeça e o peito são apenas um.

Mas de todo modo essa máscara é para o segundo compartimento o que Davi é para o primeiro, como se fosse o *duplo* bestial do rei músico. As condenações eclesiásticas da máscara não impediram o êxito dessa representação ambivalente de uma máscara de urso, contida no registro inferior e, no entanto, dotada, na estrutura da imagem, de um lugar análogo ao de Davi[19].

Em contrapartida, a "marginalização" de algumas representações de máscaras nas iluminuras posteriores talvez seja o sinal de uma recusa dessa ambivalência e de uma eficácia crescente das condenações eclesiásticas da máscara. Vale notar também que essas representações só são relativamente numerosas nos manuscritos de obra literária em língua vulgar, justamente receptivas aos motivos folclóricos. Nas margens de um manuscrito flamengo do século XIV do *Romance de Alexandre* cinco homens que se dão as mãos têm os ombros recobertos por um capuz encimado por cabeças de animais: lebre, macaco, bode, boi, ave de rapina[20]. O texto em francês descreve uma grande festa, as danças e os cantos. O personagem que conduz a dança está identificado: é Elyos, com o rosto recoberto por uma máscara (*paraument*) de águia. Cada personagem mascarado usa seus brasões sobre o peito, o que mostra que a máscara não tem como objetivo preservar um incógnito. Desenhadas sobre a outra metade da margem, seis moças estão diante dos

---

19. Esta representação não tem correspondente escriturário exato. No entanto, em 1Sm 17,34-37, Davi, no estilo direito, fala dos ursos: comparando Golias, que ele vai enfrentar, aos leões e aos ursos que ameaçavam os rebanhos que estavam sob sua guarda, ele diz que poderia abatê-lo como abatia os animais selvagens. Mas outro texto também deve ser evocado: em 1Sm 21,14, Davi, obrigado a fugir por causa dos ciúmes de Saul e a se dissimular, "age como um insensato diante dos filisteus e simula a loucura enquanto está em suas mãos; tamborila nos batentes das portas e deixa sua saliva escorrer sobre a barba". Este Davi louco com o tambor não deixa de evocar o urso da miniatura. Ora, no Carnaval, louco e urso têm papéis análogos: Esse urso não é o duplo do rei, o louco ou o animal que existe em cada homem?

20. Oxford: Bodleian Library, Ms. 264, f. 21 v. *Roman d'Alexandre*, com iluminuras de Jean de Guise, Bruges, 1339-1344. Imagem reproduzida em RANDALL, L.M.C. *Images in the Margins of Gothic Manuscripts*. Berkeley/Los Angeles: University of California Press, 1966, n. 445.

rapazes mascarados: apenas os homens se mascaram. Na margem de outro fólio do mesmo manuscrito os casais estão formados: os homens mascarados (cervo, lebre, javali) seguram duas mulheres pela mão, e um músico os faz dançar. Mas, na borda do manuscrito, um monge bem maior do que os dançarinos domina a cena e parece que com a mão direita deseja afugentar os contraventores; com a esquerda, parece até mesmo ameaçá-los brandindo alguns bastões. Um manuscrito francês da *Estoire de Merlin* por Robert de Borron traz três representações de máscaras: a primeira delas é a primeira miniatura da *Estoire*[21]. No compartimento superior, um bando de demônios enfrenta um grupo de homens reconhecíveis pelos seus pés humanos (em oposição às patas encurvadas dos diabos) e usando máscaras, sobretudo de carneiro e de urso. No compartimento inferior, um demônio súcubo se deita com a mãe de Merlin, o qual nascerá dessa união com traços de um homem selvagem. As máscaras do compartimento superior representam sem dúvida o bando de rapazes ("tropel de garchons") que o diabo introduzira na casa da sobrinha de Merlin e de sua irmã[22]. A ação desses grupos de rapazes mascarados (esse detalhe, todavia, não aparece no texto) dispostos a todos os tipos de exações é um componente essencial do folclore dos jovens até uma data recente[23].

As outras imagens de máscaras desse manuscrito encontram-se nas margens e não têm relação direta com o texto da *Estoria*. Uma, que se confunde com o cenário do fólio, mostra um indivíduo ameaçando com suas duas espadas um homem nu que segura sua máscara de diabo pelos

---

21. Paris: Bibliothèque Nationale de France, Ms. fr. 95, f. 113 v., século XIII. *L'Estoire de Merlin* (f. 113-1.355) segue no manuscrito *L'Estoire del Saint Graal* (f. 1-113), do mesmo autor.

22. Para esse relato, cf. PARIS, G. & ULRICH, J. *Merlin en prose du XIIIᵉ siècle, publié avec la mise en prose du poème de Merlin de Robert de Boron*, I. Paris: [s.e.], 1886, I, p. 12.

23. Étienne de Bourbon fala de alguns "aventureiros" que "*transfiguraverunt se in similitudinem mulierum, earum assumpto habitu*" em uma paróquia da Diocese de Besançon; dançando com tochas, eles penetram na casa de um rico camponês cantando "Um dado, cem devolvido" (*unum accipe, centum redde*), para fazer com que o camponês acredite que eles são "boas coisas" (*bonne res*), que trazem a abundância em troca de um pequeno presente (crença em Diana ou na Fada Abonde): e dessa forma pilharam toda a casa! (LA MARCHE, A.L. Op. cit., n. 369, p. 324-325). Sobre a violência juvenil e seu aspecto ritual na Idade Média, cf. ROSSIAUD, J. "Prostitution, jeunesse et société dans les villes du Sud-Est au XVᵉ siècle". *Annales ESC*, 2, 1976, p. 289-330. • CHIFFOLEAU, J. "La violence au quotidien – Avignon au XIVᵉ siècle d'après les registres de la cour temporelle". *Mélanges de l'École Française de Rome aux Temps Modernes*, 92 (2), 1980, p. 325-371. Para a etnologia contemporânea da região sul do Languedoc, cf. FABRE, D. & CAMBEROQUE, C. *La fête en Languedoc – Regards sur le Carnaval aujourd'hui*. 2. ed. Toulouse: Privat, 1990.

chifres[24]. Outra imagem representa um tocador de cornamusa seguido por um homem que usa uma máscara de cervo[25]. Uma fenda revela o rosto do homem mascarado, o que mostra bem que a função de dissimulação não tem lugar algum na significação dessa máscara; esta faz muito mais eco às próprias aventuras de Merlin, que, montando no dorso de um cervo, arrancou os chifres do animal para lançá-los na cabeça de seu rival e matá-lo. Essa máscara de cervo evoca Merlin ou seu infeliz rival[26].

As imagens mais surpreendentes de máscaras medievais encontram-se nas miniaturas que acompanham a interpolação, feita por Chaillou de Pestain, do *Romance de Fauvel* de Gervais de Bus, no início do século XIV[27]. O nome do herói, Fauvel, construído a partir de Faux (falso) e Vel (véu), evoca o engano e a dissimulação; ele é também composto das iniciais de *flatterie* (lisonja), *avarice* (avareza), *vilenie* (vilania), *vanité* (vaidade), *envie* (inveja), *lâcheté* (covardia). A primeira miniatura o representa com uma máscara de cavalo no momento em que se encaminha ao leito nupcial para se encontrar com Vã Glória, com quem acabara de se casar, já que não conseguira desposar Fortuna. Mas Fauvel casou-se "à la main senestre": sem proclamas de casamento e sem padre abençoando a união e o leito nupcial. A punição para seu concubinato é um "charivari" de extrema violência, descrito longamente pelo texto (versos 679-770) e representado por quatro miniaturas.

O texto evoca primeiramente as circunstâncias nas quais se desencadeia o charivari (v. 679-696). Segue (v. 697-719) uma descrição, muitas vezes alusiva, dos disfarces (*garnements, parements*) que fala de disfarces

---

24. Paris: BNF. Ms. fr. 95, f. 199 v.

25. Ibid., f. 261 v. Reproduzido em RANDALL, L.M.C. Op. cit., n. 446.

26. Sobre esse episódio da *Vita Merlini*, de Geoffroy de Monmouth, cf. BERNHEIMER, R. *Wild Men in the Middle Ages*. Op. cit., p. 166. E para sua significação no calendário, cf. GAIGNEBET, C. *Le Carnaval* – Essais de mythologie populaire. Paris: Payot, 1974, p. 135-136.

27. Paris: BNF, Ms. fr. 146, f. 34, 34 v., e 36 v. Primeiro terço do século XIV. Edição do texto: BUS, G. *Roman de Fauvel*. Nova York: Broude Brothers, 1990 [org. de Messire Chaillou de Pestain] [reprodução em fac-símile do manuscrito completo. Paris: BNF, Ms. fr. 146] [introdução de Edward H. Roesner, François Avril e Nancy Freeman Regalado]. O estudo do charivari de Fauvel por P. Fortier-Beaulieu ("Le Charivari dans le Roman de Fauvel". *Revue de Folklore Français et de Folklore Colonial*, 11, 1940, p. 1-19) é sob todos os aspectos muito limitado. Vários dos participantes do colóquio *Le Charivari* (org. por Jacques Le Goff e Jean-Claude Schmitt. Paris/Nova York: La Haye/Mouton/Ehess, 1981) citam esse documento essencial, mas nenhum lhe consagrou uma pesquisa própria. Cf. então HENRI, M. REY-FLAUD. *Le charivari* – Les rituels fondamentaux de la sexualité. Paris: Payot, 1985.

em monges, de inversão de vestuário ("li uns ont ce devant derrière Vestuz et mis leurs garnements"), de tintura ("tant estoient tains et deffais"). O texto dedica-se principalmente a descrever os instrumentos de cozinha (frigideiras, potes, martelos, ganchos etc.) que servem à "paramúsica"[28] do charivari. Observemos os sinos de vacas amarrados nas coxas e nos traseiros dos participantes. Outros personagens empurram e puxam (v. 720-732) uma carroça ("un engin de roes de charetes") carregando rodas que, quando giram, se chocam contra seis barras de ferro e produzem um pavoroso ruído de trovão. Em seguida vem a descrição de uma "gritaria" (v. 733-746) em que um "mostra seu traseiro ao vento", outros quebram portas e janelas, jogam sal em um poço e excrementos (*le bren*) nos rostos. Os personagens são "selvagens" e suas cabeças são "barboeres". Eles *carregam* duas padiolas cheias de gente:

>Avec eus portoient deus bieres
>Ou il avoit gent trop avable
>Pour chanter la chançon au deable.
>L'un crie corbeilles et venz
>L'autre de quel part vient li venz

É possível pensar que as pessoas "demasiado capazes" de cantar a canção do diabo são mortas e até mesmo condenadas. Pois em seguida vem a descrição de um gigante a cavalo e vestido com um lençol (v. 747-758), e para o autor esta visão evoca Hellequin e sua *mesnie*, ou seja, a tropa fantástica dos fantasmas:

>Je croi que c'estoit Hellequin
>Et tuit li autre sa mesnie
>Qui le suivent toute enragie

Nos últimos versos (v. 759-779), o autor aprecia a perfeição do charivari ("Par deguisez, par diz, par faiz"), mas este não impediu Fauvel, muito pelo contrário, de "honrar sua mulher".

As miniaturas representam essas máscaras e esses disfarces. Duas delas têm cada uma três compartimentos sobrepostos ornados à direita e à

---

28. De acordo com a expressão dos etnomusicólogos. Cf. a comunicação de Claudie Marcel-Dubois no colóquio *Le Charivari*. Op. cit.

esquerda por uma moldura que retrata uma construção eclesiástica (ao menos no primeiro caso) repleta de janelas. A mesma moldura encontra-se nas outras miniaturas do manuscrito onde um espetáculo, em particular um torneio, está representado. Alguns personagens, sem dúvida clérigos no primeiro caso, ora femininos e ora masculinos no segundo, observam o charivari através dessas janelas que nitidamente os separam desse espetáculo. Em seu primeiro registro mostra Fauvel encontrando-se com sua esposa no leito. Os outros dois compartimentos são a ilustração perfeita do charivari, de seus instrumentos e de seus travestimentos: máscaras de animais (leões? ursos? macacos?), alguns rostos estão pintados de branco, face hirsuta ("barboeres"), corpos peludos (selvagens), máscara de perfil com o nariz encurvado. Observa-se também tanto um travestimento em mulher quanto disfarces em monges. O bando não parece avançar, porém saltar sem sair do lugar ou hesitar entre movimentos contraditórios.

Em outra representação, vê-se um cortejo que se desloca da esquerda para a direita. Às máscaras já citadas se adicionam uma com chifres de diabo ou de boi, uma asa de pássaro usada na cabeça por um personagem barbudo e por dois outros recobertos por uma espécie de lençol. O mais notável é a presença de pequenos personagens, uns sem cabelos e outros com cabelos cacheados – provavelmente crianças – carregadas em um cesto de vime, em uma pequena charrete e em uma cesta. Neste último caso, o pequeno personagem agachado e nu mostra seu traseiro ao homem barbudo que está atrás dele e que faz um gesto equívoco. Diante da cesta, outro personagem, calvo e encurvado, também mostra seu traseiro desnudo. Mais um, também calvo e nu, é carregado em um carrinho por uma espécie de monge negro.

Outra figura mostra o "engin de roes de charetes" assim como descrito no texto. Mas da carroça emerge um grupo de cabeças cobertas, sem máscaras, que o texto não evoca. O personagem alto que sobre sua cabeça usa duas asas de pássaro curiosamente viradas para a frente está montado em um cavalo no segundo compartimento: para o autor ele provavelmente evoca Hellequin. Por último, estão representadas as duas padiolas, carregadas por quatro pessoas mascaradas: os mortos (entre os quais no alto e no centro uma caveira negra e com dentes salientes) estão ali dispostos de uma maneira um tanto imprecisa no texto: em cada uma, sob três pequenos arcos trabalhados que evocam uma arquitetura religiosa, ou melhor, um triplo relicário, aparecem três cabeças cobertas, uma delas de um homem. A inversão do charivari culminaria aqui na paródia do culto aos santos?[29]

Esses gestos, essas máscaras, esses disfarces têm uma unidade simbólica, formam um sistema? De acordo com o texto, trata-se de um charivari que sanciona uma união ilícita, e de fato encontramos, tanto no texto quanto nas imagens, um testemunho preciso, exato – o primeiro do gênero – sobre o charivari europeu. Mas colocar a questão da unidade simbólica de tais comportamentos folclóricos é antes de tudo se perguntar em que contexto calendário eles se inscrevem. A única menção temporal explícita do texto situa esse charivari no mês de maio: o "Lai dos Helequines", que acompanha a descrição do charivari, certamente encoraja Fauvel em seus embates amorosos: "En ce dous temps d'esté, trout droit ou mois de may [...]".

Talvez se deva relacionar a máscara de cavalo de Fauvel à simbólica desse momento do ciclo do ano[30]. Ora, os amores de Fauvel e de Vã Glória foram muito fecundos:

> Par tout ha ja Fauveaus nouveaus
> Qui sont trop pires que louveaus
> Tant est son lignage creü
> Qu'onques si grant ne fu veü

Situando-se no mês de maio, essa união era ainda mais louca porque prometia o nascimento de todos esses "Fauveaus" nove meses depois em pleno Carnaval. A união de Fauvel e de Vã Glória transgredia – sem que isso seja dito de forma clara – o "interdito" dos casamentos no mês de maio[31].

Ora, observando-se de mais perto, a simbólica do charivari de Fauvel não acaba estabelecendo uma relação estrita entre maio e Carnaval? Vários

---

29. A disposição dessas cabeças também acaba evocando um pequeno castelo de marionetes, ou um mostruário de máscaras, tão frequente nas ilustrações medievais de Térence (cf. inúmeras ilustrações em Christhop de Berger. Op. cit.). Mas o texto é explícito: trata-se realmente de mortos reunidos em "duas padiolas".
30. Cf. GAIGNEBET, C. *Le Carnaval*. Op. cit.
31. Sobre esse tema cf. BELMONT, N. "Le joli mois de mai". *L'Histoire*, I, 1978, p. 16-25.

traços desse charivari parecem de fato pertencer a esse período calendário. Assim a insistência em falar do vento ("Lo un montrer son cul au vent..." "L'un crie corbeilles et venz / L'autre de quel part vient li venz") vincula-se diretamente a esse simbolismo carnavalesco: o vento é uma metáfora, aqui explícita, do peido, evocado mais claramente ainda pelas "tolas canções" obscenas notadas mais adiante no manuscrito. Os personagens que desnudam e mostram seu traseiro também têm a cabeça descoberta, ao contrário daqueles que estão inteiramente vestidos, que usam um capuz de monge ou cuculo. Acompanhemos aqui Claude Gaignebet em sua interpretação do carnaval como ponto culminante da "batalha dos ventos", onde o peido (do urso, do homem selvagem) libera, no início de fevereiro, os sopros que são as almas dos mortos; a liberação brutal ou o controle desses sopros efetua-se tanto por baixo quanto por cima: o cuculo, que também evoca o canto do pica-pau, a crista do galo e, por extensão, o capuz* usado pelo louco do carnaval (e não nos esqueçamos aqui dos dois nomes medievais para máscara: "fol visage", "sot visage") são um entrave à troca dos sopros (o capuz do louco protege das doenças), que ao contrário é permitida pela postura obscena de dois personagens nus. Nessa interpretação carnavalesca vários detalhes das miniaturas adquirem sentido: As asas de pássaro usadas sobre a cabeça não seriam asas de galo? A carroça que, apenas nas miniaturas, está cheia de gente, não seria uma "nau dos insensatos", como aquelas já evocadas nas primeiras descrições do carnaval? Certamente se justifica assim a presença de "selvagens", de máscaras de animais (entre as quais algumas com certeza são dos ursos) e de uma máscara com chifres (alusão ao corno)[32].

---

* Em francês esse capuz chama-se *coqueluchon*, pois lembra exatamente a crista de um galo (coq), com muitas pontas [N.T.].

32. Será que a alusão a São Quinaut em uma praga "por São Quinaut" (ca. 754) fornece uma indicação de calendário? Este santo não pertence ao calendário eclesiástico. Mas seu nome não é insignificante: ele vem de *quine* (substantivo feminino) que significa 1: o macaco, 2: o membro viril (diminutivo *quinette*) (GODEFROY, F. *Dictionnaire de l'Ancienne Langue Française, IXe-XVe siècle*. Paris: [s.e.], 1889, s.v. "Quine"). Se for um nome carnavalesco, ele confirma a relação entre Maio e Carnaval que aos meus olhos está na base da simbólica da mascarada do charivari. A asa (de galo?) talvez seja um indício do mal representado por esse personagem: no manuscrito contemporâneo das *Vies et martyre de Saint Denis et de ses compagnons* (por Yves de Saint-Denis (Paris: BNF. Ms. fr. 2090-2092, 1317)), um dos torturadores de Saint Denis (São Dionísio) usa uma asa idêntica sobre sua têmpora. Cf. *Les fastes du gothique* – Le siècle de Charles V. Paris: Réunion des Musées Nationaux, 1981, 287, fig. 232.

Mas esse charivari tem mais uma dimensão: a da *mesnie* Hellequin. "Creio que era Hellequin [...]", diz o autor. A força do charivari, a algazarra insustentável o fazem duvidar: será que ele vê o bando dos mortos ou um simples charivari? As miniaturas, muito mais que o texto, me parecem traduzir essa ambiguidade, ou melhor, essa ambivalência; elas não são nem a representação de um charivari nem a da *mesnie* Hellequin, mas mostram ao mesmo tempo um e outro, um através do outro. Ali onde o texto está submetido à ordem sintagmática do discurso, que separa, em torno do verbo "eu creio", aquilo que suscita a crença (o ritual) e o objeto da crença (o bando dos mortos), a imagem revela de uma só vez tanto o espetáculo quanto o que ele evoca: uma aparição. Esta possibilidade que a imagem tem de manifestá-los juntos e no mesmo instante está de acordo com pelo menos uma de suas funções nesse manuscrito: a imagem está aqui encarregada, muito mais do que apenas o texto seria capaz, de traduzir a ambivalência do ritual das máscaras e da crença. Quando as máscaras desfilam, não vemos um bando de demônios e de mortos? E, no entanto, não passam de máscaras...

As máscaras e os mortos

Historiadores, etnólogos, folcloristas concordam em dizer que as festas do calendário do fim do inverno "representam" a saída dos mortos e que, da mesma maneira, as máscaras do charivari "representam" os mortos da comunidade, e mesmo, entre eles, o morto que retorna para protestar contra o novo casamento de seu cônjuge[33]. A etimologia de *larva* e de *masca* com seu duplo sentido de máscara e de fantasma é citada como reforço a essa interpretação (mas talvez desprezando, como já observamos, a história precisa dessas palavras); por certo, um documento tão antigo quanto o *Romance de Fauvel*, cujo autor "crê" ver a *mesnie* Hellequin no espetáculo do charivari, confirma essa hipótese.

---

33. Cf. esp. SCHMIDT, L. *Perchtenmasken in Österreich*. Viena/Colônia/Graz: [s.e.], 1982: *Perchten* deriva de *Berchtentag*, a Epifania. Mas outra denominação das máscaras é *Scheme*, que significa sombra, fantasma, máscara (*beschmieren*, "untar, engraxar, lambuzar", corresponde ao *masquiller* francês da Idade Média. Cf. p. 214, n. 2). Cf. tb. GLOTZ, J. (org.). *Le masque dans la tradition européenne*. Binche: [s.e.], 1975, passim. • MEULI, K. *Schweizermasken*. Zurique: [s.e.], 1943. Para esta interpretação do charivari, cf. *Le Charivari*. Op. cit., passim; em particular o comunicado de Carlo Ginzburg.

Sem querer contestar, muito pelo contrário, a ideia de uma relação entre as aparições dos mortos e as mascaradas, desejaria apenas sugerir que suas relações não são simples "representação".

São muitos os relatos de aparições dos mortos ao longo da história medieval[34]. Mesmo não analisando essa documentação em todos os seus detalhes, é importante ressaltar que os fantasmas nunca são chamados de *larvae*, o que confirma que na Idade Média esse termo designava quase que exclusivamente as máscaras. Os mortos que aparecem são designados como *mortui, homines, animae*, e, na maioria das vezes, para deixar claro sua verdadeira natureza, *imago mortui, similitudo hominis*. Com certeza, de acordo com as fórmulas agostinianas cuja influência foi, também nesse campo, muito importante[35], o fantasma não tem nem alma nem corpo, é apenas uma imagem da alma do defunto que se torna visível sob a aparência de seu corpo. Esse vocabulário da aparição (*similitudo, imago*, por vezes *figura, personna, forma*) também é, em parte, o da máscara, mas não se confunde com ela: faltam-lhe os termos essenciais, muito mais específicos, de *larva* e *masca* que, ao mesmo tempo, são marcados negativamente (*larvae daemonum*) e supõem uma transformação da aparência, ou melhor dizendo, sua deformação: eles deslocam a máscara para o lado da aparência demoníaca e bestial ou da inversão sexual. Por certo, podemos admitir que a aparição é a máscara visível da alma invisível e do corpo desaparecido: o vocabulário da aparição autoriza essa comparação com a máscara. Também podemos nos perguntar em que medida as aparições dos mortos, idênticos aos vivos, não desempenharam na Idade Média o papel das máscaras mortuárias (*imagines mortuorom*), já que essa prática da aristocracia romana caíra em desuso para reaparecer somente nos séculos XIV e XV[36]. Mas, depois dessa ressalvas,

---

34. Cf., sobre os diferentes momentos dessa história, LE GOFF, J. *La naissance du pourgatoire*. Paris: Gallimard, 1981, p. 241-246. • CHIFFOLEAU, J. *La comptabilité de l'au-delà* – Les hommes, la mort et la religion dans la région d'Avignon à la fin du Moyen Âge (v. 1.320-v. 1.480). Roma: École Française de Rome, 1980, p. 399-408. • SCHMITT, J.-C. *Les revenants* – Les vivants et les morts dans la société medieval. Paris: Gallimard, 1994.

35. Principalmente o "De cura pro mortuis gerenda", em *PL*, 40, col. 591-610, escrito entre 421-424 por Santo Agostinho a Paulino de Nola.

36. Sobre essa "reaparição", cf. TREXLER, R.C. *Public Life in Renaissance Florence*. Nova York: Academic Press, p. 61-62. Cf. tb. BEAUNE, C. "Mourir noblement à la fin du Moyen Âge". *La mort au Moyen Âge* – Colloque de la Societé des Historiens Médiévistes de l'Enseignement Supérieur Public. Estrasburgo: [s.e.], 1977, p. 135.

não resta dúvida alguma de que o rosto do fantasma nunca foi concebido nem nomeado como uma máscara, nem mesmo comparado com uma máscara. Por quê? Porque o fantasma tem um rosto humano exatamente conforme ao vivo. A eficácia da aparição vem dessa reprodução fiel dos traços do vivo, já que na maioria das vezes o fantasma se dirige aos parentes para pedir algumas orações: portanto é necessário que estes possam reconhecer seu morto. No *Romance de Richard-sans-Peur*, impresso em 1532, mas a partir de tradições mais antigas, o herói pergunta a Hellequin, que ele descobriu no comando de seu exército fantástico no fundo das florestas normandas, "comment ilz povoyent avoir telle figure trouvee laquelle il portoient, car il sembloient proprement qu'ilz fussent hommes tous vifz [...]"[37]. Essa "figura" do Hellequin é exatamente como uma máscara, uma vez que se "usa" e se "encontra", mas, ao mesmo tempo, não exibe nenhuma diferença entre a aparência do morto e a do vivo, o que explica a perturbação de Richard diante desse cavaleiro familiar e no entanto outro: poucos documentos antigos expressam tão bem a "inquietante estranheza" sobre a qual Freud falou[38]. Mas é importante observar que Hellequin, nesse romance, é um personagem positivo: todas as noites, ele voa a uma velocidade prodigiosa até a Terra Santa onde combate os sarracenos. Quando amanhece, retorna para a Normandia. Surpreendente, nessa época tardia, o caráter positivo de Hellequin talvez explique sua aparência.

Sem dúvida, desde o século XIII, pelo menos, dois fatores levavam a "mascarar" os fantasmas, aqueles, em todo caso, que aparecem em bando: de um lado, a diabolização dessa tradição pela Igreja, de outro, e sobretudo, a encenação teatral ou a ritualização folclórica da *mesnie* Hellequin.

Nas tradições narrativas europeias, o exército dos mortos é mencionado a partir do século XI. O nome *mesnie* Hellequin (ou denominações semelhantes) lhe é dado no século seguinte. A aparência dos membros desse grupo fantástico evoluiu sensivelmente ao longo do tempo. Por volta de 1140, em sua longa relação dessas crenças, Orderic Vital cita entre esses mor-

---

37. CONLON, D.J. (org.). *Richard Sans Peur* – Edited from "Le Romans de Richard" and from Filles Corrozet's Richard Sans Paour. North Carolina: Chapel Hill, 1977, p. 76 [Studies in the Romance Languages and Literatures, 192].
38. FREUD, S. *Das Unheimliche* (1919) [trad. fr.: *Essais de psychanalyse appliqué*. Paris: Gallimard, 1980, p. 163-210].

tos alguns monges e clérigos vestidos com uma capa ou um capuz (*cappis induti, cucullis amicti*)[39]. Essas vestimentas já anunciam as miniaturas do *Romance de Fauvel*, mas ainda são apenas os atributos de um estado social que se prolonga depois da vida. No início do século XIII, segundo Hélinand de Froidmond († 1229), um clérigo vê aparecer seu servidor que morrera pouco antes em estado de pecado no decorrer de uma viagem. Respondendo à questão de seu senhor, ele esclarece que não pertencia à *mesnie* Hellequin. Mas usa sua capa contra a chuva (*cappa indutis pliviali*), uma "bela capa" que lhe pesa sobre os ombros mais fortemente do que "a torre de Parma" por causa dos pecados que cometeu[40]. Um pouco mais tarde, Étienne de Bourbon não hesita mais em se referir a *mesnie* Hellequin como uma tropa de demônios. Aqui o capuz não é mais a metáfora dos pecados a serem expiados, mas o signo da vaidade: "Este capuz me cai bem!" dizem os cavaleiros diabólicos virando-se uns para os outros com afetação[41]. Todos esses textos evocam alguns dos personagens do charivari de Fauvel, mas nenhum, nem mesmo o último, atribui a esses mortos uma face demoníaca ou bestial comparável com as máscaras dessas miniaturas.

O mesmo não acontece quando passamos dos relatos às "representações" teatrais ou rituais da *mesnie* Hellequin.

Em o *Jeu de la Feuillée* de Adam de la Halle, representado no palco em Arras por volta de 1276[42], não é toda a *mesnie* Hellequin que sobe no palco. Ela está representada apenas pelo enviado de Hellequin, que usa um nome eloquente: Croquesos (Quebra osso). Esse bicho-papão risível e mascarado, cuja chegada é anunciada pelo som de sinos, exibe uma face barbuda (é chamado "barbustin"). No momento em que surge no palco, e novamente no instante em que o deixa, ele lança uma questão à qual não parece esperar uma resposta e cuja única função é identificá-lo como membro da *mesnie*

---

39. VITAL, O. *Historia Ecclesiastica*. IV. Oxford: Clarendon Press, 1973, p. 236-250 [org. de Marjorie Chibnall].

40. FROIDMONT, H. "De cognitione sui". *PL*, 212, col. 732-733.

41. LA MARCHE, A.L. Op. cit., n. 365, p. 322. Não ignoro que o capuz dos membros do bando Hellequin mereceria comentários desenvolvidos de outra forma. Cf. esp. WIDENGREN, G. "Harlekintracht und Mönchskutte, Clownhut und Derwischmütze". *Orientalia Suecana*, II, fasc. 2/4, 1963, p. 41-111. Upsala.

42. Adam Le Bossu, trovador de Artois do século XIII, *Jeu de la Feuillée*. Paris: [s.e.], 1963, p. 25ss. [org. de E. Langlois][Classiques du Français du Moyen Âge, 6].

Hellequin: "Me siét il bien li hurepiaus?" Esta questão é quase idêntica à frase citada por Étienne de Bourbon. Mas o "hurepiaus" não é um simples capuz. O livro de conduta dos *Mistérios da Paixão*, de Mons, em 1501, também faz menção à "companhia infernal de Hure", que segue de perto os passos do diabo[43]. A "hure" é a cabeça do javali, e às vezes também designa a cabeça grotesca do diabo. *Hurepiaus* designa um rosto com pelos eriçados, barbudo e cabeludo (o adjetivo "barbustin" é explícito). Croquesos pede a opinião dos espectadores sobre sua máscara selvagem e demoníaca, realmente representada no teatro, sob traços muito semelhantes, sem dúvida, a várias das máscaras das ilustrações do *Fauvel*. Um interesse dessa comparação é compreender melhor o que eram as máscaras do teatro medieval – nele, apenas as demoníacas eram aceitas – e mostrar suas relações com as tradições folclóricas[44]. Além do mais, do século XIII ao XVI, Hellequin, o chefe do exército dos mortos, pouco a pouco se transformou, no teatro, em Arlequim, cuja máscara mais antiga conservada remonta ao século XVII. No teatro medieval ainda, a boca do inferno, representada por uma boca diabólica, chama-se "hure", e a cortina que a fecha é a "capa de Hellequin". Até hoje o "manto de Arlequim" é a cortina que envolve o palco de um teatro[45].

Assim também fica mais clara a diferença que aparece nas miniaturas do *Fauvel* entre dois tipos de mortos, apesar de todos formarem a *mesnie* Hellequin ("Et tuit li autres sa mesnie", diz o texto): de um lado, os personagens passivos, almas danadas, representadas como vivos comuns, e procedendo talvez mais da crença e dos relatos que se referem a *mesnie* Hellequin do que ao ritual efetivo do charivari; e, de outro, os personagens ativos e demonía-

---

43. FLASDIECK, H. "Harlekin – Germanischer Mythos in romanischer Wandlung". *Anglia*, 61, cad. 3/4, 1937, p. 246 e n. 1.

44. Sobre as máscaras no "teatro" medieval, cf. TOSCHI, P. *Le origine del teatro italiano*. Turim: [s.e.], 1955, cap. V. • REY-FLAUD, H. *Le cercle magique* – Essai sur le théâtre en rond à la fin du Moyen Âge. Paris: Gallimard, 1973, princ. as pranchas 1 a 3. Ilustrações de Térence. Se os manuscritos iluminados, em particular os carolíngios, mostram um grande número de máscaras, que mantêm uma execução ainda muito "antiga", penso que se trata aqui, precisamente, de uma tradição iconográfica sem verdadeira relação com a prática teatral contemporânea. Os mistérios, sobre os quais somos informados a partir do século XII, parecem realmente reservar o uso das máscaras aos personagens diabólicos. No final do século XIII, Guillaume de Waddington denuncia o uso de máscaras nos milagres: "Une autre folie apert / Unt les fois clers cuntrové / Que miracles sont apele / Já unt leur face deguisé / Par viseres li mature" (apud CHAMBERS, E.K. *The Mediaeval Stagei*, II. Oxford: Clarendon Press, p. 100-101. Guillaume de Waddington se apoiava em uma proibição de Inocêncio III (1207) que condenava os *ludi theatrales* nas igrejas e os *monstra larvarum* que ali são introduzidos *ad ludibriorum spectacula* (PL, 215, col. 1.070).

45. DRIESEN, O. *Der Ursprung des Harlekins* – Ein kulturgeschichtliches Problem. Berlim: [s.e.], 1904, p. 69, n. 1 [Forschungen zur Neueren Literaturgeschichte, XXV].

cos, cujas máscaras são os produtos ao mesmo tempo da diabolização dessas tradições e das necessidades do ritual.

As máscaras, como dizem, "representam" os mortos, mas, no final dessa pesquisa, o que resta dessa afirmação? O paradoxo é que essa representação divide-se entre, de um lado, uma figuração dos fantasmas como homens vivos, cujo rosto ordinário é desprovido de qualquer traço de máscara: uma imagem fiel àquela, tradicional, das almas do paraíso ou do inferno descritas como vivas; e, de outro, máscaras de demônios, de mulheres e de animais. São raras – pelo menos antes da eclosão do macabro – as representações de caveiras (apena uma está representada recoberta por uma pele preta).

A verdade é que essas máscaras não "representam" os mortos que retornam, talvez nem mesmo os demônios aos quais alguns deles eram mais ou menos identificados, mas na realidade o fato de que retornam, ou melhor ainda, a necessidade para o travesti de representar esse retorno. O fantasma transgride os limites entre o visível e o invisível, entre o mundo dos vivos e o dos mortos. O homem que, no palco ou no charivari, representa esse papel também transgride, talvez em sentido inverso, esses limites; e só pode fazê-lo tomando a "figura" de todas as transgressões, abolindo em sua aparência os limites essenciais de uma antropologia em que ele se define opondo-se aos demônios, aos animais e às mulheres. Antes da Baixa Idade Média macabra, os mortos ainda guardam um belo rosto, e a Morte, na maioria das vezes, permanece para além de qualquer representação[46], mas representar os mortos exige uma máscara assustadora. Esta nunca é a réplica fiel, realmente identificável, do rosto do diabo, de um animal ou de uma mulher. Todos os traços se mesclam, inapreensíveis e por isso mais inquietantes. No entanto, existe uma constante: a boca, esticada e bem aberta com duas fileiras de dentes, imagem ameaçante de *Mors* – mordida por excelência, ou fantasia da mulher devoradora. Não é por acaso que os nomes que designam a máscara – *larva, masca, maschera, Maske* – sempre são femininos (com exceção de seu equivalente em francês moderno); a *vetula*-feiticeira também empresta

---

46. A representação alegórica da morte caracteriza o final da Idade Média e o Renascimento. Cf. TENENTI, A. *La vie et la mort à travers l'art du XVe siècle*. Paris: Armand Colin, 1952. • WIRTH, J. *La jeune fille et la mort* – Recherches sur les thèmes macabres dans l'art germanique de la Renaissance. Genebra: Droz, 1979. Todavia, tais representações não estão totalmente ausentes antes: cf., p. ex., a morte representada sob a forma de um cavalo branco (com a inscrição *mors* perto da cabeça do animal) no célebre manuscrito do comentário do Apocalipse de Beatus de Liebana. Paris: BNF. Ms. Lat. 8.879, f. 108, v. 109 (Saint-Sever, século XI).

seu rosto a certas máscaras, e dizem das mulheres mais velhas que se pintam que estão mascaradas (*larvatae*); quanto à única caveira da quarta miniatura de *Fauvel*, ela usa uma touca de mulher. Na figura da máscara se confundem a expressão do perigo da morte e a da potência maléfica das mulheres.

E o uso dessas máscaras não se faz impunemente. Representar os mortos significa também brincar com os mortos, arriscar sua vida. Tomo como prova os inúmeros relatos de mascarada nas igrejas e nos cemitérios que se terminam pela morte aterradora das máscaras, atingidas pelo fogo do céu ou tragadas pela terra que se abre sob seus pés[47]. Evocando também o "fol visage" do idoso que participa do torneio, parece-me que o elmo do cavaleiro que, na liça ou no campo de batalha, brinca com a morte, é uma forma de máscara: para além de sua função de proteção, o elmo, como a máscara, dissimula o rosto do guerreiro e, sobretudo, a exemplo das máscaras do folclore, em seu topo há ornamentos onde se acumulam penas, peles, bocas e bicos monstruosos[48]. Nas ricas armaduras dos séculos XV e XVI, o elmo toma a aparência de uma cabeça de leão; a partir do século XIV, na Inglaterra, a parte superior do elmo é chamada *visor*, ou *vizor, viser*, que tem o duplo sentido de viseira e de máscara[49], e também observo, na obra de Froissart, a comparação entre a armadura dos cavaleiros e os travestimentos do charivari[50].

As máscaras assustam porque, ao expressarem a alteridade sem rosto da morte, elas também podem atraí-la sobre aqueles que as usam ou atirá-la sobre aqueles que fixam seu olhar vazio. E, no entanto, a mascarada é um jogo (*ludus*) que também provoca risos. Risos distintos, é verdade: ricto congelado nas vítimas do charivari, algazarras ameaçadoras dos jovens mascarados, que as máscaras devolvem como o eco da *cachinatio* alegre dos diabos do inferno. Nas máscaras, os jovens (*juvenes*), brincando assim de mortos e com a morte, quando riam não tentavam também se tranquilizar, ou até mesmo – mas em vão, pois a morte sempre é vencedora – enganar a morte?

---

47. Cf. supra capítulo VII, "'Jovens' e dança dos cavalos de madeira".
48. Cf. esp. PASTOUREAU, M. *Traité d'héraldique*. Paris: Picard, 1979.
49. *The Oxford English Dictionary*. Oxford, Clarendon Press, 1933, t. XII, s.v.: "Visor", "Vizor" [2. ed., 1961]. Cf. uma ocorrência de *viseres* no sentido preciso de máscaras, supra, p. 210, nota 44.
50. Froissart compara os cavaleiros na batalha aos participantes de um charivari: "les aucuns estoient armez de cuirs et les autres de haubergeons, tous enrouillez et sembloit proprement qu'ils deussent faire un caribary". Mas deve-se reconhecer que a comparação não diz respeito diretamente aos elmos e às máscaras.

Parte III

O sujeito e seus sonhos

X

A "descoberta do indivíduo": uma ficção historiográfica?*

A definição medieval da palavra "ficção" deve-se a Isidoro de Sevilha († 636). Em um capítulo consagrado à *fabula*[1], ele opõe os *res loquendo fictae* aos *res factae*: às ações reais que a *historia* tem como missão narrar se opõem as ficções da fábula ou do mito, definidas como fatos de linguagem, no máximo verossímeis e às vezes úteis, mas igualmente enganadoras. Toda a tradição historiográfica ocidental viveu, até hoje, da oposição entre a história e a ficção. Mas o historiador também não faz uso de ficções que estão na base de suas interrogações e organizam seu discurso? A gesta do individualismo que caminha na direção de sua realização, pontuada de momentos de "descoberta do indivíduo" que estranhamente coincidem como as grandes "viradas" que o recorte universitário do tempo histórico prima em assinalar, parece um caso exemplar dessas ficções: o indivíduo já "nasce", "afirma-se" ou "descobre-se" na Antiguidade; mas tudo parece recomeçar no século XII, e mais uma vez no Renascimento, e sob o Iluminismo, e no século XIX... Não vamos analisar essa ficção em cada uma de suas reviravoltas, mas tentar compreender como, desde o século passado, ela pouco a pouco se cristalizou em um desses momentos privilegiados: o século XII ocidental. Retornando então aos documentos históricos e estudando o vocabulário da época, o nosso desejo é tentar recolocar os problemas em termos diferentes: interrogando as contradições da noção de pessoa, que parece ter oferecido na Idade Média o contexto conceitual de uma tendência, incessantemente contrariada, à individuação.

---

* Retomado de "La 'découverte de l'individu': une fiction historiographique?" In: MENGAL, P. & PAROT, F. (org.). *La fabrique, la figure et la feinte* – Fictions et status des fictions en psychologie. Paris: Vrin, 1989, p. 213-236.
1. SEVILHA, I. *Etymologiae*, I, 40.

A palavra "individualismo" é recente: seu aparecimento no francês data de 1829, e deve-se a Lamennais. Ela corresponde à edificação de uma ordem social nova após a revolução de 1789, que marcou o fim da sociedade de ordens e do "corporativismo": livre de suas amarras, autônomo, o indivíduo podia enfim afirmar sua vontade de empreender. Mas a palavra, na França, tem na época uma conotação pejorativa, seja pela nostalgia da ordem antiga (Joseph le Maistre), seja em razão das injustiças engendradas pela nova ordem social (Saint-Simon), seja pelo temor de que o individualismo acabe conduzindo ao egoísmo e à perda da democracia (Tocqueville). Na Alemanha, ao contrário, a noção de *Individualität* adquire, no romantismo, um sentido vitalista e positivo; se a partir de 1840 *Individualismus* se impõe no alemão sob a influência do francês, ela conserva, no entanto, da tradição alemã um acento positivo, principalmente em Jakob Burckhardt[2]. Com este último, e depois com Otto von Gierke, elabora-se principalmente na Alemanha do final do século XIX a "ficção" historiográfica da "descoberta do indivíduo".

O indivíduo na esfera "teológico-política"

Em 1860, *A civilização na Itália desde o Renascimento* apresenta toda uma segunda parte intitulada: "Desenvolvimento do indivíduo". As ideias mestras, afirmadas de forma categórica, são as seguintes:

1) A Idade Média caracterizava-se por uma confusão entre valores objetivos e subjetivos, que não deixavam nenhuma possibilidade de emergência ao indivíduo:

> Na Idade Média as duas faces da consciência, a face objetiva e a face subjetiva, estavam de alguma forma veladas; a vida intelectual assemelhava-se a um semissonho. O véu que envolvia os espíritos era tecido de fé e de preconceitos, de ignorância e de ilusões; ele revelava o mundo e a história através de cores bizarras; quanto ao homem, ele se conhecia apenas como raça, povo, partido, corporação, família, ou sob qualquer outra forma geral e coletiva. A Itália é a primeira que rasga esse véu e dá o sinal do estudo *objetivo* do

---

2. Cf. LUKES, S. "Types of individualism". *Dictionary of the History of Ideas*, II, 1973, p. 594-604.

Estado e de todas as coisas desse mundo; mas ao lado dessa maneira de considerar os objetos desenvolve-se o aspecto *subjetivo*; o homem torna-se *indivíduo* espiritual, e tem consciência desse novo estado[3].

2) O nascimento do indivíduo e o do Estado foram simultâneos, este explicando logicamente aquele.

3) O fenômeno é essencialmente urbano: o indivíduo nasceu nas cidades cosmopolitas e nas atividades diversificadas do Renascimento. Também é ali que se impõe a noção de "vida privada", corolário da do indivíduo, e ilustrada, por exemplo, pela obra de Agnolo Pandolfini († 1446), *Trattato del governo della famiglia* ("Sobre assuntos domésticos").

4) A civilização do Renascimento exalta os indivíduos realizados – o príncipe, o poeta, o artista – que às vezes, como Lourenço o Magnífico, são apenas um. Se nos referirmos também à obra de Michelet, compreendemos a que ponto o indivíduo do Renascimento é considerado como o exato oposto do herói medieval. Joana d'Arc não é um "indivíduo", mas a encarnação particular do herói coletivo que é o povo: "Ele não tem asas, esse pobre anjo, é o povo, é frágil, ele é nós, ele é todo mundo"[4]. A relação estabelecida por Burckhardt entre a emergência do indivíduo e a gênese do Estado moderno representa um papel importante na orientação da historiografia, como testemunha a obra posterior de Otto von Gierke.

Publicada em 1891, *Deutsches Genossenschaftsrecht* foi parcialmente traduzida para o inglês – com uma apresentação do grande F.W. Maitland –, e em 1914 para o francês com o título pouco fiel Les Théories politiques au Moyen Âge[5]. O argumento apresenta muitas analogias com o de Burckhardt, mas se inscreve em uma cronologia mais longa; assim como a feudalidade se libertou do reino da *Sippe* (o grupo de parentesco), para em seguida mergulhar na "anarquia feudal"; assim também (ca. 1200), impôs-se o corporativismo, logo minado pelo desenvolvimento concomitante do individualismo e

---

3. BURCKHARDT, J. *La civilisation en Italie au temps de la Renaissance* (1860). Paris: Plon, 1886, p. 161-164.
4. MICHELET, J. "Histoire de France" (livros I-IV) [Prefácio de 1869]. In: *Oeuvres Complètes*. T. IV, Paris: Flammarion, 1974, p. 2 [org. de Paul Viallaneix].
5. GIERKE, O. *Les théories politiques au Moyen Âge*. Paris: Sirey, 1914 [Introdução de F.W. Maitland] [Trad. de J. de Pange].

do Estado. Com esse esquema, Gierke garantiu à sua obra uma dupla posteridade: uma boa parte da história das teorias "teológico-políticas", inclusive os trabalhos de Ernst Kantorowicz sobre o *corpus mysticum*[6], ganhou corpo a partir de seu livro magistral. Por outro lado – e somente isso nos interessa aqui –, a oposição entre o corporativismo e o individualismo estrutura em grande parte, até hoje, a reflexão histórico-sociológica sobre a emergência do indivíduo.

Representante autorizado do neotomismo de Louvain, reticente em relação ao nazismo e veementemente hostil ao materialismo histórico, Georges de Lagarde retoma por sua conta em 1937 a problemática do individualismo e do corporativismo na Idade Média[7]. Seu ideal para o presente: um associacionismo espiritualista. E à sua questão: O corporativismo medieval oferece um modelo para o tempo presente?, ele responde não, pois faliu filosoficamente no século XIV. Sem dúvida o autor observa alguns progressos do corporativismo doutrinal entre 1270 e 1500, como mostram a noção teológico-política do "corpo místico", a concepção extraída da *Política* de Aristóteles de uma interdependência estreita entre o indivíduo, a família e a cidade ou, concretamente, o movimento conciliar durante o Grande Cisma e as instituições representativas dos "Estados". Mas ele observa, ao mesmo tempo, que o corporativismo estava minado no interior pelo progresso do individualismo, que tinha uma face doutrinal (o nominalismo de Guillaume d'Ockham), uma face jurídica (o Estado não é reconhecido como uma *persona ficta*, apenas os indivíduos podem ser considerados como responsáveis por seus atos e castigados por isso: podemos executar ou excomungar um indivíduo, não um Estado), e, enfim, uma face política (Marsílio de Pádua elabora a Teoria do Estado Territorial, em que o rei único, apoiado em um corpo de funcionários no qual se fundem os clérigos, rege um povo de sujeitos atomizados). Ao nascer, o absolutismo, principalmente pontifical, anun-

---

6. KANTOROWICZ, E.H. *Les deux corps du roi* – Essai sur la théologie politique au Moyen Âge [1957]. Paris: Gallimard, 1989, cap. V, "La royauté fondée sur la politia: corpus mysticum", p. 145ss. [Trad. do ingl.]. • Artigos traduzidos para o francês em *Mourir pour la patrie et autres textes*. Paris: PUF, 1984 [Apresentação de Pierre Legendre]. GIERKE, O. Op. cit., p. 100ss.: "L'Humanité conçue comme Corps Mystique..."

7. LAGARDE, G. "Individualisme et corporatisme au Moyen Âge". *L'Organisation corporative du Moyen Âge à la fin de l'Ancien Régime*. Lovaina: [s.e.], 1937, p. 3-59 [Recueil de Travaux d'Histoire et de Philosophie, 2ª série, t. 44].

ciou o fim do corporativismo: Nicolas de Cues se une a Eugenio IV e Enea Silvio Piccolomini torna-se papa sob o nome de Pio II[8].

Sensivelmente mais recente (1966), a obra de Walter Ullmann[9] pertence ainda à mesma corrente historiográfica. Nela, o autor apresenta explicitamente três teses.

a) A "tese abstrata", que expressa as concepções fundamentais do cristianismo: a sociedade cristã absorve o indivíduo; segundo o modelo paulino organicista, a sociedade é como um corpo cuja alma seria a Lei eterna (pois divina) e transcendente em relação ao indivíduo. Mas, para outros, o cristianismo, por oposição ao helenismo e à gnose, acaba validando a afirmação do destino e da salvação dos indivíduos:

> Todo indivíduo aposta seu destino uma única vez, definitiva, no tempo da vida que lhe é presentemente dada e que não mais se repetirá. Mergulhado corpo e alma no tempo, ele ressuscitará corpo e alma no fim dos tempos[10].

As divergências de interpretação mostram evidentemente que não é possível dar um julgamento unívoco sobre as origens, a natureza do cristianismo e seu papel em uma história do indivíduo. Quanto a nós, buscamos muito mais levar em conta essa tensão que pensamos constitutiva do cristianismo do que definir a alternativa em um sentido ou no outro.

b) A "tese prática" revela os fatores do individualismo medieval: o igualitarismo das comunidades camponesas e, certamente, das comunas urbanas; a relação bilateral, de reciprocidade, que pelo menos parcialmente a homenagem feudal instituía[11]; o fato de que na Inglaterra a *common law* tenha se tornado o direito público, aplicado pelos *Inns of Court*, ao passo que o

---

8. Sobre a problemática do indivíduo entre os filósofos do Renascimento, cf. CASSIRER, E. *Individu et cosmos dans la philosophie de la Renaissance* [1927] [Trad. de Pierre Quillet], seguido de CUES, N. *De la pensée* [Trad. de Maurice de Gandillac] e BOVELLE, C. *Le sage* [Trad. de Pierre Quillet]. Paris: De Minuit, 1983.

9. ULLMANN, W. *The Individual and the Society in the Middle Ages*. Baltimore: Johns Hopkins University Press, 1966.

10. PUECH, H.-C. *En quête de la gnose*, I: La Gnose et le temps et autres essais. Paris: Gallimard, 1978, p. 13.

11. Cf. BAYER, H. "Zur Soziologie des mittelalterlichen Individualiesierungsprozesses – Ein Beitrag zur einer wirklichkeitsbezogenen Geistesgeschichte". *Archiv für Kulturgeschichte*, LVIII, 1, 1976, p. 115-153 (esp. p. 121), e, insistindo de forma semelhante sobre a dialética da igualdade e da hierarquia no contrato feudo-vassálico, LE GOFF, J. "Le ritual symbolique de la vassalité" (1976). *Pour un autre Moyen Âge – Temps, travail et culture en Occidente: diz-huit essais*. Paris: Gallimard, 1977, p. 349-420.

direito romano e o direito canônico, expressões jurídicas da "tese abstrata" anti-individualista, foram dispensados. Ullmann detecta assim fatores de individualismo no próprio sistema feudal; e, ao contrário, foi ao fracasso desse sistema que seus predecessores vincularam a emergência do indivíduo. Ele remonta assim sensivelmente no tempo e situa o debate em um período, a Idade Média central, sobre o qual em seguida se debruçará toda a atenção dos historiadores.

c) A "tese humanista" certamente deixa claro o papel desempenhado, a partir do século XII, pela Teoria do Direito Natural na afirmação do indivíduo. No século XIII, Roger Bacon, em Oxford, contribui para distinguir melhor as potências naturais e sobrenaturais. No século XIV, o aristotelismo político diferencia o *fidelis*, sujeito religioso que se realiza na *devotio moderna*, e o *civis*, animal político. Para Ullmann, os direitos do cidadão-indivíduo nasceram desde a Idade Média da fusão de três fatores: a reciprocidade feudal, a prática da *common law*, a Teoria do Direito Natural. Com Ullmann, a Idade Média emerge positivamente na história do "nascimento do indivíduo".

Fora do campo estrito dos estudos medievais, a influência dos livros já mencionados – os de Gierke e de Ullmann – foi sensível na reflexão sociológica e teórica de Louis Dumont desde 1960[12]. Para este, as obras citadas anteriormente trouxeram, paralelamente à sua experiência de indianista, a informação necessária a um propósito comparatista. Para o autor se opõem duas "configurações ideológicas": uma, "holista", em que o renunciante é o único indivíduo possível, o indivíduo fora do mundo, que despreza os valores do mundo, como é o caso na Índia tradicional; a outra, "individualista", que torna possível o indivíduo no mundo e que caracteriza as sociedades ocidentais modernas.

Mas nem no Ocidente isso foi sempre assim. Como este passou do primeiro modelo ao segundo? Louis Dumont remonta, sobretudo, aos fundamentos do cristianismo (mas para se afastar da "tese abstrata" de Ullmann): o cristianismo seria essencialmente individualista, personalista, igualitarista; mas nele o indivíduo, efetivamente, só pode ainda se realizar em sua relação com Deus, não no mundo, mas fora do mundo.

---

12. DUMONT, L. *Essais sur l'individualisme* – Une perspective anthropologique sur l'idéologie moderne. Paris: Du Seuil, 1983.

Ele ressalta em seguida o papel determinante representado pela Igreja; no século VIII, a separação entre o Ocidente e o Oriente tornou-se irreversível. O papado latino rejeitou o modelo constantiniano de sacralidade imperial, para afirmar seu poder sobre um soberano mais próximo e mais frágil que obterá dela seu caráter sagrado. Ao elaborar um sistema político fundado na distinção e até mesmo na hierarquia do *sacerdotium* e do *regnum*, a Igreja deu um passo decisivo: entrou no mundo. E também para o indivíduo tudo muda a partir de então: é no mundo que ele poderá se realizar.

Nos séculos XIII e XIV, a Igreja está bem ancorada na terra; ela dá às atividades mundanas sua legitimidade; com o "corpo místico" de Cristo, realiza sua própria encarnação. Mas não é mais a potência principal, devendo lutar em duas frentes: contra o Estado nascente que afirma sua soberania e mesmo sua vontade de controlar as Igrejas nacionais, e que se apresenta, fora da Igreja, como uma coletividade de sujeitos individuais diretamente submetidos ao rei. E contra o indivíduo, que manifesta seu desejo de uma relação direta, sem mediação clerical, com Deus. Ora, a Igreja coloca-se como estrutura que engloba e como mediadora obrigatória, necessariamente hostil a qualquer nominalismo intelectual e político.

Vemos, portanto, em que nível Louis Dumont coloca principalmente o problema da gênese do indivíduo: o das estruturas e das doutrinas "teológico-políticas", no mesmo caminho de Otto von Gierke. Essa perspectiva tem o mérito de insistir sobre o papel fundamental da Igreja na sociedade medieval. Os progressos do individualismo estavam diretamente ligados ao enfraquecimento da potência eclesiástica e ao seu abalo decisivo pela Reforma Protestante:

> Lutero e Calvino atacam a Igreja Católica principalmente como instituição de salvação. Em nome da autossuficiência do indivíduo-em-relação-a-Deus, eles põem um fim à divisão do trabalho instituída no plano religioso pela Igreja. A instituição, cabeça de ponte do elemento extramundano, conquistara e unificara o mundo, mas como se tornara mundana no intervalo, encontrava-se agora condenada[13].

---

13. Ibid, p. 67.

Mas se o teórico e sociólogo prolonga, com razão, uma problemática profundamente ancorada na ciência histórica do século XIX, os historiadores da Idade Média nesse meio-tempo acabaram tomando de maneira privilegiada outro caminho: a reflexão sobre o desenvolvimento histórico na "consciência de si", considerada como um aspecto essencial da "descoberta" do indivíduo.

A "consciência de si"

A partir de 1969 este caminho foi particularmente explorado pelos historiadores da espiritualidade, da literatura, das mentalidades medievais. A atenção foi deslocada das doutrinas teológico-políticas para "o despertar da consciência" na civilização do século XII[14]. São quatro os principais campos em questão:

a) A expansão da biografia e, sobretudo, da autobiografia nos séculos XI e XII: ainda que as obras não se libertem totalmente dos modelos hagiográficos ou da influência das *Confissões* de Santo Agostinho, elas são testemunho de uma nova atenção dada à singularidade dos destinos individuais e aos recursos psicológicos da existência: desde o século XII, este é o caso da *Vida de São Pedro Damião* escrita por seu discípulo Jean de Lodi. E mais, as autobiografias descrevem as reações afetivas de seus autores, suas lembranças de infância, seus sonhos: no meio monástico, o *Liber visionum* e o *Liber de tentationibus suis* de Otloth de Saint-Emmeran, o *De vita sua*

---

14. Principais trabalhos, em ordem cronológica: CHENU, M.-D. *L'Éveil de la conscience dans la civilisation médiévale*. Paris/Montreal: Vrin, 1969. • ULLMANN, W. Op. cit. • DRONKE, P. *Poetic Individuality in the Middle Ages* – New Departure in Poetry 1000-1150. Oxford: Clarendon Press, 1970, que insiste na noção de "estilo" pessoal, mesmo na lírica latina (Heloisa e Abelardo). • MORRIS, C. *The Discovery of the Individual 1050-1200*. Londres: SPCK, 1972. • ZUMTHOR, P. "Le 'je' du poete". *Langue, texte, énigme*. Paris: Du Seuil, 1975, p. 163-213: "Je" não é a afirmação da identidade do autor, mas uma marca de autenticidade, que é repetida pelas narrativas sucessivas de obras cujo desempenho é oral e, portanto, coletiva. • BAYER, H. Op. cit. • RADDING, C.M. "Evolution of Medieval Mentalities – A Cognitive Structural Approach". *American Historical Review*, 1978, 83, p. 577-597. • RADDING, C.M. *A World Made by Men* – Cognition and Society, 400-1200. Londres/Chapel Hill: University of California Press, 1985, explicitamente inspirado pelo método de Piaget e de Kohlbe. • BYNUM, C.W. "Did the Twelfth Century Discover the Individual?" (1980). *Jesus as Mother Studies in the Spirituality of the High Middle Ages*. Berkeley/Los Angeles/Londres: University of California Press, 1982, p. 82-109. • GOUREVITCH, A.J. *La naissance de l'individu dans l'Europe medieval*. Paris: Du Seuil, 1997.

de Guibert de Nogent, oferecem até mesmo as condições de uma história psicanalítica[15]. Em meio urbano e escolar, a *História de meus infortúnios* de Pierre Abélard – personagem emblemático de todas essas transformações – representa uma inegável novidade.

A história do retrato, apesar de sua distância cronológica em relação aos textos, participa da mesma evolução: a efígie funerária reaparece no século XI no Ocidente, e podemos acompanhar seu desenvolvimento nas necrópoles principescas: em Fontevraud (os plantagenetas) no século XII, em Saint-Denis (os capetíngios) no século XIII. Ela ainda representa apenas alguns tipos (o rei, o abade, o bispo), mas um nome identifica cada indivíduo. O retrato realista aparece na virada dos séculos XIII e XIV (estátuas de Frederico II e de Bonifácio VIII, depois as pinturas de Carlos V)[16].

b) A interiorização da vida moral (*conscientia*): na Alta Idade Média domina a objetividade da lei, da falta e da pena. A lei é exterior, quer se trate daquela do rei ou daquela de Deus, cujo julgamento é manifestado pelo ordálio. Por outro lado, observa-se uma correspondência imutável entre as faltas e as penas, que são tarifadas, seja nos penitenciais e na prática eclesiástica da penitência pública, seja nas leis bárbaras, que fixam o *wergeld* compensando cada delito ou crime. Por fim, as práticas judiciárias têm um caráter fortemente coletivo: é o grupo de parentesco que é considerado culpado ou reconhecido vítima.

As mudanças ocorridas no século XII destacam-se primeiro pelo vocabulário: impondo-se as palavras *intentio, consensus*, que primam sobre *opus*. A "moral da intenção", definida por Abelardo na *Ética*, é uma das marcantes novidades do século. A intenção que preside ao ato importa tanto quanto, ou

---

15. MISCH, G. *Geschichte der Autobiographie*. Vol. I. Berna: [s.e.], 1949-1969. • COURCELLE, P. *Les Confessions de Saint Augustin dans la tradition littéraire*. Paris: [s.e.], 1963. • McLAUGHLIN, M.M. "Survivors and Surrogates: Children and Parents from the 9th to the 13th Centuries". In: MAUSE, L. (org.). *The History of Childhood*. Nova York: [s.e.], 1975, p. 101-181. • VINAY, G. "Otlòne di sant'Emmeran ovvero l'autobiografia di un nevrotico". *La Storiografia altomedievale*. Espoleto: [s.e.], 1970, p. 13-37 [Settimane di Studio Del Centro italiano di studi sull'alto Medioevo, XVII]. • BENTON, J.F. *Self and Society in Medieval France* – The Memoirs of Abbot Guibert of Nogent. Nova York: [s.e.], 1970. • KANTOR, J. "A psychohistorical Source: the Memoirs of Abbot Guibert of Nogent". *Journal of Medieval History*, II, 4, 1976, p. 282-303. Cf. tb. capítulo XI, "Os sonhos de Guibert de Nogent".

16. BRUCKNER, W. *Bildnis und Brauch* – Studien zur Bilfunktion der Effigies. Berlim: E. Schimidt, 1966. Cf. tb. RECHT, R. *Le croire et le voir* – L'art des cathédrales (XIIe-XVe siècle). Paris: Gallimard, 1999, p. 337-349.

até mais, do que o próprio ato. A falta é julgada qualitativamente segundo as circunstâncias, o estatuto social, a idade do culpado. Desenvolvem-se então novas técnicas, intelectuais, psicológicas, religiosas, fundadas na *discretio*: o espírito de discernimento e, ao mesmo tempo, o tato, a retidão do confessor, ou mesmo do juiz. De fato, a apreciação da culpabilidade depende agora de um inquérito (*inquisitio*), que não se satisfaz mais com o procedimento acusatório nem com o julgamento de Deus. Seu objetivo é produzir a confissão do culpado, respeitando em princípio, mesmo sob tortura, sua liberdade de palavra. Pois a plena consciência do ato, garantida pela introspecção (o exame de consciência) e resultando na contrição e no arrependimento, é a única que pode satisfazer uma verdadeira penitência; é ela, e não uma simples indenização material ou o respeito formal de um tempo de jejum, que pode justificar a absolvição. Esta se encontra então subordinada à atitude do pecador, que desincumbe a Igreja de uma parte do "poder das chaves": compreendemos assim as resistências que essa evolução encontrou na hierarquia e, principalmente, nos ataques dos quais Abelardo foi objeto.

c) A transformação das técnicas intelectuais: em quase toda parte, a *auctoritas* perdia seu prestígio em proveito das *rationes*, argumentos lógicos e críticos cujo princípio Abelardo expôs em *Sic et Non*, carta fundadora da *disputatio* escolástica. Essa evolução teve uma consequência direta sobre a maneira pela qual era pensada a relação entre o homem e a natureza: esta não era mais um livro de símbolos, mas um objeto de experiência oferecido a um sujeito científico, como já observamos em relação a Roger Bacon. A distinção mais categórica entre natureza e sobrenatureza se acompanhou de um deslocamento da primeira para o centro de toda a reflexão (filosófica, científica, política etc.) e de um enquadramento, ou mesmo de uma limitação das potências sobrenaturais, sensível na teologia do milagre ou na definição dos novos critérios da santidade. Assim começa o que Max Weber chamará – quando fala da Reforma – o "desencantamento do mundo"[17].

No século XIV, o nominalismo veio coroar essa evolução, exaltando o poder do homem de significar e afirmando, contra a Teoria (Anti-individualista, se existe uma) dos Universais, o valor essencial do singular, isto é, do

---

17. WEBER, M. *L'Éthique protestante et l'esprit du captalisme suivi d'un autre essai*. Paris: Plon, 1964 [Trad. de J. Chavy].

individuum no sentido que essa palavra tinha na Idade Média, o de elemento lógico insecável.

Por fim, as mutações intelectuais se acompanharam de mudanças em todas as práticas da escrita[18]: promoção da língua vernacular como língua literária e como língua administrativa[19], expansão da leitura individual e silenciosa, que acabou autorizando todas as audácias intelectuais[20].

d) As mutações da afetividade e da espiritualidade: dois temas despertam particularmente o interesse: o amor e a morte.

O primeiro diz respeito principalmente ao amor do homem por Deus, linha mestra da história da espiritualidade a partir do século XII[21]. A mística vitoriana ou cisterciense, a identificação franciscana com a paixão do Salvador (em 1224: estigmas de São Francisco, fato sem precedentes na história do Ocidente), a *devotio moderna* e a mística da Baixa Idade Média reivindicam o acesso imediato e pessoal ao Amado, ao Cristo-Homem e sofredor. No plano das práticas devocionais, a evolução foi semelhante: o ritual eucarístico adquire uma importância crescente; em seu desenrolamento, é o momento da elevação que se torna central: aquele em que cada um, por um instante, pode ver com seus próprios olhos o corpo de Cristo que acaba de ser consagrado[22]. Assim aprofundou-se a ruptura com a tradição que fazia da Igreja a mediadora indispensável entre o homem e Deus, e dos santos como únicos indivíduos dignos de emergir nem que fosse apenas um pouco do povo de Deus.

No mesmo momento, o amor humano também conheceu formas de expressão diferentes, que se refletiram nas dos sentimentos religiosos: ainda

---

18. Cf. MURRAY, A. *Reason and Society in the Middle Ages*. Oxford: Clarendon Press, 1978. • STOCK, B. *The Implications of Literacy* – Written Language and Models of Interpretation in the Eleventh and Twelfth Centuries. Princeton: Princeton University Press, 1983.

19. CLANCHY, M.T. *From Memory to Written Record, England, 1066-1307*. Cambridge: Harvard University Press, 1979.

20. SAENGER, P. "Manières de lire médiévales". In: MARTIN, H.J. & CHARTIER, R. (org.). *Histoire de l'édition française*. T. I. Paris: Promodis, 1982, p. 131-141.

21. VAUCHEZ, A. *La spiritualité du Moyen Âge Occidental, VIIIe-XIIe siècles*. Paris: PUF, 1975, p. 146s.

22. Cf. DUMOUTET, É. *Le désir de voir l'Hostie et les origines de la dévotion au Saint-Sacrement*, Paris: [s.e.], 1926. • BROWE, P. *Die Verehrung des Eucharistie im Mittelalter*. Munique: [s.e.], 1933. • BYNUM, C.W. "Women Mystics and Eucharistic Devotion in the Thirteenth Century". *Women's Studies*, XII, 1984, p. 179-214 [reed. in: *Jesus as Mother*. Op. cit., p. 170-262].

que o *fin'amor* e o amor cortês fossem convenções literárias, eles definiam também modelos de comportamento. E o valor da *amicitia* justificava um extraordinário desenvolvimento da correspondência como gênero literário (basta pensar, p. ex., nas cartas de Aelred de Rielvaux).

As atitudes em relação à morte e ao pós-morte constituem um aspecto essencial do problema do indivíduo a partir do século XII. Philippe Ariès já situava nessa época a substituição do modelo ancestral da "morte domesticada" pelo da "morte de si" característica da Europa tradicional até o século XVIII, no momento em que por sua vez a "morte de ti" romântica acabou prevalecendo[23]. O homem preocupava-se com *sua* morte, pois duvidava de seu destino no além e sabia que sua salvação dependia estritamente de sua fé e das obras realizadas em vida; ora, a decisão divina não era mais remetida, como no Apocalipse, ao Juízo Final e à ressurreição dos mortos; não se tratava mais dessa data-limite distante em que todos os mortos da história deveriam ser convocados ao mesmo tempo. Agora a ênfase era dada ao julgamento particular de cada homem imediatamente após seu trespasse; logo após a morte seriam avaliados o ativo e o passivo de cada existência individual. Nesse instante, poucos seriam os eleitos, mas poucos também os danados: à grande maioria das almas comuns (*mediocres*) se abre o purgatório, cujos tormentos serão proporcionais em intensidade, em natureza e, sobretudo, em duração, aos pecados cometidos pelo indivíduo e que ele não tomou o cuidado de apagar por meio de uma justa penitência antes de morrer[24]. Se houve "descoberta do indivíduo" no século XII, a atitude diante da morte, e sobretudo diante do julgamento particular que supostamente devia acontecer logo após, foi a esse respeito razoavelmente importante.

Contudo, o indivíduo não estava só diante da "morte de si": ele podia esperar que seus tormentos no além fossem encurtados pelos "sufrágios" – preces, missas, esmolas – dispensados pelos vivos em seu favor. As novas atitudes diante da morte favoreciam a consciência de si do indivíduo, mas, ao mesmo tempo, estreitavam ou criavam redes de solidariedade (comuni-

---

23. ARIÈS, P. *Essais sur l'histoire de la mort en Occident du Moyen Âge à nos jours*. Paris: Du Seuil, 1975.
24. LE GOFF, J. *La naissance du purgatoire*. Paris: Gallimard, 1982.

dades de orações, confrarias, paróquias) preservando o indivíduo de uma total solidão[25]. Alcançamos aqui o tema da "amizade": esta, para além das trocas de cartas, ligava de maneira indissolúvel dois indivíduos para além da morte. Um relato famoso, e tantas vezes reproduzido a partir do século XII, descreve o engajamento mútuo estabelecido por dois amigos: quando um dos dois morresse, ele apareceria àquele que sobreviveu para informá-lo sobre seu *status* no além e pedir-lhe, se necessário, seus sufrágios. O essencial era não ser esquecido uma vez morto, ter a certeza de que seu nome estaria associado às preces e às obras piedosas. Essa aspiração chocava-se contra as tradições que, no mosteiro em particular, enfatizavam o anonimato e a comunidade dos bens, simbólicos tanto quanto materiais: quando "inúmeros monges e conversos" cistercienses exigiram uma comemoração individual e não mais comum dos defuntos da Ordem, a exemplo do que estava previsto para os leigos cuja memória era honrada pelos monges, o capítulo geral de 1180 se recusou a aceitar tal pedido alegando que "todas as coisas nos são comuns"[26].

Portanto nos juntaremos de bom grado às proposições nuançadas de Caroline W. Bynum[27]: sob o termo "indivíduo", deve-se compreender o *eu* (*self*), mas no sentido cristão, isto é, a ideia de que o homem não pode se realizar senão em uma relação íntima com Deus, ele não pode, além do mais, realizar-se sozinho, mas apenas no interior de grupos e de redes; a novidade é, no século XII, a multiplicação e a diversidade desses grupos – famílias, fraternidades, ordens monásticas e regulares, e logo mais beguinarias, ordens terceiras etc. – entre os quais agora era possível escolher. O indivíduo isolado permanecia suspeito e, em maior grau, a mulher sozinha era dificilmente concebível.

---

25. Cf. o debate entre Jacques Le Goff e Aaron J. Gourevitch: "Au Moyen Âge: conscience individuelle et image de l'au-delà". *Annales ESC*, 2, 1972, p. 255-275. Na p. 255 há uma advertência de Jacques Le Goff, na qual observa que se o julgamento particular tem uma base escriturária – o relato do Pobre Lázaro –, (1), isso se deve ao fato de que é apenas no século XII que a atenção se dirige realmente para esse texto e (2) essa individualização da morte se acompanha de um desenvolvimento de relações diversas entre o indivíduo e a comunidade. Portanto, a atenção exclusiva dada por Aaron J. Gourevitch ao indivíduo parece excessiva.

26. "Statuta Capitulorum Generalium Ord. Cist. ab anno 116 ad annum 1786", a. 1180, § 8, apud LEBBE, C. *Le Paysan, le Moine et le Mort* – Les cisterciens, l'encadrement religieux des campagnes et les représentations de l'au-delà dans les Pays-Bas du sud, 1110-1250. [s.e.]: Ehess, 1984, p. 261 [Tese de 3º ciclo].

27. BYNUM, C.W. Op. cit. p. 249, n. 2.

Mas ainda podemos levantar outros problemas. Em primeiro lugar, é preciso se interrogar sobre a ambiguidade da expressão "descoberta do indivíduo", que sugere que aquilo que estava oculto foi subitamente revelado; da mesma forma, "despertar da consciência" deixa supor que esta estava até então adormecida...[28]. Deve-se considerar a história do indivíduo como uma longa continuidade subterrânea entrecortada de súbitas revelações, quando as condições objetivas – expansão urbana, divisão do trabalho, enfraquecimento do poder da Igreja etc. – tornavam-se mais favoráveis?

A palavra "indivíduo" é ela mesma plena de ambiguidades. Já demonstrei que, sob esse termo, os historiadores da Idade Média compreendiam ou um estatuto jurídico e social referente à esfera "teológico-política", ou à "consciência de si". Em suas duas últimas obras, Michel Foucault, por sua vez, fez uma boa distinção entre os três sentidos que habitualmente damos à palavra "individualismo":

1) "a atitude individualista, caracterizada pelo valor absoluto que se atribui ao indivíduo em sua singularidade, e pelo grau de independência que lhe é acordado em relação ao grupo ao qual pertence e às instituições das quais depende";

2) "a valorização da vida privada, isto é, a importância reconhecida das relações familiares, das formas da atividade doméstica e do campo dos interesses patrimoniais";

3) "a intensidade das relações de si para si, isto é, das formas nas quais se é chamado a tomar a si mesmo como objeto de conhecimento e campo de ação, a fim de se transformar, se corrigir, se purificar, e realizar sua salvação"[29]. É este terceiro ponto que interessava Foucault[30]: ele mostrou como os gregos, em relação à sua sexualidade, pouco a pouco elaboraram uma moral fundada no "cuidado de si". Para o medievalista, essa volta no tempo é fundamental, pois permite que se compreenda melhor a originalidade do "eu" cristão, dominado pelo problema da carne e do pecado, o que não era o caso entre os antigos; ela ajuda a perceber depois a novidade do século XII,

---

28. Refiro-me respectivamente aos títulos dos trabalhos de C. Morris e M.-D. Chenu. Op. cit. Por outro lado, extremamente sugestivos.
29. FOUCAULT, M. *Histoire de la sexualité* – II: Le Souci de soi. Paris: Gallimard, 1984, p. 56.
30. Ibid., I. *La volonté de savoir*. Paris: Gallimard, 1976, p. 153.

que se vincula sobretudo às novas técnicas de linguagem das quais a expressão do eu dependia cada vez mais estreitamente: a confissão, a declaração.

Portanto é necessária uma clarificação do vocabulário e dos conceitos, mas também uma ampliação da problemática que, para além das diversas acepções da palavra "indivíduo", aborda a questão do estatuto da pessoa no cristianismo medieval. Parece-me que essa questão, negligenciada pelos historiadores do individualismo bem como por aqueles da "descoberta do indivíduo", é fundamental: a noção contraditória de pessoa constitui o contexto teórico e antropológico que ilumina as dificuldades do processo de individuação na civilização medieval.

A noção de pessoa na Idade Média

A pessoa é um conceito fundamental da antropologia. Marcel Mauss classificava essa noção entre as "categorias do espírito humano", no cruzamento da linguística (pessoa gramatical), da filosofia, da moral, do direito, da história comparada[31].

A noção de pessoa apresenta a vantagem de oferecer ao historiador referências lexicais. *Individuum*, como já dissemos, é apenas um termo de lógica; a *singularis* ou *singulariter* não corresponde um substantivo; *quidam*, indefinido e anônimo, supõe que um indivíduo possa ser substituído por outro em um mesmo papel, o que é justamente o contrário da individuação. Por outro lado, *persona* existe e tem significações e usos muito ricos.

Mas a noção de "pessoa", no sentido que damos a esse termo, é tardia. Mauss corretamente insistiu na etimologia e nos sentidos antigos de *persona*: equivalente do grego *prosôpon*, que designa "o que está colocado diante dos olhos", *persona* pertence ao campo semântico da visão. Significa primeiramente máscara, depois o papel representado por um "personagem": aquele que usa a máscara do ancestral para representar seu papel. A "pessoa" é antes um "fato de organização" religioso e social, que absorve toda

---

31. MAUSS, M. "Une catégorie de l'esprit humain: la notion de personne, celle de moi" (1938). *Sociologie et anthropologie*. Paris: PUF, 1968, p. 331-362. Cf. tb. MEYERSON, I. (org.), *Problèmes de la personne*. Paris/La Haye: Mouton, 1973.

singularidade: como bem disse Pirandello, "uma pessoa real pode não ser ninguém, um personagem sempre é alguém".

Em Roma, a palavra já sofreu uma evolução: *persona* designa primeiramente as *imagines mortuorum*, as máscaras do culto doméstico dos ancestrais das *gentes*, dos lares. A partir daí apenas o homem livre é designado como *persona*, o cidadão, que é o único que tem o direito de possuir tais imagens. *Habere personam* é um direito: a "pessoa depende primeiro do ter, e só depois do ser". *Servus non habet personam*: só o livre é uma pessoa.

Essa noção jurídica da pessoa estendeu-se em seguida à coletividade cívica, às pessoas morais: *persona civitatis*. E já comentamos a dificuldade de uma recepção dessa noção na Idade Média: a ideia de *persona ficta* para uma cidade, uma corporação, uma universidade ou o Estado se chocava contra o princípio universal e organicista da Igreja ou da sociedade como "corpo de Cristo"; as diversas coletividades que dela dependiam eram seus membros e não entidades autônomas.

A Vulgata ainda apresenta apenas sentidos tradicionais de *persona*: um sentido jurídico, presente no Antigo e no Novo Testamento, sob a forma *acceptio personae*, no caso de um julgamento dos homens ou de Deus. Por outro lado, São Paulo diz que perdoa "em presença", "diante" de Cristo, *in persona Christi*, utilizando a palavra no sentido grego de *prosôpon*[32]. Mas a filosofia antiga já se engajara na via de um aprofundamento psicológico e moral da noção de pessoa: ali se formou o alicerce do "conhece-te a ti mesmo" cristão.

A grande originalidade do cristianismo reside no emprego da palavra *persona* para designar a divindade. No paganismo greco-romano, o deus, ainda que porte um nome, não é uma pessoa, mas uma potência. Com o cristianismo, *persona* adquire uma dimensão metafísica. Orígenes e Tertuliano escolheram respectivamente *prosôpon* e *persona*, com seu sentido gramatical de pessoa que fala, a quem se fala e de quem se fala (o Verbo), para resolver os dois problemas cruciais da teologia que acabaram sendo definidos pelo Concílio de Niceia de 325: face ao arianismo, afirmar a existência de um Deus com sua essência única (*ousia*), mas em três "pessoas" ou hipós-

---

32. São Paulo, 2Cor 1,11.

tases. E, face ao monofisismo, estabelecer o dogma de uma "pessoa" única do Cristo em duas naturezas: divina e humana.

O segundo traço principal do cristianismo foi a aplicação ao homem dessa noção de pessoa definida para Deus. Assim estava afirmada a relação essencial unindo o homem a Deus. Foi ao emprestar explicitamente a palavra *persona* do vocabulário "da tragédia e da comédia" antigas que Boécio († 525) deu-lhe sua definição teológica. Ela devia se impor ao longo da Idade Média: "*Persona est rationalis naturae individua substancia*"[33], isto é, que a pessoa é uma substância individual que tem como diferença específica (*natura*) ser razoável; ou ainda que, entre os seres racionais, dá-se o nome de pessoa à hipóstase[34].

Na definição de Boécio, a pessoa é ainda uma noção muito abstrata. A singularidade do indivíduo pesa menos do que a comunidade de todos os homens em sua união com Deus: o fato para cada um de ser um ser razoável, *imago Dei*, cuja razão (*mens, ratio*) reflete em suas três faculdades fundamentais (*memoria, intelligentia, voluntas*) as três "pessoas" da Trindade[35]. A *dessemelhança* mais importante não estava entre os homens, mas entre Deus e cada pecador. A experiência da pessoa cristã era em primeiro lugar a de uma consciência infeliz. Aliás, é esta última, e não a exaltação da glória individual, que inspira a Santo Agostinho suas *Confissões*. Quando exclamava: "*Sum enim et scio et volo. Sum sciens et volens, et scio esse me et velle, et volo esse et scire*"[36], "eu sou, e sei, e desejo. Eu sou sabedor e desejante, e sei que sou e que desejo, e desejo ser e saber", Santo Agostinho

---

33. MARSHALL, M.-H. "Boethius' Definition of *Persona* and Mediaeval Understanding of the Roman Theater". *Speculum*, XXV, 1950, p. 471-482, que cita a definição de Boécio, extraída do "De duabus naturis et una persona Jesu Christi contra Entyche et Nestorium" c. 3. *PL*, 64, col. 1.364 D. Sobre os valores semânticos da palavra na Idade Média, cf. RHEINFELDER. *Das Wort "Persona"* – Geschichte seiner Berücksichtigung des französischen und italienischen Mittelalters. Halle: N. Niemeyer, 1928: 1) Sentido teatral: máscara e papel, pessoa. 2) Sentidos estranhos ao teatro: (a) sinônimo de *homo*, designa seu corpo, a forma física ou a alma (*personam suam excollere*, "educar seu espírito"); (b) *acceptio personae*, consideração daquilo que é singular nela. 3) Dignidade, potência: "*Evesque* est moult haute puissance", o cura (daí o inglês *parson*). Quanto a nós, insistiremos ainda em outra significação, que não é citada aqui.

34. HADOT, P. "De Tertullien à Boèce – Le développement de la notion de personne dans les controverses théologiques". In: MEYERSON, I. (org.). Op. cit.

35. SANTO AGOSTINHO. *De Trinitate*, XV, VII, 11, apud MESLIN, M. "L'autonomie de l'homme dans la pensée pélagienne". MEYERSON, I. (org.). *Problèmes de la personne*. Op. cit., p. 136

36. SANTO AGOSTINHO. "Confissões", XIII, II, 12, apud HADOT, P. Op. cit.

se pensava como uma *persona* cristã, mas a questão do indivíduo não tinha sentido para ele.

Para além da teologia ou dos textos espirituais, os testemunhos sobre as práticas e as crenças informam sobre os limites concretos da noção de pessoa ao longo da Idade Média. Segundo a *História eclesiástica* de Eusébio, os Mártires de Lyon, quando interrogados por seus carrascos sobre seus nomes, lugar de nascimento, idade, respondiam a cada uma dessas questões: "Eu sou cristão!" Eles não eram "pessoa", os "sem nome", cuja identidade residia unicamente em sua total identificação com a pessoa de Cristo[37].

Nos relatos de visões e de aparições, que ocupam um lugar central na literatura e no imaginário da Idade Média, *persona* designa um ser sobrenatural cujo estatuto é em uma primeira abordagem incerto: ao longo do relato, pode se perceber que tal *persona terribilis* é Cristo, que uma *persona coelestis* é um anjo ou um eleito; o autor também fala de *persona incognita*, ou então observa: "*Nescio quem personam*"[38]. Em um sonho ou uma visão, há a possibilidade de um fantasma se destacar pouco a pouco do grupo de *personae* anônimas. Também as imagens do Juízo Final apresentam um rebanho de cabeças cujos rostos, a partir da segunda fileira, estão ocultos... O princípio de individuação só podia atuar tendo como pano de fundo, incessantemente evocado, uma comunidade de destino.

O século XII "descobriu o indivíduo"? A questão merece pelo menos uma resposta matizada. O fato mais evidente é a ausência na Idade Média, e por muito tempo ainda, da noção de indivíduo, no sentido contemporâneo do termo, que reserva a cada homem uma autonomia e direitos absolutos

---

37. BROWN, P. *Genèse de l'antiquité tardive*. Paris: Gallimard, 1983, p. 116 [1978 em inglês].

38. TOURS, G. "Persona terribilis" (Cristo) – De gloria martyrum, I, 23". *PL*, 71, col. 624-725. • "Persona (um anjo) – De gloria confessorum", XI. *PL*, 71, col. 858-859. • O *Canon Episcopi* (v. 900), retomado por Graciano (*Decretum*. Pars II, Causa XXVI, Quaestio V, c. 12, ed. Friedberg, I, col. 1.031), diz que satã faz aparecer nos sonhos "*modo leta, modo tristia, modo cognitas, modo incognitas personas*". • Roger de Wendover (*Flores Historiarum*, I, 411) relata a aparição em 965 de "Tres personae reverendae", a Santo Ethelwold, que, as três mortas há mais ou menos muito tempo, estavam ligadas à sua Igreja: uma é seu patrono (Santo Swithunus), a outra o primeiro pontífice, a terceira um antigo bispo. • HEISTERBACH, C. *Dialogus miraculorum*, I, 32: "*Nescio quem coelestem personam visum magnae reverentiae*" (um anjo?). • Ibid., IV, 4: uma *persona* aparece a um converso, que pensa que se trata de um *angelus Domini*; seu mestre o aprova. • Ibid., XII, 29: uma noite um abade vê "*tres personas quase tres candelas ardentes ad se venire*"; ele descobre que se trata de três mortos recentes de seu mosteiro. • D'EBERBACH, C. *Exordium magnum*, III, c. XIV. *PL*, 185 bis, col. 1.067-1.071: uma *persona* apareceu a um monge; quando ela desaparece ele pensa se tratar "com certeza de um anjo de Deus, ou talvez do próprio rei dos anjos de Deus, o Senhor Jesus".

(em relação à família, ao Estado, à sua consciência etc.). E muito menos havia individualismo como valor moral e ideológico.

A noção utilizada pelo cristianismo é a de *pessoa*, mas ela é ambígua, rica de tensões contraditórias: muito mais do que exaltar a consciência individual, ela tende a abolir o sujeito na divindade da qual ele é a imagem e na humanidade da qual compartilha o destino. A dessemelhança é uma falta, o mal por excelência, e não um objeto de glória individual. Mas a abolição do eu supõe paradoxalmente um aprofundamento da consciência individual: mesmo o Santo Agostinho das *Confissões*, como, mais tarde, o seu êmulo Guibert de Nogent ou, em outro nível, São Bernardo ou Richard de Saint-Victor se encontravam procurando se perder. Na escala das práticas comuns – as atividades cotidianas dos mosteiros ou das cidades em pleno Renascimento –, a criação de novas redes de solidariedade material e espiritual compensava imediatamente qualquer afirmação, principalmente diante da morte, do caráter singular de cada homem.

*

Não há, portanto, evolução linear, progresso único da descoberta do indivíduo, segundo um esquema em que cada época pode se prestar, de acordo com a especialidade dos historiadores, a semelhante invenção. Os estoicos, Santo Agostinho, Abelardo, Ockham, Nicolas de Cues, Lourenço o Magnífico, foram alternadamente considerados como heróis fundadores de uma história excessivamente simplificadora. Cada época é feita, ao contrário, de tensões e de contradições que levam a colocar de formas diferentes os problemas da pessoa, do sujeito, do indivíduo, e que desafiam a ficção historiográfica de uma evolução contínua até nós. Por que essa ficção? Ela nos oferece a ilusão retrospectiva e tranquilizadora de nossa gênese, ao proceder da ideia de que a história se completou conosco. Mas será que hoje o indivíduo é realizado e livre? Os problemas éticos colocados pela biologia ou pela informatização da vida cotidiana mostram apenas que as definições admitidas da pessoa ou do indivíduo são atualmente mais do que nunca questionadas. Tanto o advento da sociedade burguesa pôde engendrar a ficção historiográfica do individualismo conquistador, tanto o abalo contemporâneo de nossas certezas ajuda a matizar os conceitos que o historiador projeta sobre o passado.

XI

Os sonhos de Guibert de Nogent*

Que o historiador estude a evolução das atitudes em relação ao sonho, as teorias filosóficas, teológicas ou médicas do sonho, as tradições literárias, hagiográficas ou iconográficas ou ainda as chaves dos sonhos, a questão que retorna é sempre a mesma, talvez sem resposta e, no entanto, necessária: Como e com o quê os homens da Idade Média sonharam? Será que o historiador é capaz de responder a essa questão? Os documentos de que dispõe são documentos escritos; mesmo quando parecem, no melhor dos casos, proceder de relatos orais de sonhos autênticos, eles são o produto de uma elaboração *a posteriori* cujo efeito sobre os relatos do sonho é difícil medir. Outra questão: Que tipo de interpretação o historiador deve tentar fornecer sobre eles? Deve se contentar em estudar o conteúdo social e político das imagens oníricas?[1] Será que não pode tentar encontrar a articulação do processo psíquico individual do sonho – no sentido freudiano do "trabalho do sonho" – e das relações sociais, a fim de compreender como o sonho e a sociedade agem um sobre o outro e como se define assim historicamente a especificidade dos sonhos (de sua prática, de seu conteúdo e de sua função) em uma sociedade dada? Tenho aqui a ambição de seguir por esse caminho, estando consciente dos obstáculos que ela encobre. Por essa razão a minha escolha é concentrar a atenção em um *corpus* limitado de relatos de sonhos, um *corpus* homogêneo que se presta melhor à análise que me proponho conduzir.

O estudo do caso "micro-histórico" parece, no estado atual das pesquisas apenas iniciadas sobre o sonho medieval, o mais desejável. Todas as épocas históricas não se prestam a isso. Mas se parece vão desejar encontrar na Alta Idade Média uma série de relatos de sonhos suficientemente inde-

---

* Retomado de "Rêver au XIIe siècle". In: GREGORY, T. (org.). *I sogni nel* medioevo. Roma: Dell'Ateneo, 1983, p. 291-316.
1. Como o faz, p. ex., BURKE, P. "L'histoire sociale des rêves". *Annales ESC*, XXVIII, 1973, p. 329-342.

pendentes dos modelos hagiográficos do sonho, já não se pode afirmar o mesmo a partir do século XII. Nessa época, o relato dos sonhos pessoais, sem se libertar totalmente dos modelos tradicionais que, aliás, podem ter influenciado a própria experiência onírica, traz uma modificação inegável da documentação de que dispõe o historiador. Essa mutação deve ser relacionada com os hábitos de introspecção que então se desenvolvem, em ligação com a generalização da confissão auricular e o desenvolvimento de novas práticas judiciárias destinadas a produzir a confissão. Um dos efeitos dessa mutação ideológica e mental essencial é a expansão da autobiografia[2].

Entre as primeiras obras dessa ordem, o *De vita sua*, do Monge Guibert de Nogent (escrita ca. 1115) apresenta a vantagem não apenas de conter um número elevado de sonhos e de visões, mas de oferecer uma evocação extremamente precisa do pano de fundo biográfico e psicológico desses sonhos. A história dos sonhos na Idade Média não pode negligenciar um documento cujo interesse é tão manifesto[3].

Algumas indicações sumárias sobre a vida de Guibert de Nogent, assim como ele mesmo fala em sua obra, são indispensáveis para compreender o que ele diz dos sonhos. Ele nasceu por volta de 1055; seus pais pertenciam à média aristocracia do norte da França. Seu nascimento, em um sábado santo de vigília de Páscoa como ele próprio esclarece, ocorreu em condições muito difíceis e quase fatais para sua mãe e ele; segundo o que diz, estaria morto se não tivesse sido destinado à Virgem e prometido à clericatura por seus pais, desde antes de seu nascimento. Tinha apenas oito meses quando seu pai, castelão de Clermont-en-Beauvaisis, morreu prematuramente. Sua mãe recusou-se a casar novamente e dedicou-se a uma vida piedosa e aus-

---

2. Cf. MISCH, G. *Geschichte der Autobiographie*, III. Frankfurt, [s.e.], 1959 [sobre Guibert de Nogent, p. 108-162]. • VERNET, F. "Autobiographies spirituelles". *Dictionnaire de Spiritualité*. T. I. Paris: [s.e.], 1960, 1.141-1.159. • GOODICH, M. *Vita Perfecta – The Ideal of Sainthood in the Thirteenth Century*. Stuttgart: [s.e.], 1982, p. 56-59. Pierre Damien, Giraud de Cambrie e Otloh de Saint-Emmeran mereceriam, entre outras, análises muito precisas. Cf. McLAUGHLIN, M.M. "Survivors and Surrogates: Children and Parents from the Ninth to the Thirteenth Centuries". In: MAUSE, L. (org.). *The History of Childhood*. Nova York: [s.e.], 1974, p. 101-181. • VINAY, G. "Otlone di Sant'Emmeran ovvero l'autobiografia di un neurótico". *La Storiografia Altomedievale*. Settimane di Studio del Centro Italiano di Studi sull'Alto Medioevo XVII. Espoleto: [s.e.], 1970, p. 13-37. • BARLETT, R. *Gerald of Wales, 1146-1223*. Oxford: [s.e.], 1982. • ZONK, M. *La Subjectivité littéraire – Autour du siècle de Saint Louis*. Paris: PUF, 1985.

3. Utilizo a edição LABANDE, E.-R. *Autobiographie*. Paris: [s.e.], 1981. Cf. tb. a tradução inglesa e a apresentação de BENTON, J.F. *Self and Society in Medieval France – The Memoirs of Abbot Guibert of Nogent*. Nova York: [s.e.], 1970, sendo completada por KANTOR, J. "A Psychohistorical Source: the Memoirs of Abbot Guibert of Nogent". *Journal of Medieval History*, II, 4, 1976, p. 281-303.

tera assim como à educação de seu filho; aos seis anos, foi confiado a um preceptor, depois, aos 12, admitido no Mosteiro de Saint-Germer-de-Fly perto do qual sua mãe veio se estabelecer como penitente. Por volta de 1105, com quase 50 anos, foi eleito abade de Nogent, separando-se de sua mãe, cuja morte ele logo descreverá. Foi em Nogent que compôs sua obra escrita, que compreende principalmente, além de sua autobiografia, um célebre tratado sobre as relíquias e uma história da primeira Cruzada. Morreu por volta de 1125.

O *De vita sua* compreende três partes de extensões desiguais: a primeira consiste na autobiografia propriamente dita; a segunda, mais breve do que as duas outras, reúne uma história da abadia de Nogent e anedotas em relação aos monges de Fly. A terceira parte compreende o relato célebre do nascimento da comuna de Laon, com o assassinato do Bispo Gaudry (1112). O trabalho é obra de um letrado possuidor de uma cultura latina antiga e cristã muito vasta; a influência das *Confissões* de Santo Agostinho é evidentemente determinante; afinal a primeira palavra do *De vita sua* não é: *"Confiteor [...]"*?[4]

No conjunto da obra, enumero 46 relatos de visões, de sonhos ou de aparições; e independente de sua forma, são em geral designados como *visiones*. Entre esses relatos, 15 são apresentados como sonhos: ou porque há uma menção explícita a um sonho (*somnium*) nas expressões padrão *videtur in somnis, apparuit in somnis, revelatur in somnis*; ou porque o narrador deixa claro que o visionário adormecera (*"mox in somno coepit deprimi"*) ou dormia (*"quadam nocte cum dormiret"*) no momento da visão; ou, enfim, porque ele o descreve acordando, geralmente sob o próprio efeito de seu sonho (*expergiscitur; experrectus; contigit evigilasse; expergefactus*). Uma única dessas anotações basta para designar o sonho, mas há casos em que várias estão reunidas, em que o sono e depois o despertar são mencionados a respeito do mesmo sonho.

Portanto, não levarei em conta aqui as outras 31 visões, das quais dez são apresentadas explicitamente como visões experimentadas em um estado de vigília: por exemplo, a mãe de Guibert foi atacada uma noite por um de-

---

4. Além dos trabalhos já citados, cf. AMORY, F. "The confessional superstructure of Guibert de Nogent's Vita". *Classica et Mediaevalia*, XXV, 1964, p. 224-240.

mônio íncubo: ainda que estivesse deitada em seu leito, fica claro que estava acordada (*"subito vigilanti illi ipse innimicus incubuit [...]"*)[5]. Nos três outros casos, o visionário é descrito agindo como uma pessoa acordada, ainda que em um ligeiro torpor (*"cum medie sopitus clausis oculis cubitare"*)[6], do qual sai subitamente no final de sua visão: *"in se tandem rediit"*[7], *"homo sese in se recepit"*[8]. E nos outros quatro casos trata-se de uma visão percebida no delírio da agonia; em uma delas, Guibert cita até mesmo a célebre visão de um peregrino de São Tiago milagrosamente ressuscitado[9]. Restam enfim 14 casos em que não fica claro se o visionário estava adormecido ou acordado, e que portanto também me proíbo de considerar como relatos de sonhos.

Esse levantamento pode ser recapitulado da seguinte maneira:

Sonhos	15
Visões em estado de vigília	10
Visões em um aparente torpor	3
Visões em agonia	4
Visões em um estado não esclarecido	14
Total	46

Os 15 relatos de sonhos verdadeiramente atestados distribuem-se de forma desigual pela obra: nove se encontram na primeira parte, propriamente autobiográfica, e, fora duas exceções, todos dizem respeito a Guibert e a seu entorno imediato (sua mãe, seu preceptor, o intendente de sua mãe). A lista a seguir oferece um resumo sumário de cada sonho.

Sonhos de Guibert criança

1 (p. 114-116). O diabo envia em seu sono imagens aterradoras de defuntos; Guibert os vira morrer pela espada ou de outra maneira, ou ouvira contar a morte deles.

---

5. *Autobiographie.* Op. cit., p. 90.
6. Ibid., p. 236.
7. Ibid., p. 198.
8. Ibid., p. 262.
9. Ibid., p. 444-448.

2 (p. 116-118). Em uma noite de inverno, um barulho de vozes mergulha-o "como em um sono". Um morto, falecido sem dúvida em um banho público, aparece-lhe, depois Guibert vê em sonho o demônio "em sua própria aparência".

3 (p. 130-131). Ele está em uma basílica dedicada à Virgem, depois é transportado por dois demônios ao ponto mais alto de um edifício, antes de fugirem e de deixá-lo incólume no interior da igreja.

Sonhos da mãe de Guibert

4 (p. 128-130). Ela encontra-se na igreja de Saint-Germer-de-Fly, que vê abandonada, com os monges – entre eles seu filho – vestidos de maneira contrária à regra e reduzidos ao tamanho de anões. Mas a Virgem aparece, acompanhada de uma moça que reproduz exatamente seus gestos e palavras; ela protesta contra a ruína da igreja que logo é restaurada, enquanto os monges retomam uma aparência e um tamanho normais.

5 (p. 148-158). Sonha que sua alma deixa seu corpo, é conduzida ao longo de uma galeria até um poço onde aparecem sucessivamente alguns fantasmas, seu defunto marido Évrard com um bebê (seu bastardo morto no nascimento), o cavaleiro Renaud, um irmão de Guibert e uma velha companheira já falecida.

Sonhos do preceptor de Guibert

6 (p. 28-31). Em seu sonho um velho encanecido traz ao seu quarto o jovem Guibert, que vem abraçá-lo.

7 (p. 136). O mesmo velho vem questioná-lo sobre alguns poemas obscenos escritos por seu aluno.

Sonho do intendente da mãe de Guibert

8 (p. 98-99). Sonha que a mãe de Guibert casa-se novamente.

Sonhos monásticos

9 (p. 190). Um monge de Saint-Germer-de-Fly acorda depois de ter sonhado que Cristo sangrando descia de sua cruz no meio de um coro e pedia aos monges que se confessassem.

10 (p. 252-254). Um monge caridoso de Saint-Germer-de-Fly sonha que um bando de demônios fantasiados de escoceses lhe pede ajuda; um deles o atinge com uma pedra.

11 (p. 194-196). Uma monja da Trinité de Caen sonha com uma irmã que faleceu atingida com golpes de maça por dois demônios.

Sonhos de nobres leigos

12 (p. 298-300). Um dos nobres conjurados de Laon, cúmplice de Gérard de Quierzy, narra-lhe seu sonho; dois ursos lhe devoram o fígado ou o pulmão.

13 (p. 438-439). Um cavaleiro usurpador dos direitos de pesca do Mosteiro de Nogent sonha que é esbofeteado pela Virgem.

Sonhos, de tipo hagiográfico, de personagens distantes no tempo e no espaço

14 (p. 222-224). O rei bretão Quilius – personagem lendário – de retorno de Jerusalém, doente, sonha que irá morrer e será enterrado junto com as relíquias trazidas da Terra Santa, no pequeno vilarejo que está na origem do Mosteiro de Nogent.

15 (p. 456-458). Relato feito a Guibert por um monge de Mont-Cassin, segundo o qual São Bento teria aparecido em sonho a Didier, abade desse mosteiro, ordenando-lhe que colocasse um fim à sua conduta simoníaca e se arrependesse.

São, portanto, esses 15 relatos de sonho que me proponho a analisar.

As categorias da experiência onírica

Como era normal, Guibert utiliza fielmente o vocabulário agostiniano das potências da alma (*mens, spiritus, intellectus* etc.) e da "visão espiritual" (*visio spiritalis*); às vezes até mesmo deixa claro que as imagens oníricas foram vistas "em espírito" ("*quod viderat in spiritu*"), e não com os olhos do corpo. Essas imagens são designadas na maioria das vezes pela palavra *imago*, às vezes por *species*, uma vez por *imaginatio*. A própria percepção é em geral chamada *visio*, às vezes *visum* (*per visum*), a menos que Guibert não empregue o termo mais específico *somnium*. Se a escolha dos substantivos parece indiferente, sem dúvida o mesmo não acontece com os verbos: o verbo *videre* (às vezes *cernere*), empregado ativamente, designa com frequência a visão onírica do "olho interior" (*quae viderat; quad cernit*); mas, com mais frequência ainda, é substituído pelo verbo *videri* que conota a experiência onírica com uma ideia de passividade (*videbatur mihi*) e de incerteza: a expressão *videre mihi videor* ("pareceu-me ter visto") é particularmente nítida. Como Jacques Paul bem observou, esse vocabulário da aparência caracteriza a relação feita por Guibert de suas próprias experiências visionárias ou oníricas, mesmo não se limitando a ela; opondo-se ao vocabulário da presença "objetiva" (*ei apparuit*, e sobretudo *ei astitit*) que é apenas utilizado nos relatos de aparições, na maioria das vezes demoníacas, narradas por Guibert[10]. Esse tipo de vocabulário está ausente dos relatos que dizem respeito aos sonhos do próprio Guibert ou de sua mãe; *ei astitit*, sobretudo (a propósito da monja de Caen ou do cavaleiro a quem a Virgem apareceu), é empregado quando Guibert é apenas o narrador distante desses sonhos. Inversamente, quando Guibert narra um sonho pessoal ou um sonho feito em seu entorno mais próximo, a insistência sobre a incerteza das percepções oníricas é a regra.

O sonho é uma experiência total, que envolve a um só tempo o corpo e alma do sonhador. O sono noturno é o meio privilegiado dessa experiência ao mesmo tempo física e espiritual. É até mesmo possível que o sonho seja objeto de uma preparação corporal ritualizada, do tipo da incubação: por isso a mãe de Guibert primeiro se encolhe sobre "um banco muito estreito": "*cum membra scamno cubitum angustissimo contulisset*", como se a ascese imposta ao seu corpo lhe permitisse ter um sonho cuja origem divina é particularmente ressaltada. Os esclarecimentos temporais dados a propósito desse sonho evidenciam sua ritualização e também seu caráter positivo: ele aconteceu efetivamente "em uma noite de domingo depois da meia-noite em pleno verão"; a proximidade do dia do Senhor e a aurora caracterizam claramente um sonho "verídico".

---

10. PAUL, J. "Le démoniaque et l'imaginaire dans le *De vita sua* de Guibert de Nogent". *Sénéfiance*, VI, 1979, p. 371-399.

Contudo, o equilíbrio entre a alma e o corpo na própria experiência onírica tende a se romper em dois casos extremos e simetricamente opostos: aquele, do qual acabamos de falar, o sonho mais valorizado de todos, que se aparenta a uma viagem da alma no além; a sonhadora sente sua alma deixar seu corpo (*"sua ipsius anima de corpore sensibiliter sibi visa est egredi"*) e até mesmo pede a Deus a permissão para reintegrar seu envelope corporal (*"hoc solum petebat a Deo cum exisse hominem se sentiret, ut ad corpus sibi redire liceret"*). E aquele, oposto, dos pesadelos diabólicos, em que, ao contrário, o corpo submerge a alma sob o efeito do terror, aniquilando nela qualquer vontade: "Eu mal podia comandar meus sentidos" (*"vix sensum regere possem"*), lembra-se Guibert; seus pesadelos lançavam-no, gritando, para fora de seu leito. Contudo, tais relatos são diferentes daqueles às vezes narrados sobre sonhos (ou visões) diabólicos de pessoas distantes: nesses relatos feitos conforme ao maravilhoso cristão antes mesmo de Guibert tê-los coletados, o sonhador (ou o visionário) pode ser atingido em seu corpo pelo demônio. No sonho da monja da Trinité de Caen em que demônios atacavam com golpes de uma maça uma irmã falecida, "ela viu uma centelha, provocada pelo choque da maça, atingir seu próprio olho. Foi a queimadura provocada por essa partícula ardente que a acordou. E confirmou-se então o que vira em espírito, e do qual seu corpo padecia: o testemunho verídico de seu ferimento acabou confirmando a autenticidade de sua visão". Da mesma forma, o monge que sonhou com demônios que tinham a aparência de escoceses recebeu em pleno peito uma pedra que o fez sofrer por quarenta dias: "Ele teve angústias que quase o conduziram às portas da morte, absolutamente como se esse escocês o tivesse atingido com uma pedra verdadeira".

A experiência onírica é não apenas visual, mas auditiva. Diferentes níveis de percepção sonora podem ser distinguidos: podem ser primeiramente "vozes sem palavra", gritos, um ruído de fundo do sonho. O sonhador pode também ouvir palavras anônimas: no sonho a mãe de Guibert ouve "atrás de suas costas" a ordem de não tocá-la dada aos fantasmas que a ameaçam: "*Nolite, inquit, eam tangere*". A referência escriturária identifica a origem dessa voz, mas nenhuma figura aparece. O mais frequente é o personagem que aparece no sonho se dirigir ao sonhador; suas palavras são relatadas em estilo direto; geralmente, são palavras autoritárias, que prescrevem ao sonhador uma regra de comportamento; e se um diálogo se inicia entre esse personagem (demônio, morte, Virgem etc.) e o sonhador, é o primeiro que toma a iniciativa. Essa palavra é uma ferramenta essencial do fantástico onírico. Veremos também que ela explicita a função normativa desses sonhos.

Uma tipologia dos sonhos?

O propósito de Guibert, nessa obra, não é o de oferecer uma tipologia dos sonhos e das visões. Os três nomes dados de acordo com os seus relatos dos sonhos (*visio, visum, somnium*) são utilizados indistintamente. No entanto, em relação aos sonhos de sua mãe, ele fala de um "gênero" distinto, *visorum genera*, o dos sonhos que provêm de Deus[11]. *Visum*, como *somnium* e *visio* pertencem à classificação de Macróbio, que justamente foi redescoberto pelo século XII[12]. Mas o autor presumido do *Liber de spiritu et anima* (Alcher de Clairvaux)[13] e Jean de Salisbury[14] substituíram esse termo latino por seu equivalente grego *phantasma* que, no contexto da Cristandade latina medieval, tem uma conotação indubitavelmente diabólica[15]. Por *visum* Guibert entende designar, ao contrário, um sonho inspirado por Deus; emprega portanto esse termo independentemente da classificação de Macróbio, escrevendo, aliás, antes de sua redescoberta, ocorrida um pouco mais tarde, no século XII; e Guibert pertence, sobretudo, a um meio monástico tradicional bastante distante das especulações que permitiram a redescoberta de Macróbio. Permanece assim fiel à trilogia agostiniana das visões "corporal", "espiritual" e "intelectual" que, englobando o sonho na categoria mais ampla da *visio spiritalis*, certamente desempenhou um papel decisivo na ocultação da tipologia dos sonhos de Macróbio, quase completa durante a Alta Idade Média.

---

11. *Autobiographie*. Op. cit., p. 146.
12. LE GOFF, J. "Les rêves dans la culture et la psychologie de l'Occident medieval" (1971), retomado em *Pour un autre Moyen Âge*. Paris: [s.e.], 1977, p. 299-306. • NEWMAN, F.X. *Somnium* – Medieval Theories of Dreaming and the Form of Vision Poetry. Princeton, 1974 [tese de doutorado].
13. PL, 40, col. 779-882. • NORPOTH, L. *Der Pseudo-Augustinische Traktat De Spiritu et Anima*. Munique: [s.e.], 1924 [dissertação de mestrado] [reed., Colonia/Bochum, 1971]. • PUTSCHER, M. *Pneuma, Spiritus* – Geistliche Vorstellungen vom Lebensantrieb in ibren geschichtlichen Wandlungen, Wiesbaden: [s.e.], 1973, p. 48-50.
14. *Policraticus*. Vol. I. Oxford: Webb, 1979, cap. XV, p. 87-96.
15. SCHALK, F. *Exempla romanischer Wortgeschichte*. Frankfurt a.M. [s.e.], 1966, p. 295-337.

Em relação aos sonhos, Guibert compartilha, de fato, a atitude comum de seu tempo. Julga-os de acordo com sua origem, distinguindo fundamentalmente dois tipos de sonhos: aqueles que vêm de Deus ("*ex Deo proveniant*") e os que vêm do diabo ("*hostis imagines inferens*"). Não dá nenhum lugar à categoria intermediária daqueles que vêm do próprio homem, seja de sua alma (segundo a teoria de Tertuliano), seja de seu corpo, como os autores do século XII tendiam cada vez mais a afirmar: essa categoria intermediária passará até mesmo para o primeiro plano com Hidelgarda de Bingen que, nos *Causae et Curae*, desenvolve uma psicofisiologia completa do sono e do sonho. Nessa época, o interesse crescente pelo sono caminhou junto com a promoção do corpo como origem possível dos sonhos: nada deixa adivinhar em Guibert essa dupla tendência do pensamento do século XII. Aquele cujo espírito "moderno" foi às vezes louvado (principalmente em relação à crítica das relíquias) permanece, de fato, fiel ao dualismo ortodoxo do monarquismo tradicional.

A estrutura narrativa dos relatos de sonho

Em diversas ocasiões quando fala de *ordo visionis* ou de *series visionis*, Guibert mostra saber que os relatos de sonho obedecem a uma ordem, têm uma estrutura narrativa. Mas essa estrutura não é única, o que reforça a hipótese segundo a qual os relatos de sonhos feitos por ele são bastante independentes da tradição literária ou hagiográfica dos sonhos: apenas aqueles do rei lendário Quilius ou de Didier, o distante abade do Mont-Cassin, se conformam inteiramente com essa tradição.

Contudo, a maioria dos sonhos apresenta uma cena onírica sem desenvolvimento narrativo importante. Quatro sonhos, em contrapartida, chamam particularmente a atenção. Entre eles, três apresentam uma estrutura narrativa idêntica, ainda que os sonhadores sejam a cada vez diferentes (são respectivamente o preceptor, Guibert, sua mãe) e que alguns conteúdos também sejam diferentes.

Estrutura dos sonhos 6, 3 e 4 (aqui numerados respectivamente 1, 2 e 3).

A) *Antes do sonho*: conflito

1) O preceptor hesita em deixar de servir aos primos de Guibert para servir à mãe deste.

2) Guibert criança pretende tomar o hábito religioso, apesar das opiniões contrárias.

3) Guibert é tentado a deixar o Mosteiro de Saint-Germer.

B) *Sonho*: falta (M) ou degradação (D)

1) O preceptor vê parado na porta de seu quarto um velho encanecido que segura o jovem Guibert pela mão (M).

2) Alguns demônios transportam Guibert até a cumeeira de uma igreja dedicada à Virgem (D).

3) A mãe de Guibert vê a Igreja de Saint-Germer abandonada e os monges, entre os quais seu filho, usando vestimentas contrárias à regra e reduzidos ao tamanho de anões (D).

C) *Sonho*: intervenção do auxiliar sobrenatural

1) O velho solta a mão de Guibert e lhe ordena que se jogue nos braços do preceptor.

2) A dedicatória da Igreja à Virgem equivale à sua intervenção milagrosa.

3) A Virgem (Notre-Dame de Chartres) avança até o altar acompanhada de uma jovem criada que repete todas as suas palavras e seus gestos. A Virgem revela seu desejo de não deixar o mosteiro entregue ao abandono.

D) *Sonho*: melhoria

1) A criança se precipita na direção de seu mestre e o cobre de beijos.

2) Os demônios fogem, deixando Guibert incólume no pátio da igreja.

3) A igreja é restaurada, Guibert e os outros monges voltam a uma aparência e tamanhos normais.

E) *Depois do sonho*: resolução do conflito.

1) O preceptor decide servir a mãe de Guibert e morar em sua casa.

2) A lembrança desse sonho reconforta Guibert todas as vezes que é tentado pelo pecado.

3) Depois de a mãe de Guibert ter contado seu sonho a seu filho, este decide permanecer no mosteiro.

Desse quadro guardaremos a evidência de uma estrutura que, mesmo mais simples, não deixa de ter relação com aquela do conto maravilhoso revelada por Vladimir Propp; ela assemelha-se sobretudo à dos *exempla*[16]. E guardaremos também a necessidade de uma definição ampla do sonho que, ao se enraizar na vida do sonhador, começa antes do sono e continua depois dele.

O mesmo ocorre com o grande sonho da mãe de Guibert: a vigília que precede o sono e o sonho deve ser levada em conta, assim como os atos que seguem o despertar. Guibert observa que sua mãe tinha "o amor de sua viuvez", mas que a preocupação em ajudar seu falecido marido na *purgatio* de seus erros não a abandonava. Frequentes visões lhe revelavam suas provações no além, como aquele sonho feito em uma noite de domingo depois das matinas, em pleno verão, quando "assim que reuniu seus membros sobre um banco muito estreito", caiu no sono.

O sonho propriamente dito é uma sequência de quadros justapostos que se sucedem cronologicamente, como as cenas no teatro. O próprio Guibert fala de *sacra mysteria* a propósito desse sonho[17], assim como relata em outra parte a visão diabólica de *spectacula nova* e de histriões por um dos conjurados da comuna de Laon[18]. O modelo dos mistérios religiosos ou do teatro profano talvez tenha exercido sobre esses sonhos e visões um papel importante, ainda que menos sensível do que os modelos literários agostinianos dos sonhos de Monique.

1) *A viagem*. A mãe de Guibert sente sua alma sair de seu corpo ("*sua ipsius anima de corpore sensibiliter sibi visa est egredi*"); é conduzida ao longo de uma galeria ("*per quendam porticum duceretur*"), da qual emerge para se aproximar do buraco de um poço.

---

16. Cf. a análise da estrutura do *exemplum* por C. Brémond em BRÉMOND, C.; LE GOFF, J. & SCHMITT, J.-C. *L'Exemplum*. Turnhout: [s.e.], 1982, p. 109-143.
17. *Autobiographie*. Op. cit., p. 152.
18. Ibid., p. 341.

2) *O começo da provação da alma da sonhadora*. Fantasmas (*"larvali specie homines"*) saem do poço e tentam arrastá-la até ele. Uma voz, atrás de suas costas, proíbe que a toquem e os afugenta. Essa cena da provação identifica o lugar onde ela se encontra como não sendo o inferno, que deve estar no fundo do poço. Ela também marca uma reviravolta na narrativa: a virtude da mãe de Guibert, que superou a provação, é reconhecida; de vítima potencial ela pode se tornar a auxiliar da alma de seu marido.

3) *O encontro com Évrard, seu falecido marido*. Évrard, o falecido pai de Guibert, aparece para sua esposa ao lado do poço aonde ela viera se apoiar. Ele tem o aspecto do *juvenis* que era por ocasião de sua morte prematura. Começa então a *interrogatio* do morto por sua viúva que lhe pergunta sucessivamente:

a) *Se ele é realmente Évrard*: ele nega essa evidência, pois, esclarece Guibert, se as almas guardassem no além o nome usado sobre a terra, lá só poderiam reconhecer as de parentes e de amigos. "A alma de meu pai recusou-se portanto a ser assim chamada." Mas, para além dessa justificativa teológica, podemos nos perguntar se a questão feita não se assemelha a uma invocação de necromante: a recusa do morto em se deixar reconhecer e nomear tenderia assim, para o narrador, a afastar qualquer risco de confusão entre o sonho "divino" de sua mãe e uma prática diabólica condenada tradicionalmente pela Igreja. No século XIV, esta saberá dar forma a uma *interrogatio* ortodoxa, exclusivamente confiada aos clérigos, a fim de identificar os "bons espíritos" e conhecer suas vontades[19].

b) *Onde ele fica*: ele responde que fica em um "lugar" não distante do presente "lugar" (*"ille acsi plateam haud procul a loco positam insinuat, et ibidem se commorari"*). O lugar do encontro parece, portanto, servir de antecâmara a essa *platea* não especificada como o inferno no fundo do poço.

---

19. Cf., do dominicano Jean Gobi, *Disputatio inter quemdam priorem Ordinis Predicatorum et Spiritum Guidonis de Corvo* (1323) [Trad. de Marie-Anne Polo de Beaulieu], *Jean Gobi* – Dialogue avec un fantôme (Paris: Les Belles Lettres, 1994) e as obras mais teóricas: o tratado de Jacques de Juterborg (de Paradisio, *Tractatus des animabus exutis a corporibus*) e aqueles de Jean Gerson e Henri de Langenstein sobre a maneira de distinguir entre os bons e os maus espíritos. Cf. tb. BOLLAND, P. *The Concept of Discretio Spiritum in John Gerson's* – "De Probatione Spiritum" and "De Distinctione Verarum Visionum a falsis". Washington: [s.e.], 1959.

O espaço do além ainda não está organizado de maneira clara e definitiva: Guibert de Nogent, no início do século XII, pode conceber apenas um "pré-purgatório"[20].

c) *Qual é seu estado*: Évrard mostra as terríveis feridas que traz no braço e nas costas; sua viúva também percebe ao seu lado um fantasma de criança (*"pueruli cujuspian species"*) que emite gritos quase insuportáveis.

Nesse ponto do relato, Guibert insere a explicação desses ferimentos e da presença do pequeno fantasma: em consequência de um "malefício", seus pais não consumaram seu casamento durante sete anos; sob a pressão de familiares de sua linhagem[21], o marido, seguindo a opinião de "conselheiros depravados", quis "saber por experiência" o que acontecia com sua virilidade; ora, de seu comércio com uma mulher frívola, ele teve um filho que morreu logo e sem batismo. Ele retornou então para sua esposa que, logo, deu-lhe filhos legítimos, entre os quais Guibert. Comentando o sonho de sua mãe, este explica: "O ferimento no lado significava então que tinha conspurcado seu engajamento conjugal; quanto aos clamores dessa voz insuportável, eles significavam a danação da criança concebida no pecado".

d) *Se as preces, as esmolas e as missas oferecidas lhe trazem alívio*: ele responde afirmativamente e se refere particularmente às preces de certa Liutgarde, santa mulher cuja função era ajudar os mortos que lhe eram encaminhados[22].

A mãe de Guibert encerra então essa conversa (*"loquendi ad patrem meum finem faciens"*). Mas novas cenas se oferecem a ela.

4) *A visão dos danados*. Ela vê, de joelhos sobre uma prancha de madeira colocada à beira do poço, o cavaleiro Renaud que assopra atiçando o fogo de uma fogueira; como a madeira é devorada pelo fogo, ele próprio acabará caindo no poço infernal. Esta visão é premonitória do assassinato de Renaud –

---

20. Segundo a terminologia proposta por J. Le Goff (*La naissance du purgatoire*. Paris: [s.e.], 1981) sobre Guibert de Nogent, p. 246-250.
21. *Autobiographie*. Op. cit., p. 76.
22. Ibid., p 152. Podemos aproximar esse nome ao da santa encarregada das almas do purgatório. Lutgarde, no século XIII, mencionada por J. Le Goff (*La naissance du purgatoire*. Op. cit., p. 434-436). Simples coincidência?

naquele mesmo dia ao meio-dia – e de sua danação, pois são seus próprios erros que "acenderam" o fogo e é ele mesmo que o alimenta com seu sopro suicida. Ela também percebe sobre a mesma prancha um irmão de Guibert, que ajuda Renaud a atiçar o fogo e que blasfema: este só morrerá mais tarde, mas está prometido ao mesmo castigo. Enfim, a mãe de Guibert vê dois demônios "bem negros" levarem o fantasma (*speciem umbraticam*) de uma amiga defunta; este lhe prometera antes de morrer de lhe aparecer depois de seu falecimento para revelar seu destino no além[23]. Esta mulher, no momento de morrer, já tivera a revelação de que o céu lhe permaneceria fechado. Mas, no final de sua agonia, ela repelira dois demônios que queriam levar sua alma e, depois de morta, aparecera a outra mulher, garantindo que as preces delas a libertariam. A visão da mãe de Guibert parece desmentir essa saída. Contudo, o essencial é observar certa dificuldade de Guibert em distinguir as almas que podem ser libertadas das penas do além pelos sufrágios dos vivos, e aquelas que estão irremediavelmente condenadas. Assim como para o espaço do além, o "nascimento do purgatório" vai, aproximadamente meio século mais tarde, trazer uma clarificação necessária em relação ao destino das almas depois da morte.

Essa sucessão das cenas oníricas que surgem e desaparecem subitamente no sonho da mãe de Guibert obedece com efeito a uma evidência lógica: trata-se de definir o estatuto da alma de Évrard em relação a todas aquelas dos danados: o bastardo, Renaud, o irmão de Guibert, os fantasmas saídos do poço e talvez a velha senhora. Apenas Évrard pode com certeza ser resgatado. O sonho conduz assim à ação: ao despertar, a mãe de Guibert compreende que deve intensificar os sufrágios para seu esposo falecido e comprar os tormentos deste ao preço de sua própria mortificação. Para isso, recolhe uma criança cujos gritos incessantes, durante toda a noite, dão-lhe, por analogia com os que atormentam Évrard, a certeza de que com seus sofrimentos contribui para a libertação do seu marido defunto.

---

23. Esse pacto entre dois amigos é um tema extremamente frequente em toda a literatura das aparições na Idade Média. Cf. SCHMITT, J.-C. *Les revenants* – Les vivants et les morts dans la société medieval. Paris: Gallimard, 1994.

Os sujeitos e os objetos dos sonhos

O objeto principal de cada sonho é uma ou algumas figuras de homens vivos ou já mortos, personagens sobrenaturais, que podem ser positivos (Cristo, Virgem, anjo, santo) ou negativos (demônios). Esses "objetos" podem ser relacionados com os sonhadores, dispostos em quatro círculos concêntricos: o próprio Guibert, seu entorno imediato (a mãe, o preceptor, o intendente de sua mãe), um círculo de relativa proximidade cultural e espacial (monges, freiras, cavaleiros), o círculo dos sonhadores distantes no tempo ou no espaço (o Abade Didier e o rei legendário Quilius). Essa relação está sistematizada no *quadro I*.

Este quadro revela três grupos distintos de sonhadores:

• Guibert lembra-se de pesadelos de criança nos quais lhe apareciam mortos, vítimas de morte violenta (ele teria até mesmo assistido ao trespasse de alguns deles) e dos demônios que o agrediam.

• Segundo ele, sua mãe, o preceptor e o intendente sonhavam principalmente com o próprio Guibert e com parentes e homens próximos, vivos ou, na maioria das vezes, mortos ou destinados a morrer em um prazo mais ou menos curto.

• Os personagens sobrenaturais positivos ou negativos estão presentes exclusivamente nos sonhos dos sujeitos mais distantes no espaço e/ou no tempo.

Essas observações vão ao encontro da observação feita por Jacques Paul a propósito das aparições demoníacas para Guibert: o relato feito por testemunhas e reelaborado em conformidade com a tradição letrada tende a se distanciar de relatos que narram a lembrança de experiências pessoais. Os *quadros 2* e *3* permitem especificar essa hipótese, ao comparar os relatos de sonhos com os de visões não explicitamente designadas como sonhos.

O *quadro 2* mostra a nítida preponderância dos sonhos sobre as outras visões que envolvem Guibert e seu entorno imediato (oito contra duas); a relação inversa caracteriza as pessoas mais distantes (26 visões contra sete sonhos). O *quadro 3* detalha o conteúdo dos sonhos e das visões: ele confirma a importância dos homens vivos e mortos entre os objetos dos sonhos, e a dos personagens sobrenaturais, principalmente demoníacos, nas outras visões. Podemos, portanto, dizer que de uma maneira geral a distância e a tradição favorecem a elaboração de relatos conformes ao maravilhoso cristão,

Quadro 1 Sujeitos e objetos dos sonhos

Sonhadores	Número de ordem do sonho	Homens vivos: Guibert	Mãe de G.	Monges	Renaud	Irmão de Guibert	Homens mortos: Guerreiros	Assassinados	Afogado	Fantasmas	Evraud	Bastardo	Mulher velha	Seres sobrenaturais Positivos: Cristo	Velho	Virgem	Jovem criada	São Bento	Negativos: Demônios	Dois ursos
Guibert criança	1						*													
	2																		*	
	3							*											*	
Mãe de Guibert	4	*		*																
Preceptor	5	*				*			*	*	*	*	*				*	*		
Intendente	6		*																	
Monge (1)	7	x														x				
Freira	8														*					
Monge (2)	9														*					
Conjurado	10													*						
Cavaleiro	11																		*	
	12																		*	
	13																		*	
Didier	15																*			*
Rei Quilius	14																	*		

x = Presença virtual

sobretudo sob a forma de visões de personagens sobrenaturais principalmente demoníacos, e utilizando o vocabulário objetivista da presença (*astitit diabolus*); ao contrário, os relatos que se referem ao próprio narrador ou aos personagens próximos permanecem mais fiéis à experiência onírica original: são sonhos e não visões em estado de vigília, que utilizam o vocabulário da semelhança (*videbatur*) e não da presença, e que têm como objeto a rede de relações sociais à qual pertencem o sonhador, um grupo de homens vivos ou mortos, mais do que personagens sobrenaturais.

Quadro 2 Número de sonhos e outras visões segundo os tipos de sonhos

	Sonhos	Visões
Guibert	3	0
Mãe Preceptor Intendente	5	2
Monges Freiras Cavaleiros	5	22
Personagens mais distantes no espaço/tempo	2	4
Diversos		3
Total	15	31

Quadro 3 Número de sonhos e outras visões segundo os tipos de objetos

Homens vivos	4	1
Homens mortos	4	3
Cristo	1	
Virgem	2	2
Anjos, velhos, bons espíritos	2	1
Santos	1	1
Paisagem celeste		2
Demônios	4	14
Demônios sob a forma animal	1	2
Diversos		4

A interpretação dos sonhos

Para Guibert, o conteúdo dos sonhos (*tenor visionis*) sempre tem um sentido (*sententia*), que é necessariamente religioso em razão da origem sobrenatural do sonho (que pode ser divina ou diabólica) e com mais frequência em razão da finalidade do sonho, explicitada por sua interpretação. Esta procede de verdadeiros "profissionais" da interpretação (*interpretes*), que são aqui o preceptor e, sobretudo, a mãe de Guibert. Esta última interpreta os sonhos de outrem, como, por exemplo, de seu intendente que sonhara que ela se casaria novamente: "Minha mãe, que era extremamente sutil em semelhante matéria (*"in talibus versutissima"*), não precisou de nenhum intérprete, mas dirigindo-se a meu mestre fez com que compreendesse, com um olhar silencioso, que tal visão era um presságio desse amor de Deus com o qual se alimentavam juntos, de Deus que ela desejava esposar"[24]. Em outra parte, Guibert diz que sua mãe também fora consultada por uma criada sobre os demônios que, sob a forma de cães, aterrorizavam sua filha no berço[25]. Ela mesma e o preceptor interpretaram também seus próprios sonhos, ou porque lhes diziam respeito pessoalmente (quando o preceptor sonha que seu aluno é conduzido até seu quarto), ou porque tinha como objeto Guibert. Sua mãe desfrutava sobretudo de um verdadeiro "olho interior" que lhe permitia em sonho adivinhar as angústias de seu filho e até mesmo predizer seu futuro. Mesmo depois de morta, no momento em que Guibert escrevia, suas predições (*portenta*) continuavam se realizando ou, se ainda não tinham se verificado, ele ficava tão paralisado a ponto de não poder falar sobre elas: "Visões muito frequentes, nas quais eu figurava com outras pessoas, permitiam-lhe prever, com muito tempo de antecedência, o que devia se produzir; constato com toda a certeza que alguns desses acontecimentos se realizam ou se realizaram, o que faz com que eu espere que os outros também aconteçam, e penso deliberadamente que devo me abster de acrescentá-los a essa relação"[26]. Esse dom de clarividência e de premonição oníricas vinha-lhe de sua grande virtude: "Como indubitavelmente os

---

24. *Autobiographie*. Op. cit., p. 98.
25. Ibid., p. 174-175.
26. Ibid., p. 168.

sonhos (*somnia*) derivam da multiplicidade das preocupações (Eclo 5,2), nela todavia essas preocupações eram provocadas, não pela efervescência da avidez, mas por uma verdadeira preocupação com meu bem espiritual"[27]. Contudo, o(a) intérprete não extraía sozinho(a) o sentido de seu sonho, mas junto com a pessoa envolvida, discutindo com ela sobre o conteúdo do sonho. Para o mestre como para a mãe de Guibert, a interpretação é a ocasião de uma pedagogia da palavra que resulta na confissão (*confessio*) da criança: "Meu mestre devia me relatar a coisa, e ambos tivemos uma mesma explicação sobre o teor desse sonho"[28]. Sua mãe não agiu de forma diferente: "Portanto, assim que seu piedoso pensamento era atravessado por essa inoportuna visão, ela que, para resolver tais problemas, era extraordinariamente sutil e perspicaz ("*in talibus exsolvendis admodum subtilis er perspicax*") assim que, digo eu, interpretando como presságio (*portentum*) o desgosto que esses sonhos lhe causavam, ela me chamava e, em grande segredo, revisava comigo minha aplicação ao estudo, meus atos e minhas ocupações. Ora, era meu hábito de nunca lhe recusar uma completa harmonia de nossas almas: por isso apressava-me em lhe fazer confissões a respeito de tudo o que eu a ouvia me relatar de acordo com o testemunho de seus sonhos, de tudo aquilo que lhe parecia envolver minha alma; convidava-me a me corrigir, eu o prometia na sinceridade do coração"[29].

Tais textos são de uma extrema densidade. Eles esclarecem todos os aspectos da interpretação: sua forma dialogada; sua finalidade, que é de resultar na confissão e na correção moral; seu princípio mesmo, que é duplo: a interpretação é global, isto é, que o sentido é tirado da totalidade do relato: por outro lado, ela é fundada na confrontação das imagens oníricas com a situação objetiva das pessoas envolvidas no sonho, seja antes, seja depois dele. Essa técnica interpretativa é bem-iluminada por Guibert a propósito de sua mãe, que interpreta seu sonho "*ex convenentia visionis veris vera conferens*"[30]. Ela aproxima, faz coincidir, dois tipos de fatos "verdadeiros":

---

27. Ibid., p. 122.
28. Ibid., p. 136.
29. Ibid., p. 122-125. Todos esses textos deveriam ser colocados no dossiê da pré-história do cânone 21 do IV Concílio de Latrão (1215), sobre o qual consultaremos *Pratiques de la confession des Pères du désert à Vatican II: Quinze études d'histoire* – Groupe de La Bussière. Paris: [s.e.], 1983.
30. *Autobiographie*. Op. cit., p. 154.

aqueles da realidade objetiva, futura ou passada, e aqueles da realidade onírica; assim o assassinato de Renaud no mesmo dia do sonho confirmou a imagem premonitória do homem desonrado sobre o fogo acima do poço; e o nascimento do bastardo, "cuja existência ela de fato não tinha ignorado", designava, desta vez antecipadamente, a aparição fantasmática dessa criança no sonho. Por isso a interpretação que é feita apoia-se em uma situação singular e não em um simbolismo exterior aos atores. Um bom exemplo é fornecido pelo sonho do conjurado, cujo fígado e pulmão são devorados por dois ursos. A reminiscência de uma passagem bíblica não deixa qualquer dúvida: dois ursos devoraram as duas crianças que zombaram de Eliseu (2Rs 2,24); na literatura o urso simboliza o inimigo, o pagão[31]. Mas aqui o vínculo entre os ursos e as crianças é transposto para uma situação singular em que estas não são as agressoras, mas as vítimas: elas se identificam com os ursos para castigar simbolicamente seu assassino usando o cúmplice deste. Contudo, essa identificação simbólica permanece implícita, e não deve ser formulada sob essa forma por Guibert, pois é o conjunto do relato que faz sentido, e não uma de suas imagens particulares. A interpretação global dos sonhos, que é a regra em *De vita sua*, é muito diferente da interpretação analítica que caracteriza as chaves dos sonhos, em que cada imagem de sonho é vinculada a um sentido simbólico universal. O caso dos sonhos e de sua interpretação em Guibert de Nogent levanta pelo menos a questão da utilização real das chaves dos sonhos na Idade Média, e as razões para as quais estas eram reproduzidas[32]. Os princípios da interpretação descrita por Guibert são efetivamente muito diferentes daqueles sobre os quais repousam as chaves dos sonhos.

Os sonhos positivos da mãe de Guibert são descritos como *portenta*, presságios que dizem respeito ou à vida de Guibert ou ao destino de seu outro filho e do cavaleiro Renaud. São portanto voltados para o futuro, de

---

31. BRAET, H. *Le Songe dans la chanson de gestes au XIIe siècle*. Op. cit., p. 187.
32. Cf. esp. SUCHIER, W. "Altfranzösische Traumbücher". *Zeitschrift für französische Sprache und Literatur*, LXVII, 1956, p. 129-167. • ÖNNERFORS, A. *Über die alphabetischen Traumbücher (Somnialia Danielis) des Mittelalters* – Medievalia, Abhandlugen und Aufsätze. Lateinische Sprache und Literatur des Mittelalters, VI. Frankfurt/Berna/Las Vegas: [s.e.], 1977, p. 33-331. • FORSTER, M. "Beiträge zur mittelalterlichen Volkskunde". *Archiv für das Studium der neueren Sprachen und Literaturen*, CXX, 1908, p. 302-305; CXXV, 1910, p. 39-70; CXXVII, 1911, p. 31-84; CXXXIV, 1916, p. 264-293. As primeiras listas publicadas remontam ao século XI (anglo-saxão).

acordo com toda tradição clássica, bíblica e medieval do sonho significante, principalmente na oniromancia. Todavia, ele não anuncia um destino ineluntável, um *fatum* predeterminado pela vontade divina, salvo no caso em que o homem, por sua falta, já condenou a si mesmo. Na maioria das vezes, o futuro por ele previsto ainda deve ser construído, escolhido pelo próprio sujeito. E essa escolha é sempre de natureza religiosa: é uma escolha entre o vício e a virtude. A função do sonho é iluminar os elementos dessa escolha; a interpretação o explicita e o guia. Mas os dados entre os quais escolher já estão presentes antes do sonho na situação conflituosa que lhe dá origem.

O melhor exemplo disso é fornecido pelo sonho do preceptor, cuja estrutura narrativa foi analisada anteriormente: o mestre hesita em vir morar na casa da mãe de Guibert, e é apenas no final do sonho – no qual vê um idoso lhe trazer a criança – que ele deve se colocar a seu serviço. Por certo, seguindo o relato de Guibert, o quarto no qual dorme o preceptor e com o qual sonha já é aquele no qual irá morar normalmente apenas depois do sonho. O relato onírico opera uma inversão do tempo, prova de que o sonho e sua interpretação são pré-programados por uma situação individual e social anterior. Tanto quanto ao futuro, o sonho é voltado ao passado. É por isso que se impõe aqui outra leitura do sonho, inspirada na psicanálise[33].

Conteúdo manifesto e conteúdo latente

O próprio Guibert está, de várias maneiras, envolvido em todos os sonhos que relata: em todos os casos como narrador, às vezes como objeto de sonhos (de sua mãe, do preceptor), ou ainda como sujeito (quando relata seus pesadelos de infância). Em mais da metade deles (8 dos 15) ele é o principal envolvido, e todos remontam à infância. Esses relatos autobiográficos de sonhos são o produto de um triplo "trabalho": o "trabalho do sonho", da memória e da escrita. Isso significa dizer que o historiador deve levar em conta todas as censuras possíveis, conscientes ou não, que pesaram sobre esses relatos e que podem explicar seu silêncio: Guibert não diz ter sonhado com sua mãe, apesar da grande afeição que lhe dedicava; ele não

---

33. Refiro-me aqui essencialmente a FREUD, S. *L'Interprétation des rêves*. Paris: [s.e.], 1916 [trad. fr. I. Meyerson[[reed., 1976].

relata nenhum sonho pessoal em que seu pai lhe teria aparecido; cala-se sobre qualquer um com conteúdo explicitamente sexual, a despeito das fortes tentações da carne que ele, aliás, diz ter sofrido. Não narra, em relação a ele, nenhum sonho adulto. Em contrapartida, a presença do próprio Guibert e de seu pai no centro dos sonhos de sua mãe e do preceptor é o traço marcante desses relatos. A relação onírica mantida por esses quatro personagens deve, portanto, ser considerada como essencial. Podemos até mesmo afirmar que Guibert continua seu próprio sonho ao narrar os de sua mãe e de seu mestre. E é o conjunto de todos eles que constitui sua autobiografia sonhada.

Guibert tinha oito meses quando seu pai morreu. Ora, quando escreve sua autobiografia, não hesita em agradecer a Deus por essa morte que impediu seu pai de se retratar depois de ter destinado seu filho à Virgem e à Igreja. Graças a essa morte, diz Guibert dirigindo-se a Deus, "você iria me servir de Pai"[34]. Não é um acaso se Guibert insiste sobre a data de seu nascimento, véspera do dia de Páscoa em que ressuscita o Filho de Deus ao qual, simbolicamente, ele se identifica... Mas a perda prematura de seu pai terrestre pesou muito sobre a formação e o equilíbrio psíquico da criança, determinando em relação à sua mãe uma ligação insuperável, ainda que possa ser sublimada na veneração da Virgem[35]. As relações ambíguas entre Guibert e o preceptor não são menos notáveis: o amor transbordante do mestre (o beijo onírico, p. ex.) alternava com um excessivo rigor em relação à criança, para quem era, em todos os sentidos, um substituto do pai defunto. No entanto, se Guibert parece ter se comprazido com a morte de seu pai e se este está ausente de seus sonhos assim como ele os relata, podemos nos perguntar se o pai defunto não retornava simbolicamente nos sonhos da criança, sob os traços de pessoas falecidas vítimas de mortes violentas e prematuras, pela espada ou nos banhos públicos. O sonho mais longo da mãe de Guibert não traz uma resposta?

O casamento dos pais de Guibert, segundo seu próprio relato[36], é a história de um fracasso. Ambos muito jovens, durante sete anos foram impedidos de consumar sua união em razão, como diz Guibert, de malefícios lançados

---

34. *Autobiographie*. Op. cit., p. 24.
35. Cf. a esse respeito os estudos de J.F. Benton e J. Kantor.
36. *Autobiographie*. Op. cit., p. 76.

por uma madrasta invejosa. A rejeição obsessiva da carne, por parte da mãe de Guibert, sem dúvida também desempenhou um papel: enquanto seu esposo superara suas próprias dificuldades, ela continuava "suportando com horror os deveres do leito conjugal"[37]. Para ela, a morte de Évrard foi uma libertação: recusando-se a um novo casamento, enquanto sua beleza e sua herança atiçavam as cobiças, foi se identificando mais e mais com a Virgem: a jovem criada que vê em sonho reproduzir todos os gestos e as palavras da Virgem não é ela própria? Mas Évrard, o esposo defunto, retorna em seus sonhos e de uma maneira bem-explícita.

Os sonhos de Guibert e o longo sonho de sua mãe, assim como ele o narra, têm em comum portanto tais imagens de morte e de sexo: ele sonha com homens mortos pela espada (talvez sob seus olhos) ou com um homem morto nos banhos públicos, alusão marcada, na cultura medieval, por uma evidente conotação sexual. Sua mãe sonha com Évrard acompanhado do fantasma de seu bastardo, encarnação de seu pecado sexual; seus ferimentos são o castigo de sua excessiva sexualidade e do adultério: são a imagem simbólica da castração; esse fantasma habita ainda mais o menino porque este está submetido à severidade de seu mestre, que parcialmente substituiu seu pai; esse eco é enviado de maneira ainda mais explícita em outro relato do *De Vita*[38].

A mãe como o filho parecem ter recalcado a imagem do esposo, Évrard, ou do pai defunto. Mas este retorna em seus sonhos: sem dúvida porque, segundo Freud, o sonho liberta as imagens recalcadas do inconsciente, mas também porque a função social deles era guiar a ação dos homens em relação aos familiares defuntos: permitir, graças à experiência onírica, a "reinserção social" dos mortos em sofrimento quando ainda havia para eles uma esperança de salvação; o sonho permite ao morto anônimo que perdeu seu nome terrestre tornar-se um morto legítimo, objeto da solicitude e dos sufrágios de seus familiares vivos.

O sonho marca assim um momento-chave de uma "história de vida" familiar que começa bem antes dele e continua depois dele. Ora, o que une o

---

37. Ibid., p. 146.
38. Ibid, p. 180: o raio vem queimar o sexo de um monge.

sonho e a realidade é uma cadeia de três crianças que têm, pelo menos duas delas, uma dupla existência onírica e real que, cada uma, parece enviar à outra sua imagem, como em um espelho. As três crianças são:

• O filho bastardo, cujo nascimento trouxe a prova da virilidade de Évrard, permitindo-lhe assim procriar filhos legítimos, entre os quais o próprio Évrard; mas essa prova não foi administrada senão ao preço de um excesso sexual cujos gritos do fantasma da criança no além serão o insuportável castigo.

• O próprio Guibert, cujo nascimento foi então permitido pelo bastardo.

• A criança recolhida pela mãe de Guibert depois de seu sonho, verdadeiro duplo daquela que atormenta a alma de Évrard. Seus gritos são a réplica dos emitidos pelo pequeno fantasma e os tormentos que ele inflige à mãe de Guibert devem resgatar aqueles sofridos pelo pai. Assim como o pequeno bastardo, condenado por um erro que não cometeu, a criança "adotada" não tem existência própria: é apenas o instrumento do resgate do pai de Guibert[39].

O intérprete dos sonhos entre vivos e mortos

Certamente, o documento analisado é excepcionalmente rico. A despeito do peso dos modelos literários (Agostinho), ele permite perceber o psiquismo de um indivíduo. Mas ao mesmo tempo o sonho sempre aparece como uma atividade fortemente socializada. Nas sociedades tradicionais muito particularmente, como mostrou Roger Bastide, o sonho nunca é redutível a um ato do psiquismo individual[40]. No caso presente, ele é o resultado de um grupo familiar que está centrado na mãe de Guibert e cujos membros discutem os sonhos uns dos outros para extraírem assim as lições adequadas à resolução das relações sociais, entre os próprios vivos e entre os vivos e os mortos.

Esse papel central da mãe obedece, com certeza, a vários modelos:

---

39. Mais do que dizer que "a criança não existe na Idade Média", diremos que uma concepção "instrumental" da criança foi por muito tempo dominante.
40. BASTIDE, R. *Le rêve, la transe er la folie*. Paris: [s.e.], 1972.

- O modelo hagiográfico dos "sonhos da mãe grávida", de origem muito antiga, e que encontramos por exemplo no século XII no caso da mãe de São Bernardo. Guibert não chega a reivindicar para sua mãe (e para ele mesmo) uma forma de sonho reservada aos santos. A menos que os três sonhos tradicionais da mãe grávida tenham sido substituídos pelos seus três sonhos pessoais[41]. De todo modo, essa hipótese pode reforçar a ideia de que os seus sonhos, os de sua mãe e de seu mestre não formam senão uma única e mesma autobiografia sonhada, a sua. Ainda que seja inegável que o indivíduo se afirme nessa época[42], principalmente narrando sua vida e seus sonhos, ele se define através de seu grupo de parentesco carnal ou simbólico: o sonho narcísico de Guibert continua no relato dos sonhos de sua mãe; o conjurado de Laon, que vê em sonho dois ursos devorá-lo, não é o verdadeiro destinatário desse presságio onírico: quem é visado é seu senhor, Gérard de Quierzy, a quem ele substituiu em sonho. Em sonho, o senhor e seu "homem", a mãe e o filho, formam apenas um.

- O modelo da incubação está em ação na maneira ritual, de inspiração ascética, pela qual a mãe de Guibert procura o sono e suscita seu sonho divino.

- O modelo da viagem da alma que se destaca por um tempo do corpo e visita o além molda esse mesmo sonho da mãe. Ele caracteriza vários dos inúmeros relatos de visões da Idade Média. Dado muitas vezes sob uma forma literária (no *Romance da rosa*, p. ex.) ele repousava em um substrato de tipo xamânico[43].

- O modelo das *Confissões* de Santo Agostinho é o mais evidente: encontra-se principalmente no sonho materno que esclarece a conversão do filho e também no tema da tentação da carne que é um obstáculo

---

41. Agradeço a Christiane Marchello-Nizia por me ter sugerido essa hipótese.
42. ULLMANN, W. *The Individual and the Society in the Middle Ages*. Londres: [s.e.], 1967. • MORRIS, C. *The Discovery in the Individual, 1050-1200*. 2. ed. Nova York: [s.e.], 1973. • BYNUM, C.W. "Did the Twelfth Century Discover the Individual?" *Journal of Ecclesiastical History*, XXXI, 1980, p. 1-17, retomado em *Jesus as Mother* – Studies in the Spirituality of the High Middle Ages. Berkeley/Los Angeles/Londres: [s.e.], 1982, p. 82-109.
43. Cf., ainda do século XVI, o "ritual onírico" descrito por GINZBURG, C. *Les Batailles noturnes – Sorcellerie et rituels agraires en Frioul, XVIe-XVIIe siècle*. Lagrasse: Verdier, 1980.

a essa conversão[44]. Todavia, esse modelo não é retomado como tal: é adaptado à situação singular das relações entre Guibert e sua mãe, que são diferentes daquelas entre Agostinho e Monique. Com Guibert, no século XII, a *auctoritas* não é mais totalmente restritiva: ela se adapta para poder servir de modo eficaz de instrumento de análise face a uma situação inédita.

O papel de intérprete da mãe de Guibert não se reduz de forma alguma a esses modelos. Ele é determinado por uma situação social específica: a de uma mulher oriunda da aristocracia média, viúva e penitente que vive às margens de um mosteiro de homens. Trata-se de uma situação "liminar"[45] que é a condição de seu papel de "intermediário cultural"[46], cujo instrumento é o sonho. Este papel caracteriza inúmeros visionários, mulheres como algumas beguinas, homens entre os quais inúmeros conversos, irmãos leigos e, sobretudo, eremitas: ou seja, muitos tipos sociais que não formam uma categoria sociocultural homogênea, mas definem um papel social no contato com diferentes grupos, estatutos, sexos e idades da sociedade. Esse papel lhes permite transmitir de uma categoria a outra um *saber* sobre o futuro e sobre o além sem passar pelas mediações oficiais da sociedade feudal e da Igreja: a mediação masculina dos clérigos e a mediação letrada da escritura[47]. O saber dos sonhos assim como aparece aqui pertence ao mundo leigo e da oralidade.

Esse papel consiste principalmente no exercício de um *poder*, bem-ilustrado pelo domínio da mãe de Guibert sobre toda a existência de seu filho. Para o intérprete, não se trata apenas de poder controlar o imaginário de outrem, mas de agir verdadeiramente sobre as relações sociais, uma vez que a interpretação guia a ação dos homens, orienta seus comportamentos. Na

---

44. Cf. os estudos citados de G. Misch e F. Amory. O famoso sonho de Monique está relatado no livro III, cap. XI, das *Confissões*. Cf. tb. o livro VI, cap. XIII.

45. Segundo a terminologia de V. Turner (*The Ritual Process*. Chicago: [s.e.], 1969. • *Dramas Fields and Metaphors*. Ithaca: [s.e.], 1974) e tb. V. Turner e E. Turner (*Image and Pilgrimage in Christian Culture*. Nova York: [s.e.], 1978.

46. Aqui tomo emprestado de Michel Vovelle um conceito que lhe é familiar e que acredito particularmente operatório para o estudo da circulação dos modelos culturais.

47. *Autobiographie*. Op. cit., p. 169. O que Guibert diz sobre sua mãe é muito revelador: "Ao vê-la dissertar assim, poderíamos tomá-la não por uma mulher sem instrução (o que ela era), mas por *um bispo muito eloquente*" (destaque meu).

sociedade feudal, o sonho tem não apenas um valor individual, tem uma eficácia social. Hoje, a eficácia social é reconhecida no trabalho, mas, no século XII, ao contrário, o trabalho (*labor*) se destacava ainda com dificuldade do sistema de valores simbólicos, morais e religiosos, que tradicionalmente o definia.

Se o intérprete pode guiar a ação dos homens, é principalmente porque o sentido que ele dá ao sonho torna compreensível a voz dos mortos. Aliás, o elo essencial entre o sonho e os mortos é confirmado pela etimologia[48]. Os mortos – o pai – retornam nos sonhos do além da consciência, falam com o sonhador, perguntam e ordenam[49]. O intérprete dos sonhos ocupa um lugar crucial entre eles e os vivos.

Ao ouvir os sonhos de cada um, o intérprete decifra junto com ele as vozes dos mortos; e o apazigua obtendo satisfação para os familiares defuntos, sob a forma de missas, orações e oferendas. Pois ao libertar o pai ou o esposo de seus tormentos no além, é a si mesmo que aquele que dorme liberta.

O sonho é o palco imaginário das trocas entre vivos e mortos. O interesse do texto de Guibert é mostrar essas trocas submetidas ao controle costumeiro de duas mulheres, independentemente de qualquer mediação clerical e monástica (mediação que retoma seus direitos no momento de dizer as missas). Seus papéis são complementares; a mãe de Guibert é a intérprete oficial dos sonhos, ao passo que cabe à piedosa Liutgarde, em resposta aos pedidos dos mortos, rezar para aliviá-los.

Os relatos de Guibert esclarecem assim uma etapa notável da história das relações entre mortos e vivos, antes que se coloque em ação, com uma doutrina mais bem-afirmada do purgatório, um controle clerical mais estrito da economia dessas trocas entre o aqui embaixo e o além. Ainda será necessário um progresso decisivo do pensamento teológico e a expansão de estruturas eclesiásticas inéditas e muito mais eficazes (graças sobretudo às ordens mendicantes), graças a uma urbanização conquistadora da socieda-

---

48. Pelo menos nas línguas germânicas: o alemão *Traum*, o inglês *dream*, da mesma raiz de *trügen*, "enganar", são aparentados do velho norueguês *draugr*, "fantasma", "aparição enganadora", ou então (segundo Grimm) ao verbo *dreugr*, "buscar prejudicar" (por isso os "mortos malfeitores"). Cf. *The Oxford English Dictionary*, 1933, s.v. "Dream".

49. Permitam-me indicar meu estudo "Les revenants dans la société féodal" (*Le temps de la réflexion*, III. Paris: [s.e.], 1983, p. 285-306) e tb. *Les revenants*. Op. cit.

de medieval a partir do século XIII: esta provocou, entre outras coisas, pelo menos na cidade, a mudança profunda das relações tradicionais entre vivos e mortos[50]. O final da Idade Média também viu o desenvolvimento do Estado: não podemos pensar que é ele que, doravante, no inconsciente das pessoas, vai encarnar a Lei, como os mortos, os ancestrais o faziam até então?[51]

Os sonhos de Guibert de Nogent como de outros autores contemporâneos que, no mais, têm cada um sua especificidade (Orderic Vital, Otlhot de Saint-Emmeran, Pierre o Venerável, Césaire de Heisterbach etc.) iluminam portanto um momento e um meio histórico precisos: às margens do monaquismo tradicional, eles expressam uma realidade cultural principalmente rural, um mundo da oralidade e do folclore onde as relações entre os mortos e os vivos são essenciais para a definição e o respeito das normas, mundo no qual os papéis plenamente socializados de sonhador e de intérprete dos sonhos manterão sua força por mais tempo. Mas, mesmo ali, esses papéis se exercem no limite entre o lícito e o ilícito, sob a ameaça das proibições canônicas visando as *vetulae* que liam o futuro nos sonhos e os adivinhos que se tornavam cúmplices das "ilusões" diabólicas.

---

50. Cf. o estudo de J. Chiffoleau: *La comptabilité de l'au-delà*. Op. cit.
51. ORTIGUES, E. "La psychanalyse et les institutions familiales". *Annales E.S.C.*, XXIV, 1972, p. 1.091-1.104.

XII

O sujeito do sonho*

O sonho (ou melhor, sua lembrança evanescente, e o relato reconstituído da atividade imaginária própria ao sono sem o qual o sonho não poderia existir socialmente) é um fenômeno universal. Como universal é o estatuto ambíguo dos sonhos, que fascinam e também sempre inquietam: porque são testemunhos de uma atividade do espírito no momento mesmo, paradoxalmente, em que o homem está mergulhado em um estado de letargia e de inação às vezes assimilado à morte, e também porque o indivíduo considera seus sonhos como uma experiência que lhe pertence absolutamente, mas que lhe devolve, no entanto, o sentimento de certa alienação, como se um outro que não ele tivesse sonhado em seu lugar ou como se os rostos reconhecidos em seu sonho não fossem, ou não no mesmo grau, aqueles das pessoas que no entanto ele conhece[1]. Os sonhos se assemelham à experiência dos sentidos (nos dois casos, trata-se de "ver" e de "ouvir") e produzem "imagens" e "sons" que, naquele instante, parecem reais, mas para serem condenados no despertar pela evidência, que pouco a pouco se impõe, de seu caráter ilusório e por um esquecimento quase imediato se um relato não fixá-los rapidamente. Eles manifestam uma criatividade intensa, mas escapam a qualquer controle tanto da razão individual quanto da autoridade coletiva. Dessa forma, suscitam a desconfiança e às vezes a reprovação da sociedade, ainda que sejam reconhecidos como um meio privilegiado de

---

* Retomado de "The Liminality and Centrality of Dreams in the Medieval West". In: SHULMAN, D. & STROUMSA, G.G. (org.). *Dream Cultures* – Explorations in the Comparative History of Dreaming. Nova York/Oxford: Oxford University Press, 1999, p. 274-287.

1. M. Augé (*La guerre des rêves* – Exercices d'ethnofiction. Paris: Du Seuil, 1997, p. 48) observa que o sonho instaura uma "relação problemática de si para si", constituída em torno de três polos; o sonhador-narrador do sonho; o ouvinte-intérprete do sonho, cujo relato lhe foi confiado; o "sujeito" do sonho, que pode ser o sonhador (sonho reflexivo) ou outra pessoa (um ancestral, Deus, um ser amado etc.). Mas a identidade dessa terceira pessoa é tudo menos clara; eu sonho comigo, mas será que sou eu? Eu sonho com outro, mas será que é ele?

aceder a tudo aquilo que, no entanto, se esquiva do conhecimento objetivo: o saber divino, o mundo dos seres invisíveis e, principalmente, dos ancestrais e dos mortos, a presciência do futuro, os sinais do destino.

Mesmo sendo um fenômeno universal, o sonho não deixa de estar preso na história e, segundo os lugares e as épocas, vincula-se a sistemas de valores diferentes, ainda que o conteúdo varie. Por isso na cultura do Ocidente medieval, sobre a qual podemos dizer que, como de tantas outras culturas tradicionais, mas de uma maneira que lhe é própria, é uma "cultura religiosa", nela os sonhos participam efetivamente do sistema geral da crença, enriquecem a experiência religiosa dos indivíduos e da sociedade, rejeitam os limites do conhecimento dos mistérios do além. Ainda que consistam, por definição, em uma experiência individual, os sonhos de um único, a partir do momento em que são contados, escritos, difundidos, dirigem-se a todos, adquirem um valor comum, um alcance social, o que explica o caráter maciço da documentação que lhes dizem respeito. De maneira geral, nessa sociedade ligada por natureza à tradição, os sonhos, como recurso imediato à fonte sobrenatural de toda legitimidade, contribuem para a justificação de todas as inovações: a introdução de um novo uso (o culto das imagens, p. ex.), de uma nova doutrina (a do purgatório, p. ex.), o advento de uma nova dinastia ou a eleição de um novo dignitário eclesiástico têm a obrigação de ser anunciados, confortados, legitimados pelos sonhos.

Ao mesmo tempo, como experiência individual, se lhes reconhece um valor pessoal que ilustra, por exemplo, o lugar do sonho nos relatos de conversão. Mas esse seu valor pessoal tem um sentido bem diferente daquele em nossa cultura: longe de remeter a um *eu* autônomo – valor do sonho que em nossa época é mais do que nunca ressaltado pela psicanálise –, ele supõe uma noção do sujeito em relação com a potência invisível do divino. Sendo assim, mesmo quando o relato autobiográfico de sonhos nessa cultura religiosa é, como veremos, um dos modos de afirmação do sujeito, ele revela um modo de relação alienante de si com um outro que o comanda até em seus sonhos.

A cultura religiosa que dá sentido aos sonhos na Cristandade medieval apresenta uma estrutura particular resultante do papel dominante da Igreja. Esta, por intermédio de seu clero, pretende ter um papel de mediadora entre as potências ocultas e os homens. Ora, o sonho, como meio de acesso imediato às potências e aos conhecimentos ocultos, tende a dispensar essa mediação ou, até mesmo, a negar seu valor. Ele revela assim um limite essencial da instituição eclesiástica, incapaz de controlar todos os arcanos da experiência religiosa individual, mesmo que por meio da escrita caiba principalmente aos clérigos arrancar os relatos do sonho do esquecimento, classificá-los e julgá-los. No Ocidente medieval, a tensão entre o indivíduo e a instituição eclesiástica deu à encenação (e à escrita) da experiência onírica um caráter particularmente dramático, que se verifica tanto no nível da elaboração do contexto teórico e normativo designado aos sonhos pela cultura erudita quanto no da constituição seletiva do *corpus* narrativo dos sonhos. Insistirei no papel desempenhado pelos sonhos no desenvolvimento histórico daquilo que chamo subjetividade cristã.

A classificação dos sonhos

O contexto teórico e normativo original no qual a cultura erudita medieval apreciou os sonhos elaborou-se a partir de uma dupla herança, pagã (greco-romana) e bíblica (principalmente veterotestamentária)[2]. Nessa dupla herança se enraíza desde o início a categorização do sonho como relação entre o sonhador e as potências invisíveis. É ela que justifica, entre outras, a continuação da tradição das "chaves dos sonhos" que permitem a interpretação de cada imagem onírica como um presságio benéfico ou maléfico do futuro. A onirocrítica conhecera um grande desenvolvimento na Antiguidade, por exemplo, com Artemidoro, e os autores árabes, como Achmet, dando continuidade a essa tradição. No Ocidente latino multiplicam-se, a partir do século X, os manuscritos das "chaves dos sonhos" atribuídas ao Profeta Daniel (*Somnialia Danielis*). A ordem obedecida por esses manuscritos é quase exclusivamente alfabética e sua origem é binária: eles falam de ganho (*lucrum*) ou de perda (*damnum*), felicidade ou infelicidade, saúde ou doença, longevidade ou brevidade da vida, hostilidade ou paz, que se poderia

---

2. LE GOFF, J. "Le christianisme et les rêves (IIe-VIIe siècles)". In: GREGORY, T. (org.). *I sogni nel Medioevo* – Seminario Internazionale, Roma, 2-4 ottobre 1983. Roma: Dell'Ateneo, 1985, p. 171-218 [reed. In: *L'Imaginaire médiévale* – Essais. Paris: Gallimard, 1985, p. 265-316].

esperar da aparição onírica desta ou daquela outra imagem[3]. A abundância dos manuscritos traduz um vivo interesse por essas listas ao longo da Idade Média. No entanto, os relatos de sonhos, assim como mencionados nas fontes narrativas – crônicas, vidas de santos etc. –, parecem fazer pouco uso das chaves dos sonhos: neles a lógica do relato e da interpretação dos sonhos é de forma geral bastante diferente da lógica das "chaves"; os relatos fazem dos sonhos uma globalidade e os vinculam a uma situação pessoal ou social singular, ao passo que as chaves distribuem os conteúdos oníricos em uma miríade de elementos discretos, de imagens isoladas, cuja interpretação obedece a outra lógica, independentemente de qualquer contexto. O contraste é tão forte que é possível duvidar que os "sonhos de Daniel" tenham sido objeto de um uso sistemático e frequente na sociedade medieval, com exceção, talvez, dos meios letrados e eclesiásticos, necessariamente limitados, que os levavam em conta.

Vinda da dupla herança antiga e bíblica, e, sobretudo, da segunda, persiste uma forte desconfiança de princípio em relação aos sonhos. Tal desconfiança, todavia, não exclui a possibilidade de se reconhecer um valor positivo a certos sonhos, ainda que não seja possível separar o exercício crítico dessa *discretio* dos preconceitos sociais segundo os quais os santos, certamente, assim como os reis, os monges e os clérigos, tinham mais chance de se beneficiar de sonhos verídicos, de origem divina, do que os simples homens, os iletrados, os leigos, os *rustici*, e, evidentemente, as mulheres. Essa situação diz respeito principalmente à Alta Idade Média, durante o primeiro milênio, em que a ideologia clerical que domina a sociedade apresenta uma forte tendência "dualista": Deus e diabo, sonhos "verdadeiros" e sonhos "falsos", homens da Igreja e simples leigos se opõem seguindo uma divisão generalizada e amplamente intangível entre o aqui embaixo e o além. A época carolíngia vê, por exemplo, uma forte promoção dos sonhos reais, o que Paul Edward

---

3. ÖNNERFORS, A. "Über die alphabetischen Traumbücher (Somnialia Danielis) des Mittelaters". *Mediaevalia Abhandlungen und Aufsätze*. Frankfurt a.M./Berna/Las Vegas: [s.e.], p. 32-57 [Lateinische Sprache und Literatur des Mittelalters, 6]. • FORSTER, M. "Beiträge zur mittelalterlichen Volkskunde". *Archiv für das Studium der neueren Sprachen und Literaturen*, vol. CXX, 1908; vol. CXXV, 1910; vol. CXXVII, 1911; vol. CXXXIV, 1916 [publicação de vários desses opúsculos em inglês antigo ou em latim]. • COLLET-ROSSET, S. "Le *Liber Thesauri Occulti* de Pascalis Romanus [um tratado de interpretação dos sonhos do século XII]". *Archives d'Histoire Doctrinale et Littéraire du Moyen Âge*, 30, 1963, p. 111-198.

Dutton chamou a *via regia* dos sonhos[4]. O imperador sonha e os dignitários do reino sonham com ele e para ele, e todos esses sonhos acabam definindo um verdadeiro modo de governo, pela massa de informações e de "sinais" divinos que se referem ao destino do império em geral e, muito mais, ao do soberano em particular, em sua existência aqui embaixo e na vida que lhe é prometida no além. Sendo assim, os sonhos, principalmente os dos monges que se beneficiam de grandes visões do além, nem sempre poupam a pessoa e as decisões do imperador, mas sua dura lição deve ser tolerada uma vez que se trata justamente, de maneira indubitável, de sonhos "verdadeiros" e de "sinais" divinos. Eles são, portanto, meios potentes de crítica (principalmente em relação aos comportamentos sexuais de Carlos Magno), de alertas dirigidos ao imperador, de pressão da hierarquia eclesiástica sobre o soberano: por exemplo, quando o monge da Reichenau Wetti, alguns dias antes de morrer, tem a visão, tornada célebre, de Carlos Magno torturado em seu sexo, o sentido dessa imagem é de fácil leitura, e, da mesma forma, quando o bispo de Bale, Heito, e o abade da Reichenau, Walafrid Strabo, encarregam-se de difundir esse relato, sem nomear explicitamente o imperador, ninguém deixa de perceber o verdadeiro destinatário dessa admoestação onírica. Na geração seguinte, a "visão de uma pobre mulher de Laon" permite também que uma parte da aristocracia leiga e eclesiástica recrimine o Imperador Luís o Piedoso, pelo afastamento brutal e pela cegueira de seu sobrinho Bernard de Septimania[5].

A partir do século XI, a evolução social e ideológica dá mais importância, em todos os campos, às soluções médias e intermediárias e abre possibilidades inéditas para transgredir as categorias antigamente estabelecidas: a ambivalência dos sonhos é mais bem considerada e, da mesma forma, o valor dos sonhos dos mais humildes é mais naturalmente reconhecido. Os sonhos reais e os dos monges não são esquecidos, falta muito para isso, mas assistimos, de acordo com Jacques Le Goff, a uma "democratização dos sonhos" no Ocidente. Democratização e também feminização, ainda que nem sempre dos sonhadores (as mulheres, nos textos, permanecem minoritárias),

---

4. DUTTON, P.E. *The Politics of Dreaming in the Carolingian Empire*. Lincoln/Londres: University of Nebraska Press, 1994, p. 23.
5. Ibid., p. 63.

pelo menos, mais certamente, dos intérpretes dos sonhos. Na documentação das figuras femininas, começam então a emergir especialistas da interpretação dos sonhos, às vezes tratadas pelos clérigos como *vetulae* – mulheres velhas, feiticeiras – cúmplices do diabo, mas às vezes também reconhecidas com admiração e respeito quando parecem exercer seus dons no sentido desejado pela Igreja: no final do século XI, na região das Ardennes, a *Vida de Santo Thierry* († 1086) utiliza, ao se referir à mãe do santo, o *topos* bem conhecido dos hagiógrafos do sonho da mãe grávida. Nesse relato, a futura mãe de Thierry, inquieta com as imagens que vira em seu sono, sem, no entanto, duvidar de que seu sonho foi "verdadeiro" e não cheio de ilusões diabólicas, vai consultar, sob a inspiração divina, uma mulher conhecida por seu dom de intérprete dos sonhos.

> Naquele tempo, havia na região uma velha senhora (*quaedam anus longaeva*) vivendo em uma santa continência, à qual Deus concedera, graças a seus méritos, entre outras virtudes, o dom de anunciar, amiúde e a inúmeras pessoas, o futuro. Em razão dessa reputação, a mulher [de Gozon] foi até ela, com a esperança de ter seu sonho interpretado. Tendo se confiado a ela, depois de mútuos abraços e conversas, tremendo e chorando, contou-lhe sua visão, suplicando antes [à velha senhora] que esta ore por ela, a fim de que a visão não lhe anuncie um prodígio e em seguida para que lhe indique o sentido da visão. Tendo feito uma prece, dotada da graça profética, [a velha mulher] diz: "Confie, mulher, pois o que você viu é uma visão que vem de Deus [...]"[6].

Esse texto, traduzido por Michel Lauwers, ilumina magnificamente vários aspectos essenciais do sonho e de sua interpretação: o caráter ritual de toda a sequência, as dúvidas que assaltam a sonhadora e, ao contrário, a serenidade da velha senhora que confia em sua arte.

No início do século seguinte, o Monge Guibert de Nogent não economizou elogios sobre a sabedoria de sua própria mãe, que sabe decifrar seus sonhos, bem como os de seu jovem filho e dos homens e mulheres de seu entorno: "Frequentes visões, nas quais eu figurava com outras pessoas, permitiam-lhe prever, com muito tempo de avanço, o que deveria acontecer;

---

6. "L'institution et le genre – À propos de l'accès des femmes au sacré dans l'Occident médiéval". *Clio – Histoire, femmes et sociétés*, 2, 1995, p. 279-317 [Tradução e comentário de Michel Lauwers].

alguns desses acontecimentos, eu constato sem a menor dúvida que se realizam ou se realizaram, o que faz com que eu espere os outros como devendo também acontecer [...]"[7].

Nessa época, a distância entre sonhos "verdadeiros", de origem divina, e sonhos "falsos" – esses *fantasmata* que não passariam de ilusões diabólicas – torna-se ainda mais tênue, uma vez que os sonhos provenientes apenas do homem, de seu espírito e de seu corpo atraem cada vez mais a atenção. Nessas condições, como responder com firmeza à angustiante questão da "verdade" do sonho, sobretudo se o critério social tradicionalmente mantido – a autoridade de um testemunho julgado "digno de fé" porque pertence ao topo da hierarquia social e eclesiástica – tem agora um papel menor?

Dessa forma o Ocidente medieval não se contentou em retomar por sua própria conta as classificações antigas dos sonhos, ele as fez evoluir. Uma das mais famosas classificações antigas dos sonhos encontra-se no comentário, feito por Macróbio, autor tardio (ca. 400), do "Sonho de Cipião" relatado por Cícero no livro VI de sua *República*. Macróbio distingue cinco espécies de sonhos, insistindo sobre suas diferenças, mas também, dentro da tradição platônica, sobre sua hierarquia, desde os sonhos mais divinos até aqueles que estão mais ligados às paixões humanas, ou seja: a visão profética (*visio*), o pesadelo (*insomnium*), a aparição (*phantasma*), o sonho enigmático (*somnium*), o sonho oracular (*oraculum*)[8]. Em um primeiro momento, os autores cristãos acabaram se desviando dessa classificação, para ressaltar outros modos sem dúvida mais bem-adaptados à nova ideologia e à representação cristã das relações entre o homem e o divino: Agostinho, em seu comentário em 12 livros sobre o Gênesis, prioriza a categoria fundamental de *visio spiritalis*, que compreende indiferentemente todo o campo dos sonhos e das visões, em oposição, de um lado, à *visio corporalis*, o sentido corporal da visão, e, de outro, à *visio intellectualis*, a visão racional que está além de qualquer imagem e que aqui embaixo permanece excepcional (São Paulo, levado ao "terceiro céu", talvez tenha feito essa experiência) e antecipa o frente a frente dos eleitos com Deus.

---

7. NOGENT, G. *Autobiographie*. Paris: Les Belles Lettres, 1981, p. 168-169 [Org. de Edmond-René Labande].
8. KRUGER, S.F. *Dreaming in the Middle Ages*. Cambridge: Cambridge University Press, 1992, p. 21.

Quanto à tipologia tripartite dos sonhos segundo sua origem, cuja importância não foi menor para o cristianismo medieval, ela se deve em primeiro lugar a Tertuliano (*De anima*)[9]: é preciso saber antes de onde provêm os sonhos, do demônio (na maioria das vezes), de Deus (se todas as garantias ideológicas e sociais são preenchidas) ou do próprio homem, da atividade de seu espírito, dos vestígios de sua atividade diurna e de seu corpo, o que geralmente não é um bom sinal quando a atividade onírica é estimulada pelo abuso de alimentos e de bebidas ou pelas pulsões da carne (explicação ordinária das poluções noturnas). No final do século VI, o Papa Gregório o Grande propõe em seus *Diálogos* (IV, 50) uma classificação de seis tipos de sonhos, que na verdade é apenas a retomada da tripartição tradicional, mas multiplicada por dois graças à distinção de três tipos mistos (a reflexão e a revelação, p. ex.) resultante da combinação de três tipos simples. A complexidade crescente da tipologia traduz evidentemente a maior consciência da dificuldade que existe em garantir a origem e, portanto, o valor dos sonhos[10].

Foi no século XII que ressurgiu a classificação de Macróbio, em um tratado anônimo intitulado *Liber de spiritu et anima*, cuja falsa atribuição a Santo Agostinho lhe possibilitou um sucesso durável. De fato, ele seria do cisterciense Alcher de Clairvaux e consiste tanto em uma adaptação quanto em uma retomada de seu modelo, na qual as palavras empregadas, ainda que permaneçam as mesmas, não têm mais necessariamente o mesmo sentido: *fantasma* (ilusão) está agora carregada de todas as conotações negativas que a cultura cristã lhe deu, em relação à influência enganadora do diabo. Contudo, a crescente diversidade das categorias de análise traduz a vontade de se chegar a uma compreensão mais fina dos componentes psicofisiológicos do sonho, que também é testemunhado pelo capítulo XV do *Policraticus* de Jean de Salisbury.

No século XII, os sonhos, poderíamos dizer, tomam corpo, relacionam-se cada vez mais à pessoa singular do sonhador, à sua existência concreta, às suas emoções próprias, ao sono em sua realidade física, ao menos tanto quanto à influência dos anjos e dos demônios. A via é traçada pelos monges (p. ex., Guibert de Nogent) ou, até mesmo, por uma freira médica e visionária, Hildegarda de Bingen. Esta última também fala com conhecimento de

---

9. LE GOFF, J. Op. cit., p. 190ss.
10. Ibid., p. 209.

causa, uma vez que lhe devemos pelo menos três obras de relatos autobiográficos de visões (*Liber Scivias, Liber de operibus divinis, Liber vitae meritorum*) nas quais ela toma o cuidado, contudo, de deixar bem claro que suas visões não são sonhos (*"non in somnis"*), pois pesaria nesse caso a suspeita da ilusão diabólica, que também não se devem à loucura (*"de phrenesi"*) e muito menos à experiência dos sentidos corporais (*"nec corporeis oculis aut auribus exterioris hominis"*): são visões acordadas da alma, dos olhos e dos ouvidos "interiores" da razão (*"vigilans, ciecumspiciens in pura mente oculis et auribus interioris hominis"*). Eis uma boa amostra da duradoura suspeita que pesa sobre o sonho, porta do diabo, e mesmo da desconfiança em relação ao corpo e aos sentidos. A *visio* acordada, para essa pioneira da mística feminina, é a forma mais alta da revelação, ainda que a própria Hildegarda concorde, é difícil compreender o que é uma visão acordada que não seja uma alucinação (*"Quod commodo sit, carnali homini perquirere difficile est"*)[11]. Em outro tratado, desta vez abertamente médico, o *Causae et curae*, a mesma Hildegarda propõe uma verdadeira psicofisiologia do sono[12]. Ali os sonhos também têm seu lugar, sobretudo quando se trata das "ilusões" diabólicas e das poluções noturnas. Os "cuidados" baseiam-se na combinação e na oposição entre os elementos naturais e os humores do corpo: contra as "ilusões diabólicas", ela recomenda, por exemplo, cingir em cruz o corpo do paciente com uma pele de alce e com uma pele de cabrito, pronunciando palavras de exorcismo que afugentarão os demônios e reforçarão as defesas do homem. Observações e remédios continuam pertencendo ao mundo encantado do "pensamento selvagem", de uma abordagem simbólica e completamente religiosa do real. Mas não deixam de manifestar uma crescente preocupação com os mecanismos do corpo e do espírito, para Hildegarda e outros autores do século XII, de que se beneficiará, no século seguinte, da redescoberta da tradição científica aristotélica, com, entre outras, sua fecunda linhagem de tratados sobre o sono (*De somno*) e sobre os sonhos (*De somniis*)[13].

---

11. "Prefácio". In: FÜHRKÖTTER, A. (org.). *Liber Scivias*. Vol. 1. Turnhout: Brepols, 1978 [Corpus Christianorum, Series Latina, XLIII e XLIIIa].
12. KAISER, P. (org.). *Hildegardis Causae et Curae*. Leipzig: Teubner, 1903.
13. LE GOFF, J. "Les rêves dans la culture et la psychologie collective de l'Occident médiéval". *Pour un autre Moyen Âge – Temps, travail et culture en Occident. 18 essais*. Paris: Gallimard, 1977, p. 299-306, esp. p. 305.

A retórica do sonho

O *corpus* narrativo dos sonhos confirma o caráter liminar do estatuto dos sonhos, mas também a centralidade da função deles no Ocidente medieval. Nos relatos (hagiografia, crônica, *exempla*, literatura vernacular etc.), os sonhos são designados pelo substantivo *somnium* (da raiz de *somnus*, o sono) ou por uma perífrase explicando que o indivíduo dormia durante sua percepção onírica e depois ele despertou no final de seu sonho. O sonho é assim vinculado ao campo bem mais vasto da *visio* ou, para falar como Santo Agostinho, da *visio spiritalis*, ou seja: a percepção de imagens na maioria das vezes visuais e auditivas, mas não corporais (ao contrário da percepção dos sentidos). Como já vimos em relação a Hildegarda de Bingen, o sonho é mantido em suspeição pela cultura clerical por causa das sempre possíveis e difíceis de serem percebidas astúcias do diabo do diabo. Ao contrário, outros tipos de "visões" desfrutam *a priori* entre os clérigos de um julgamento mais favorável: é o caso da viagem que a alma pode realizar no além, enquanto o corpo está adormecido ou em um estado de catalepsia. A tradição desses longos relatos de "viagem" está bem representada desde Beda (visões de Fursy, de Drythelm) e das grandes visões "políticas" da época carolíngia (como as já citadas da pobre mulher de Laon ou do Monge Wetti) até a eclosão do gênero no século XII, com as visões de Tnugdall e do camponês Turckill, verdadeiros relatórios sobre a geografia imaginária do além. Em seguida são apoderadas pela literatura alegórica em língua vernacular, com a *Viagem da alma* de Guillaume de Diguleville, o *Romance da rosa*, de Guillaume de Lorris e Jean de Meung, e *A Divina Comédia*, de Dante[14]. Esses relatos evocam explicitamente uma dissociação provisória, durante o sono, do corpo inerte que jaz como morto e da alma vagabunda que descobre os espaços e os seres invisíveis antes de retornar ao corpo. O *Romance da rosa* alerta contras as loucas crenças daqueles que pensam que a alma é capaz de viajar sozinha à noite no cortejo das figuras míticas diabolizadas pela Igreja (Fada Abonde, as "boas fadas") e que temem que ela não possa em seu retorno reencontrar a abertura do corpo:

---

14. DINZELBACHER, P. *Vision und Visionsliteratur im Mittelalter*. Stuttgart: Anton Hiersemann, 1981. • CAROZZI, C. *Le voyage de l'âme l'au-delà d'après la littérature latine (Ve-XIIIe siècle)*. Roma: École Française de Rome, 1994.

> É por isso que muitas pessoas em sua loucura acreditam ser estrigas [do latim *strigae*, "feiticeiras"] errando durante a noite junto com Fada Abonde; elas narram que os terceiros filhos têm essa faculdade de ir com ela três vezes na semana; penetram em todas as casas, não temendo nem chaves nem barras, e entrando pelas fendas, gateiras e aberturas; suas almas, deixando seus corpos, vão com as boas fadas através das casas e lugares distantes, e o provam dizendo que as estranhezas às quais assistiram não lhes vieram em seus leitos, mas que são suas almas que agem e correm assim pelo mundo. E fazem com que as pessoas acreditem que se, durante essa viagem noturna, virassem-lhes o corpo, a alma não poderia entrar. Mas isso é uma horrível loucura e uma coisa impossível, pois o corpo humano é apenas um cadáver, quando não mais carrega em si sua alma...[15]

Essa representação foi relacionada às crenças características do xamanismo em muitas culturas tradicionais[16]. Ela é, conforme a etimologia da palavra francesa "rêve" (sonho), ligada às noções de desvario, de loucura, de saída de si: em francês antigo, *desver*, que parece provir da raiz *esver, "vagabundear", significa perder o sentido, delirar. No sonho (rêve), a alma deixa o corpo e vagabundeia. No entanto, o francês medieval ainda não conhece a palavra "rêve", utilizando apenas a palavra "songe", derivada, como nas outras línguas românicas (o italiano *sogno*, p. ex.) do latim *somnium*. No francês medieval, o jogo de palavras habitual com "songe" e "mensonge" (mentira) mostra bem a pregnância da suspeita de falsidade que pesa sobre o campo do sonho, em conformidade com a interpretação erudita, *a priori* desconfiada, do campo dos sonhos. Em relação às línguas germânicas, elas conservaram, até hoje, por exemplo, com o alemão *Traum* ou o inglês *dream*, palavras que derivam da raiz antiga *draugr*, que designa um morto que retorna para atormentar os vivos. Quanto a essa etimologia, ela mostra o forte vínculo existente entre o sonho e o mundo dos mortos[17]. Em francês, mas apenas nesta língua, aconteceu uma evolução na época moderna,

---

15. LORRIS, G. & MEUNG, J. *Le roman de la rose*. Paris: Gallimard, 1984, p. 310 [Folio] [texto traduzido para o francês moderno por A. Mary].
16. GINZBURG, C. *Le sabbat des sorcières* (1989). Paris: Gallimard, 1992.
17. KELCHNER, G.D. *Dreams in Old Norse Literature and Their Affinities in Folklore with an Appendix Containing the Icelandic Texts Translations*. Cambridge: Cambridge University Press, 1935, p. 66-72.

que conduziu ao uso diferenciado de dois termos: "songe" tornou-se mais literário, e mesmo precioso, e "rêve" tornou-se de uso corrente apenas no século XVII.

Essa distinção entre as duas palavras é contemporânea da transformação das representações eruditas do sonho, que devemos muito particularmente ao *Tratado do homem*, de Descartes (1633): pela primeira vez é descrita uma fisiologia do sonho que reduz seu processo ao indivíduo, seu cérebro e seu sistema nervoso, arrancando-o dos contextos interpretativos antigos que valorizam ao mesmo tempo as forças sobrenaturais e a dimensão coletiva e ritual da experiência onírica. A nova explicação proposta por Descartes não é isolada, inscreve-se em um conjunto de descobertas que tocam principalmente a ótica: com Kepler, a explicação da visão ocular pela reflexão retiniana da luz tende a recusar as antigas teorias da extramissão, segundo as quais a visão resultaria de uma força que emana do olho para se apoderar do lado de fora da forma dos objetos e reconduzi-la ao olho para que seja percebida. É portanto o conjunto dos fenômenos relativos à visão ocular e onírica que é então submetido a um novo paradigma explicativo, fisiologista e individualista. O paradoxo é que a escolha da palavra "rêve" para marcar essas mudanças remetia muito mais, por sua etimologia, às representações tradicionais cuja recusa ela devia significar. Essa é a novidade da palavra, e não seu sentido etimológico, que parece adequado para marcar essa grande mudança heurística abrindo a longo prazo a via para a "revolução" freudiana da "interpretação dos sonhos (rêves)"[18].

Um dos efeitos dessas transformações é que hoje não colocamos mais no mesmo conjunto de fenômenos o sonho, considerado como normal e necessário ao equilíbrio psíquico do homem, e a "visão acordada", que estaríamos antes tentados a colocar do lado da patologia mental, ou dos delírios resultantes da embriaguez, da doença ou da agonia, ou ainda do lado da fabulação. Mas não era o que acontecia na Idade Média. Nessa época, ao contrário, há inúmeros relatos de "visões acordadas" e na maioria das vezes são consideradas de maneira positiva, como o sinal do valor moral daquele que dela se beneficia, de sua eleição divina ou de santidade. Já dissemos como

---

18. FABRE, D. "Rêver". *Terrain*, 26/03/1996, p. 69-82.

Hildegarda de Bingen insistia para que suas visões fossem reconhecidas como tais, e não como sonhos que o diabo, talvez, tivesse inspirado ou como os delírios de uma "frenética". É muito frequente que um relato medieval que se refere explicitamente a um *somnium* deixe claro, para certificar sua veracidade, que se tratava de fato de uma *visio*. Por exemplo, a crônica do abade de Waltham, escrita na segunda metade do século XII por um cônego dessa abadia do sudeste da Inglaterra, relata, para começar, o sonho admirável feito por um ferreiro no início do século anterior: durante seu sono, três noites seguidas, a efígie venerável de Cristo apareceu-lhe em sonho e ordenou-lhe, de uma maneira cada vez mais premente, que fosse encontrar o pároco e o guiasse até o topo de uma montanha onde seria descoberta, escondida na terra, uma maravilhosa cruz. Essa "invenção" da relíquia está na própria origem da abadia. O cronista se vê então no dever de insistir sobre a natureza divina do sonho fundador feito pelo ferreiro. Ele descreve em detalhes como este acabou adormecendo depois de um dia cansativo de trabalho; mas ainda que o nomeie um "sonho" (songe), logo se corrige para afastar a possível dúvida de seu leitor esclarecendo que o sonho do ferreiro era de fato uma "visão": "Uma noite, esse ferreiro do qual já falei, esse servidor da igreja, abandonou seus membros ao sono tanto estava, como de hábito, esgotado pelo trabalho da forja. Na realidade, quanto mais o trabalho que castiga os ossos e exige dos músculos é implacável, mais rapidamente ele mergulha em um sono profundo. Assim, entregue ao sono, viu em sonho (na verdade era uma visão) uma figura de uma beleza venerável [...]"[19].

Esse exemplo, entre muitos outros, mostra o quanto se deve estar atento aos imperativos, próprios da época, da retórica do sonho e da visão, e, por meio deles, às estruturas da crença, aos critérios de verossimilhança e de verdade que eram então usados. A visão acordada, diurna, atestada por testemunhas julgadas "dignas de fé" que, na maioria das vezes, eram clérigos, parecia se beneficiar de um valor de autenticidade que se hesitava

---

19. *The Walthan Cronicle – An Account of the Discovery of our Holy, Cross at Montacute and its Conveyance to Walthan*. Oxford: Clarendon Press, 1994, p. 2-3 [org. e trad. de Leslie Watkiss e Marjorie Chibnall]: "*Denique faber predictus, ille officialis ecclesie, cum nocte quadam membra sopori composuisset, fessus opere fabrili, ut assolet, qui scilicet labor indefesus quanto magis ossa concutit, et omnia membrorum liniamenta dissoluit, tanto vehementiorem sompni profundioris quietem incutit. Sompro itaque deditus videt per sompnium, enimvero ut verum fatear set per visionem, venerandi decoris effigiem...*"

em reconhecer o sonho. Um relato visionário que se queria irrefutável tomava então de preferência a forma retórica tradicional da visão acordada. Mas tratava-se geralmente de um relato feito na terceira pessoa, cujo autor – necessariamente um clérigo, pois apenas eles escreviam – enunciava cuidadosamente as etapas da transmissão do relato e os nomes das testemunhas e de todos aqueles que, com o tempo, intervieram nessa transmissão e contribuíam para garantir sua verdade. Em contrapartida, quando um autor relatava uma visão da qual ele mesmo havia se beneficiado e que ele próprio podia garantir, não hesitava em falar de sonho, como nós mesmos poderíamos fazê-lo sem temer a suspeita de estar fabulando. A repartição na documentação escrita de que dispomos entre visões acordadas e visões oníricas não depende então, ou não apenas, da eventual realidade objetiva dessas experiências, mas das regras narrativas dessa literatura e do sistema contemporâneo da crença: à visão relatada opõe-se o sonho autobiográfico. Essa distinção categórica é nítida, em todo caso, no abundante *corpus* medieval dos relatos de aparição dos mortos que estudei[20]. A autentificação eclesiástica de todos esses relatos é essencial para a transmissão deles, ela lhes dá forma mesmo servindo-lhes, de certa forma, de *imprimatur*: o *Liber exemplorum*, uma coletânea franciscana inglesa do início do século XIII, narra, por exemplo, a aparição em sonho de um morto a um homem leigo de Ulster. Um franciscano, irmão Dunekan, ouve a história e a relata oralmente ao irmão Robert de Dodington, que a utiliza em um sermão, e isso permite ao autor, não nomeado, conhecê-la[21]. O canal da transmissão é descrito em detalhes porque serve de garantia ao conteúdo do relato de sonho. E quanto à crença nesse relato, nem podemos duvidar de que ele realmente a estimula naqueles que o transmitem, como aqui os irmãos, e naqueles leigos que durante o sermão ouvem de sua boca o *exemplum* todo aureolado da autoridade dos irmãos. Lembremo-nos de que o sonho só existe socialmente porque se tornou um relato, que pertence não apenas a um indivíduo, mas a um grupo social que o recebe, o transmite, o adapta a seus valores e ao âmbito de suas crenças.

---

20. SCHMITT, J.-C. *Les revenants* – Les vivants et les morts dans la societé médiévale. Paris: Gallimard, 1994.
21. Ibid., p. 160.

O sujeito do sonho

Em alguns casos, menos numerosos é verdade, é o próprio sonhador que escreveu o relato de seu próprio sonho e que garantiu, apenas com sua *auctoritas*, sua verdade. Os relatos autobiográficos de sonho só se multiplicam a partir dos séculos XI e XII, quando a tradição dos relatos oníricos cruza com outra tendência essencial da cultura dessa época: o que podemos chamar, melhor do que a "descoberta do indivíduo", o aprofundamento da subjetividade cristã. A cultura monástica e clerical reata então com o fio, quase completamente perdido desde as *Confissões* de Santo Agostinho, da autobiografia cristã ou, mais especificamente, da autobiografia da conversão. Um fio que, contudo, não se rompera totalmente: na época carolíngia, por exemplo, o Arcebispo Audrade de Sens compilara por volta de 840 e revisara em 854 um *Liber revelationum* que na época representou uma exceção. A originalidade desse escrito parece se explicar pelo contexto polêmico no qual o autor se encontrou envolvido: como devia justificar sua ortodoxia diante do papa, ele submeteu a Leão IV suas obras e, entre elas, a coleção das revelações de que teria se beneficiado. A primeira, aliás, sob o nome de *"oraculum divinum"*, consistia em uma aparição de São Pedro exclusivamente para reconciliá-lo com o sucessor deste último! No capítulo VIII, a visão do tribunal celeste ilumina bem os limites, ainda nessa época, do "eu" cristão: Audrade vê o Imperador Luís o Piedoso, conduzido diante do Senhor e explicando-lhe por que escolhera como sucessor seu filho Carlos o Calvo, e não Lotário, pois este se mostrara indigno. Deus chamou então Lotário a quem de fato anunciou que fora deposto porque tivera a presunção de dizer *"Ergo sum"*, "Eu sou [...]"[22].

No século XII, semelhante afirmação não é mais sancionada pelos homens nem por Deus, ao passo que o sonho, meio de escuta imediata da vontade divina, torna-se o instrumento privilegiado da conversão pessoal. Seja uma conversão "interna" como, por exemplo, aquela que, balizada pelo relato de inúmeros sonhos autobiográficos, conduz o jovem oblato Guibert

---

22. AUDRADUS. "Liber revelationum". *PL*, 115, col. 23-30. P.E. Dotton (Op. cit., p. 128ss.) observa (p. 137) que Audrade evita quase que completamente a linguagem habitual dos sonhos e das visões, porque suas revelações pertencem à comunicação mais direta da profecia.

de Nogent a assumir positivamente o hábito monástico, assim como relata, no final de sua vida (ca. 1115), no *De vita sua*[23]. Antes dele, o Monge Otloh de Saint-Emmeran († ca. 1070) compusera um *Liber visionum*, que é uma coleção de 23 visões: com exceção das quatro primeiras, trata-se de visões acordadas e relatadas na terceira pessoa. As quatro primeiras são, ao contrário, sonhos pessoais, dos quais Otloh guardou a lembrança, ainda que remontem a uma época mais antiga. Mas cada um desses quatro sonhos marcou uma mudança importante na existência do jovem monge: sua "conversão" quando ainda era bem jovem, um conflito com as autoridades eclesiásticas que o forçou a se exilar por um período, e enfim um pesadelo, quando estava doente e em conflito com seu abade. Os sonhos, ou ao menos aqueles lembrados no final da vida e no ato, então bem recente, da escrita autobiográfica, são aqueles que mais fortemente se referem à sua existência e à representação de si e de seu destino: eles são plenamente interpretados *a posteriori* como sinais daquilo que deveríamos nos tornar conforme o plano de Deus.

Isso não é menos verdadeiro sobre os sonhos em relação à conversão "externa", como aquela que teria conhecido, aos vinte anos, o judeu Hermann de Colônia e cuja relação escrita, talvez póstuma, o *Opusculum de conversione sua*, apresenta-se sob uma forma autobiográfica[24]. Esse opúsculo começa pelo relato do sonho que o jovem judeu fez quando tinha 13 anos: ele se vê coberto de presentes pelo imperador e convidado por este a compartilhar sua refeição. A criança não compreende o sentido de seu sonho e não se satisfaz com as explicações dadas por um velho sábio da comunidade judaica da cidade. Um caso de reembolso de empréstimo lhe dá, sete anos mais tarde, a ocasião de se aproximar do bispo de Münster e de clérigos graças a quem descobre a religião católica e seu culto, cuja veneração das imagens é o que mais o escandaliza em um primeiro momento. Depois de duas novas visões, ele finalmente aceita o batismo, entra na Ordem de Prémontré, tornando-se padre. O último capítulo do opúsculo dá *a posteriori* o sentido – evidentemente cristão – do sonho inicial da infância, um sentido

---

23. Cf. supra, cap. XI: "Os sonhos de Guibert de Nogent".
24. NIEMEYER, G. (org.). *Hermanus quondam Judaeus, opusculum de conversione sua*. Weimar: M.G.H., 1963 [Quellem zur Geistesgeschichte des Mittelalters].

que Hermann, que entretempo tornou-se cristão e padre, agora é capaz de decifrar por si mesmo: ele anunciava simbolicamente a conversão ao cristianismo e mesmo o acesso ao sacerdócio, a figura do imperador ocultando a de Deus e a refeição no palácio imperial prefigurando a mesa eucarística. Pouco importa aqui se esse texto, que se dirigia aos cônegos e às freiras da Ordem de Prémontré em Westfalia[25], foi inteiramente escrito em uma perspectiva cristã, eclesiástica e mais precisamente canonical. Hermann, de certa maneira, jamais teria existido, mesmo assim não deixa de ser importante observar a forma autobiográfica, então ainda bastante recente, desse relato, e o papel muito particular que nele desempenham o sonho e sua autointerpretação, que envolve completamente a história da conversão.

E esse texto não está isolado. Na mesma época, entre os séculos XII e XIII, desenvolve-se a literatura alegórica latina (Alain de Lille) e vernacular (*Romance da rosa*), que reata com as obras do final da Antiguidade (Macróbio, Marciano Capela) para propor uma reflexão original sobre sentimentos, emoções, paixões, recursos da alma humana e também condição espiritual, social e política do homem no tempo. Observemos, todavia, que todos os setores da vida cultural, todos os modos de expressão simbólica não evoluem necessariamente no mesmo ritmo em uma sociedade: enquanto a teologia moral e os textos em língua vernacular aprofundam a propósito do sonho o que podemos chamar de "subjetividade literária"[26], as artes figurativas permanecem, durante toda a Idade Média, nas imagens tradicionais do sonho, caracterizadas pela justaposição de uma pessoa adormecida, com a cabeça apoiada sobre o cotovelo dobrado, os olhos geralmente fechados, e do objeto de seu sonho, por exemplo a escada de Jacó, para mencionar apenas essa imagem das mais comuns[27]. Ao passo que existe, sobretudo a partir do século XII, relatos autobiográficos de sonho, não existe antes do século XVI

---

25. SCHMITT, J.-C. "La mémoire des prémontrés – À propos de l'autobiographie du Prémontré Hermann le Juif". In: DERWICH, M. (org.). *La vie quotidienne des moines et des chanoines réguliers au Moyen Âge et temps modernes*. Vol. 2. Wroclaw: Institut d'Histoire de l'Université de Wroclaw, 1995, p. 438-452.

26. ZINK, M. *La subjectivité littéraire* – Autour du siècle de Saint Louis. Paris: PUF, 1985.

27. BAGLIANI, A.P. & STABILE, G. (orgs.). *Träume im Mittelalter* – Ikonologische Studien. Stuttgart/Zurique: Belser, 1989. Sobre a escada de Jacó, cf. HECK, C. *L'Échelle céleste dans l'art du Moyen Âge* – Une image de la quête du ciel. Paris: Flammarion, 1997.

(com Albrecht Dürer) imagem autobiográfica de sonho[28]. Isso se explica bastante bem quando levamos em conta as diferenças de estatuto social, tanto em relação às obras (a relativa novidade da pintura, em comparação com a Antiguidade e a dignidade superiores da escrita na tradição da Igreja) quanto aos homens (foi justamente nesse período que pintores, escultores conquistaram seu lugar na hierarquia social).

É portanto primeiramente na literatura, eclesiástica ou profana, que a figura do sonho, tratada como a encenação onírica de um sujeito, ocupa cada vez mais um lugar central, a tal ponto que o *Romance da rosa* se apresenta como um único relato de sonho na primeira pessoa:

> Aos 20 anos, nessa época em que o amor reclama seu tributo dos jovens, estava deitado uma noite como de costume, e dormia profundamente, quando fiz um sonho muito belo e que muito me agradou, mas não houve nele nada que os fatos não tivessem confirmado ponto por ponto. Quero contá-lo para encantar seu coração: é o Amor que me pede e me ordena...[29]

O sonho aparecia então plenamente como um dos grandes meios de definição e aprofundamento do sujeito, mas de um sujeito que, até na literatura profana, permanece impensável fora de sua relação com a fonte do sentido, com Deus. Esse sujeito cristão que, por outro lado, descobre seu eu nos exercícios espirituais da introspecção penitencial, experiencia-o na lembrança e na reflexão sobre seus próprios sonhos, em que se decifram os sinais que Deus lhe dirige pessoalmente para informá-lo do sentido de seu destino, no círculo privado de sua alma em alerta, quando seu corpo está adormecido e como abandonado a si mesmo.

---

28. SCHMITT, J.-C. "La culture de l'imago". *Annales, Histoire, Sciences Sociales*, 1, 1996, p. 3-36, esp. p. 33 e fig. 10: O pesadelo de Dürer.
29. LORRIS, G. & MEUNG, J. Op. cit., p. 20.

Parte IV

O corpo e o tempo

XIII

Corpo doente, corpo possuído*

A recente renovação da interrogação histórica sobre o corpo, a doença, a medicina traduz indiretamente a crise dos modelos da medicina ocidental contemporânea, assim como praticada ou, pelo menos, como percebida e recebida: aos imensos avanços científicos e técnicos da medicina hoje se junta o sentimento verdadeiro ou falso nos pacientes de uma despossessão da inteligência de seu sofrimento e de seu corpo, e da nostalgia, talvez ilusória, de uma relação íntima entre o doente e sua doença; esta relação caracterizaria as sociedades "tradicionais": essa é a razão pela qual o historiador, como o antropólogo, é solicitado para trazer elementos de resposta a esta aspiração: Como, no passado, foi levada em conta a dimensão simbólica da doença? O corpo e seu entorno natural não estavam em simbiose antes que o homem, por sua técnica, não se separe da natureza e particularmente do mundo animal e vegetal?

Abrindo-se então novas vias de pesquisa: os historiadores fizeram "a arqueologia" desse saber contestado ou, para retomar o título da obra pioneira de Michel Foucault, interrogaram-se sobre o "nascimento da clínica"[1]; emprestando da antropologia os modelos de interpretação, definidos por Marc Augé, eles tentaram restituir os sistemas de representação da doença e da cura nas sociedades passadas[2]; por fim, se perguntaram se, mesmo hoje,

---

* Retomado de "Religion et guérison dans l'Occident médiéval". *Historiens et sociologies aujourd'hui* – Journées d'Études Annuelles de la Societé Française de Sociologie. Université de Lille I, 14-15/06/1984). Paris: CNRS, 1986, p. 135-150.
1. FOUCAULT, M. *La naissance de la clinique*. Paris: PUF, 1963.
2. AUGÉ, M. & HERZLICH, C. *Le sens du mal* – Anthropologie, histoire, sociologie de la maladie. Paris: Archives Contemporaines, 1984.

outra relação com o corpo e com a "dor biológica" não se ocultava sob as aparências oficiais[3].

Três observações aparecem imediatamente.

Em toda sociedade, inclusive na nossa, existe uma pluralidade das concepções da doença e dos recursos terapêuticos: portanto, é a articulação entre elas que é importante revelar, suas relações de concorrência, de exclusão, mas também de complementaridade e de sucessão; é a isso que nos dedicaremos aqui em relação à sociedade medieval.

Fora da medicina ocidental moderna importa menos a doença, que é um conceito historicamente datado, do que o doente; como diz o historiador da medicina medieval H. Schipperges: *"Es gibt kein Krank-sein"*[4]. Significa dizer que o problema, assim deslocado para o doente e seus próximos, é de imediato um problema social; por essa razão, a enfermidade é imediatamente percebida como uma linguagem, com todos seus níveis de significação simbólica; por fim, a cura existe apenas como ritual coletivo[5].

Características gerais

Problemas estruturais

Podemos dizer que a sociedade do Ocidente medieval, entre os séculos IV e XIV – datas-limite deste estudo –, foi dominada por uma representação religiosa do mundo e, em particular, do infortúnio sob todas suas formas, de suas causas, dos meios de se preservar e de aliviá-los. Essa definição deve dar um amplo lugar à Igreja, que intervém de múltiplas maneiras na interpretação da enfermidade como na manipulação do corpo doente.

---

3. Cf. FAVRET-SAADA, J. *Les mots, la mort, les sorts*. Paris: Gallimard, 1981. • BENSA, A. *Les saints guérisseurs du Perche-Gouet* – Espace symbolique du Bocage. Paris: Institut d'Ethnologie, 1978. • REVEL, J. & PETER, J.-P. "Le corps: l'homme malade et son histoire". In: LE GOFF, J. & NORA, P. *Faire de l'histoire* – Vol. III: *Nouveaux objets*. Paris: Gallimard, 1974, p. 169-191. • BOUTEILLER, M. *Médecine populaire d'hier et d'aujourd'hui*. Paris: Maisonneuve, 1966.

4. SCHIPPERGES, H. "Antike und Mittelalter". In: SCHIPPERGES, H.; SEIDLER, E. & UNSCHULD, P.U. (orgs.). *Krankheit, Heilung*. Friburgo/Munique: K. Alber, 1978, p. 229-269.

5. Cf. DI NOLA, A. "Mallatia e Guarigione". *Enciclopedia delle Religioni*. Florença: Vallechi, 1972. • ADLER, A. & ZEMPLENI, A. *Le bâton de l'aveugle* – Divination et pouvoir chez les Moundang du Tchad. Paris: Hermann, 1972. • EVANS-PRITCHARD, E.E. *Sorcellerie, oracles et magie chez les Azandé*. Paris: Gallimard, 1972.

A leitura "religiosa" da doença não excluía, pelo menos em alguns casos, a ideia de uma causalidade natural, na medida em que esta era sempre compreendida no plano divino da criação e interpretada como uma ordem de correspondências simbólicas e não como um encadeamento causal experimentalmente verificável.

Nessa representação simbólica da natureza qualquer perturbação da ordem estava relacionada ao jogo dos poderes antagonistas que eram atribuídos às intencionalidades, as de personagens sobrenaturais (Deus, demônios, santos etc.) ou de personagens humanos (adivinhos, feiticeiras etc.).

Evolução histórica

Dois problemas dominam a evolução plurissecular dessa história: Como se estabeleceu um sistema cristão de interpretação e de cura da enfermidade no qual a Igreja pôde desempenhar um papel tão essencial quanto em outros campos? Como desse sistema, minado do interior, foi possível se emancipar pouco a pouco um saber médico cada vez mais autônomo em relação à instituição eclesiástica e ao personagem clerical.

De um lado, a Igreja e os clérigos intervieram para substituir por concepções e práticas autorizadas as formas pagãs e/ou folclóricas ("supersticiosas") de cura; às vezes, estas foram abertamente combatidas, mas, em outro casos, foram "batizadas" e puderam se manter sob a máscara imposta do cristianismo. Aline Rousselle demonstrou muito especialmente todas as transações que garantiram a passagem do santuário pagão ou da fonte sagrada ao santo taumaturgo e à peregrinação cristã[6]; as *Vidas* de São Martinho escritas por Sulpício Severo e por Gregório de Tours guardam exemplos clássicos dessas substituições.

Por outro lado, a Igreja também teve de se adaptar a um sistema de representação simbólica da natureza e do corpo legado pela ciência e pela medicina da Antiguidade. Não chegou a isso de uma só vez, e podemos mesmo distinguir grosseiramente três períodos: até os séculos V e VI pre-

---

6. "Du sanctuaire au thaumaturge: la guérison en Gaule au IVe siècle". *Annales ESC*, 6, 1976, p. 1.085-1.107. Cf. tb., da mesma, *Porneia* – De la maîtrise du corps à la privation sensorielle, IIe-IVe siècles de l'ère chrétienne. Paris: PUF, 1983.

valeceram a desconfiança e a rejeição; depois, até o século XII, esse saber antigo foi integrado com sucesso à cultura monástica; enfim, nos últimos séculos da Idade Média, a emancipação progressiva do saber médico tendeu a inverter a relação de forças e a iniciar, em nome das leis naturais, tanto a crítica das noções clericais como a dos saberes populares. Em suma, esse vasto debate que se estende através dos séculos instaurou-se entre três tipos de personagens: o *medicus*, partidário da Natureza, isto é, da herança da medicina antiga; o *sanctus* e o *presbyter*, mediadores legítimos dos poderes sobrenaturais da cura; o *maleficus*, ele também detentor de poderes sobrenaturais, mas ilegítimos. Seria um erro, contudo, considerar apenas o aspecto potencialmente conflituoso de suas relações, uma vez que ocupavam no campo das práticas simbólicas posições complementares, quando não tendiam a se confundir.

Tendências historiográficas

A setorização crescente da pesquisa é o caráter mais nítido da produção historiográfica: de um lado, a história erudita da medicina e dos médicos prossegue com grande proveito, mas é percebida como um setor autônomo no seio dos estudos medievais. Nesse campo podemos distinguir a história das doenças, ilustrada nesses últimos anos principalmente por J.N. Biraben ou M.D. Grmek[7]. Por outro lado, teremos de levar em conta os inúmeros trabalhos recentes oriundos da história do milagre; às vezes eles tentam diagnósticos retrospectivos, mas se expõe a perder de vista a dimensão simbólica das tipologias medievais e das descrições das doenças, da forma como é dada pelos "livros de milagres" dos grandes santuários do Ocidente.

Sem pretender contribuir com novos elementos de informação, gostaríamos pelo menos de tentar amarrar todos esses fios e propor os contextos sintéticos de uma reflexão histórica na qual alguns historiadores se engajam há algum tempo.

---

7. Cf. BIRABEN, J.N. *Les hommes et la peste en France et dans les pays européens et méditerranéens* – T. I: *La Peste dans l'histoire*. Paris: Mouton, 1975. – T. II: *Les hommes face à la peste*. Paris: Mouton, 1978. • GRMEK, M.D. *Les maladies à l'aube de la civilisation occidentale* – Recherches sur la réalité pathologique dans le monde grec préhistorique, archaïque et classique. Paris: Payot, 1983.

As doenças e suas interpretações

A apropriação do corpo

O vocabulário usado nos textos traduz bem o que era então a experiência da enfermidade (*infirmitas*): esta se apossa do corpo, o agride ou o invade violentamente, como se falasse de uma cidade sitiada e depois ocupada pelo inimigo: *capit, arripit, invadit, occupat, tenet*. O corpo é *possuído* pela doença, e realmente a possessão demoníaca é o paradigma de todos os ataques da doença e de suas modalidades. Por outro lado, a dor que acompanha essa agressão é descrita com todos seus matizes e em todas suas manifestações, a ponto de apresentar uma espécie de autonomia em relação à doença: ela é de certa forma personificada, agindo como um carrasco que submete o corpo à tortura: *torquet, opprimit, gravat, vexat, molestat*. Terceira característica da *infirmitas*, sua dimensão social é sempre notada, pois a doença tem como efeito o impedimento do trabalho, o mergulho na indigência, a obrigação da mendicância; o doente é assim uma carga para seu entorno que muitas vezes lamenta não poder alimentá-lo ou arcar com os cuidados exigidos; ele se torna insuportável para seus próximos por seus gritos, seus odores pútridos, ou mesmo por suas violências nos casos dos *furiosi*[8]. Por isso mesmo, o doente era remetido a toda sociedade para nela assumir um papel social determinado anterior e ideologicamente necessário: o papel do *pauper* que se salva sofrendo como Cristo e oferece aos outros a ocasião de se salvarem por meio da caridade que lhe é feita.

O diagnóstico

Os termos que designam as diferentes afecções, pelo menos nos textos médicos ou de origem eclesiástica, provinham da medicina antiga: *paralysis, lepra, scabies* etc. Eles permitiam ao mesmo tempo identificar enfermidades diversas e fundar uma tipologia dos recursos e uma escolha entre diversas espécies de remédios, mas também de milagres e de santos especializados. De fato, as formas de morbidade repartiam-se segundo uma hierarquia que ia das "febres" aos males mais especificados: cegueira, paralisia, epilepsia,

---

[8]. GALETTI, A.I. "*Infitmitas* e terapia sacra in una città medievale (Orvieto, 1240)". In: SEPILLI, T. (org.). *La medicina popolare in Italia* – La ricerca folklorika, 8. Bréscia: Gralo, 1984.

frenesi, possessão; a lepra distinguia-se por causa de uma carga simbólica particular, que a vinculava aos pecados da carne (os leprosos pareciam expiar a luxúria de seus pais) e à morte: o corpo do leproso sofre a corrupção que caracteriza os cadáveres, e a exclusão social nos leprosários se aparenta, até no ritual de admissão, com uma morte ritual. Mas porque a lepra exprimia o ápice da abjeção física, ela também suscitava o gesto mais espetacular do heroísmo cristão: o beijo no leproso, cujo exemplo foi dado por São Luís. A exclusão mais ou menos rigorosa dos leprosos era justificada pela convicção de que a doença era contagiosa; e a rede dos leprosários era mais densa na França do que na Inglaterra onde os leprosos, certamente mais móveis, também apareciam com mais frequência nos livros de milagres dos santuários. A enfermidade iniciou seu recuo definitivo na Baixa Idade Média. Mas a partir de 1348, o Ocidente foi mais uma vez atingido pela peste que o poupara desde seis ou sete séculos: as atitudes em relação a esse flagelo não podiam ter mais nada em comum com aquelas que as outras doenças, inclusive a lepra, suscitavam. Por causa do caráter coletivo e mortal da peste, mas também porque as pessoas não se curavam: podendo no máximo procurar se proteger dela[9].

As interpretações

Se nos atemos às origens, podemos dizer que existia na Idade Média dois grandes sistemas de interpretação da doença: a interpretação médica, herdada dos médicos antigos e árabes, e a interpretação religiosa, sobre a qual a Igreja imprimiu muito fortemente sua marca. Mas é evidente que por muito tempo elas se fundiram uma na outra e que o saber pagão só foi recebido porque era cristianizado.

A interpretação médica, colocada sob o nome de Hipócrates, a quem se atribui a Teoria dos Quatro Humores, foi sucessivamente enriquecida pelos médicos gregos (Oribase), depois latinos: Galeno para a Teoria dos Temperamentos ou ainda Marcellus. Ela foi retomada com algumas variações pelos enciclopedistas da Idade Média: Isidoro de Sevilha, Raban Maur

---

9. BULST, N. "Der Schwarze Tod; Demographische, Wirtschafts- und Kulturgeschichtliche Aspekte der Pestkatastrophe von 1347-1352 – Bilanz der neueren Forschung", *Saeculum*, 30, 1979, p. 45-67. • BIRABEN, J.N. & LE GOFF, J. "La peste dans le Haut Moyen Âge". *Annales ESC*, 1969, p. 1.484-1.510.

ou, no século XII, a irmã religiosa Hildegarda de Bingen. Ela vê na doença uma perturbação da ordem cósmica da qual o corpo do homem faz parte integrante: ele está submetido à mesma ordem quaternária de correspondências entre os quatro elementos dos quais é composto, a exemplo de toda a natureza (ar, fogo, terra, água), os quatro humores que lhes correspondem são respectivamente associados (sangue, bílis amarela, bílis negra, pituita ou fleuma), as quatro qualidades do frio e do quente, do úmido e do seco, os quatro temperamentos (sanguíneo, colérico, melancólico, fleumático) etc.[10] Na Idade Média, essa interpretação nunca se dissociava da concepção cristã do mundo e do devir do homem: se a doença tem como causa uma ruptura do equilíbrio entre os humores, provocada pela influência nefasta de um planeta ou pelo calor ou umidade excessiva de uma estação, ela traduz em última instância um defeito ou uma falha do organismo (*"modus deficiens, destitutio corporis"*, diz Isidoro) tornados possíveis pelo enfraquecimento original do homem, pela queda de Adão. Portanto, o corpo do homem só reencontrará sua plena saúde física e moral, sua *restitutio* completa e definitiva, na Ressurreição[11].

A interpretação religiosa tem consequentemente uma função abrangente e fundadora. Ela explicita a fonte da doença e a transforma em signo. A origem da doença é atribuída a uma intencionalidade e a um poder sobrenaturais, atribuídos de acordo os casos a Deus (segundo o modelo bíblico das provações sofridas por Jó), ao diabo ou aos santos. Mas podem também ser encarnados por um ser humano, um feiticeiro ou uma feiticeira usando malefícios, seja por contato (feitiço do olhar, carícias, sopro, palavra), seja a distância, por meio de encantamentos colocados sob a porta, bonecas mágicas transpassadas de agulhas etc. Qualquer que seja a origem, a doença é um signo ambíguo: signo do pecado, ela aparece como um justo castigo, mesmo sendo uma incitação positiva à conversão individual ou coletiva, nos casos das epidemias. Mas é também signo da virtude, até mesmo do amor de Deus, quando sua função é colocar em provação o cristão e, sobretudo,

---

10. ENGBRING, G.M. "Saint Hildegard, Twelft-Century Physician". *Bulletin of the History of Medicine*, VIII, 1940, p. 770-784.
11. CRISCIANI, C. "Valeurs éthiques et savoir médical entre le XIIe et le XIXe siècle – Problèmes et thèmes d'une recherche". In: GRMEK, M.D. (org.). *History and Philosophy of the Life Sciences*, 5 (1), 1983 [Florença: Olschki, 1984, p. 33-52].

o santo. Nos dois casos, a doença pode ser interpretada como uma bênção, uma vez que oferece a ocasião de perseverar na via da salvação ou ir ao seu encontro. A doença-signo refere-se ao sujeito, ao pecador que ela pune ou ao santo que coloca em provação, mas tanto quanto aquele que tem o poder de torná-los doentes: ela tem então uma função de prova, uma vez que demonstra o poder do feiticeiro de executar suas ameaças ou o do santo de atingir aqueles que duvidam dele, mesmo que em seguida tenha de curá-los. A doença-signo dirige-se enfim a todos os outros homens, convidados a realizar, em seu proveito espiritual tanto quanto em proveito do doente, as obras de misericórdia: mesmo que nossa tendência tenha sido a de subestimar em demasia a parte dos cuidados reais na atividade dos hospícios da Idade Média, também é certo que eles permitissem envolver com uma atenção ritualizada os "senhores doentes" que ali eram humildemente servidos.

De todas essas condições decorre a metaforização da doença, tão característica do discurso ideológico dessa época: a doença e o pecado ali são intercambiáveis, como também o são a cura e a conversão; Raban Maur, por exemplo, pôde classificar as doenças segundo uma lista de pecados em que *"lepra est doctrina haereticorum falsa atque varia"*[12]. Por certo, essa metaforização envolve principalmente as enfermidades que têm a carga simbólica mais forte (a peste, a lepra), associadas também às transgressões religiosas e morais mais graves: no século XIII, a progressão objetiva da lepra e das correntes heréticas (cátaros e valdenses) parece ter reforçado consideravelmente a assimilação de uma à outra no discurso polêmico dos homens da Igreja...[13]

Os recursos

Diante da doença existiam três possibilidades de intervenção:

Proteger-se

Em francês antigo, "guarison" (cura) significa primeiramente proteção. Os meios de preservar o corpo dos danos da doença eram de diversas ordens.

---

12. MAUR, R. "De universo", XVIII, cap. V, "De medecina". *PL*, 111, col. 501-502.
13. MOORE, R.I. "Heresy as Disease". In: LOURDAUX, W. & VERHELST, D. (orgs.). *The Concept of Heresy in the Middle Ages (11th-12th C.)*. Louvaina/Lahaye, 1976, p. 1-11.

Primeiro, seguir o "regime de saúde" recomendado pelos médicos, observar a dieta, fazer regularmente sangrias, da maneira e em tempo oportunos. Em seguida, cuidar da saúde da alma, da qual depende a do corpo: por meio das orações individuais e coletivas, do canto das litanias, das procissões, como a das rogações, da invocação dos santos, sobretudo dos "santos protetores da peste", Antônio, Sebastião, Roque. Também se podia usar um amuleto ou se fazer aspergir com água-benta salgada (contra as mordidas de serpente, p. ex.): desde o século VI, Gregório de Tours atesta o emprego de um tau (de Santo Antônio) fixado sobre as casas para que a peste as evitasse, e o uso de relíquias em forma de amuletos[14].

Tratar

Tratar (*sanari*), dar tratamentos (*curae*) eram da competência da medicina humana. Esta distinguia três tipos de intervenções, classificadas na ordem crescente de intensidade: a dieta, a farmacopeia e a cirurgia, que visava extirpar o mal, fazê-lo sair do corpo pela sangria, a incisão, a supuração. Essa medicina era exercida em lugares precisos, em particular nos mosteiros e nas cortes dos soberanos: a *Regra de São Bento* (capítulo XXXVI) já previa a organização e o funcionamento das enfermarias nos mosteiros da Ordem[15]. Sobre esse mesmo modelo funcionaram também os hospícios (*xenodochia*). Mas depois da reforma gregoriana, aos religiosos e aos clérigos foi proibido o exercício da medicina, dentro da preocupação de uma distinção mais rigorosa entre as atividades dos leigos e dos clérigos: não convinha que estes estivessem perto demais dos corpos, expostos à luxúria, obrigados a verter o sangue, e também sua cupidez poderia crescer com a retribuição material tirada de sua atividade. Tradicionalmente, a corte do rei era também o lugar

---

14. TOURS, G. "Histoire Francorum", IV, 5, apud BIRABEN, J.N. *Les hommes face à la peste.* Op. cit. 1. Em 543, São Galo, bispo de Clermont, instituiu a Procissão das Rogações para preservar sua diocese da peste: TOURS, G. *Liber in gloria confessorum* – L. 3: As relíquias de São Remígio também desviaram a epidemia. Ibid., LXXVIII.
15. PATZELT, E. "Moines-médecins". *Mélanges E.R. Labande* – Études de civilisations médiévales, IXe-XIIe siècles. Poitiers: Cesm, 1974, p. 577-588. • GOUGAUD, L. "La pratique de la phlébotomie dans les cloîtres". *Revue Mabillon*, 1923, p. 1-23. Cf. tb. o n. 13 dos *Cahiers de Fangeaux* – Assistance et charité. Toulouse: Privat, 1978. • LOUX, F. & RICHARD, P. *Sagesses du corps* – La santé et la maladie dans les proverbes français. Paris: Maisonnneuve, 1978. • JULLIARD, A. & LUNEAU, R. "La médecine populaire dans les campagnes françaises auhourd'hui – Bibliographie thématique". *Archives de Sciences Sociales des Religions*, 54/1, 1982, p. 77-83.

privilegiado onde se exerce a medicina: na Alta Idade Média, os *archiatri* dos reis ostrogodos deviam, para exercer a função, prestar um juramento análogo ao dos padres que serviam ao rei (*sacerdotii sacramentum*)[16].

Contudo, na hierarquia dos valores e dos papéis sociais, a medicina ocupava apenas um lugar secundário, uma vez que conhecia apenas o corpo; no máximo, ela podia aparecer como um perigo para a alma. O primeiro relato do livro dos milagres de Santa Foy de Conques é eloquente: um homem, cujos olhos foram selvagemente arrancados por seu inimigo, é salvo por sua mãe; mas nem por isso recobrou a visão, e o que é bem pior, aproveitando-se de sua enfermidade, torna-se malabarista e se esquece das promessas que a santa lhe fizera; no final de um ano, compreendendo enfim seu erro, ele parte em peregrinação a Conques onde é milagrosamente curado[17]. Em seu próprio campo, que é o cuidado dos corpos, a medicina humana tem, portanto, uma eficácia limitada: e é aí que se impõe rapidamente a necessidade de um recurso superior.

Curar

a) Porque desejava ser a mediadora obrigatória da conversão, a Igreja via-se como a única apta a oferecer uma cura verdadeira, total, do corpo e da alma ao mesmo tempo. Santo Agostinho já era formal: *"Cura corporis ad sanitatem animi referenda est"*. Ora, a Igreja não era a esposa ou o corpo do Cristo-médico, *Christus medicus*? Dois conjuntos de meios eram capazes de garantir essa cura total: o exercício dos sacramentos e o controle do milagre.

No século XIII, São Boaventura dá esta definição do *sacramentum*: *"Res sacra quae ordinata est ut medicina contra morbum"*. A metáfora médica é explícita para indicar que o sacramento não é apenas um simples "signo", ele é eficaz: ao afugentar os demônios, ele manifesta o poder de Deus[18]. Este é principalmente o batismo, cujo primeiro ato é um exorcismo, que o *Martelo das feiticeiras* – e isso não é um acaso – descreve minuciosamente o

---

16. MacKINNEY, L.C. *Early Medieval Medicine with Special Reference to France and Chartres*. Baltimore: The Johns Hopkins Press, 1937.
17. *Liber miraculorum sancte fidis*. Paris: [s.e.], 1987, p. 6-15 [org. de A. Bouillet].
18. SÃO BOAVENTURA. "In IV Sent., dist. 1 B, art. 5, ad 1 (Bo 29, 16)", apud CHYDENIUS, J. *The Theory of Medieval Symbolism*. Helsingfors: [s.e.], 1960, p. 29.

desenrolamento ritual e os efeitos[19]. O mesmo vale para a confissão, sobre a qual Burchard de Worms (início do século XI) diz que ela é "a medicina da alma"[20], e isso é amplamente desenvolvido por Henri de Lancastre no final da Idade Média em seu *Livro das santas medicinas*[21]. Entre os séculos VIII e X, o Sacramento dos Doentes, que antes era concebido como um rito de cura, toma a forma da "Extrema-unção" dos moribundos, à medida que se reforçava sua finalidade espiritual: curar a alma antes do corpo[22]. Quanto ao exorcismo, ele em princípio é apenas um *sacramentalium* e não um *sacramentum*, mas essas distinções tiveram uma importância prática cada vez menor: como já vimos, o exorcismo está presente na realização de outros sacramentos; ele se beneficia também de uma ritualização dramática e solene, justificando a existência de uma "ordem" específica no seio do clero, a do exorcista[23]. Essa importância do exorcismo é proporcional ao papel da possessão diabólica nas representações da doença em geral: o conjunto das práticas de cura encontrava um modelo no exorcismo, assim como a possessão era o paradigma de todos os ataques mórbidos.

Outro modo de intervenção contra a doença, também exaltado pela Igreja, era o milagre. Os de cura eram os mais numerosos de todos os milagres atribuídos aos santos por seus biógrafos ou recenseados por escrito nos santuários. Em um estudo expresso em valores, P.-A. Sigal mostra que 60% dos milagres mencionados na literatura hagiográfica da França nos século XI e XII eram de cura. Em sua maioria eram milagres póstumos, rea-

---

19. INSTITORIS, H. & SPRENGER, J. *Le marteau des sorcières*. Paris: Plon, 1973, p. 491-494 [Trad. fr. de A. Danet].

20. WORMS, B. "Decretorum liber decimus nonus de poenitentia". *PL*, 149, col. 949: "*Liber hic* Corrector *vocatur et* Medicus, *quia correctiones corporum et animarum medicinas plene continet...*"

21. LANCASTRE, H. *Le livre des seynts medecines* (1254). Oxford: Blackwell, 1940. • ARNOULT, E.J. *Étude sur le livre des saintes médecines du Duc Henri de Lancastre*. Paris: [s.e.], 1948.

22. NOYE, E.J. "Maladie". *Dictionnaire de Spiritualité*. T. X. Paris: Cerf, 1980, col. 137-152. Cf. esp. WORMS, B. "Decretorum...". *PL*, 140, col. 933-936. Para Césaire d'Arles († 542), o "Sacramento dos Doentes" era ainda uma espécie de remédio apto a curar o corpo: "Alguém está doente? Que chame o padre da igreja, para benzê-lo e ungi-lo com o óleo em nome do Senhor. A prece divina lhe devolverá a saúde. O Senhor julgará seus pecados e os remeterá". Ao contrário dos feiticeiros que usam amuletos diabólicos, a Igreja oferece, como ele diz, a dupla *cura* ("*duplicata bona*") do corpo e da alma ("*et corporis sanitatem recipere et peccatorum indulgentiam obtinere*") (D'ARLES, C. "Sermo in parochis necessarius", apud, HARMENING, D. *Superstitio* – Ueberlieferungs-und theoriegeschichtliche Untersuchungen zur Kirchlich-theologischen Aberglaubenliteratur des Mittelalters. Berlim: E. Schmidt, 1979, p. 58-59).

23. FRANZ, A. *Die Kirchliche Benedictionen in Mittelalter*, I. Friburgo: [s.e.], 1909.

lizados sobre o túmulo do santo ou a uma maior ou menor distância de seu santuário: 2.050 milagres de cura desse tipo foram recenseados, contra os 658 realizados por um santo enquanto vivo[24]. As afecções mais frequentes são, durante esse período e nessa região geográfica, como em outras épocas da Idade Média ou em outras regiões[25], a paralisia e a cegueira. A eficácia miraculosa subordinava-se à consumação de uma relação duplamente contratual entre três "pessoas": o homem doente, o santo e Deus. Os dois primeiros engajavam-se mutuamente em uma relação de troca: o pedido, as preces e as oferendas do doente deviam de alguma forma "forçar a mão" do santo; depois em retorno, em troca da cura, o miraculado, conforme ao seu pedido, deixava ex-votos ou mesmo fazia dom de sua pessoa ao santo e aos seus beneficiários: os *censuales* miraculados pelo santo, os "sainteurs"* (denominação um pouco mais tardia) vinham assim aumentar a *família* do santo; por outro lado, os méritos adquiridos pelo santo junto a Deus deviam lhe permitir a obtenção da cura daqueles que o imploravam: mas isso também não era evidente.

Nos casos de milagres póstumos, que eram os mais numerosos, um corpo morto – mas um corpo santo, que supostamente conservaria as marcas da vida – era implorado em proveito de um corpo doente, a fim de lhe devolver a saúde: a cura consistia em uma transferência de poder entre dois corpos, a incorruptibilidade de um combatendo a corrupção do outro. Também se deve observar a importância do sonho na concretização dessa transferência de poder de um corpo ao outro: o sonho, com efeito, de acordo com a prática ancestral da incubação, manifestava a presença real do santo em seu santuário, no momento mesmo da cura ou durante suas primeiras manifestações.

A cura, resultado dessa transferência, sempre tomava a forma de um ritual, mais precisamente de um deslocamento ritualizado, seja do doente

---

24. SIGAL, P.-A. "Miracles et guérison au XIIe siècle". *Annales ESC*, 1969, p. 1.522-1.539. Cf. tb. *L'Homme et le miracle dans la France médiévale, XIe-XIIe siècles*. Paris: Cerf, 1985.

25. FINUCANE, R.C. *Miracles and Pilgrims, Populars Beliefs in Medieval England*. Londres/Melbourne/Toronto: T.M. Dent, 1977. • ROUCHE, M. "Miracles, maladies et psychologie de la foi à l'époque carolingienne en France". *Hagiographie, cultures et sociétés, IVe-Ve siècles*. Paris: Études Augustiniennes, 1981, p. 319-337. • VAUCHEZ, A. *La sainteté en Occident aux derniers siècles du Moyen Âge d'après les procès de canonisation et les documents hagiographiques*. Roma: École Française de Rome, 1981.

* Leigos que se vinculam a uma igreja por meio de um elo de dependência pessoal e hereditário [N.T.].

na direção das relíquias (caso da peregrinação), seja das relíquias na direção do doente (caso das translações de relíquias). Essa estrutura espacial foi bastante estável a partir da Alta Idade Média, e também não se observam mais diferenças importantes no espaço, por exemplo, entre a Inglaterra e o continente. Deve-se, contudo, observar dois critérios de diferenciação, um social e o outro cronológico.

P.-A. Sigal mostrou que as atitudes em relação ao milagre não eram exatamente as mesmas na aristocracia e nas classes populares: a primeira recorreu muito mais à invocação a distância do santo, poupando assim uma peregrinação a seu túmulo. As afecções mais frequentes que justificavam a invocação também eram sensivelmente diferentes: as doenças internas, as de evolução rápida, os ferimentos característicos do modo de vida violento dos cavaleiros eram objeto dos pedidos habituais da aristocracia, ao passo que para o povo o grupo tradicional formado pela cegueira, surdez, mudez, paralisia conheceu uma maior permanência[26].

No século XIV iniciou-se, contudo, uma transformação das atitudes que diziam respeito a todos os peregrinos: para todos eles, a necessidade de uma aproximação física entre o santo e o miraculado se fez então mais imperativa; as peregrinações vicárias (onde o doente se fazia representar) se tornaram mais numerosas: os "livros de milagres" registraram também um maior número de curas a distância, com a simples oração do doente, sem nem mesmo a necessidade de uma peregrinação. André Vauchez relaciona essas mutações à difusão do culto das imagens, que permitiu uma multiplicação da presença eficiente do santo, garantida tradicionalmente apenas pela difusão das relíquias[27]. Essa hipótese me parece confirmada pela evolução do estatuto da imagem religiosa desde o ano 1000: essa imagem, em três ou em duas dimensões, conheceu uma espécie de promoção religiosa que resultou no reconhecimento de sua virtude miraculosa autônoma; assim, a partir do século XIII, as relíquias que nela estavam encastoadas (como era o caso desde o século IX, sendo o exemplo mais célebre o da estátua-relicário de Santa Foy de Conques) não foram mais indispensáveis para garantir esse poder de

---

26. SIGAL, P.A. "Comment on concevait et on traitait la paralysie en Occident dans le Haut Moyen Âge (XIe-XIIIe siècles)". *Revue d'Histoire des Sciences*, 197, 1971, p. 193-211.
27. VAUCHEZ, A. *La sainteté en Occident*. Op. cit., p. 519ss.

fazer milagres. No final da Idade Média e na época moderna multiplicaram-se as descobertas de imagens milagrosas que justificaram o estabelecimento de novos centros de peregrinação[28].

Na maior parte das vezes, a peregrinação era coletiva: os peregrinos partiam em grupo, às vezes mesmo sob o comando de um pároco, e no caminho outros peregrinos vinham se agregar ao seu grupo. Essa dimensão coletiva é um fator importante da "liminaridade" da peregrinação, no sentido que V. Turner deu a essa palavra: experiência coletiva das margens, ela era o lugar onde as hierarquias habituais eram abolidas, em uma comum exaltação religiosa e social[29]. O clero, contudo, controlava o conjunto dessas manifestações, mantendo o registro das curas milagrosas, vigiando de perto miraculados e testemunhas, afastando os impostores bem como os fraudadores, enunciando também o sentido dos milagres como o dos fracassos: estes últimos não podiam questionar a potência do santo, mas sempre a falta de fé do peregrino...

Desde o século VI são atestadas as procissões de relíquias, que visavam proteger as comunidades contra as epidemias. Elas tinham diferentes formas, testemunhadas de muitas maneiras, para o santo se apropriar do território e nele deixar sua marca: umas iam do centro do culto a outro santuário, como uma capela; outras descreviam aproximadamente um círculo (circumambulação), seja em torno das muralhas de uma cidade ou nos limites de uma província, seja por uma região inteira quando a viagem era realizada para a obtenção de doações para, por exemplo, a reconstrução de uma igreja destruída por um incêndio. Os habitantes das localidades visitadas e dos arredores afluíam nesses casos, e os doentes, muito especialmente, arrastavam-se ou faziam-se levar até as relíquias com a esperança de serem curados.

b) Dos milagres dos santos, estreitamente controlados pela Igreja, convém distinguir o milagre real, característica das monarquias francesa (tocar as escrófulas) e inglesa, a partir do século XIII. Diferente, esse milagre é o

---

28. Cf. esp. as pesquisas sobre a Castela moderna em CHRISTIAN, W.A. *Local Religion in Sixteenth-Century Spain*. Princeton: PUP, 1981. • *Apparitions in Late Medieval and renaissance Spain*. Princeton: PUP, 1981.
29. TURNER, V. & TURNER, E. *Image and pilgrimage in Christhian Culture* – Anthropological Perspectives. Nova York: Columbia University Press, 1978.

primeiro porque sua realização limita-se à duração da vida do rei. São ao contrário os corpos mortos dos santos que, na maioria das vezes, faziam milagres. No caso de São Luís, rei canonizado, distingue-se nitidamente o milagre real, quando ele estava vivo, e os milagres *post mortem*, muito mais diversificados, consumados em razão de sua santidade. Esse caso é excepcional, e a Igreja, receosa em relação a qualquer forma de "realeza sagrada" que pudesse concorrer com sua própria preeminência ideológica, sempre cuidou para que os dois papéis de rei e de santo – salvo caso particular da conversão ao cristianismo das nações da Europa Central – não fossem confundidos. Na França, o tocar das escrófulas se impôs com São Luís, em ligação estreita com a formação de um ritual preciso da sagração: o poder de cura do rei vinha da unção recebida na sagração feita com um óleo sobrenatural, aquele que a pomba do Espírito Santo trouxera a São Remígio no momento do batismo de Clóvis. O milagre real era assim o instrumento da afirmação do poder eminente do rei da França, face à nobreza, face aos outros reis (que, mesmo quando eram ungidos, não se beneficiavam de uma unção tão santa) e também face à Igreja: tratava-se com efeito de um ritual que o rei realizava sozinho, ao contrário da sagração e da coroação que requeriam a intervenção e, de certa maneira, o controle do alto clero (arcebispo de Reims, abade de Saint-Denis etc.). O ritual foi ligeiramente mais tardio na Inglaterra e diferente: nele o rei resgatava no altar anéis medicinais (*cramp-rings*) que dava aos epiléticos; mas também assistiu-se à "conquista de uma receita mágica pela realeza milagrosa"[30].

c) No leque dos recursos possíveis, os feiticeiros ocupavam o terceiro lugar. Mas eles inspiravam à Igreja uma atitude bem diferente. Desde os primeiros séculos, as autoridades eclesiásticas adotaram a denúncia antiga dos *magi, harioli, haruspices, divini, praecantatores*, do uso que faziam dos *characteres, ligaturae*, das *carmina* e outras fórmulas que recitavam, de sua pretensão de predizer a vida ou a morte ou ainda de "liberar" os corpos "amarrados" por outros feiticeiros: no século XV, o *Malleus maleficarum* é o ponto culminante dessa imensa tradição polêmica, à qual ele acrescenta

---

30. BLOCH, M. *Les rois thaumaturges* – Étude sur le caractere surnaturel attribué à la puissance royale particulièrement en France et en Angleterre. Paris: [s.e.], 1924 [reed., Paris: Gallimard, 1983 [Prefácio de J. Le Goff].

observações contemporâneas, por exemplo, sobre a clientela regional dos feiticeiros[31].

A atitude dos clérigos certamente não era desprovida de ambiguidade: para Santo Agostinho, os encantamentos são eficazes, ainda que não tenham nenhum poder em si mesmos; mas Deus os autoriza para testar a fé dos cristãos...[32] De fato, as práticas de feitiçaria não diferiam fundamentalmente nem das práticas de cura legítimas preconizadas pela Igreja, que, por exemplo, recomendava a aspersão de água-benta, proibindo apenas o seu uso nos banhos[33], nem de receitas empíricas, que misturavam as prescrições de unguentos dos quais se podia esperar uma eficácia natural[34], as invocações e as preces. Duas razões justificavam, no entanto, a oposição clerical: de um lado, o fato de que essas práticas fossem desprovidas de *auctoritas*, isto é, de qualquer marca formal de autentificação eclesiástica: a prática em si mesma importava menos do que sua marca de reconhecimento: isso pode ser visto muito bem em um cânone de Halitgarius, bispo de Cambrai no século VIII, reproduzido ainda por Santo Tomás de Aquino, que admite algumas invocações desde que acompanhadas do Símbolo divino (o *Credo*), mas não se feitas "com um nome desconhecido"[35]; por outro lado, tais práticas, como

---

31. Sobre as três numerosas condenações eclesiásticas na Alta Idade Média, cf. HARMENING, D. *Superstitio*. Op. cit. Para o final da Idade Média, cf. os textos muito ricos editados por R. Vaultier: *Le folklore pendant la Guerre de Cent Ans d'après les lettres de rémission du Trésor des Chartes*. Paris: Guénégaud, 1965, p. 226ss.

32. Esse julgamento de Agostinho, em a *Cidade de Deus*, encontra-se em Raban Maur, Burchard de Worms, Yves de Chartres, Graciano: os curadores (*magi sortilegi*) às vezes parecem curar as doenças ou prejudicar as pessoas saudáveis, ainda que "*aliquid propriae virtutis ae potestatis non habeant*", mas Deus lhes permite isso para experimentar aqueles que os veem ou os ouvem e se assegurar da fé deles.

33. FRANZ, A. *Die Kirchlische Benedictionen*. Op. cit., p. 91: primeira menção de água-benta misturada com sal no *Liber Pontificalis*, sob o pontificado de Bonifácio II (530-532). Há em seguida inúmeras atestações: Gregório de Tours, Hincmar, Pierre Damien (contra as mordidas de serpentes). O Bispo Atton de Verceil († 961) proíbe banhos com água-benta: "*In aqua vero sanctificata nullus balneum facere audeat pro aliqua infirmitate vel necessitate, quae spargi tantummodo concessa est. Huiuscemodi lavacra nec in sacris scripturis invenimus nec in patribus acta audivimus nec nobis utilia videntur*" ("Capitula, c. 76". PL, 134, col. 43, apud FRANZ, A. Op. cit., p. 109).

34. BRUNEL, C. "Recettes médicales du XIIIe siècle en langue romane". *Romania*, 83, 1962, p. 145-182.

35. HALITGARIUS. "Liber poenitentialis". *PL*, 105, col. 796: "*Non liceat in collectione herbarum quae medicinales sunt, aliquas observationes vel incantationes attendre, nisi tantum cum symbolo divino et oratione Dominica ut Deus et Dominus honoretur*", que deve ser aproximada, três ou quatro séculos mais tarde, a Graciano (*Decretum*, Pars II, Causa XXVI, Quaestio V, c. 3) e a Tomás de Aquino (*Summa Theologica*, II[a], II[b], 98, 4): "*Nec in collectionibus herbarum quae medicinales sunt aliquas observationes aut incantationes liceat attendere, nisi tantum cum symbolo divino aut oratione Dominica*" (apud HARMENING, D. *Superstitio*. Op. cit., p. 238).

todas as "superstições", eram, no final das contas, atribuídas ao diabo: as *ligaturae*, afirma Isidoro, vêm de uma *ars demonum* que se opõe à *ars medicorum*[36]; a tendência do discurso clerical era despossuir os feiticeiros de seu saber em proveito das potências demoníacas, apresentando-os ou como vítimas das "ilusões" ou "fantasias" diabólicas, ou como seus cúmplices, caso se ligassem ao diabo por um pacto expresso ou tácito[37].

A complementaridade dos recursos

Na economia da cura, a Igreja, o rei, os médicos, os padres, os feiticeiros eram concorrentes. Mas os recursos a um ou outro podiam se suceder: tal doente, abandonado pelos médicos, recorria a um feiticeiro, ou ao santo... Todas as situações eram possíveis, com a condição de que a continuação dos procedimentos se conciliasse com a hierarquia não reversível da escala das dignidades: o médico não estava autorizado a se postar na cabeceira do moribundo depois que este se tivesse confessado e recebido do padre o Sacramento da Extrema-unção; de fato, se a medicina divina não o curou, é que o peso de seus pecados era demasiado grande, e contra isso a medicina humana nada podia. Da mesma forma, o médico não tinha o direito de visitar uma segunda vez o doente se este não tivesse nesse meio-tempo chamado o confessor. No século XIV, os médicos começaram a se revoltar contra essas prescrições da Igreja: Henri de Mondeville se fez o eco desse ressentimento. Naturalmente, os interesses materiais também não eram estranhos a essas interdições. Quando o médico mostrava-se impotente para

---

36. SEVILHA, I. "Etymologiae, VIII, 9 – De magis". *PL*, 82, apud MacKINNEY, L.C. *Early Medieval Medicien*. Op. cit., p. 26. Ao lado da oposição bem-atestada "religião vs superstição", vale também notar a oposição "medicina vs superstição": Santo Agostinho, em *De doctrina christiana*, II, cap. XX, escreve: "Ad hoc genius etiam pertinenet omnes ligaturae atque remedia quae medicorum quoque disciplina condemnat" (sublinhado por mim), retomado por Graciano, *Drecretum*, Pars II, Causa XXVI, Quaestio II, c. 6, apud HARMENING, d. *Superstitio*. Op. cit., p. 236 e nota 158. Da mesma forma, TOURS, G. *De Virtutibus Sancti Martini*, I, 27: "Plus valet parumper de pulvere basilicae quam illi (hariolii) cum medicamentis insaniae".

37. Concílio de Tours de 813: "Admoneant sacerdotes fideles populos ut noverint magicas artes incantationesque quibuslibet infirmitatibus hominum nihil posse remedii confere. Non animalibus languentibus claudicantibusque vel etiam moribundis quincquam medere, non ligaturas ossum vel herbarum cuiquam mortalium adhibitas prodesse, sed haec esse laqueos et insidias antiqui hostis, quibus ille perfidus genus humanum decipere nititur" (sublinhado por mim), apud HARMENING, D. *Superstitio*. Op. cit., p. 236. Cf. SCHMITT, J.-C. *Le Saint Lévrier* – Guénifort, guérisseur d'enfants depuis le XIIIe siècle. Paris: Flammarion, 1979.

salvar o doente, este também podia procurar um santo ou o rei: dos 60 miraculados recenseados por Guillaume de Saint-Pathus nos *Milagres de São Luís* (1302-1303), 20 consultaram antes um médico e tomaram em vão os remédios e, em um caso, o próprio médico aconselhara que era melhor fazer uma peregrinação a Santo Eloi[38]. Entre dois ou vários santos, a concorrência não era menos forte, mas, acima de todos eles, a Virgem parecia exercer um poder de cura superior e, sobretudo, não especializado: ela era a generalista do milagre.

No entanto, mais do que a concorrência e a exclusão prevalecia a integração desses diversos recursos. A imagem dos santos Cosme e Damião, padroeiros dos cirurgiões, é exemplar. Ora as práticas médicas prolongavam-se na esfera religiosa: Hildegarda de Bingen, autora dos *Causae et Curae*, foi também uma das grandes visionárias do final do século XII e, para ela, a explicação das doenças é indissociável da teologia do pecado. Uma miniatura de um manuscrito do século XIII da *Therapeutica* de Alexandre de Tralles está dividida em duas metades: em uma está sentado o médico grego; na outra se ergue a cruz de Cristo. O frontispício de um *Apothicarius Moralis* do século XIV apresenta em paralelo, de um lado, uma análise de urina e a confecção de uma droga, do outro o batismo e a penitência[39]. Às vezes as práticas religiosas se conciliavam com os recursos da medicina: um dia o Abade Odon de Cluny recomendou a dois monges que orassem mais do que recorressem às medicinas humanas, que ele considerava ineficazes, mas lhes deu mesmo assim alguns *medicamenta*...[40] Nos santuários, os doentes acotovelavam-se para beber o "vinagre", tomado como uma poção, mas que extraía toda sua força do contato com as relíquias. Às vezes também o santo que aparecia em sonho ao doente tomava a aparência de um médico: em Conques, um doente sonhou que Santa Foy introduzia-lhe os dedos na boca para lhe recolocar os dentes no lugar[41]; a um peregrino, São Bento apareceu munido de uma faca com a qual cortou a película que lhe recobria o olho.

---

38. CHENNAF, S. & REDON, O. "Les miracles de Saint Louis". In: GELIS, J. & REDON, O. *Les miracles, miroirs des corps*. Saint-Dennis: Université de Paris-VIII-Vincennes-Saint-Dennis, 1983, p. 53-86.
39. MacKINNEY, L.C. *Early Medieval Medicine*. Op. cit., p. 146-147.
40. Ibid., p. 84.
41. *Liber miraculorum sancte Fidis*, II, 8, ed. citada.

Oferecendo tratamentos oníricos semelhantes, Santo Étienne de Obazine e Santa Helena atenuavam as fraturas[42].

Laicização da medicina?

O médico e o padre

A partir do século XI, a reforma gregoriana, buscando impor uma distinção mais radical entre os estatutos e as atividades dos clérigos e dos leigos, estabeleceu as bases da laicização da medicina. Até então, os práticos eram na maioria das vezes monges ou clérigos, desde então afastados dos ofícios que colocam em contato com os corpos e obrigam a fazer correr o sangue. A aplicação dessas decisões foi progressiva, e teve de ser constantemente evocada pelos concílios do século XII. A especificidade "mundana" do saber médico foi ainda ressaltada pela difusão da medicina antiga e árabe: desde o século XI, a obra de Constantino o Africano fez com que Hipócrates, Galeno e também Al-Farabi e Avicena fossem muito mais conhecidos. No século XIII, trechos completos da obra de Aristóteles, até então desconhecidos, foram traduzidos primeiro do árabe, depois diretamente dos manuscritos gregos, em particular por Gérard de Crémone. Mas essa inflação do saber médico provocava também uma divisão com graves consequências intelectuais e sociais entre a prática, abandonada aos cirurgiões leigos, e a reflexão teórica, a *physica*, da qual os clérigos mantinham o controle direto nas escolas (Salerno, Chartres), depois nas universidades: no sistema universitário instaurado no início do século XIII, o ensino da medicina logo encontrou um lugar ao lado das outras faculdades (Artes, Direito, Teologia)[43]; em 1289 foi fundada a Faculdade de Medicina de Montpellier.

Contudo, importantes mutações se preparavam desde o século XIV. Trata-se principalmente do questionamento da distinção entre prática e teoria: na primeira metade do século, Henri de Mondeville, médico de Felipe o Belo, e depois Guy de Chauliac reivindicaram uma ciência médica mais manual, que desse lugar à experiência. Eles se viam como médicos-cirurgiões. No

---

42. SIGAL, P.-A. Op. cit. supra, p. 294, nota 24.
43. LAWN, B. *The Salernitan Questions* – An Introduction to the History of Medieval and Renaissance Problem Literature. Oxford: Clarendon Press, 1937.

entanto, pelo menos no imediato, eles não foram nem um pouco compreendidos: depois de 1350, a oposição entre os clérigos, médicos universitários e os leigos, os "manuais", recomeçou com força e será em seguida característica de boa parte da história da medicina do Antigo Regime. Nessas condições, os leigos organizaram-se em ofícios análogos a todos os outros. Em Paris, o *Livro dos ofícios* de Étienne Boileau (século XIII) informa pela primeira vez sobre a associação de ofício dos cirurgiões, sendo o padroeiro os santos Cosme e Damião e especializada no tratamento das feridas mortais, bem como na manipulação dos corpos mortos: foram os cirurgiões, não os médicos, que praticaram as primeiras autópsias. Mas os cirurgiões, desprezados pelos médicos, também tentaram se premunir contra as invasões, em sua esfera de atividade, dos barbeiros: em princípio, estes últimos só conheciam a pequena cirurgia não mortal, mas, de fato, concorriam cada vez mais com os cirurgiões em seu próprio terreno.

Essas mutações modificaram sensivelmente as relações entre a medicina e a religião. Mesmo reconhecendo os limites dos cuidados dados ao corpo, que não têm comparação possível com as perspectivas escatológicas prometidas por Cristo, os médicos também tendiam a rejeitar as práticas de cura vindas da religião: enumerando o que ele chama de as cinco "seitas de práticos", Guy de Chauliac denuncia "a dos cavaleiros teutônicos e pessoas de guerra que, com conjurações e poções, óleos, lã e folhas de repolho, tratam todas as chagas, baseando-se no fato de que Deus colocou sua virtude nas palavras, nas ervas e nas pedras"; e também "a das mulheres e de vários *idiotae* que confiam os doentes de todas as doenças apenas aos santos, baseando-se nisso: o Senhor a deu para mim assim como lhe agradou, o Senhor a retirará quando lhe agradar, bendito seja o nome do Senhor. Amém"[44]. Sem dúvida essas críticas reproduzem, por um lado, aquelas que os clérigos dirigiam tradicionalmente aos "supersticiosos", mas a citação bíblica, a menção ao culto dos santos, o próprio uso de fórmulas propiciatórias mostram bem que os clérigos não eram menos visados. Além do mais, Henri de Mondeville, Guy de Chauliac ou ainda Pierre de Maricourt sabiam observar e mesmo tirar partido das receitas das *vetulae*, essa velhas mulheres que a Igreja se

---

44. *La grande chirurgie de Guy de Chauliac composte en l'an 1363*. Paris: [s.e.], 1890, LXXI [org. de A. Nicaise].

dispunha, ao contrário, a acusar de feitiçaria; por fim, a concorrência dos padres e dos médicos em torno dos agonizantes esclarece bastante o conflito latente que os opunha. Esse antagonismo recebeu até mesmo sua expressão filosófica, nos limites da heresia, da doutrina averroísta da "dupla verdade": aceito evidentemente a Revelação, diz em substância Henri de Mondeville, mas ela em nada muda a minha prática de médico e as leis da natureza que descubro e utilizo para curar os doentes...[45]

Uma nova religião do médico?

Mas não há necessidade de opor de forma tão brutal medicina e religião no final da Idade Média: Maria-Christine Pouchelle mostrou admiravelmente a persistência do discurso simbólico, religioso e ético na obra escrita de Henri de Mondeville, cujos propósitos consideravam-se técnicos e cujas audácias, diante do cristianismo e da Igreja, não podiam então ir muito além. Por outro lado, na mesma época, a prodigiosa fascinação dos meios eruditos pela alquimia oferecia, ao que me parece, o contexto de um novo discurso e de novas práticas que não eram menos simbólicas do que as da religião tradicional (basta pensar no uso dos talismãs, p. ex.), mas que tinham duas vantagens: a de libertar da golilha doutrinal e hierárquica da Igreja e a de oferecer a esses eruditos, que começavam a entrever os imensos segredos que a natureza oculta, uma via de acesso às verdades inéditas. Desde o século XIII, Roger Bacon, em Oxford, podia defender que aquele que "ignora a *alchemia speculativa* não pode compreender as outras ciências da natureza nem a medicina propriamente dita". Foram alguns médicos, Arnaud de Villeneuve, Jean de Roquetaillade, que, no século seguinte, trouxeram uma contribuição decisiva ao desenvolvimento da alquimia, antes que Paracelso não fizesse dela um dos quatro pilares da *theoria medica*, ao lado da Filosofia, da Astronomia e da Física[46]. Não foi a alquimia que deu aos médicos-cirurgiões a "tentação luciferina" das práticas ilícitas, como a dissecação?

---

45. Cf. POUCHELLE, M.-C. *Corps et chirurgie à l'apogée du Moyen Âge* – Savoir et imaginaire du corps chez Henri de Mondeville, chirurgien de Philippe le Bel. Paris: Flammarion, 1983, p. 80.

46. SCHIPPERGES, H. "Antike und Mittelalter". Op. cit. • PRÉAUD, M. *Les astrologues à la fin du Moyen Âge.* Paris: Lattès, 1984. • JACQUART, D. "Le regard d'un médecin sur son temps: Jacques Despars (1380?-1458)". *Bibliothèque de l'École des Chartes,* 138, 1980, p. 35-86.

Na civilização medieval, era possível se opor à autoridade e mesmo a um ensinamento da Igreja, mas era inconcebível se libertar do campo religioso, isto é, de uma concepção e de uma prática simbólica da medicina baseadas em um postulado de relações necessárias entre o corpo humano e o macrocosmo. É esse conjunto de representações que pouco a pouco foi recusado pela medicina científica a partir do século XVII, e radicalmente no século XIX, mesmo se mantendo na "medicina popular". Mas, para esta última, falar de simples sobrevivências seria consequentemente inexato, uma vez que é o conjunto das estruturas sociais e ideológicas e, portanto, o próprio sentido das relações entre níveis de cultura que mudou: a dominação da linguagem religiosa da Igreja cedeu lugar ao discurso objetivo da medicina moderna. Mas nos absteremos de julgar de maneira unívoca essa mudança: Qualitativa, o que é inegável, ou substituição de uma ortodoxia por outra? Sem dúvida as duas.

XIV

O corpo na Cristandade*

Com o estudo histórico de textos (escriturários, narrativos, teológicos etc.) e de imagens podem ser colocadas algumas questões relativas ao corpo na Cristandade medieval, entendida aqui principalmente como o sistema das crenças, das doutrinas e das práticas rituais características de uma sociedade profundamente marcada pela ideologia cristã durante quase quinze séculos. Tomarei três aspectos principais para relacioná-los: o corpo do homem individual, o corpo divino e o corpo social. Ou seja, contra a tentação de falar *do* corpo, a consideração de diversas *modalidades* do corpo ou mesmo da *corporeidade*, entendida mais amplamente como um conjunto de valores, ativo nos corpos de carne — penando, sofrendo, rindo —, nos humores corporais (sangue, suor, lágrimas, leite, esperma), no tom e no calor das vozes, como nas metáforas da linguagem, a tradução nas imagens (em duas ou três dimensões) ou o imaginário dos corpos ausentes com os quais sonhamos.

O corpo do homem

Se o antropólogo é imediatamente confrontado a sistemas de classificação e a um vocabulário radicalmente diferentes daqueles com os quais está familiarizado, o historiador dos períodos antigos da cultura ocidental deve prestar atenção para não considerar como evidente uma terminologia que ele parece reconhecer, mas cujos valores semânticos puderam, ao longo dos séculos, mudar mais rápido do que a forma. Cabe ao antropólogo evitar colocar sobre uma cultura diferente suas próprias categorias e ao historiador se distanciar do passado, sobretudo quando lhe parece próximo.

---

* Retomado de "Le corps en chrétienté". In: GODELIER, M. & PANOFF, M. *La production du corps* – Approches anthropologiques et historiques. Paris: Archives Contemporaines, 1998, p. 339-355.

Segundo as representações mais comuns da pessoa na Cristandade medieval, o "corpo" ali é concebido, na tradição do helenismo, como a parte material e perecível da pessoa humana, cuja existência vem da vontade criadora de Deus, em oposição à "alma", ela também criada, mas imortal. O par dos termos opostos *corpus* e *anima* é onipresente nos textos doutrinais e teológicos e, de forma ainda mais ampla, ele pertence ao vocabulário mais corrente da época medieval, em latim bem como nas línguas vernaculares.

Esse primeiro sistema de oposições se cruza com outro, que também desfruta de uma grande consideração, o da "carne" (*caro*) e do "espírito" (*spiritus*). Esses termos designam menos os componentes fundamentais da pessoa do que valores aos quais esta deve se vincular ou dos quais deve se desviar. A estrutura binária é comparável, mas passamos aqui da consideração do ser do homem, composto de um corpo e de uma alma, àquela de suas ações e de seu devir. O discurso que acolhe essas novas distinções é, poderíamos dizer, menos psicofisiológico e mais ético e escatológico. Como testemunho, no Evangelho, a oposição entre a "carne que mata e o espírito que vivifica" (Jo 6,63).

No centro dessas oposições encontra-se o elo estreito e cedo estabelecido entre o princípio corporal (ou carnal) e o *pecado*. Esse elo é definitivamente admitido a partir de Agostinho († 430). Ele coloca, de um lado, que a mácula do pecado original, a falta dos primeiros pais, transmite-se pela geração humana e, por outro, que o corpo, em suas emoções (a "concupiscência", a "tentação da carne"), é o lugar e o instrumento por excelência do pecado.

É nesse contexto, teológico e moral, que se deve considerar uma miniatura surpreendente que ilustra uma visão da Monja Hildegarda de Bingen, descrita e comentada por ela mesma no *Liber Scivias* (século XII) (Fig. 14)[1]. Essa visão e a imagem correspondente dizem respeito à animação do feto no ventre de sua mãe, portanto a associação – fundamento de toda a existência terrestre do homem – de uma alma e de um corpo. Uma espécie de feixe dourado desce desde um losango que representa a Trindade até o coração da criança. Na altura de sua cabeça, uma protuberância parece indicar a posição da alma que está descendo. O feto, comenta Hildegarda, é "como uma

---

1. BINGEN, H. *Scivias*. 2 vols. Turnhout: Brepols, 1978, t. I, p. 78, Iª Pars, Visio, 4a, c. 16 [org. de A. Führkötter e A. Carlevaris] [Corpus Christianorum Continuatio Mediaevalis, 43-43a].

forma completa do homem" que, "pela ordem secreta e a vontade oculta de Deus, recebe o espírito no ventre materno, no instante conveniente e justamente fixado por Deus" no momento em que "uma aparente esfera de fogo, não apresentando traço algum do corpo humano, toma então posse do coração". Em seguida, Hildegarda tem a visão das tribulações da alma, que, aos ataques dos demônios, resiste vitoriosamente graças ao socorro dos anjos.

Contudo, o cristianismo medieval, mesmo durante a Alta Idade Média, nunca se satisfez com um dualismo rigoroso, que caracterizou muito mais algumas correntes heréticas, os maniqueus dos primeiros séculos e, bem mais tarde, os bogomilos e os cátaros. Tudo, começando pela representação dialética e escatológica que o cristianismo se deu de sua história, militava para soluções diferentemente matizadas e ambivalentes: nem o "corpo", nem a "carne" podiam ser pensados como princípios inteiramente negativos, nem "a alma", nem o "espírito" podiam beneficiar no absoluto de um preconceito definitivamente favorável. No século II, Tertuliano escreve, por exemplo, que "a carne é o gonzo da salvação" (*caro salutis est cardo*), mostrando assim como os entraves nos quais a carne mantém a alma prisioneira (seguindo o *topos* da "carne prisão da alma") podem ser convertidos em meios de salvação graças aos rituais do Batismo e da Eucaristia instituídos pelo Filho de Deus *encarnado*: "A carne é o gonzo da salvação. É por ela que a alma se une a Deus, pois é ela que permite que a alma possa estar unida. A abluição da carne torna a alma imaculada; a unção da carne consagra a alma; a imposição das mãos projeta sua sombra sobre a carne para que sua alma seja iluminada pelo Espírito; a carne se alimenta do corpo e do sangue de Cristo para que a alma se farte de Deus"[2].

Outro efeito dessa representação dialética do corpo e da alma era passar de uma tipologia dual a uma relação de três termos. De fato, desde que acedemos ao nível mais elevado dos discursos médico e teológico, impõe-se então uma trilogia, com os termos *corpus* (grego: *sôma*), *anima* (no sentido de "princípio vital", em grego: *psuchê*) e *spiritus* (no sentido de princípio pensante, racional, em grego: *pneuma*). Essa trilogia, tanto quanto as oposições binárias mais comuns, já se apresenta nas Escrituras, em particular em

---

2. TERTULIANO. *De resurrectiones carnis*, 8.

São Paulo, que introduziu nas concepções oriundas do judaísmo antigo as noções da filosofia grega, mas organizando-as na perspectiva escatológica da Ressurreição: "Que o próprio Deus da paz vos santifique totalmente, e que todo vosso ser, o espírito, a alma e o corpo, seja mantido sem recriminações ao advento de Nosso Senhor Jesus Cristo" (1Ts 5,23).

O momento de maior aprovação dessa trilogia é o século XII, e seu lugar de expressão privilegiado é a teologia monástica e mística, cisterciense tanto quanto vitoriana. Ela permitia efetivamente uma análise mais fina das faculdades psíquicas e da pessoa humana em sua ascensão para Deus[3]. Sendo tanto usada por Alcher de Clairvaux (*De spiritu et anima*, por muito tempo incorretamente atribuído a Santo Agostinho) ou Achard de Saint-Victor (*De discretione animae, spiritus et mentis*), quanto por Hugues de Saint-Victor que, no *De unione corporis et spiritus*, coloca que uma relação dinâmica entre o corpo e o espírito supõe um terceiro termo: a alma. Evidentemente, um modelo divino apoia essa "trindade" da pessoa humana, ainda que não lhe seja redutível e que sua relação seja mais de homologia estrutural do que de influência. No mais, é no século XII que se delimitam também as imagens da trindade das pessoas divinas.

Contudo, no século XIII, o questionamento escolástico dos modelos monásticos, tanto no plano social quanto metafísico, favoreceu a recepção de Aristóteles e de sua concepção do homem e da natureza. O corpo em si torna-se mais digno de atenção, induzindo certo retorno a um esquema binário corpo/alma. Mas este, mais do que nunca, não era dualista. A promoção do corpo, a consideração alegre de sua liberdade e de seus poderes, não ocorreu – muito pelo contrário – em detrimento da unidade da natureza humana. Em relação a Tomás de Aquino isso foi perfeitamente explicado por Marie-Dominique Chenu: "Contra todo dualismo, o homem é constituído de um único ser, onde a matéria e o espírito são os princípios consubstan-

---

3. MICHAUD-QUENTIN, P. "La classification des puissances de l'âme au XIIe siècle". *Revue du Moyen Âge Latin*, 5, 1949, p. 13-34. • CHENU, M.-D. "*Spiritus* – Le vocabulaire de l'âme au XIIe siècle". *Revue des Sciences Philosophiques et Théologiques*, XLI, 1957, p. 209-232. • BAUTIER, A.-M. "Spiritus dans les textes antérieurs à 1200 – Itinéraire lexicographique médiolatin: du souffle vital à l'au-delà". *Spiritus* – IVe Colloquio Internazionale. Roma 7-9 gennaio 1983. Atti in cura di M. Fattori e M. Bianchi. Lessico Internationale Europeo XXXII. Roma: Dell Ateneo, 1984, p. 113-132. • HAMESSE, J. "*Spiritus* chez les auteurs philosophiques des XIIe et XIIIe siècles". Ibid., p. 157-190. • FROMAGET, M. *Corps, ame, esprit* – Introduction à l'anthropologie ternaire. Paris: Albin Michel, 1991.

ciais de uma totalidade determinada, sem solução de continuidade, por sua mútua inerência: não duas coisas, não uma alma que têm um corpo ou move um corpo, mas uma alma encarnada e um corpo animado, de maneira que a alma é determinada, como "forma" do corpo, até mais íntimo dela mesma, a tal ponto que, sem corpo, ser-lhe-ia impossível tomar consciência de seu próprio ser [...]"[4].

A abordagem "naturalista", e até mesmo médica, do corpo, impregnada de aristotelismo, é perfeitamente ilustrada pela recepção de um tratado de Costa ben Luca, um erudito árabe do século IX, traduzido no século XII por Jean de Toledo e atribuído alternadamente a Agostinho, Isaac de l'Étoile, Avicena, Alexandre Neckam, Tomás de Cantimpré ou Alberto o Grande. O autor distingue dois "espíritos" no corpo do homem: um é o "vital" (*spiritus vitalis*), situa-se no coração, provoca o pulso e a respiração; o outro é o "animal" (*spiritus animalis*), situa-se no cérebro, e dele dependem as operações dos sentidos e das faculdades cognitivas (memória, conhecimento, prudência). Desses dois espíritos, cujos respectivos lugares e modos de ação supõem toda uma topologia corporal, distingue-se a alma (*anima*), que é responsável pelo movimento do corpo (*movet corpus*), mas que, ao contrário dos espíritos, não é corporal e não perece uma vez separada do corpo[5]. Duas capitulares de um dos inúmeros manuscritos dessa obra ilustram o momento da morte e a saída da alma. A primeira mostra dois padres aspergindo com água-benta o cadafalso, acima do qual se eleva a alma, representada como de costume sob a forma de um homúnculo que dois anjos seguram em um lençol, enquanto os dois braços de Deus saem da nuvem celeste para acolhê-lo (Fig. 15)[6]. A segunda, infinitamente mais original, mostra o corpo do morto todo vestido deitado sobre o chão, enquanto – conforme ao texto – duas formas de alma saem de sua boca para juntas se elevarem até Deus que, do alto do céu, estende-lhes os braços: trata-se, de um lado, como anteriormente, da *anima* sob a forma de homúnculo e, por outro, do *spiritus* sob a

---

4. CHENU, M.-D. *Saint Thomas et la thélogie*. Paris: Du Seuil, 1959, p. 122.
5. THORNDIKE, L. *A History of Magic and Experimental Science*. T. I. 2. ed. Nova York: Columbia University Press, 1929, p. 657-660.
6. Paris: BNF, Ms. Lat. 6.323 A, f. 181: *Libri naturales*, atribuído a Aristóteles [Inglaterra, ca. 1350-1375].

forma de uma pomba branca (Fig. 16)[7]. Não resta a menor dúvida de que o artista, surpreso de encontrar no tratado aristotélico a expressão de uma dualidade alma/espírito distinta do corpo, buscou ilustrá-la usando os meios tradicionais da iconografia cristã, já habituada a representar a "alma" sob a forma de um pequeno homem nu e o "espírito" sob a forma da pomba do Espírito Santo.

Claro que não é possível considerar apenas essas classificações da cultura mais erudita. Para nós, seu interesse reside no fato de que elas devolvem o eco sistematizado dos modos de expressão mais amplamente propagados na sociedade. Ora, todos, em diversos graus de acordo com os meios e os momentos históricos, concordam sobre a forte ambivalência do corpo. Movido pela ascese mais austera, o fundador dos irmãos menores, Francisco de Assis, também hesitava entre a difamação de seu corpo, que ele nomeava "irmão asno", e o reconhecimento de sua dignidade, quando o gratificava com o título de "irmão corpo". Cantando as belezas da natureza, entre os quais seu "irmão lobo" ou sua "irmã água", ele não abria exceção para seu corpo: "Os atos corporais, dizia, são necessários aos atos espirituais [...]. No comer, beber e dormir e nas outras necessidades do corpo, o próprio servidor de Deus deve se satisfazer razoavelmente para que o irmão corpo não possa murmurar". Claro, de um lado o corpo, na tradição monástica e ascética oriunda da Alta Idade Média, era verdadeiramente a "prisão da alma", o lugar por excelência do pecado (o "pecado da carne") e do vício (a luxúria), o vetor do pecado original, a presa favorita do diabo (nos sonhos, quando a vontade está adormecida; ou na possessão demoníaca, paradigma de todo ataque da doença)[8]. Era então necessário, em vez de desprezar o corpo, pelo menos desconfiar dele, domá-lo pelas penitências e o jejum[9] e para as almas mais fortes, escapar-lhe no êxtase, à imagem de São Paulo que se interrogava na terceira pessoa sobre o sentido de sua experiência: "Estava em seu corpo? Eu não sei. Estava fora de seu corpo? Eu não sei [...]" (2Cor 12,2-3). Além do mais, não convinha evocar constantemente que não era

---

7. Paris: BNF, Ms. Lat. 6.323 A, f. 232s.

8. Cf. supra, cap. XIII, "Corpo doente, corpo possuído".

9. BYNUM, C.W. *Jeûnes et festins sacrés* – Les femmes et la nourriture dans la spiritualité médiévale (1987). Paris: Du Cerf, 1994.

como corpo que o homem fora criado "à imagem de Deus" (Gn 1,26), mas como alma dotada de razão (*mens*).

No entanto, se o cristianismo introduziu uma ruptura na história ocidental, se por essa razão a Antiguidade tardia é o momento de uma verdadeira revolução, certamente é porque, em primeiro lugar, o corpo em cristandade acabou adquirindo uma dignidade que nunca tivera até então[10]: não foi o corpo do homem, passível e mortal, que foi assumido pelo próprio Filho de Deus, quando "O Verbo se fez carne"? (Jo 1,2). O corpo também não foi prometido a uma ressurreição gloriosa no final dos tempos, quando a ele se reunirá a alma separada?[11] Para esse fim, para garantir a salvação, ele precisa ser ungido no batismo (que aspira a marcar o corpo espiritualmente e não a ferir a carne como a circuncisão) e realizar os gestos e os atos rituais prescritos pela Igreja: o sinal da cruz, a comunhão eucarística e razoáveis macerações[12]. No século XII, o corpo humano parece se tornar a medida ideal de todas as coisas, quando a imagem do microcosmo organiza a representação de todo o macrocosmo.

Contudo, esse corpo cada vez mais "desencantado", esvaziado de uma parte de seus valores simbólicos tradicionais, torna-se logo o objeto de um novo olhar, médico ou judiciário. Ele é submetido ao *experimentum* dos novos cirurgiões e, logo, às primeiras dissecações[13]. Simultaneamente, a tortura, reservada na Antiguidade aos escravos, recomeça, e para todos os homens[14]. Durante um tempo, graças ao crescimento econômico dos séculos XI e XIII – antes da depressão e da Peste Negra do século XIV –, os corpos

---

10. BROWN, P. *Le renoncement à la chair* – Virginité, célibat et continence dans le christianisme primitif (1988). Paris: Gallimard, 1995. • LE GOFF, J. "Corps et idéologies dans l'Occident médiéval" e "Le refus du plaisir" [reed. in: *L'Imaginaire medieval* – Essais. Paris: Gallimard, 1985, p. 123-126 e 136-148.

11. Cf. "Corps glorieux" e "Réssurrection des morts". *Dictionnaire de Théologie Catholique*, III, col. 1.879; XIII, col. 2.501-2.571. Cf. tb. BYNUM, C.W. "Material Continuity Personal Survival and Resurrection of the Body: A Scholastic Discussion in its Medieval and Modern Contexts". *Fragmentation and Redemption, Essays on Gender and the Human Body in Medieval Religion*. Nova York: Zone Books, 1991, p. 239-298. • *The Ressurrection of the Body in Western Christianity, 200-1336*. Nova York: Columbia University Press, 1995.

12. SCHMITT, J.C. *La raison des gestes dans l'Occident medieval*. Paris: Gallimard, 1990.

13. POUCHELLE, M.-C. *Corps et chirurgie à l'apogée du Moyen Âge* – Savoir et imaginaire du corps chez Henri de Mondeville, chirurgien de Philippe Le Bel. Paris: Flammarion, 1983. • GRMEK, M.D. (org.). *Storia del pensiero medico occidentale* – Vol. I: Antiquità e Medioevo. Bari: Laterza, 1993.

14. *L'Aveu, Antiquité et Moyen Âge* –Actes de la table ronde organisée le 28-30 mai 1984 à Rome. Roma: École Française de Rome, 1986.

foram mais bem-alimentados e desfrutaram de novas liberdades. Mas novas restrições iam se abater sobre eles quando se generalizaram nas cidades as concepções e as cadências do trabalho assalariado[15].

O corpo de Deus

A originalidade do cristianismo não reside tanto no monoteísmo (comum às outras religiões do livro) quanto na crença na encarnação do Filho de Deus e, correlativamente, na Trindade divina, cuja afirmação doutrinal tomou forma apenas no início do século IV contra o arianismo (Concílio de Niceia de 325). Essa doutrina nasceu do encontro entre a expectativa messiânica judaica, ainda sensível nas palavras de Jesus quando evoca suas relações com seu Pai celeste e a filosofia greco-romana (bem presente em São Paulo quando fala do Espírito). Deus não escapa à estrutura ternária que ajuda a pensar o homem, que ele criou "à sua imagem" e que também é triplo, pelas potências de sua alma (memória, vontade, inteligência) ou em todo seu ser (corpo, alma, espírito).

O mito cristão, fixado canonicamente pela Escritura, narra o nascimento humano, a vida e o sacrifício sobre a cruz, a ressurreição e depois a ascensão aos céus do Filho de Deus. No centro da Paixão, a Ceia anuncia o sacrifício de Cristo quando designa como equivalentes as espécies do pão e do vinho e as realidades do corpo e do sangue de Cristo: "Tomai, comei, isto é o meu corpo" (Mt 26,26-27). Assim fundado pelo Homem-Deus ("Façam isto em minha memória" (Lc 22,14-20; 1Cor 11,24)), o sacrifício cristão se distingue por não ser apenas um sacrifício consentido a Deus, mas o sacrifício incessantemente reiterado do próprio Deus. Sobre o altar, o corpo e o sangue não são aqueles de uma vítima qualquer animal ou humana: eles assinalam a presença real de Deus, oferecendo-se voluntariamente a uma forma eufêmica de consumo alimentar: durante a celebração eucarística, o padre (substituto de Cristo cujas palavras sacramentais ele pronuncia: *Hoc est corpus meum... Hoc est sanguis meus*) restitui e consuma realmente o

---

15. GEREMEK, B. *Le salariat dans l'artisanat parisien aux XIIIe-XVe siècles* – Étude sur le marché de la main--d'oeuvre au Moyen Âge. Paris/La Haye: Mouton/École Pratique des Hautes Études, 1962.

corpo sacrificial de Cristo, sob as duas espécies do pão e do vinho consagrados, depois o oferece aos fiéis que em princípio, nos séculos centrais da Idade Média, têm acesso apenas ao pão e só uma vez no ano, na Páscoa.

Claro, o dogma eucarístico, tanto quanto o da Trindade, tem uma história. A insistência na presença real, no *corpus verum mysticum*, isto é, "misteriosamente real", só se torna forte no século XI, em resposta às denegações de Bérenger de Tours. O fortalecimento doutrinal se acompanha nos dois séculos seguintes de importantes mudanças nos rituais, sobretudo na virada do século XII ao XIII a respeito da elevação da hóstia pelo padre no momento da consagração[16] ou, um pouco mais tarde, na ocasião da generalização da Festa de *Corpus Christi* (a Festa-Deus), declarada universal pelo papado em 1264[17].

É porque a encarnação está no centro da religião cristã e que o corpo de Cristo está no centro de seus ritos que todas as representações e todos os atos dos cristãos são permanentemente colocados sob o signo do corpo, de seus humores (em primeiro lugar o sangue), de suas metáforas e de seus valores simbólicos. Os corpos constituem assim lugares privilegiados da intervenção do sobrenatural: e isso é testemunhado na hagiografia e na literatura dos milagres pelos inúmeros casos de cura[18], de possessão, de milagres eucarísticos, muitas vezes ligados às pretensas profanações de hóstias pelos judeus etc. A insistência cada vez maior sobre o culto da Eucaristia impõe ao vocabulário religioso, a partir do século XIII, importantes deslizamentos semânticos: doravante, o termo *corpus Christi* designa a hóstia, também chamada *corpus verum*, e não mais a Igreja universal, qualificada agora de *corpus mysticum*[19]. De tanto cobiçar mais e mais a realidade corporal de Cristo, começou-se a buscar também as *relíquias* corporais de sua existência histórica: não apenas as relíquias da verdadeira cruz (a madeira, os pregos, a santa lança etc.), ou das imagens que trazem a impressão de seu corpo e

---

16. SCHMITT, J.-C. *La raison des gestes*. Op. cit., p. 344-355.
17. RUBIN, M. *Corpus Christi – The Eucharist in Late Medieval Culture*, Cambridge: Cambridge University Press, 1991. Em escala local e em uma perspectiva etnológica, cf. tb. MACHEREL, C. & STEINAUER, J. *L'etat de ciel: portrait de ville avec rite – La Fête-Dieu de Fribourg (Suisse)*. Friburgo: [s.e.], 1989.
18. SIGAL, P.-A. *L'Homme et le miracle dans la France Médiévale (XIe-XIIe siècle)*. Paris: Cerf, 1985.
19. MOINGT, J. "Polymorphisme du corps du Christ". *Le temps de la réflexion*, VII: Corps des dieux, 1986, p. 47-61.

de seu rosto (como a Verônica conservada em São Pedro de Roma), mas fragmentos do corpo criança (o Santo Prepúcio, principalmente em Charroux e em Roma) ou gotas do Precioso Sangue (em Bruges ou em Londres, entre outras). O risco, bem expresso pelo Monge Guibert de Nogent no início do século XII em seu tratado *Sobre as relíquias dos santos*, era ao mesmo tempo rebaixar Cristo à posição dos santos, negar a plenitude de sua ascensão corporal e não reconhecer na hóstia a única verdadeira relíquia crística possível. No século XIII, Matthieu Paris, monge e cronista bastante esclarecido da Abadia de Saint Albans, na Inglaterra, relata o sermão do bispo de Norwich que, para conciliar as exigências contraditórias dos cultos locais com o dogma, propôs diferenciar "dois gêneros de Sangue de Cristo": de um lado o "sangue substancial", necessário à vida, sede da alma (*anima*) e que participou totalmente da ressurreição e da ascensão de Jesus. Este, com efeito, ressuscitou "na integridade de seu corpo, e não exangue". "Desse sangue de Cristo, não conservamos nada sobre a terra, nem por sorte." Por outro lado, o sangue "supérfluo", produzido em excesso pelos alimentos e que às vezes escorre espontaneamente pelo nariz ou é liberado pela sangria: "Conservamos o sangue dessa espécie na terra, ainda que Jesus não fosse sujeito às hemorragias (*sanguinolentus*)"[20].

O corpo em Cristandade também está onipresente por meio das representações figuradas de que bem cedo é objeto. Ao contrário do judaísmo e, mais tarde, do islã, o cristianismo não somente admitiu, mas legitimou seu recurso às imagens, de tipo antropomorfo, atribuindo uma aparência de corpo humano mesmo aos seres sobrenaturais e invisíveis, como Deus Pai, os anjos ou os demônios. No Ocidente, a partir dos séculos X e XI, observa-se ao mesmo tempo a expansão de um culto das imagens, até então contido pelo temor de um retorno à idolatria, e o recurso à terceira dimensão, no caso dessas imagens insignes denominadas *majestades*. Os primeiros exemplos são crucifixos esculpidos (Gerokreus de Colônia, Volto Santo de Lucas) ou estátuas-relicários da Virgem com o Menino, de um santo ou de uma santa (como a *majestas* de Santa Foy de Conques). Essas imagens e esculturas são concebidas como pessoas vivas, que fixam os homens com

---

20. PARIS, M. *Chronica Majora*. Vol. III. Londres: [s.e.], 1876, p. 143 [org. de H.R. Luard] [Rolls Series 57].

seu olhar luminoso, falam com eles, movem-se, sangram, choram, curam milagrosamente os doentes que as imploram. Eles atraem multidões e fazem afluir os dons, são o objetivo de peregrinações e, no final da Idade Média, suscitam a emoção dos místicos que sonham em tê-los em seus braços e de se assimilar a eles. A adoração do crucifixo é sobretudo um tema maior da piedade franciscana, desde que São Francisco recebeu do crucifixo de São Damião a ordem de se converter, antes de se beneficiar, no final de sua vida, em seu corpo, da recepção dos estigmas de Cristo[21].

O corpo social

Apenas a Igreja pôde dar à Cristandade, durante mais de mil anos, sua unidade no espaço e no tempo. Ora, desde a origem, a Igreja se pensou simbolicamente, segundo a metáfora paulina onipresente do corpo e dos membros, como um "corpo" reunido para a Festa do Corpo, a celebração eucarística: "Assim, portanto, meus irmãos, quando vos reunis para a Refeição, esperai uns pelos outros" (1Cor 11,33).

A Igreja é o "Corpo de Cristo", mas também "a Esposa de Cristo", a *Sponsa Christi*, segundo a leitura alegórica do Cântico dos cânticos. Na iconografia, a Igreja é então descrita alegoricamente sob os traços de uma mulher coroada. Por essa razão, ela tende a se confundir com a Virgem, que por seu lado é ao mesmo tempo a mãe terrestre de Jesus, sua filha (na medida em que é um ser humano) e sua esposa mística (na medida em que se identifica com a Igreja).

Recorremos, mais uma vez, à linguagem e às imagens do corpo, desta vez para significar a relação complexa entre Cristo e sua Igreja, isto é, todos os cristãos. Na iconografia da crucificação, o sangue e a água que jorram da chaga do lado direito de Cristo são recolhidos em um cálice (em referência ao rito eucarístico), seja por um anjo, seja pela *Ecclesia* personificada. Em um número mais raro de imagens que descrevem as relações tipológicas

---

21. FRUGONI, C. *Francesco e l'invenzione delle stigmate* – Una storia per parole e immagini fino a Bonaventura e Giotto. Turim: Einaudi, 1993, p. 137-180. • CHELLINI-NARI, M. "La contemplazione e le immagini: il ruolo dell'iconografia nel pensiero della Beata Angela da Foligno". In: MENESTO, E. (org.). *Angela da Foligno, terziara francescana*. Espoleto: Centro Italiano di Studi sull'Alto Medioevo, p. 227-259.

entre o Antigo e o Novo Testamento, a Igreja, engendrada por esse sangue, sai da chaga de Cristo como Eva é tirada por Deus da costela de Adão adormecido (Fig. 17)[22].

Esse engendramento da Igreja por Cristo (seu esposo e sua mãe) pode ser considerado "espiritual", na medida em que não é assimilável a um engendramento físico[23]. Nem por isso deixa de utilizar atributos que são os dos corpos biológicos, mas invertendo suas relações a fim de significar justamente que ele é de uma natureza bem diferente. Mesmo se Cristo foi plenamente homem, sua "sexualidade" não teve nada de comum com a dos homens[24]. Nele se acumulam simbolicamente as relações de aliança e de filiação: em relação à Virgem e à Igreja, ele é ao mesmo tempo pai, filho, esposo e mãe. Mesmo quando está nu sobre a cruz, não exibe nenhum órgão sexual humano, pois, ainda que macho, ele está acima da divisão dos sexos (*genders*). Sua chaga se assemelha à imagem de um sexo feminino que dá origem à pequena figura da Igreja, mas esse "sexo" ensanguentado está situado no alto, sobre o peito, e não na parte de baixo de seu corpo[25]. O líquido que dela escorre e que simboliza a potência de engendramento espiritual de Cristo não é o esperma, mas o sangue e a água, o sangue do sacrifício reproduzido cotidianamente pelo Sacramento da Eucaristia e a água do Batismo.

Na Igreja engendrada espiritualmente como "corpo de Cristo", os clérigos ocupam um lugar privilegiado. Eles a governam e são os únicos que tendem a se identificar com ela. A Reforma Gregoriana (século IX) consagrou a divisão entre clérigos e leigos. Para marcar aquilo que os distingue dos outros, os clérigos recorreram, mais uma vez, à linguagem do corpo e da sexualidade. É em função dos interditos e dos comportamentos sexuais que são colocados, de cima para baixo de uma estrita hierarquia dos méritos, os *virgines*, os *continents* e os *conjugati*.

---

22. Oxford: Bodleian Library, Ms. Bodley 270 b, f. 6 [*Bible moralisée*. Paris: XIIIe siècle]. Cf. tb. uma imagem correspondente nas *Heures de Rohan*. Paris: B.N. Ms. Lat. 947 t, f. 10.
23. Sobre o tema de "Jesus Mãe" na espiritualidade monástica e depois mística, cf. BYNUM, C.W. *Jesus as Mother* – Studies in the Spirituality of the High Middle Ages: Berkeley/Los Angeles/Londres: University of California Press, 1982.
24. STEINBERG, I. *La sexualité du Christ dans l'art de la Renaissance et son refoulement moderne* (1983). Paris: Gallimard, 1987.
25. WIRTH, J. *L'Image medieval* – Naissance et développements (VIe-XVe siècle). Paris: Méridiens Klincksieck, 1989.

Uns devem permanecer castos como Cristo, a fim de dar continuidade à sua obra de engendramento espiritual, pelo rito incessantemente reiterado da Eucaristia. Os outros devem por necessidade se dedicar a uma sexualidade regrada, no interior do casamento monogâmico e estável que a Igreja prescreve e consagra[26]. Como Cristo, os padres são plenamente homens (desde o século VI, Gregório o Grande preocupou-se em afastar do sacerdócio os mancos e os eunucos). Mas como Cristo, os "esposos" da Igreja devem permanecer virgens ou, pelo menos, castos. O sinal distintivo de seu estado é, além do hábito, uma dupla marca corporal que, ao afetar sua pilosidade, os opõe aos simples batizados: de uma parte a *corona*, a tonsura do crânio, de outra – pelo menos para os clérigos seculares – a obrigação de permanecer glabro.

Contudo, a metáfora do corpo não permanece limitada em seus usos à Igreja, nem mesmo ao clero. A partir do século XII, graças à fragmentação da Cristandade em um grande número de reinos distintos e muitas vezes rivais, torna-se evidente que os indivíduos não podem ser identificados apenas por referência ao "corpo" da Igreja. Nas escolas parisienses elabora-se a metáfora organicista do reino, à qual Jean de Salisbury dá sua primeira expressão coerente: o rei é a cabeça do grande corpo do reino, cujos oficiais, clérigos, cavaleiros, mercadores são os diferentes membros, sem deixar de lado os camponeses que são os pés[27]. Semelhante modelo acompanha a expansão da noção abstrata do Estado, que se encarna no "segundo corpo do rei", o corpo abstrato, dinástico e imortal do soberano, por oposição a seu corpo individual e perecível[28]. Essa concepção mística da realeza, amplamente conquistada contra a sacralidade da Igreja, expressa-se nas novas práticas corporais que consagram a sacralidade do soberano: é, por exemplo, o caso do toque das escrófulas pelos reis da França e da Inglaterra a partir do século XIII[29]. Ela se expressa também nos rituais, principalmente

---

26. FLANDRIN, F.-L. *Un temps pour embrasser* – Aux origines de la morale sexuelle occidentale (VIe-XIe siècle). Paris: Du Seuil, 1983. • BRUNDAGE, J.A. *Law, Sex and Christian Society in Medieval Europe*. Chicago/Londres: The University of Chicago Press, 1987.
27. SCHMITT, J.C. *La raison des gestes*. Op. cit., p. 191-192.
28. KANTOROWICZ, E. *Les deux corps du roi* – Essai sur la théologie politique au Moyen Âge (1957). Paris: Gallimard, 1989.
29. BLOCH, M. *Les rois thaumaturges* – Étude sur le caractere surnaturel attribué à la puissance royale particulièrement en France et en Angleterre (1924) [reed., Paris: Gallimard, 1983].

funerários, preocupados em distinguir os "dois corpos do rei": durante os funerais reais, a "representação" do rei, isto é, a efígie funerária de madeira ou de cera deitada sobre um cadafalso vazio é totalmente distinta do esquife que contém realmente o cadáver do defunto: os túmulos de Saint-Denis, no início do século XVI, dispõem em dois andares, embaixo a escultura do cadáver nu do rei homem, no alto a efígie viva e em prece do soberano[30].

Para além da Igreja e do reino, a simbólica do corpo continuou espalhando-se, multiplicando-se em uma infinidade de "corporações" profissionais, universitárias, religiosas, ao sabor de uma expansão quase sem limites da família espiritual. A cada vez, o corpo entra em cena, como imagem organicista de unidade e de coesão social, e como instrumento e objeto de rituais, desde a investidura cavaleiresca[31] até a admissão solene dos novos membros das confrarias[32].

Em todos os casos, a tomada do corpo, a Encarnação, a dos homens como a de Deus, é realmente o paradigma eficaz que dá sentido e coesão a toda uma sociedade, a toda uma cultura.

---

30. GIESEY, R.E. *Le roi ne meurt jamais* – Les obsèques royales dans la France de La Renaissance (1960). Paris: Flammarion, 1987.
31. FLORI, I. *L'Essor de la chevalerie, XIe-XIIe siècle*. Genebra: Droz, 1986.
32. VINCENT, C. *Les confréries médiévales dans le royaume de France, XIIIe-XVe siècle*. Paris: Albin Michel, 1994.

XV

Tempo, folclore e política no século XII*

Compreender o tempo como um parâmetro da língua, analisá-lo como objeto de representação de uma cultura (ou melhor, das tradições diversas e muitas vezes contraditórias que a compõem), estudar enfim o tempo como desafio ideológico de uma sociedade: são esses problemas de historiador que desejo colocar, sem nunca dissociá-los. Partindo de um documento do século XII, um relato escrito em latim por um clérigo, mostrarei como as formas linguísticas da expressão do tempo e a articulação de diversas representações do tempo – na maioria das vezes estrangeiras à cultura erudita do autor – participam da intenção ideológica de uma obra completamente apoiada em uma reflexão sobre o tempo.

O autor é Walter Map, nascido por volta de 1140 no Condado de Hereford, no limite entre a Inglaterra e o País de Gales[1]. É um clérigo do rei (*clericus regis*) que primeiro fez parte do séquito do Príncipe Henrique o Jovem († 1182), assim como outros escritores de origem galesa (Giraud de Cambrie, Geoffroi de Monmouth). Depois foi muito próximo do Rei Henrique II Plantageneta († 1189). Ele mesmo morreu em 1196. Entre 1182 e 1193 escreveu em latim a matéria do *De Nugis Curialium*, coletânea de histórias muito diversas e principalmente de *mirabilia*, que depois de sua morte foram reunidas sem ordem aparente; mas a inspiração geral da obra é clara: trata-se de uma reflexão sobre as atribulações da corte real, comparadas, desde a primeira frase do livro, com as atribuições e as incertezas do *tempo*. O autor parte de uma célebre frase de Santo Agostinho: "Estou no tempo e falo do tempo e, no entanto, não sei o que é o tempo" (*Confissões*, XI, 25).

---

* Retomado de "Temps, folklore et politique au XIIe siècle", sobre dois artigos de Walter Map. "De nugis curialum", I, 9 e IV, 13. In: *Le temps chrétien de la fin de l'Antiquité au Moyen Âge, IIIe-XIIIe siècles*. Paris: CNRS, 1984, p. 489-515.

1. TÜRK, E. *Nugae Curialium* – Le règne d'Henri II Plantagenêt (1145-1189) et l'éthique politique. Genebra: Droz, 1977, p. 158-177.

Esta citação introdutória que Walter Map menciona no alto do último capítulo de seu livro enquadra completamente a obra: ela é o princípio de sua reflexão sobre o tempo e sobre a corte. Ela lhe serve para quê? Para dizer que a corte do rei, sem ser o tempo, é como o tempo: cambiante, diversa e enganadora, a tal ponto que aquele que a deixa por um momento não reconhece mais ninguém quando retorna e é considerado como um estrangeiro. Ele mesmo fez essa triste experiência. Assim como também desenvolvido no primeiro capítulo do livro, essa corte é infernal: nela reina o *error*, a errância e a impostura, como se tivesse sido contaminada pelo bando errante dos fantasmas, a *mesnie* Hellequin aqui chamada *familia Herlethingi*[2]. Com efeito, da mesma forma que o autor é como um estranho quando retorna à corte após uma breve ausência, da mesma forma, de acordo com a lenda, o chefe dessa *família*, Herla, não reencontrou mais os seus quando retornou da casa dos anões; junto com seus companheiros, ele foi então condenado a errar perpetuamente. Todavia, esse grupo fantástico não foi mais visto desde o início do reino de Henrique II Plantageneta (coroado em 1154) como se a corte deste último tivesse substituído aquela do rei lendário. A história da *familia Herlethingi*, cuja errância teria contaminado a corte atual do Plantageneta, ocupa, portanto, um lugar capital na obra de Walter Map. Sendo, aliás, apresentada em dois capítulos distintos[3].

De Nugis Curialium, Distinctio I, Cap. XI: *Do Rei Herla*

Existiu apenas uma única corte semelhante à nossa, segundo os relatos fabulosos (*fabulae*) que dizem que Herla, rei dos antiquíssimos bretões, foi convocado por outro rei que tinha a aparência de um pigmeu não alcançando a metade da altura humana e não sendo maior do que um macaco. O homenzinho mantinha-se sentado sobre o dorso de um grande bode, de acordo com a lenda

---

2. Essa assimilação das *curiales* dos plantagenetas à *mesnie* Hellequin não é própria a Walter Map. Cf. BLOIS, P. "Epistola XIV ad sacellanos aulicos regis Anglorum" (1175). *PL*, 207, col. 44: "*Nunc autem sunt martyres saeculi, mundi professores, discipuli curiae, milites Herlewini*".
3. MAP, W. *De Nugis Curialium*, Dist. I, cap. XI e Dist. IV, cap. XIII. Preferir a edição de M.R. James (Oxford, 1914, p. 13-16 e 186-188) à de Thomas Wright (Londres, 1850, p. 14-17 e p. 180-181). Encontraremos esses dois textos em latim no anexo do capítulo. A respeito da *mesnie* Hellequin, cf. as páginas que lhe consagrei em *Les Revenants – Les vivants et les morts dans la société médiévale*. Paris: Gallimard, 1994.

(*secundum fabulam*)⁴; esse homem poderia ser descrito como Pã: o rosto em fogo, uma cabeça muito grande, uma abundante barba avermelhada descendo até o peito, cuja pele brilhava como as estrelas; seu ventre, coberto de pelos, e suas coxas se terminavam em pés de cabra.

Herla falou-lhe frente a frente. O pigmeu disse: "Eu, rei de inúmeros reis e príncipes, de um povo incontável e infinito, enviado por eles, venho a ti, de bom grado; sou desconhecido para ti, mas me regozijo da fama que te coloca acima dos outros reis, tu és bom e somos vizinhos, e parentes pelo sangue; por isso tu és digno de cobrir de glória tuas bodas ao me considerar como conviva; o rei dos francos te deu sua filha – isso se arranja à tua revelia – e eis que hoje chegam alguns enviados. Concluamos entre nós um tratado eterno (*foedus aeternum*) prevendo que eu participe em primeiro lugar de tuas bodas e tu das minhas um ano mais tarde dia por dia". Depois dessas palavras, mais rápido do que o tigre, deu-lhe as costas e escapou de seu olhar. O rei ficou então muito surpreso, recebeu os enviados e aceitou seus pedidos.

E então Herla está celebrando suas bodas solenemente, quando surge um pigmeu, antes do primeiro prato, junto com a multidão de seus semelhantes, tão imensa que, estando as mesas todas ocupadas, os pigmeus que se espalham do lado de fora, em suas próprias tendas montadas em um piscar de olhos, são mais numerosos do que aqueles que dormem dentro; dessas mesmas tendas jorram servidores com vasos de pedras preciosas de uma grande perfeição e de uma feitura inimitável; eles abarrotam o palácio real e as tendas com louça de ouro e de pedrarias; nada do que trazem é de prata ou de madeira; estão por toda parte onde sua presença é desejada, e não servem nada que pertença ao rei ou a qualquer outro; e com fartura distribuem o que lhes pertence, e o que trouxeram supera as pedrarias e os votos de todos. As provisões de Herla permanecem intactas; seus servidores estão sentados, sem ter o que fazer; não são chamados e não oferecem nada. Os pigmeus vão a todos os lugares, seguidos pelo reconhecimento de todos: as vestes e as gemas de grande valor os fazem brilhar como luminares ao lado de todos os outros; não incomodam ninguém, nem em palavra, nem em ato,

---

4. *Fabula* tem aqui o sentido de relato mitológico da Antiguidade. Mais para a frente, no texto, ela designa tradições orais folclóricas.

nem por sua presença, nem por sua ausência. Cercado por seus servidores atarefados seu rei se dirige assim ao Rei Herla:

"Nobre rei, o Senhor é minha testemunha de que assisto a vossas bodas de acordo com nosso pacto. Se de vossa parte há algo mais que queira me exigir, de bom grado eu o farei diligentemente, contanto que em retorno tu não adies o momento de honrar tua dívida, como eu evoquei".

Depois dessas palavras, sem esperar a resposta, foi rapidamente para sua tenda e ao canto do galo desapareceu com os seus.

No final de um ano, ele subitamente apresentou-se a Herla, exigindo-lhe que o pacto fosse honrado. Herla aquiesceu, já tendo se preparado para dar o contradom (*ad repensam talionis*), e segue o outro ali onde lhe foi dito de ir. Entram em uma caverna sob um rochedo imensamente alto e, depois de algumas trevas, atravessam uma luz que não parecia vir do sol ou da lua, mas de inúmeros lampiões, para chegar até as casas do pigmeu; uma boa casa em todos os pontos semelhante ao reino do sol assim como descreve Nason. E então as bodas são celebradas, e o contradom tendo assim sido entregue honrosamente ao pigmeu (*tallone pigmeo decenter impenso*). Herla, depois de ter recebido a autorização, parte coberto de presentes, cavalos, cães e falcões que lhe foram ofertados, e de todas as coisas que parecem mais úteis à caça a cavalo e à caça aos pássaros. O pigmeu os conduz até as trevas e oferece a Herla um pequeno *limier*[5] portátil, proibindo a todos seus companheiros de descer ao chão, sob qualquer pretexto, antes de o cão saltar de seu carregador. Depois de ter saudado, ele retornou para sua casa.

Herla, depois de andar um pouco sob a luz do sol e de retorno ao seu reino, dirige a palavra a um velho pastor, perguntando-lhe quais são os rumores que circulam a respeito da rainha, que ele designa por seu nome. O pastor o olha espantado e diz: "Senhor, mal consigo compreender sua língua, pois sou saxão, e você bretão; e nunca ouvi o nome dessa rainha, exceto pelo que dizem a seu respeito há algum tempo: essa rainha dos antiquíssimos bretões foi a esposa do Rei Herla que, segundo relatos fabulosos (*fabulose dicitur*), desapareceu na direção desse rochedo com alguns pigmeus e em seguida nunca mais reapareceu sobre a Terra. Os saxões toma-

---

5. "*Cannis sanguinarius*": o inglês moderno tem o equivalente *bloodhound* que se traduz por limier, isto é, um cão de caça ávido do sangue da presa.

ram posse desse reino há dois séculos, depois de ter expulsado seus habitantes". Estupefato, o rei, que pensava ter se ausentado apenas três dias, quase caiu do cavalo. Alguns de seus companheiros, esquecendo-se das ordens do pigmeu, desceram antes do cão e foram imediatamente reduzidos a pó. O rei, compreendendo a razão do conselho do pigmeu, proibiu a quem quer que fosse, sob a ameaça de uma morte semelhante, colocar o pé no chão antes de o cão descer. Mas o cão nunca desceu. Um relato fabuloso afirma que esse Rei Herla ainda continua sua louca ronda em companhia de seu exército, em uma errância infinita, sem repouso nem descanso. Muitas pessoas, como creem, viram frequentemente esse exército. Mas dizem que ele finalmente parou, no primeiro ano do reino de nosso Rei Henrique, de visitar periodicamente nosso reino como fazia antigamente. Inúmeros galeses o viram então mergulhar na beira do Wye, o rio de Hereford. Essa ronda fantástica acalmou-se desde então, como se o preço de seu descanso fosse nos transmitir sua errância [...].

Distinctio IV, cap. XIII: *De Nicolas Pipe, homem aquático*

Este capítulo contém quatro histórias: a do homem aquático – *homo aequoreus*, Nicolas Pipe, a do rebanho de cabras que apareceu no céu de Mans. E duas outras que tratam da "Caça selvagem", cuja tradução é esta:

> Na Pequena Bretanha [Armórica], vimos alguns rebanhos noturnos e cavaleiros conduzindo-os, que passavam sempre em silêncio. Frequentemente os bretões lhes roubavam alguns cavalos e animais e deles se serviam: uns morriam, outros permaneciam ilesos.
>
> A tropa e as falanges divagantes da noite, que chamávamos *Herlethingi*, bastante famosas na Inglaterra, apareceram até a época do Rei Henrique II nosso senhor; nesse exército da errância infinita, da ronda insensata, do atordoante silêncio, muitos homens apareceram vivos quando os sabíamos mortos. Pela última vez, essa *mesnie* (*familia*) de *Herlethingi* foi vista nos limites de Gales e de Hereford no primeiro ano do reinado de Henrique II, lá pelo meio-dia; ela se parecia conosco quando vagamos com carroças e animais de carga, com cestas e cestos, pássaros e cães, e com uma grande afluência de homens e de mulheres. Contra eles, os primeiros que os viram reuniram com trombetas e gritos toda a vizinhança, e como é o costume entre esse povo muito vigilante, muniram-se logo com toda espécie

de armas; um bando numeroso chegou, como não conseguiram pela conversa extorquir uma única palavra, preparavam-se para lhes responder com lanças. Mas ao erguê-las no ar, os outros desapareceram subitamente. Desde esse dia, jamais revimos esses guerreiros, como se nos tivessem transmitido sua errância, nós que estamos loucos, que usamos nossas vestimentas, devastamos os reinos, dilaceramos nossos corpos e os de nossas montarias, não cessamos de buscar um remédio para nossas almas enfermas, não encontramos nada de útil sem dever comprá-lo, não ganhamos nada que compense nossas perdas, não realizamos nada com economia, falta-nos tudo menos as coisas vãs, e nos comportamos como loucos em uma pressa estéril [...]. Eu gostaria de manifestar isso a respeito de nossa corte, pois de uma corte semelhante a esta nunca ouvimos falar no passado e não tememos ouvir no futuro [...].

Esses dois textos não se contradizem nunca; ao contrário, se completam. Eles poderiam ser colocados trecho por trecho, na ordem em que são dados, ainda que essa ordem conforme a lógica do relato não seja necessariamente a ordem cronológica na qual foram redigidos[6]. Podemos apenas supor que ambos foram escritos antes de 1189, data da morte do Rei Henrique II, que não é designado como defunto em nenhum dos dois relatos.

O conjunto da narração surpreende antes pela utilização dos tempos verbais muito diversos. A repartição deles no relato deve ser analisada em relação aos outros modos de expressão do tempo e com a estrutura narrativa.

O tempo do relato

O presente do narrador

O conjunto da narrativa é pensado a partir do *tempo presente*: o do autor e da corte do rei, amargamente criticada no início e no final do primeiro relato e ainda mais longamente no final do segundo. Nesse tempo presente circulam "fábulas" ("*fabulae quae dicunt* [...]") e, de forma mais geral, tradições orais ("*un aiunt*") relatadas pelo autor.

---

6. O próprio Walter Map confessou (IV, II) que escreveu seus relatos a partir de *schedules*, em épocas diferentes. A ordem cronológica de redação não é a mesma em que logo depois foram reunidas essas notas: assim I, XV foi escrita no final de 1187, mas IV, I, depois de junho de 1184, e IV, XI no início de 1182 etc.

A esse presente do narrador se opõe:

- Ora o *passado histórico*, que serve para evocar as últimas aparições da tropa fantástica até o coroamento do Rei Henrique II em 1154; esse tempo verbal domina o final do primeiro relato, e todo o segundo, que descreve a aparição, naquele ano, da *familia Herlethingi* aos galeses, depois seu desaparecimento definitivo no ano seguinte.

- Ora, o *imperfeito de descrição* que serve para descrever, segundo a fábula, o encontro entre Herla e o pigmeu no início do primeiro relato (até *"Herla solo cum solo loquebatur"*).

Os três ciclos temporais da lenda

Se agora analisarmos a *fabula* em sua totalidade, percebemos que ela usa três tempos diferentes (o *presente de narração*, o *presente de elocução* no estilo direto e o *perfeito de ação*); esses três tempos são sempre utilizados na ordem pré-citada, no interior de três sequências narrativas sucessivas; por fim, na estrutura do relato, marcada mais ou menos explicitamente, a indicação de uma determinada duração serve a cada vez de limite entre essas três sequências narrativas. Retomemos o relato ali onde o deixamos, depois da descrição (no *imperfeito*) do encontro entre Herla e o pigmeu.

Primeira sequência

1) Presente de narração: *"Ait pygmaeus"*.

2) Presente de elocução no estilo direto de: *"Ego rex [...] venio"* a *"intersim [...] post annum"*.

Observemos também, nesse discurso, duas notações lexicais de tempo: *"foedus aeternum"* e *"die post annum"*.

3) Perfeito de ação: de *"His dictis [...] vertir et se rapuit"* [...] a *"preces acceptavir"*.

> Essa sequência de verbos no perfeito comporta, todavia, um particípio presente: *"rediens"*. Este expressa um movimento de uma determinada duração, entre duas séries de ações: as do anão (muito rápidas) e as de Herla.

Entre esta primeira sequência e a seguinte, nenhuma duração de tempo é indicada explicitamente. Mas, implicitamente, a passagem de uma sequência à outra corresponde ao tempo de preparação das bodas de Herla, entre a aceitação da filha de um rei dos francos e a cerimônia descrita pela segunda sequência narrativa.

Segunda sequência

1) Presente de narração: de *"Quo residente [...]"* a *"alloquitur sic"*:
Notemos também o momento em que os pigmeus se apresentam, *"ante prima fercula"*, antes do primeiro prato, e a extrema rapidez com a qual arrumam as mesas: *"in momento"*.

2) Presente de elocução ou estilo direto seguido de um futuro simples: de *"Rex optime [...]"* a *"non differas"*. Este último verbo nos interessa tanto por sua significação (ele alerta contra um *atraso* eventual) quanto por seu tempo verbal. O futuro simples (*"supplebo"*) indica a eventualidade de uma ação que deve acontecer nos limites do prazo de um ano previsto pelo pacto.

3) Perfeito de ação: de *"His dictis [...]"* a *"abscessit"*.
Como anteriormente, a rapidez da ação do pigmeu é ressaltada *"responso non expectato"*, *"subitus"*; não é o momento em que começa que é agora mencionado, mas aquele em que ela termina: *"circa gallicinium"*.

Entre o final desta última sequência e a terceira (que começa pelas palavras: *"Post annum autem [...]"*) decorre exatamente um ano, conforme o pacto proposto anteriormente pelo pigmeu.

Terceira sequência

1) Presente de narração: de *"Post annum autem [...] expetir [...]"* a *"respiciens ait"*.
Nessa longa descrição abundam as outras notações temporais, que expressam uma vez mais a rapidez das ações do pigmeu (*"subitus"*); observemos também a progressão de Herla na caverna em sua viagem de ida (*"post aliquantas tenebras"*) e na de retorno (*"post modicum in lumine solis"*); a ausência dos ritmos naturais do tempo solar e lunar na caver-

na, que tem apenas uma iluminação artificial; o tempo das despedidas: *"licentia data recedit"*, *"dictaque salute repatriat"* e, enfim, a expressão de um interdito temporal: *"ne quis [...] descendat usquam donec [...]"*.

2) Presente de elocução no estilo direto: de *"Domine [...] vix intelligo"* a *"incolis"*. Voltarei, no entanto, a essa sequência.

3) Perfeito de ação: de *"Stupefactus [...] vix haesit"* a *"nondum descendit"*.

Três notações de tempo devem ainda ser levantadas: o sentimento que Herla teve de ter se ausentado por apenas três dias (*"per solum triduum"*) indica o equivalente subjetivo de uma duração objetiva: mais de 200 anos (*"jam ducentis annis"*); a extrema rapidez da pulverização dos companheiros de Herla: *"statim"*, palavra que, por outro lado, caracteriza alguns movimentos dos pigmeus; e finalmente quando Herla se lembra, e assim se identifica ao rei dos pigmeus, do interdito temporal prescrito por este: *"Ne quis antes canis descensum"*.

Com essa terceira sequência completa-se o enunciado do conteúdo da *fabula* principal. E voltamos então ao tempo presente do autor – como coletor de tradições orais ou moralistas que julgam a corte – e no perfeito por meio do qual, como historiador, ele evoca o que aconteceu a partir de 1154. Já observamos a utilização desse passado histórico sobretudo ao longo do segundo relato.

As palavras do pastor ou o retorno da história

No terceiro "ciclo temporal" da *fabula*, a segunda sequência, que utiliza o tempo do presente, descreve o diálogo entre o rei de Herla e o velho pastor. Ora, nos propósitos deste último, que é, no entanto, um personagem da lenda, reproduz-se a mesma relação entre o presente da enunciação, o infinitivo passado da descrição (*"dicitur [...] disparuisse [...]"*, *"nusquam apparuisse"*) e o perfeito da afirmação histórica (*"Saxones jam ducentis annis hoc regnun possederunt, expulsis incolis"*) que caracteriza mais geralmente o conjunto do relato do próprio Walter Map. Assim como este, que é exterior à *fabula*, narra a história *recente* (ca. 1154), da mesma forma o velho pastor narra, segundo o mesmo procedimento, mas do interior da "fábula", a história *an-*

tiga: aquela que diz respeito às invasões saxãs. Assim a legenda e a história se embaralham ainda mais: uma se encaixa na outra e reciprocamente.

O tempo da fábula e o tempo da história

As notações lexicais de tempo além dos verbos (substantivos, adjetivos, advérbios etc.) foram recolhidas na medida em que se apresentavam, em relação aos tempos dos verbos e à *estrutura* do relato. Elas confirmam a identificação de dois tipos de tempos:

1) O tempo do folclore, que compreende:

• O tempo dos rituais: os momentos de chegada ou de partida (antes do primeiro prato, ao cantar do galo etc.). O prazo de um ano que separa as duas bodas de acordo com um pacto "eterno". E, enfim, o interdito temporal: não descer do cavalo *antes* do cão.

O tempo maravilhoso: caracteriza-se por tempos excessivamente breves ou excessivamente lentos. De um lado, os movimentos muito rápidos, ou mesmo instantâneos (*subitus, statim* etc.) do pigmeu, dos seus, e depois daqueles que padecem seu poder (os companheiros de Herla pulverizados); e, por outro lado, o escoamento maravilhoso do tempo, negação dos ritmos naturais do sol e da lua, das faculdades sensoriais e da morte. Esse tempo maravilhoso do folclore também é reversível: idêntica a ela mesma, a *família Herlethingi* reaparece frequentemente, "*circa meridiem*".

2) O tempo da história: é linear; impreciso nos períodos mais recuados ("*rex antiquissimorum Britonum*"), depois medido com mais exatidão ("*iam ducentis annis*) e é enfim datado [1155] quando se trata da história contemporânea.

Essa história é política, feita da sucessão dos povos ou das dinastias. Por duas vezes, é quando tais sucessões ocorrem que a legenda se vincula à história: para evocar a queda dos antigos bretões sob as investidas dos saxões, e em seguida para explicar o desaparecimento da *família Herlethingi* após o advento de Henrique II. Depois de ter estudado mais precisamente o tempo folclórico, já podemos examinar sua dupla articulação com o tempo da história, cuja importância, para interpretar a significação do relato, se deixa enfim adivinhar.

O tempo dos mortos

A análise dos motivos folclóricos relativos ao tempo buscará mostrar seu encadeamento no interior do relato, bem como caracterizá-los comparando-os com outros relatos ou rituais também atestados na época. Essa comparação, necessária à interpretação, impõe-se tanto mais que o relato do Rei Herla é apenas uma versão do "conto tipo" 470[7] e que a descrição da *família Herlethingi* é apenas um dos inúmeros testemunhos sobre o exército errante dos mortos, a *mesnie* Hellequin ou a Caça selvagem[8].

O "pacto eterno"

O desenrolamento do conjunto do relato procede da aceitação, por Herla, do "pacto eterno" proposto pelo anão. Este parece primeiro propor um pacto entre *iguais*, uma vez que tanto ele quanto Herla são reis. Depois de muito exaltar a *fama* de Herla, relembra-lhe seus vínculos de parentesco e de vizinhança, e ressalta a reciprocidade dos convites que ele propõe. A forma do pacto é a mesma do dom e do contradom justificado pelas relações preexistentes entre os dois reis: a troca tem como função reforçar esses vínculos. Além do mais, o parentesco entre o pigmeu e Herla confere origens sobrenaturais ao rei legendário dos bretões. Contudo, todos os elementos do pacto contradizem logo a igualdade dos contratantes e a possibilidade mesma de uma reciprocidade: porque o anão é um personagem sobrenatural, que vem de um mundo diferente do dos homens, ele vincula Herla a seu poder e o conduz à sua perdição, sem mesmo lhe deixar o tempo de aceitar sua oferta. Assim, a iniciativa pertence ao anão, que "convoca" o Rei Herla; e depois afirma que o "cobre de glória" ao convidar a si mesmo para as bodas; dá-lhe

---

7. AARNES, A. & THOMPSON, S. *The Types of the Folktales.* 2. ed. Helsinque: [s.l.], 1973, p. 161-162.
8. Essa crença é amplamente atestada nessa época, principalmente na Grã-Bretanha e na Armórica, e muitas vezes com nomes próximos ao que é atestado aqui. Eu os reuni sob o vocábulo tradicional "mesnie Hellequin". A maioria desses textos foi reunida em MEISEN, K. *Die Sagen vom Wütenden Heer und Wilden Jäger.* Münster in W.: [s.e.], 1935.

uma mulher, e depois todo o alimento a ser consumido durante seu casamento; um ano mais tarde, ele o cobre de presentes que marcam definitivamente Herla como caçador, como condutor da Caça selvagem; oferece-lhe enfim um pequeno cão, dom simétrico ao da mulher, e que termina de selar seu destino. Em troca, Herla não pode dar nada. Ele vem apenas assistir às bodas do rei dos pigmeus.

No sistema da troca dos dons, todo dom é, em certo sentido, "eterno", pois dá ao doador uma espécie de direito de sequência perpétuo sobre o donatário; segundo o sentido etimológico da palavra *gift*, o dom sempre é um "presente envenenado" que persegue aquele que o recebeu; este, beneficiário da coisa recebida (*res*), é como um acusado (*reus*), que tem uma dificuldade enorme para se libertar[9]. Ele deve se "vingar" de seu benfeitor, segundo a expressão *"talionem impendere"* empregada por Walter Map[10]. Mas a vingança é impossível neste caso, pois o pacto eterno liga Herla a um poder sobrenatural contra o qual nada pode. A troca aqui é apenas uma aparência enganadora.

Esse pacto assemelha-se a um pacto diabólico, assim como a descrição do pigmeu com os traços de Pã evoca o diabo. Seria sem dúvida este o caso se o relato tivesse sido objeto de uma reelaboração clerical e cristã. Mas o único traço de cristianização reside na invocação de Deus (*Domino teste*) preferida pelo próprio pigmeu, para desviar justamente dessa interpretação: esse anão não é o diabo, mas um personagem sobrenatural ambivalente, característico do folclore, e que escapa ao dualismo rígido da religião oficial.

O prazo de um ano

Este prazo que, nos termos do pacto, separa as duas bodas encontra-se nessa época nos relatos literários que evocam de forma semelhante à falsa reciprocidade das relações entre um homem e um ser sobrenatural do folclo-

---

9. MAUSS, M. "Essai sur le don – Forme et raison de l'échange dans les sociétés archaïques" (1923-1924). *Sociologie et anthropologie*. Paris: PUF, 1968. Cf. tb. BOURDIEU, P. "L'action du temps". *Le sens pratique*. Paris: De Minuit, 1980, p. 167-189.

10. A palavra *tálio* tem nessa época, além do sentido de "vingança" e de "indenização", o de "presente em retorno" e de "troca". Cf. NIERMEYER, J.F. *Mediae Latinitatis Lexikon Minus*. Leyde: E.J. Brill, 1976, p. 1.012.

re. Trata-se de relatos de dupla degolação. Um ser sobrenatural vem pedir ao herói que lhe corte a cabeça – que de imediato ele recoloca sobre seus ombros – e cabe ao herói lhe oferecer a sua no final de um determinado prazo, que na maioria das vezes é de um ano[11]. Esse motivo, atestado na literatura em língua vulgar do século XII ao XIV, foi relacionado com antigos ritos, identificados ao "potlatch" observado em outros lugares pelos antropólogos e chegando até a "contraprestação suprema", à morte daquele que não pode mais se libertar do contradom material[12]. Essas práticas parecem ainda atestadas no século VIII segundo um relato irlandês, o *Festim de Bricriu*[13]. É provável que os relatos medievais de dupla degolação derivem dessas tradições; eles apresentam, sobretudo, uma diferença notável, que é, como no relato de Herla, negar *a priori* a possibilidade mesma de uma reciprocidade. Quando recoloca a cabeça sobre os ombros assim que foi cortada, o personagem sobrenatural mostra que não é um mortal; em contrapartida, ele tem pleno poder de vida e de morte sobre o cavaleiro que desafiou: no final de um ano, tendo colocado à prova a bravura do herói, poupa-o no último instante de acordo com um cerimonial que podemos relacionar com o rito da investidura cavaleiresca.

O relato de Herla deve ser comparado principalmente com outras versões medievais do "conto tipo" 470. O mais antigo desses relatos, depois do nosso, é conhecido por um manuscrito do século XIII proveniente da Itália do Norte[14]. Três outras versões são fornecidas pelos *exempla* dos séculos

---

11. Cf. MARX, J. *La légende arthurienne et le Graal*. Paris: PUF, 1952, p. 71-79. Os principais textos são: ROACH, W. (org.). *The Continuations of the Old French Perceval of Chretien de Troyes* – Vol. I: *The First Continuation*. Filadélfia: University of Pennsylvania Press, 1949, p. 84-238. • NITZE, W.A. & JENKINS, J.A. (orgs.). *Le Haut Livre du Graal – Perlesvaus*. Chicago: The University of Chicago Press, 1932, p. 136-138 e 284-286. • JOHNSTON, R.C. & OWEN, D.D.R. *La mule sans frein – Two Old French Gauvain Romances*. Edimburgo/Londres: Scottish Academic Press, 1972, p. 61-89. • CAWLEY, A.C. *Pearl, Sir Gauvain and the Green Knight*. Londres/Nova York, J.M. Dent, 1962. • PONS, E. (org.). *Sire Gauvain et le Chevalier Vert – Poème anglais du XIVe siècle...* Paris: Bibliothèque de Philologie Germanique, IX, 1946.

12. Sobre os celtas antigos cf. MAUSS, M. "Sur un texte de Posidonius – Le suicide, contre-prestation suprême". *Revue Celtique*, 42, 1925, p. 324-329. • HUBERT, H. "Le système des prestations totales dans les littératures celtiques". *Revue Celtique*, 42, 1925, p. 330-335.

13. D'ARBOIS DE JUBAINVILLE, D. *Cours de littérature celtique*, V. Paris: [s.e.], 1892, p. 81ss. • HENDERSON, G. (org.). *Feld Bricrend – The Feast of Bricriu*. Londres: [s.e.], 1899, p. 199 [Irish Texts Society, 2].

14. Publicado em SCHWARZER, J. "Visions Legende". *Zeitschrift für deutsche Philologie*, 1882, p. 338-351. Esse relato foi objeto de estudo; cf. GATTO, G. "La christianisation des traditions folkloriques: le voyage au paradis". *Annales ESC*, 1979, p. 929-942.

XIV e XV[15]. A quinta é extraída da crônica de Hermann Corner no início do século XV[16]. Ao contrário do relato de Herla, eles trazem a marca de uma reinterpretação clerical extremamente sensível. Mas essa transformação não se fez no sentido de uma diabolização do relato, como poderíamos esperar, mas sim de uma valorização sistemática: o além-maravilhoso indiferenciado, reino dos anões, torna-se o paraíso, essa é a razão de um anjo vir encontrar o herói, que é um jovem rapaz muito piedoso; este celebra suas bodas em presença do anjo; mas este que não pode se casar, apenas convida o herói a uma grande festa no paraíso.

Ora, entre os dois convites, o prazo se reduz de um ano a três dias na versão do século XIII e a apenas um dia nas versões posteriores, o que significa, implicitamente, que o rapaz piedoso respeitou as Três Noites de Tobias: permaneceu casto, mereceu ganhar o paraíso.

O escoamento maravilhoso do tempo

O escoamento maravilhoso do tempo é um motivo folclórico muito difundido[17]. É encontrado principalmente no *Lai de Guingamor*: tendo se perdido durante uma caça ao javali, Guingamor chega a um palácio maravilhoso onde é esplendidamente acolhido pelas fadas. Ele não pensava em ficar ali senão dois dias. No terceiro, despede-se da fada, que lhe informa que 300 anos se passaram. Nos inúmeros relatos célticos conservados que possuem esse motivo, o tempo do além parece igualmente transcorrer mais rapidamente do que o tempo terrestre: é o caso, entre outros, na *Viagem de Bran* (vários anos passados na Ilha das Mulheres parecem "apenas um ano") ou nas *Aventuras de Teigue filho de Cian* (doze meses parecem um dia). Existe, no entanto, pelo menos uma exceção: nas *As aventuras de Nera*, o herói

---

15. As versões foram recenseadas por MEISEN, K. "Der in den Himmel entrückte Brautigam – Entstehung, Wanderung und Wandlung einer Volkserzählung". *Rheinisches Jahrbuch für Volkskunde*, 6, 1955, p. 118-175. São sobretudo, no meio do século XIV: "De hospitalitate et fundatione claustri cluniacensis sive de nuptiis eternis". In: KLAPPER, J. *Erzählungen des Mittelalters in deutschen Übersetzung und lateinischen Urtext*. Breslau: [s.e.], 1914, p. 347-348. No século XV: HILKA, J. (org.). "Das Viaticum Narracionorum des Hermannus Bononiensis, Abhandlungen der Gesellschaft der Wissenschaften zu Göttingen". *Phil. Hist. Kl.*, 3. Folge, 16, 1935, p. 63-69. Berlim.

16. CORNER, H. "Chronica Novella usque ad annun 1435 deducta". In: ECKHART, J.G. (org.). *Corpus Historicum Medii Aevi*, II. Leipzig, 1723, col. 452-459.

17. THOMPSON, S. *Motiv Index of Folk Literature*. 3. ed. Helsinque: [s.e.], 1975, D. 2011.

tem a sensação de ter permanecido três dias e três noites no além, o *Sid*, mas, quando retorna, reencontra seus companheiros sentados em torno do mesmo caldeirão do momento em que partiu e compreende assim que se ausentou apenas por um breve instante[18]. Essa inversão da relação entre tempo terrestre e tempo sobrenatural mostra que nesse tipo de relatos tratava-se antes de marcar a diferença de natureza entre esses tempos diferentes, mais do que lhes dar um valor próprio. Essa é a razão de uma flexibilidade dos relatos folclóricos que os relatos cristianizados de viagem *ao paraíso* perderam completamente: trata-se, desta vez, de demonstrar que o sentimento de um tempo mais rápido é, em todos os casos, um aspecto *necessário* da felicidade paradisíaca reservado aos justos.

Este é o caso nas inúmeras versões medievais da viagem no além do "Monge Felix" ou ainda no *Panteão* de Geoffroy de Viterbe: alguns monges vindos de barco da Grã-Bretanha chegam ao paraíso onde ficam sabendo por meio de Enoque e de Elias que um dia passado nesse lugar equivale a cem dias passados na terra[19]. Nas versões "clericais" do "conto tipo" 470, no qual o jovem piedoso segue o anjo ao paraíso, o motivo está igualmente presente: o herói acreditou se ausentar menos de um dia, mas descobre que 300 anos, e mesmo 346 na versão de Corner (a natureza historiográfica do documento impunha sem dúvida essa precisão), transcorreram durante sua estadia no paraíso. A substituição da imagem positiva do paraíso pela do reino "neutro" do rei dos anões reforçou assim esse motivo, uma vez que as delícias intensas do paraíso dão àquele que delas desfruta o sentimento de que o tempo ali transcorre muito mais rápido do que na realidade. Mas a relação entre o tempo paradisíaco e o tempo terrestre tornou-se unívoca e irreversível: a flexibilidade das narrativas folclóricas não sobreviveu à cristianização do motivo.

---

18. Sobre *o Lai de Guingamor*, cf. O'HARA TOBIN, P.M. *Les lais anonymes des XIIe et XIIIe siècles – Édition critique de quelques lais bretons*. Genebra: Droz, 1976, p. 127-155. Cf. tb. *Le coeur mangé – Récits érotiques et courtois des XIIe et XIIIe siècles*. Paris: Stock, 1979, p. 47-66 [Trad. em francês moderno por D. Régnier-Böhler – Prefácio de C. Gaignebet – Posfácio de D. Régnier-Böhler, Paris]. Os outros relatos citados o são segundo PATCH, H.R. *The Other World according to Descriptions in Medieval Literature*. Cambridge, Mass.: Harvard University Press, 1950, p. 58-59.

19. O relato do "Monge Félix" corresponde ao "contratipo" 471, bem-atestado na literatura homilética a partir de um *exemplum* de Maurice de Sully. Cf. ROBSON, C.A. *Maurice of Sully and the Medieval Vernacular Homily with the Text of Maurice's French Homilies From a Sens Cathedral Chapter Ms*. Oxford: [s.e.], 1952, p. 122-127. Cf. tb. TUBACH, F.C. *Index exemplorum – A handbook of Medieval Religious Tales*. Kelsinque: [s.e.], 1969, n. 3.378 [FFC 204]. Sobre Geoffroy de Viterbe, cf. PATCH, H.R. Op. cit., p. 159-160.

Contudo, ao outro mundo maravilhoso do folclore – país das fadas ou reino dos anões – não corresponde apenas um lugar do além-cristão, mas pelo menos três: o paraíso, o inferno e o purgatório. Graças a este último, cuja localização foi definida no final do século XII, uma nova série de transformações de nossos relatos e de seus motivos temporais tornou-se possível. Ela é ilustrada desde o século XIV por várias versões do "conto tipo" 470 A, ou *A lenda de Don Juan*[20].

O herói, um bêbado, é aqui marcado negativamente. Em um cemitério, ele zomba de um morto convidando-o à sua mesa. O morto aceita, para grande pavor de seu hóspede, a quem, em retorno, convida a vir oito dias mais tarde em sua própria casa: esta é o purgatório, onde o morto expia nos tormentos a *crapula* da qual ele próprio se tornara culpado enquanto vivia. O herói ali permanece não mais de uma hora, que lhe parecem mil anos. Convencido da lição, ele se emenda e termina virtuosamente sua vida.

O relato da viagem no além conserva assim a mesma estrutura. O motivo do tempo maravilhosamente transcorrido mantém-se igualmente, mas sofre, ao mesmo tempo em que o estatuto dos lugares e dos personagens, uma completa inversão dos signos: tanto no paraíso o tempo parece transcorrer rápido demais quanto, a quem passa pelas penas do purgatório, sua evolução parece sempre mais lenta. É sobre essa relação entre tempo do além e tempo terrestre, primeiramente afirmada nas tradições folclóricas, depois adotada, fixada e, quando necessário, invertida pelos clérigos da Idade Média, que se fundou a aritmética da duração das penas do purgatório e do número de sufrágios (muitas vezes estimados em tempo de prece) que os vivos destinam às almas que sofrem. Calculava-se, por exemplo, que um ano de preces podia trazer uma redução de pena de mil anos de purgatório[21].

O interdito

O rei dos pigmeus proíbe a Herla e seus companheiros de descerem do cavalo *antes* do cãozinho que lhes deu. Esse cão é "portátil", isto é, ele

---

20. PETZOLDT, L. *Der Tote als Gast* – Volksage und Exempel. Helsinque: [s.e.], 1968, esp. p. 99-100 e 112 [FFC 200].
21. TUBACH, F.C. Op. cit., n. 4.001.

é "disjunto" do solo e assim vai permanecer eternamente, pois jamais descerá: essa "disjunção" é o sinal – apresentado de antemão a Herla que não o compreende – da cavalgada aérea à qual já foi condenado à sua revelia. O mesmo tipo de interdito encontra-se parcialmente na lenda irlandesa de Loégairé de Liban[22]. O herói partiu para o país dos mortos para socorrer o guerreiro Fiachna. No final de *um ano*, seu anfitrião, com cuja filha se casou, autoriza o seu retorno à casa de seu pai, o rei de Connaught, mas lhe ordena *não* descer do cavalo. Loégairé *respeita o interdito*, e pode assim retornar ao país misterioso do qual doravante compartilha a soberania com seu sogro.

Na maioria das vezes, porém, o interdito é alimentar: é o caso no *Lai de Guingamor*, onde ele apresenta ao mesmo tempo um caráter espaço-temporal. "Depois de ter passado pelo rio para retornar ao seu país, não coma nem beba, qualquer que seja sua fome, até o seu retorno. Uma grande infelicidade logo o atingiria!"[23] Mas Guingamor, assim que passa pelo rio, perde-se, e tomado de uma grande fome come três maçãs selvagens. E cai imediatamente *no chão*, agonizando, sob o olhar de um carvoeiro. Mas três fadas chegam, *recolocando-o sobre a sela* com infinitas precauções e reconduzindo-o para além do rio. Nunca mais foi visto. O contato da terra e o dos alimentos humanos são os signos equivalentes da transgressão, a marca do retorno proibido entre os homens.

Nas versões "clericais" do "conto tipo" 470, o interdito não é explicitamente formulado pelo anjo no momento em que o rapaz piedoso o deixa. Mas quando este retorna entre os homens, é acolhido por monges que o convidam a comer. Ele acaba cedendo aos seus pedidos e envelhece então com uma grande rapidez, como para recuperar o tempo que durante tanto tempo não tivera poder sobre ele. Enfim, ele morre como um santo, cercado por todos os monges, que em seguida o enterram dignamente. Assim a maldição provocada pela transgressão do interdito aqui retornou em um sentido positivo: a morte dos corpos é de fato uma libertação para a alma que é definitivamente salva.

O conjunto dessa sequência, que define a "boa morte" cristã, se opõe ao final de todos os outros relatos. Nestes últimos, pouco importa, na maioria

---

22. D'ARBOIS DE JUBAINVILLE, H. Op. cit., II: Le Cycle mythologique irlandais et la mythologie celtique. Paris: [s.e.], 1884, p. 356-363.

23. *Le coeur mangé...* Op. cit., p. 59 [Trad. de D. Régnier-Böhler].

das vezes, que o interdito seja ou não transgredido: qualquer que seja a "escolha" do herói, ele é *subtraído da visão dos vivos*.

Loégairé Liban, que respeitou o interdito, e Guingamor, que o transgrediu, desaparecem para sempre no outro mundo, *com seu corpo* o que o cristianismo oficial não podia admitir. Por isso, o companheiro de Herla, tendo descido do cavalo antes do cão, não deixa, naquele momento, *mais nada a ver*: "*in pulverem statim resoluti sunt*". O mesmo motivo está presente na *Viagem de Bran* (redigida sem dúvida no século X): assim que um dos companheiros de Bran toca a terra da Irlanda, ele é reduzido a cinzas "como se seu corpo tivesse estado na terra há várias centenas de anos"[24].

O próprio Herla quase sofreu o mesmo destino: "*Stupefactus ergo rex [...] vix haesit equo*". Mas tendo se controlado, relembrou aos seus companheiros o interdito do pigmeu, que respeitaram, mesmo contra a vontade, indefinidamente. Esta é a origem da cavalgada errante da *família Herlethingi* e de suas frequentes aparições aos olhos dos homens.

No relato de Herla, os dois termos da alternativa (transgressão e respeito do interdito) são efetivamente mencionados, e suas consequências são simetricamente opostas em relação à boa morte cristã: esta oferece o espetáculo de uma dupla "passagem" ritualizada do corpo, prometido a uma lenta decomposição no túmulo, e da alma, que sobe ao céu. O relato de Herla retém, ao contrário, ou o desaparecimento total e instantâneo do herói, do qual não há mais *nada* a ser visto, ou suas reaparições periódicas, em que há *demasiado* a ser visto. A oposição à imagem clerical da morte se refere assim ao código visual, ao tempo e à definição ontológica da morte. Herla "perdeu" sua morte. Como esses homens que "apareceram vivos quando todos sabiam que estavam mortos", ele tornou-se um fantasma.

O aniversário

No cristianismo medieval, um conjunto de rituais, durante e depois do trespasse, devia proteger contra esse fracasso. No coração desses rituais estava o aniversário.

---

24. MEYER, K. (org.). *The Voyage of Bran Son of Febal to the Land of the Living...* Londres: [s.e.], 1895, p. 32 [Grimm Library, 4].

O aniversário pode ser considerado nas sociedades ocidentais tradicionais como o equivalente dos "duplos funerais" observados em outros lugares pelos antropólogos[25]. Como as duas bodas do relato de Herla, ele assumia uma forma alimentar: no final de um ano era celebrada uma refeição (*convivia mortuorum*) da qual os mortos, às vezes representados por máscaras (*larvae, talamascae*), deveriam participar[26]. Mesmo nos mosteiros, o lugar do defunto era deixado livre e sua parte de alimento (*panis defuncti, praebendae*) era dada aos pobres. Este ato de caridade da comunidade dos irmãos vivos valia ao morto as graças espirituais de que necessitava[27]. A distribuição de tais "prebendas" aos pobres que simbolicamente substituíam os defuntos conheceu seu maior desenvolvimento em Cluny, que, no século XII, não alimentava menos de dezoito mil pobres todos os anos, esse valor correspondia ao número dos defuntos inscritos nos obituários cluniacenses. Os nomes dos mortos ali eram consignados na data de sua morte e, assim, a menção litúrgica de cada nome com a distribuição das "prebendas" correspondentes acontecia todos os anos em data fixa[28]. Uma concepção cíclica do tempo estava, portanto, na base desses rituais e desses relatos, em relação à sua finalidade escatológica: no século XIII, Guillaume Durand ressalta que o aniversário permite aos defuntos "chegar aos anos da eternidade ou à vida eterna, que é sem fim e gira sobre si mesma como o faz o ano"[29].

Tanto quanto esse tema dos alimentos, o tema da boda deve ser relacionado a essa representação do tempo da morte. Nas tradições folclóricas, ritos funerários sempre acompanhavam a celebração do casamento (e de um novo casamento). Inversamente, o banquete funerário podia ser qualificado de "boda do defunto"[30]. Morte, bodas e banquete: estas três palavras são

---

25. HERTZ, H. "Contribution à une étude sur la représentation collective de la mort". *L'Année sociologique*, 1ª série, X, 1907 [reed. em *Sociologie religieuse et folklore*. Paris: PUF, p. 1-83].
26. P. ex., HINCMAR. "Capitula presbyteris data", cap. XIV: "Quomodo in conviviis defunctorum aliarumve collectarum gerere se debeant". *PL*, 125, col. 776-777.
27. MARTENE, E. "De Antiquis Ecclesiae Ritribus", V, cap. XIII: "De suffragiis pro defunctis deque societatibus apud veteres monachos". Anvers, 1764, t. IV, p. 275, § XXIII.
28. WOLLASCH, J. "Les obituaires, témoins de la vie clunisienne". *Cahiers de Civilisation Médiévale*, 1979, 2, p. 139-171.
29. DURAND, G. *Rationale Divinorum Officiorum*, Lib. VII, cap. XXXV: "De officio mortuorum". Lion: [s.e.], 1672, p. 452, § 17.
30. VAN GENNEP, A. *Manuel de folklore français contemporain*, I. Vol. 2. Paris: A. e J. Picard, 1946, p. 811.

indissociáveis. Quando fala de "bodas eternas" a propósito da morte de seu herói, o autor de uma das versões "clericais" do "conto tipo" 470 permaneceu, portanto, mais fiel do que realmente tinha consciência à significação original do relato folclórico[31].

No relato de Herla, será que o duplo convite para as bodas não deve ser relacionado com o "rito de passagem" da morte, cujo aniversário, pela troca de alimentos materiais e espirituais, garantia também a realização? É ainda mais importante ressaltar a homologia estrutural entre a "fábula" e o rito uma vez que este visa impedir o desfecho infeliz daquela: Herla é devedor do anão, e porque não pode se libertar de sua obrigação torna-se, um ano mais tarde, um fantasma; da mesma forma, os vivos são devedores dos mortos: no ano seguinte ao falecimento, por meio de suas preces, das esmolas feitas aos pobres e das missas que pedem para dizer pela alma do morto, eles buscam se libertar de suas obrigações em relação ao seu parente defunto; *no final de um ano*, a separação entre os vivos e o morto está consumada: o morto, em princípio, não corre mais o risco de *aparecer* junto aos vivos que, por sua vez, abandonam o luto.

Contudo, entre Herla e os fantasmas assim como aceitos pela Igreja e apresentados pelos inúmeros relatos de aparições no século XII, há uma diferença essencial: nas representações eclesiásticas, os fantasmas expiam no além as faltas cometidas em vida em relação à moral cristã. Porque cederam às tentações do diabo, eles sofrem um castigo em um lugar mais e mais identificado com o purgatório, do qual às vezes retornam para descrever sua sorte aos vivos e pedir-lhes seus sufrágios. Por volta de 1140, uns quarenta anos antes de Walter Map escrever seu relato, Orderic Vital apresenta a *mesnie* Hellequin (*familia Herlechini*) como uma tropa fantástica de almas penadas[32]. Mas no relato de Walter Map, a moral cristã não tem lugar: Herla é castigado por ter agido como se a troca de igual para igual com o rei dos anões fosse possível, mas não cometeu pecado. Walter Map, ao significar ex-

---

31. O equivalente simbólico dos alimentos materiais e das preces aparecia bem no relato – do qual existem duas versões aparentemente independentes uma da outra, nos séculos XI e XII – do mineiro soterrado em um desabamento durante quase um ano, mas salvo milagrosamente por um pássaro que vinha alimentá-lo ao ritmo das preces que a "viúva" fazia pela alma de seu marido: DAMIEN, P. "Opusculum 33", cap. V. *PL*, 145, col. 567. • VÉNÉRABLE, P. "De miraculis", II, cap. II. *PL*, 189, col. 911-913.
32. VITAL, O. *Historia ecclesiastica*, IV. Oxford: Clarendon Press, 1973, p. 236-250 [Org. de M. Chibnall].

pressamente que o rei dos pigmeus, a despeito das aparências, não é o diabo, descarta consciente e resolutamente a interpretação moral clerical e cristã do relato. A que sistema de valores ele sacrificou o da Igreja?

O tempo do rei

Segundo as tradições colhidas por Walter Map, a errância da *familia Herlethingi* teria cessado em 1155. Herla e os seus teriam desaparecido então nas margens do Rio Wye, na fronteira de Gales. Como explicar esse desaparecimento que interrompe uma errância apresentada antes como "infinita", consequência de um pacto qualificado como "eterno"?

Assim como fazem muitas vezes os informantes dos etnólogos, os de Walter Map talvez desejassem estabelecer dessa forma uma distância em relação às tradições que narravam, afirmando que elas haviam desaparecido recentemente em uma data importante da memória coletiva. (Hoje, é a guerra de 1914-1918 que é citada com essa finalidade.)

Por outro lado, a *mesnie* Hellequin parece ter efetivamente sofrido no final do século XII a concorrência da nova crença oficial no purgatório como um lugar determinado do além, onde as almas permanecem antes de serem plenamente salvas. Hélinand de Froidmont narra no início do século XIII que seu criado Natalis lhe apareceu pouco depois de ter se afogado. Ele perguntou ao morto se fora "enviado a essa milícia que chamam Hellequin". Natalis respondeu: "Não, Senhor. Essa milícia não anda mais, parou de fazê-lo recentemente, pois terminou sua penitência [...]"[33]. Natalis não diz expressamente que ele retorna do purgatório, mas tem todas as marcas. O estabelecimento do purgatório teve como efeito, e talvez como objetivo, *fixar* as almas penadas, parar sua errância pelo mundo dos vivos, controlar suas aparições, raras e individuais, aos olhos destes últimos[34].

Mas no relato particular que nos ocupa, a razão principal do desaparecimento definitivo da *Familia Herlethingi* em 1155 deve ser buscada nos

---

33. FROIDMONT, H. "De Cognitione Sui". *PL*, 212, col. 732.
34. NEVEUX, H. "Les lendemains de la mort dans les croyances occidentales vers 1250-vers 1300)". *Annales ESC*, 1979, 2, p. 245-263.

próprios termos utilizados por Walter Map para datar esse desaparecimento no "primeiro ano do reinado de Henrique II". A referência é dinástica, a data, 1155, pertence à história política.

De fato, a intenção de todo o tratado é política: nele, Walter Map critica a corte real e, sobretudo, sua extrema mobilidade, sua errância perpétua. Essa mobilidade era um traço característico de todas as cortes feudais, mas talvez ela distinguisse ainda mais a de Henrique II. A reconstituição dos itinerários do rei só faz confirmar as queixas de Walter Map[35]. Podemos admitir que, para ironizar sem se desviar do gênero literário dos *nugae* que reunia, ele identificava essa errância da corte real à da Caça selvagem, uma sucedendo a outra.

Mas por trás do traço de ironia talvez se oculte uma intenção política mais profunda. De fato, Walter Map podia dificilmente identificar completamente o rei da Inglaterra ao rei dos fantasmas. Ao contrário, porque Henrique II era o único personagem da corte poupado de suas críticas, talvez ele buscasse muito mais defendê-lo e proteger a nova dinastia. Ora, os retornos periódicos do rei lendário dos "antiquíssimos bretões" não constituíam uma ameaça simbólica ao novo rei? E, inversamente, o desaparecimento da tropa fantástica dos fantasmas exatamente no ano do coroamento do novo rei não ressaltava a legitimidade deste último? Assim o uso da "fábula" teria tido um objetivo político oculto e mesmo paradoxal, a defesa do Rei Henrique II. É apenas uma hipótese, que a aproximação da lenda de Herla com outra utilizada no mesmo momento para fins políticos parece, no entanto, confirmar: a lenda de Artur.

O Rei Artur, segundo as tradições eruditas da época, teria sido ferido em 542 na Batalha de Camlan por seu sobrinho, Modred, e pelo duque dos saxões, Childerico, depois transportado e cuidado pela fada Morgana na Ilha de Avalon; um dia ele poderia retornar para comandar novamente os bretões e expulsar o invasor. No século XII, "a esperança bretã" – segundo a palavra de Paul Zumthor – é igualmente atestada nas camadas inferiores das populações de origem céltica da Grã-Bretanha[36]. Hermann de Tournai relata

---

35. EYTON, E.W. *Court, Housefold and Itinerary of King Henri II...* Londres: [s.e.], 1878.
36. ZUMTHOR, P. *Merlin le Prophète* – Un thème de la littérature polémique, de l'historiographie et des romans. Lausana: [s.e.], 1943 [reed., Genebra: Slatkines, 1973, p. 22].

após 1135 como os bretões de Domnonée e missionários franceses vindos de Laon brigaram em 1113, porque os primeiros afirmavam que Artur continuava vivo, o que os segundos contestavam[37]. Ao contrário do túmulo de Gauvain, "o túmulo de Artur não é visto em nenhum lugar, e é por isso que *velhas fábulas* narram que ele retornará", escreve (ca. 1125) Guillaume de Malmesbury[38]. Contra essas tradições, Geoffroy de Monmouth reage no *Historia Regum Britaniae* (1136-1138), e depois em a *Vita Merlini* (ca. 1148) de um lado, afirmando que Artur está bem morto em Avalon, de outro lado buscando dar um conteúdo clerical e cristão à "esperança bretã": não é Artur que, talvez um dia, retornará para comandar os bretões, mas São Cadwalladr e São Conan de retorno de seu exílio armoricano[39]. A obliteração da lenda da sobrevivência de Artur foi ainda mais longe sob os plantagenetas, e ao mesmo tempo acentuava-se a pressão militar sobre o País de Gales, que resultaria em sua submissão definitiva no século XIII. A ameaça que o Rei Artur, sempre vivo, teria feito pesar sobre o novo Rei Henrique II é ainda descrita explicitamente (ca. 1168) por Étienne de Rouen, que cita a correspondência fictícia entre o antigo e o novo rei: Henrique II finalmente aceitara se submeter a Artur[40]. Mas em 1191, sob a pressão direta do Rei Henrique II (segundo o testemunho de Giraud de Cambrie), afirmou-se que finalmente fora descoberto o túmulo de Artur na abadia de Glastonburry – identificada como sendo Avalon com uma grande ajuda de etimologias imprevistas[41]. Assim se arruinava definitivamente qualquer esperança na sobrevivência de Artur[42], e se iniciava ao mesmo tempo um longo processo de apropriação pela realeza inglesa da simbólica arturiana. A partir dessa época, o prenome Artur foi dado a um neto do rei[43].

---

37. FARAL, E. *La légende arthurienne, études et documents*, I. Paris: [s.e.], 1929, p. 235-238.
38. Ibid., I, p. 246-248.
39. Ibid., II, p. 371-372.
40. ROUEN, É. *Draco Normannicus*. Londres: [s.e.], 1885, p. 105-107 [org. de R. Howlett].
41. FARAL. E. Op. cit., II, p. 436-451.
42. Na realidade, a crença no retorno de Artur ainda não desapareceu no século XIII. Cf. os testemunhos reunidos em LOTH, J. "À propos du roi Arthur". *Annales de Bretagne*, 9, 1893-1894, p. 632-633. • GRAF, A. "Artù nel Etna". *Miti, Leggende, e Superstizioni nel Medio Evo*. T. II [reed., Nova York: [s.e.], 1971, p. 303-359.
43. GUENÉE, B. *L'Occident aux XIVe-XVe siècles – Les États*. Paris: PUF, 1971, p.129.

Claro, Herla não é Artur. Mas os dois reis lendários dos bretões tinham em comum o fato de terem desaparecido em condições fabulosas bem comparáveis. Aliás, não tardou para que fossem assimilados um ao outro: apenas alguns anos depois de Walter Map (ca. 1211), Gervais de Tilbury afirma, confiando nos relatos locais colhidos na Sicília (*indigenae narrant*), que Artur *permanece* em uma corte esplêndida no centro do Etna, vulcão identificado por outros autores, na mesma época, como sendo o purgatório. Ora, esse relato lhe relembra as tradições orais da "Grande e Pequena Bretanha [a Armórica]" referente às aparições da Caça selvagem "a cada dois dias ao meio-dia ou no crepúsculo, na lua cheia", que ele chama a "*Familia Arturi*"[44]. A localização e a estabilização do purgatório não impediram completamente a continuação da errância coletiva dos mortos, sob a conduta do mesmo herói, Artur, assimilado a Hellequin ou Herla. No século XIII, as duas tradições acabam mesmo se confundindo em um *exemplum* de Étienne de Bourbon, que evoca a respeito de uma mesma *montanha*, o Monte Chat, no Jura, a residência estável e maravilhosa do Rei Artur (*dentro* da montanha) e a Caça selvagem (*em torno* da montanha). De maneira significativa, essa tropa errante é chamada "*Familia Allequini vulgariter vel Arturi*"[45]. Mas esse relato traz também a marca de outra evolução: a diabolização da *mesnie* Hellequin. E de fato Étienne de Bourbon explica que esse bando é constituído de demônios que tomaram a aparência de caçadores fantásticos. A partir do momento em que buscavam impor a crença no purgatório, os clérigos viram na diabolização da Caça selvagem o melhor meio de rejeitá-la; e a tradição antes distinta da legenda de Artur sofreu nessa cultura eclesiástica a mesma evolução.

A cultura eclesiástica do século XIII fez com que as tradições folclóricas evocadas por Walter Map no final do século XII (mas sem dar sobre elas um julgamento de valor) sofressem duas evoluções simultâneas, mas simetricamente opostas: uma positiva, que assimila a viagem ao além a uma viagem ao paraíso (é a evolução do "contra tipo" 470), a outra, negativa, que faz da *mesnie* Hellequin uma tropa de demônios. Entre essas duas soluções – para-

---

44. TILBURY, G. "Otia imperialia". In: LEIBNIZ (org.). *Scriptores Rerum Brunsvicensium*, I. Hanover: [s.e.], 1707, p. 921.
45. LA MARCHE, A.L. *Anecdotes historiques, legendes et apologues... d'Étienne de Bourbon*. Paris: [s.e.], 1877, p. 321.

disíaca e infernal –, buscou-se uma terceira solução na primeira metade do século XIII, ao mesmo tempo em que se difundia a crença em um terceiro lugar, intermediário, do além, o purgatório. Ela consistia em associar a esse lugar a *mesnie* Hellequin identificada tradicionalmente pelos clérigos desde os séculos XI e XII a uma tropa de almas penadas. Mas esse "enxerto" não funcionou, pelo menos nas crenças oficiais, tanto era forte para a Igreja a necessidade de *fixar* e de *trancar* os fantasmas em um lugar preciso e controlar suas saídas, sobretudo quando elas eram coletivas. Depois de um esforço de assimilação pela Igreja, a Caça selvagem foi definitivamente rejeitada nas crenças folclóricas. E ali se encontra até hoje.

Se a lógica da ideologia eclesiástica impunha a "moralização" e, sobretudo, a diabolização das tradições folclóricas, o mesmo não acontecia com a lógica da ideologia monárquica defendida por Walter Map. Ambas concorreriam para a manutenção da estrutura social. No fundo, não eram contraditórias, e o próprio Walter Map era, aliás, um clérigo. Mas elas usavam meios específicos.

No relato de Walter Map, a ausência consciente, quase total, de qualquer referência à moral e às crenças da Igreja mostra que o autor buscava antes de tudo, contra as *curiales* e mais ainda contra os galeses, ancorar a legitimidade do rei angevino na história bretã, mesmo privando-a de sua carga subversiva: não há mais lugar nessa história para a "esperança dos bretões". O desaparecimento de Herla em 1155 tem a mesma função política que a descoberta do esqueleto de Artur em 1191.

O motivo do desaparecimento definitivo da *familia Herlethingi* em 1155 não foi inventado por Walter Map, que o recolheu das tradições orais. Mas ao introduzi-lo em sua narrativa, deu-lhe um sentido particular, ideológico, sobre o qual insiste quando o repete duas vezes. O povo belicoso dos galeses que ele descreve, à maneira de Giraud de Cambrie, usando armas selvagens – arcos e flechas –, por oposição às espadas e às lanças dos cavaleiros[46], deve concordar que seu rei lendário desapareceu para sempre perto do Rio Wye, no limite de um país por demasiado tempo rebelde, para deixar claro que a fronteira estava abolida.

---

46. O *topos* do guerreiro galês anticavaleiro encontra-se na literatura românica. Cf. LE RIDER, P. *Le chevalier dans le conte du graal de Chrétien de Troyes*. Paris: Sedes, 1978, p. 147ss.

Segundo um procedimento familiar na corte dos plantagenetas[47], a mensagem política se oculta na utilização das tradições folclóricas; mas estas são desviadas de seu sentido original; voltaram-se contra seus detentores legítimos, os galeses; mudam até mesmo de sentido, uma vez que desprezando o pacto "eterno" mostrado pelo conto, a ideologia real exige que a errância de Herla se termine com o advento de Henrique II. A lenda de Herla não foi a única a ser utilizada para legitimar a chegada do rei ao trono: no século XI, Goscelin de Saint-Bertin relatou o sonho de Eduardo o Confessor; o rei sonhara com uma árvore verde cortada, que lhe aparecera como o presságio de um tempo de misérias e de angústias; essas calamidades só cessariam quando as raízes e o tronco se encontrassem novamente. Goscelin não soube interpretar esse sonho, "visão de algo impossível". Mas cem anos depois, ao contrário, Aelred de Rievaulx acreditava compreender o seu sentido: o casamento de Henrique I com Maud, filha de Marguerite da Escócia, descendente da velha casa de Wessex, permitiu à árvore abatida reencontrar suas raízes, reunião que se realizou e garantiu o restabelecimento da paz com o advento de seu neto Henrique II Plantageneta[48].

Assim como narrado por Walter Map, o relato de Herla também é completamente político, e não exige nenhuma "moralização" (positiva ou negativa) do folclore, como é o caso quando a cultura eclesiástica se apodera para submetê-lo a seus imperativos. A manipulação ideológica colocada aqui a serviço do rei, e não da Igreja, não é menos sensível a isso, ainda que use meios diferentes.

*

---

47. Segundo Giraud de Cambrie, os plantagenetas pretendiam descender de uma mulher-demônio, avatar de Melusina. Ricardo Coração de Leão ostentou essa lenda familiar já atestada a propósito de Foulques Nera. Felipe Augusto nela buscou o pretexto para atacar os plantagenetas, esses "filhos da demônia". Cf. BROUGHTON, B.B. *The Legends of King Richard I Coeur de Lion – A Study of Sources and Variations to the Year 1600.* La Haye/Paris: Mouton, 1966. • LE GOFF, J.; FAHD, T. & RODINSON, M. *L'Étrange et le merveilleux dans l'Islam médiéval.* Paris: J.A., 1978, p. 72. No caso do relato de Herla, podemos nos perguntar – pura hipótese que nada permite confirmar – se o "presente envenenado" que o anão dá ao rei ao casá-lo com a filha do rei dos francos não é uma alusão ao casamento de Henrique II, em 1152, com a não filha, mas a ex-mulher do *Rex Francorum* Luís VII: Alienor de Aquitânia. Esta certamente é odiada por Walter Map, que a acusa de ter "lançando sobre o rei olhos incestuosos"; ela tinha, diz ele, deitado antes com o pai de Henrique II, Geoffroy Plantageneta, no próprio leito de seu primeiro marido, Luís VII (ed. citada de M.R. James, p. 237).
48. HOLDSWORTH, C.J. "Visions and visionaries in the Middle Ages". *History,* XLVIII, 163, 1963, p. 151.

Para Walter Map, o relato é o instrumento de uma manipulação ideológica que envolve principalmente o tempo. Seu argumento é político e, para defendê-lo, ele se refere à história; no passado, ele busca precedentes. O *tempo linear da história*, medido pela sucessão dos povos e dos reis, dividido pelas datas políticas, é o eixo fundamental de seu pensamento.

Nesse tempo da história, ele integra *o tempo do folclore*. Ao tempo da história erudita, o tempo do folclore se opõe por seu caráter qualitativo e reversível: a duração de um ano que separa as bodas de Herla das do anão não oferece a medida objetiva e irreversível do tempo, ela é muito mais a representação da eternidade e do retorno anual da memória sobre ela mesma. E mais, o escoamento maravilhoso do tempo no reino dos anões se opõe aos 200 anos decorridos desde a invasão saxã.

Mesmo utilizando o tempo do folclore, Walter Map submete-o, controla-o. Isso fica bem claro no encaixe sutil do presente da fábula e do passado da história: assim o velho pastor, personagem do relato lendário, tem como função revelar a Herla os acontecimentos históricos que aconteceram em sua ausência, isto é, fora da lenda. Ora, se consideramos que essa *fabula* pertence ao folclore galês, o desafio político de sua recuperação é evidente no momento em que a monarquia inglesa aumenta no País de Gales sua pressão militar. A violência simbólica acompanha e legitima a das armas.

Walter Map, de forma não menos eficaz, domina o *tempo da Igreja*, mas desta vez afastando-a do relato. É, no entanto, o tempo da Igreja que domina então a sociedade medieval. Mas nesse relato não é questão nem de festas litúrgicas, nem de horas canonicais, nem de escatologia cristã. Para esse clérigo, só pode ser uma escolha consciente: de um lado ele busca no folclore, de outro cita Ovídio e Plínio, mas nunca menciona – pelo menos em relação ao próprio relato – uma única *auctoritas* cristã; e é o mais diabólico dos personagens que pronuncia o nome de Deus, para dizer justamente que ele mesmo não é o diabo... A razão dessa escolha de Walter Map não reside em uma hostilidade de princípio à Igreja (mesmo não tendo economizado suas críticas em relação a algumas instituições eclesiásticas, como a Ordem Cisterciense e a dos Templários); ela procede muito mais, face aos galeses ainda insubmissos, face aos bretões da Inglaterra, face às próprias *curiales*, do desejo de legitimar o novo rei por uma conciliação hábil entre a lenda galesa e a história inglesa, apresentando-o ao mesmo tempo como o sucessor do "rei dos antiquíssimos bretões", Herla, e como aquele que primeiro e apenas pela virtude de seu advento, pôde colocar um fim nas aparições inquietantes desse fantasma. Consequências de um pacto qualificado como "eterno", essas aparições teriam se reproduzido perpetuamente. Graças ao advento de Henrique II, elas só o fizeram por um tempo. Na realidade, que poder maior Walter Map poderia sonhar dar ao rei que o poder sobre o tempo?

ANEXO

(MAP, W. *De Nugis Curialum*)

(Dist. I, cap. XI, "De Herla rege")

Unam tamen et solam huic nostre Curie similem fuisse fabule dederunt, que dicunt Herlam regem antiquissimorum Britonum positum ad racionem ab altero rege, qui pigmeus videbatur modicitare staturae, que non excedebat simiam. Insquitit homuncio capro maximo secundum fabulam insidens, vir qualis describi posset Pan, ardenti facie, capite maximo, barba rubente prolixa, pectus contigenteque, nebride preclarum stellata, cui venter hispidus, et crura pedes in caprinos degenerabant. Herla solus cum solo loquebatur. Ait pigmeus, "Ego rex multorum regum et principium, innumerabilis et infiniti populi, missus ab eis ad te libens venio, tibi quidem ignotus, sed fama que te super alios reges extulit exultans, quoniam et optimus es et loco mihi proximus et sanguine, dignusque qui nupcias tuas me conuiaus gloriose uenustes, cum tibi Francorum rex filiam suam dederit, quod quindem te nesciente disponitur, et esse legati veniunt hodie. Sitque fedus eternum inter nos, quod tuis primum intersim nupciis, et tu méis consimili die post annum". His dictis ei tygride uelocius et terga uertit et se rapuit ab oculis eius. Rex igitur inde cum admiracione rediens, legatos suscepit, precesque acceptauit. Quo residente solempniter ad nupcias, ecce pigmeus ante prima fercula, cum tanta multitudine sibi consimilium quod mensis repletis plures foris quam intus discumberent in papillionibus pigmei propriis in momento protensis; prosiliunt ab eisdem ministri cum vasis ex lapidibus preciosis et integris et artificio non imitabili conpactis, regiam et papiliones implent aurea uel lapidea suppellectile, nichil in argento uel ligno propinant uel apponunt; ubicunque desiderantur assunt, et non de regio uel alieno ministrant, totum de proprio effundunt, et de secum allatis omnium excedunt preces et uota. Salua sunt Herle que preparauerat; sui sedent in ócio ministri, qui Nec petuntur Nec tribuunt. Circumeunt pigmei, graciam ab omnibus consecuti, preciositate uestium gemmarumque quasi luminaria pre ceteris accensi, nemini verbo uel opere uel presencia uel absencia tediosi. Rex igitur eorum in mediis ministrorum suorum occupacionibus Herlam regem alloquitur sic: "Rex optime, Domine teste, vobis assum iuxta pactum nostrum in nupciis vestris; si quid autem diffinicionis vestre potest amplius a me peti quam quod cernitis, acurate supplebo libens; si non, uicem honoris inpensi cum repetam non differas". His dictis, responso non expectato, se subitus inde papilioni suo reddit, et circa gallicinium cum suis abscessit.

Post annum autem coram Herla subitus expedit ut sibi paccio seruetur. Annuit ille, prouisusque satis ad reprensam talionis, quo ductus est sequitur. Cauernam igitur altissime rupis ingrediuntur, et post aliquantas tenebras in lumine, quod non uidebatur solis aut lune sed lampadarum multarum, ad domos pigmei transeunt, mansionem quidem honestam per monia qualem Naso regiam describit solis. Celebratis igitur ibi nupciis, et talione pigmeo decenter inpenso, licencia data recedit Herla muneribus onustus et xenniis equorum, canem modicum sanguinarium portatilem presentat, omnibus modis interdicens ne quis de Toto comitatu suo descendat usquam donec ille canis a portatore suo prosiliat, dictaque salute repatriat. Herla post modicum in lumine solis et regno receptus veteranum pastorem alloquitur, petens de regina sua rumores ex nomine, quem pastor cum admiracione respiciens ait: "Domine, linguam tuam uix intelligo, cum sim Saxo, tu brito: nomem autem illius non audiui regine, nisi quod aiunt hoc nomine dudum dictam reginam antiquissimorum Britonum que fuit uxor Herle regis, qui fabulose dicitur cum pigmeo quodam ad hanc rupen disparuisse, nusquam autem postea super terram apparuisse. Saxones vero iam ducentis annis hoc regnum possederunt, expulis incolis". Stupefactus ergo rex, qui per solum triduum moram fecisse putabat, vix hesit equo. Quidam autem ex sociis suis ante canis descensum immemores mandatorum pigmei descenderunt, et in puluerem statim resoluti sunt. Rex vero racionem eius intelligens resolucionis, prohibuit sub interminacione mortis consimilis ne quis ante canis descensum terram contigeret. Cannis autem nondum descendit.

347

Inde fabula dat illum Herlam regem errore semper infinito circuitus cum exercitu suo tenere vesanos sine quitte uel residencia. Multi frequenter illum, ut autumant, exercitum uiderunt. Ultimo tamen, ut aiunt, anno primo coronacionis nostri regis Henrici cessauit regnum nostrum celebriter ut ante visitare. Tuc autem visus fuit a multis Wallensibus immergi iuxra Waiam Herefordie flumen. Quieuit autem ab illa hora fantasticus ille circuitus, tanquam nobis suos tradiderint errores, ad quietem sibi. Sed si uelis attendere quam plorandus Fiat, non solum in nostra sed in omnibus fere potentum curiis, silencium mihi libencius et certe iustius indicere placebit. Libetne nuper actis aurem dare parumper?

Dist. IV, cap. XIII (trechos)

In Britania minori uise sunt prede nocturne militesque ducentes eas cum silencio semper transeuntes, ex quibus Britones frequenter excusserunt equos et animalia, et eis usi sunt, quidam sibi ad mortem, quidam indempniter.

Cetus eciam et phalanges noctiuage quas Herlethingi dicenat famose satis in Alglia usque ad Henrici secundi, domini scilicet nostri, tempora regis comparuerunt, exercitus erroris infiniti, insani circuitus, et attoniti silencii, in quo viui multi apparuenrunt quos decessisse nouerant. He huius Herlethingi visa est ultimo familia in marchia Walliarum et Herefordie anno primo regni Henrici secundi, circa meridien, eo modo quo nos erramus cum bigis et summariis, cum clitellis et panariolis, auibus et canibus, concurrentibus viris et mulieribus. Qui tunc primi uiderunt tibiis et clamoribus totan in eos viciniam concitauerunt, et ut illius est mos vigilantissime gentis statin omnibus armis instructi multa manus aduenit, et quia uerbum ab eis extorquere non potuerunt uerbis, telis adigere responsa parabant. Illi autem eleuati sursum in aera subito disparuerunt.

Ab illa die nusquam visa est illa milicia, tanquam nobis insipientibus illi suos tradiderint erores, quibus uestes atterimus, regna usatamus, corpora nostra et iumentorum frangimus, egris animabus querere dedelam non vacamus; nulla nobis utilitas accedit inempra, nichil ersolumenti prouenit, si dampna pesentur, nichil dispensanter agimus, nichil vacant[er]; Vana nobis infructuosa [que] adeo properacione deferimur insani; et cum semper in abscondito secrecius nostri colloquantur principes, seratis et obseruatis aditibus, nichil in nobis consilio fit. Furia invehimur et impetu; presencia necligenter et insulse curamus, futura casui committimus; et quia scienter et prudenter in nostrum semper tendimus interitum, uagi et palantes, pauidi pre ceteris hominum exterminati sumus et tristes. Inter alios queri solet que causa doloris, quia raro dolent; inter nos [que] causa leticie, quia raro gaudemus. Doloris aliquando leuamen habemus, leticiam nescimus; subleuamur solacio, Gaudio non beamur. Ascendit autem in nobis cum diuiciis meror, quia quanto quis maior est, tanto maiori quasantur sue voluntatis assultu, et in predam aliorum diripitur.

In hac ego miserabili et curiosa languesço curia, meis abrenuncians volunatatibus, ut placean aliis. Cum enim paucissimi iuuare possint, quiuis nocere potest; nisi placatam habuero solus uniuersitatem, nichil sum; si virtuosum precessero ut fiam inuidiosus, clam detrahent, et defensorres meos deceptos apparencia dicunt. Simplicem fatuum iudicant, pacificum desidem, tacitum nequam, bene loquentem mimum, benignum adulatorem, nichilum sollicitum cupidum, [...] pestilentem, piem remissum, divitem avarum, orantem hipocritam, non orantem publicanum. Necesse habent ad hos succincti tumultus, ut uirtutibus supressis armentur viciis; utriusque locum caute distinguant, ut bonis iusti uideantur, malis pessimi. Consilium autem salubre Nemo ambigit, ut semper in occulto colatur Trinitas, et in cordis archana puritate sincera deuocio celebretur, quatinus interius solempnitate seruata decenter et caste defensa, quocunque modo saccum permittat. Dominus, non permutent extrinseci casus interriorem hominem, Nec traseuncium pertubent accidencia residenciam anime substacialem in Domino.

Hoc de nostra velim manifestari curia, quia nondum audita est ei similis preterita uel timetur futura. Cupio eciam ut postera recordetur huius malice milicia, sciantque tollerabilia perpeti, a nobis intoleranciam passis edocti. Sugite igitur, eamus hinc, quia inter eius operas cui abrenunciauimus in baptismo Deum placare uel ei placere non vacamus; hic enim omnis homo uel uxorem ducit uel iuga boum probat. Quas excusaciones quomodo Salius vitauerit, audite.

XVI

Da espera à errância*: gênese medieval da Lenda do Judeu Errante

Há três maneiras, pelo menos, de compreender as relações entre relato e memória.

Um relato é um ato de comunicação. Não apenas transmite um dado, mas ele próprio é transmitido. Ao fazê-lo, traz inscrito nele a memória de sua transmissão. O que nomeamos tradição (oral ou escrita) produz uma estratificação de marcas de enunciação e de recepção, de apropriação e de adaptação, de transformações. Por meio das marcas linguísticas, mas também sociais (de um indivíduo, de uma família, de um lugar), pela transmissão e pela transformação de seus motivos, o relato guarda a memória de sua própria história.

Muitas vezes, um relato narra um fato passado, uma história. E também, nesse sentido, ele é um ato de memória. Por exemplo, o relato histórico é a expressão erudita da relação entre relato e memória, que pode tomar muitas outras formas, talvez menos nobres, mas, nem sempre, menos elaboradas: contos e lendas, anedotas e lembranças pessoais, relatos edificantes do tipo do *exemplum* etc.

Por fim, o tema do relato pode ser a própria memória. Na Grécia Antiga, as três musas que inspiram o poeta e fazem com que seu relato se pareça com a própria realidade são filhas de Zeus e de Mnemósine, a deusa da memória. Essa filiação mítica ilustra o ideal de um relato que parece abolir o tempo decorrido entre o passado heroico cantado pelo poeta e o presente de seu desempenho. Não há no cristianismo – que conhece apenas um Deus – o mito da memória personificada. Mas, à sua maneira, a leitura cotidiana da

---

* Relatório apresentado em 26 de maio de 2000 no colóquio internacional organizado no Collège de France por Nicole Belmont e Danielle Bohler sobre "La mémoire du récit".

Escritura também atualiza o acontecimento da Encarnação e da Paixão de Cristo e faz deles um acontecimento sempre presente, aqui e agora. O rito central da Eucaristia reproduz de maneira idêntica os gestos e as palavras da Ceia, seguindo as instruções do próprio Cristo: "Façam isso *em minha memória*". Toda a cultura cristã está fundada sobre essa tensão entre, de um lado, a consciência do fosso temporal que não cessa de ser escavado entre o presente e o acontecimento *passado* da vida de Cristo, cuja memória é guardada pelo relato dos evangelhos, e, de outro, a vontade de abolir essa distância e de tornar novamente presente o tempo fundador das origens. A crença na presença real, tornada dogma no Concílio de Latrão de 1215, é a melhor ilustração dessa vontade de atualização, em que a memória do relato evangélico se abole em seu objeto tornado presente e visível para todos. A busca desenfreada das relíquias da Paixão – sobretudo da madeira da verdadeira cruz – procede do mesmo desejo. A Lenda do Judeu Errante, ator e testemunha *hic et nunc* – uma vez que está condenado a não morrer – dos tormentos que contribuiu a infligir a Cristo, é uma outra ilustração disso.

As versões medievais do relato

A forma acabada desse relato aparece pela primeira vez em um livro de divulgação alemão (*Volksbuch*) publicado em Leipzig em 1602 sob o título *Kurtze Beschreinbung und Erzhlung von einem Juden mit Namen Ahasverus*, muitas vezes reeditado sob títulos diferentes, rapidamente traduzido para outras línguas, entre as quais o francês a partir de 1609[1]. Essa obra anônima pretende citar o testemunho do bispo reformado do Schleswig Paulus von Eitzen, afirmando que em sua juventude, em 1547, ele vira em Hamburgo um sapateiro judeu chamado Ahasverus que afirmava ter assistido à crucificação de Cristo. Quando este último subia ao calvário, perguntara ao sapateiro se podia descansar um instante em sua casa. Como o sapateiro o empurrou brutalmente, Jesus olhou-o fixamente e disse-lhe: "Eu vou pa-

---

1. KNECHT, E. *Le Mythe du Juif errant* – Essai de mythologie littéraire et de sociologie religieuse. Grenoble: Presses Universitaires de Grenoble, 1977, p. 27ss. • MILIN, G. *Le Cordonnier de Jérusalem* – La véritable histoire du Juif Errant. Rennes: Presses Universitaires de Rennes, 1997, p. 65 [Prefácio de Hervé Martin].

rar e descansar, mas tu andarás até o Juízo Final". Depois dessas palavras, Ahasverus abandonou sua família e sua casa, assistiu à morte de Cristo e começou então uma errância sem fim, aparecendo inesperadamente em vários países, surpreendendo cada um com sua sabedoria, seu conhecimento universal das línguas e seus tristes suspiros à evocação do nome de Jesus. A partir de 1640, o "Lamento" do Judeu Errante – em particular, sob a forma do *Lamento Brabanção* – conhece um rápido sucesso, que continua até o século XIX: uma versão o nomeia Isaac Laquedem (do substantivo hebreu *kedem*, Oriente). Relatos e lamentos insistem na errância eterna e adicionam detalhes, a respeito, por exemplo, dos cinco tostões que são toda sua fortuna, que nunca diminui nem aumenta. As representações populares e as estampas contribuem para a fama do Judeu Errante, que aparece – sob o número Q 502.1: *The Wandering Jew* – no catálogo dos motivos da literatura popular, do qual constitui o "tipo" 777: *The Wandering Jew. Ceaseless wandering with inability to die, as punishment for blasphemy*[2]. Nas páginas seguintes, farei referência à lenda falando do Judeu Errante, mas independentemente do estatuto (ele é sempre um judeu?) e do nome do personagem.

Não há nenhuma dúvida de que o autor anônimo de 1602, provavelmente luterano, compôs seu relato utilizando fontes medievais tornadas acessíveis pela impressão. A dependência em relação à crônica inglesa de Matthieu Paris, no século XIII, impressa em Londres em 1571 e novamente em Zurique em 1586, é particularmente espantosa. Todo um conjunto de fontes, umas indiretas e muito gerais, outras diretas e muito mais precisas, contribuíram para a gênese da lenda, e esta guarda, em suas múltiplas variantes, a *memória* dessas filiações complexas. Em seu estudo pioneiro sobre a lenda do Judeu Errante, Gaston Paris[3] insistia corretamente sobre o papel da Bíblia como ponto de partida da lenda apócrifa. Vários personagens ali são destinados a uma existência sem fim. A privação de morte designa então e mais para a frente ainda na Idade Média personagens que pretensamente

---

2. THOMPSON, S. *Motif-Index of Folk-Literatur* – A Classification of Narrative Elements in Folk-Tales, Ballads, Myths, Fables, Medieval Romances Exempla, Fashiaux, Jest-Books and Local Legends. 6 vols. Helsinque: [s.e.], 1932-1936, Q 502-1 [FFC, n. 106-109, 116, 117]. • AARNE, A. & THOMPSON, S. *The Types of the Folk-Tales* – A Classification and Bibliography. Helsinque: [s.e.], 1928, T. 777 [FFC. n. 74].

3. PARIS, G. *Le Juif Errant* – Première étude (1880) [retomado em *Légendes du Moyen Âge*. Paris: [s.e.], 1908, p. 149-186, aqui p. 165.

escaparam à humanidade ordinária, uma vez que é justamente próprio do homem saber que deve morrer. No prolongamento dessas tradições e em paralelo com elas, deve-se mencionar também o destino dos santos do cristianismo cujo cadáver escapa à imputrescibilidade. Em todos os casos, não morrer, não apodrecer é se separar do comum dos homens.

As fontes escriturárias parecem conceder, não sem ambiguidade, certa atenção à possibilidade de uma imortalidade terrestre. Segundo o Evangelho de São João (21,23), Jesus teria dito a São Pedro que lhe agradaria que seu "discípulo bem-amado" "permanecesse até que eu volte" e os discípulos teriam concluído de forma equivocada que João não morreria. Jesus declarou solenemente a seus discípulos: "Entre os que estão aqui presentes há aqueles que não experimentarão a morte antes de ter visto o Filho do Homem vindo com seu reino" (Mt 16,27-28; Lc 9,27; Mc 9,1). Se a privação da morte e a espera da parusia parecem aqui retribuir os justos, como também é o caso nos vários apócrifos (principalmente sobre a sobrevivência de Elias e Enoque)[4], em outra parte a privação da morte e a errância eterna são os efeitos de uma maldição (Sl 109(108),10)[5], cujo protótipo é o castigo que atinge Caim o Fratricida: "Tu serás um errante percorrendo a terra" (Gn 4,12), declara-lhe Javé[6]. O Apocalipse de João anuncia também que, quando o quinto anjo soar a trombeta e libertar escorpiões e gafanhotos, estes terão a ordem de não matar os ruins, mas de torturá-los durante cinco meses: "Naqueles dias, os homens buscarão a morte e não a encontrarão. Desejarão morrer e a morte fugirá deles" (9,6).

Outro personagem cujos traços se confundem às vezes com os do Judeu Errante é Malco. Nesta única figura da lenda se concentram dois

---

4. Essa lenda, compartilhada pelas três grandes religiões do livro, mereceria um estudo coletivo de história comparada. Gn 5,24 diz que Enoque foi raptado por Deus quando atingiu a confortável idade de 365 anos. 2Sm 2,11 descreve a ascensão da carruagem celeste de Elias. Juntos, Enoque e Elias são assimilados pela tradição às "duas testemunhas" do Apocalipse (11,7) que o anticristo manda matar e cujos cadáveres manda expor durante três dias sobre a praça de Sodoma. Tanto a duração simbólica de 365 anos – um ano feito de anos, é quase a eternidade! – quanto o prestígio do *Livro de Enoque* favoreceram a ideia de que eles sobrevivem ao paraíso terrestre?

5. "Que errem, e errem, seus filhos / Que mendiguem e que sejam expulsos de suas ruínas." Em sua memória, apresentada em 27 de junho de 2000 para a obtenção do diploma da EPHR (Departamento das Ciências Religiosas), Jeanne Raynaud demonstrou muito bem o lugar desse salmo em todos os comentários sobre Judas. Uma constelação pode ser facilmente desenhada: Judas – o Judeu Errante – o povo judeu.

6. MELLINKOFF, R. "Cain and the Jews". *Journal of Jewis Art*, IX, 1982, p. 16-38.

personagens diferentes mencionados pelo Evangelho de João durante a prisão de Jesus: "um servidor chamado Malco" (18,1-10), de quem Pedro cortou a orelha e que foi imediatamente curado por Jesus, e um "guarda de Pilatos", que não é nomeado. Ele "esbofeteou Jesus dizendo-lhe: assim respondes ao sumo sacerdote?" (Jo 18,20-22). A reunião do servidor e do guarda em um único personagem, o Malco da lenda, tornou o crime deste ainda mais ignóbil porque ele teria esbofeteado Cristo *depois* que este o curara. Ainda que não carregue seu nome, a mais antiga menção de seu castigo sem fim se deve a Jean Moschos, nascido em Damasco (ca. 540 e 550) e falecido em Roma (ca. 619-634). No capítulo XXX do *Pré spirituel*, ele relembra sua visita ao Mosteiro de Tadé em Chipre[7]. Ali encontrou o Monge Isidoro de Mélitène, que sempre se lamentava de seu enorme pecado: quando ainda era membro da seita de Severo, forçara sua mulher a regurgitar a hóstia santa para depois pisoteá-la na lama. Dois dias mais tarde, um etíope vestido com trapos apresentou-se a ele dizendo: "Tu e eu fomos condenados ao mesmo suplício. Sou aquele que bateu no rosto do Criador do universo, Nosso Senhor Jesus Cristo, no tempo de sua paixão". De fato, o etíope, representação tradicional do diabo, poderia fazer com que se pensasse mais na aparição de uma alma danada do que em um homem cujo castigo terrestre consiste em nunca morrer. Em seguida, a figura de Malco (ou Marcos) só começa a se espalhar a partir do século XII – no *Ferrabrás* ele também é eternamente atormentado pela lepra[8]. Mas, no final das contas, é um personagem bem diferente do Judeu Errante: um condenado, como Judas, e não uma testemunha.

Mesmo havendo figuras lendárias da tradição judaico-cristã autorizada ou apócrifa que se delineiam de forma mais ou menos nítida por trás do personagem do Judeu Errante, o fato é que as mais antigas menções explícitas dessa lenda não remontam muito além do primeiro terço do século XIII. Elas estão admiravelmente concentradas no tempo.

---

7. MOSCHOS, J. *Le pré spirituel*. Paris: Cerf, 1946, p. 70-71 [org. de JOURNEL, M.J.R.].

8. *Fierabras, chanson de geste*, publicado pela primeira vez segundo os manuscritos de Paris, de Roma e de Londres em KROEBNER, A. & SERVOIS, G. *Les anciens poètes de la France*. Paris: [s.e.], 1860, p. 37: "Dix, tu garis Marcus, ki tu estoit liéprés".

Em 1223, uma crônica cisterciense italiana anônima (*Ignoti Monachi Cisterciensis Santae Mariae de Ferrari Chronica*)[9] observa que peregrinos vindos da Terra Santa declararam ter visto na "Armênia" um judeu, não nomeado, que lhes teria declarado que batera em Cristo durante a Paixão. Jesus teria lhe dito: "Eu vou, e tu me esperarás até que eu retorne". De fato, ele não pode morrer: toda vez que chega aos 100 anos, recobra a idade de 30 anos que tinha no momento da Paixão.

Em 1228 – não mais do que cinco anos mais tarde –, o cronista beneditino inglês Roger de Wendover, monge em Saint Albans, narra que um arcebispo armênio visitou sua abadia durante uma peregrinação pela Inglaterra[10]. Por intermédio de seu intérprete, um cavaleiro que fala francês, os monges o interrogaram, entre outros, sobre "esse José de quem os homens falam tanto", que esteve presente na morte de Cristo e cuja sobrevivência até hoje é "uma prova da autenticidade da fé cristã". O arcebispo afirma ter estado com ele antes de deixar a Armênia e que ele contou como, antigo porteiro do pretório de Pilatos, sob o nome de Cartafilo, batera nas costas de Jesus, dizendo-lhe: "Vai mais rápido, vai, por que demoras tanto?" Ao que Jesus teria lhe respondido: "Eu vou, e tu me esperarás até que eu retorne" (*"Ego vado, et tu exceptabis donec redeam"*). Tinha 30 anos no momento da Paixão de Cristo e toda vez que faz 100 anos recobra aquela idade. E foi batizado por Ananias, que batizara o Apóstolo Paulo (At 9,17), e naquele momento tomou o nome de José. Vive nas duas Armênias e em outras regiões do Oriente, entre os bispos e os religiosos, cedendo humildemente ao pedido quando rogam que lhes conte o relato da Paixão. Ele não ri, mas chora no temor de Deus. Os homens vêm vê-lo (*"veniunt ad eum"*) desde as regiões mais recuadas do mundo, para desfrutar de sua presença e de suas palavras (*"visione et confabulatione"*). Ele responde de forma breve às suas questões

---

9. Essa versão, a mais antiga atestada, permaneceu desconhecida de Gaston Paris, ainda que tivesse sido publicada em Nápoles em 1888 por A. Gaudenzi. Cf. MILIN, G. *Le Cordonnier de Jérusalem*. Op. cit., p. 18.

10. WENDOVER, R. *Flores Historiarum*. Vol. II. Londres: [s.e.], 1887, p. 352-355 (Anno 1228, *De Joseph, qui ultimum Christi adventum adhuc vivus exspectebat*) [org. de Henry G. Hewlett]. Esse relato se encontra sob a forma de um *exemplum* em um manuscrito inglês do século XV que contém diversas obras religiosas e teológicas: HERBERT, J.A. *Catalogue of Romances...* III. Londres: [s.e.], 1910, p. 691, n. 56. British Museum, ms. Additional, 6.716, f. 60 b. Foi Herbert quem fez o elo com Roger de Wendover. Agradeço a Marie-Anee Polo de Beaulieu por ter me passado essa informação.

e recusa qualquer oferenda, contentando-se com pouco e guardando a esperança de ser salvo porque foi na ignorância que cometeu seu erro (*"quia ignorans delinquit"*).

O nome Cartafilo é desde muito tempo um enigma. Gaston Paris já observava sua "esquisitice". Ele tem certeza de que esse nome tem características do grego, pois associa o advérbio *karta*, "forte", "muito", "fortemente", e o adjetivo *philos*, "amigo", "amado". O objetivo desse recurso aproximativo ao grego, que produz no relato um efeito de encantamento pelo Oriente, poderia ser o de não transformar em judeu esse primeiro Judeu Errante. Como Saulo/Paulo, ele seria um pagão, e o essencial é ter se convertido e recebido o batismo das mãos de Ananias, assim como São Paulo. Paradoxalmente, o nome recebido no batismo é o mais judeu: José, alusão mais provável ao esposo de Maria do que ao filho de Jacó. O nome de "Muito Amado" evoca também o "discípulo bem-amado", São João, do qual os outros discípulos pensavam "que ele não morreria" (Jo 21,20-23). Além do mais, há nos dois personagens uma dimensão escatológica forte: Cartafilo/José não irá morrer antes do retorno de Cristo, cujo Apocalipse de João também cita quais atribulações o acompanharão. Veremos que, a respeito do Judeu Errante, o nome João é cultivado por todo um ramo da tradição lendária.

Esse relato foi retomado pouco depois, sem dúvida a partir de 1235, e ligeiramente ampliado por outro cronista de Saint Albans, Matthieu Paris, em sua *Chronica Majora*. Ele também faz alusão à história do "famoso José" em vários outros escritos: sua *Abbreviatio Chronicarum* e sua *Historia Anglorum* são prova da importância dada a esse relato[11]. Na *Grande crônica* ele acrescenta que em 1252 "alguns armênios" retornaram a Saint Albans e que confirmaram a existência de José Cartafilo, testemunha ainda viva da crucificação[12].

---

11. PARIS, M. *Chronica Majora*, III. Londres: [s.e.], 1876, p. 161-164 [org. de Henry R. Luard]. • PARIS, M. *Abbreviatio Chronicarum*. Vol. II. Londres: [s.e.], 1869, p. 257 [org. de F. Madden]: na data de 1228, uma simples menção: *"Floruit fama de Cartaphila Joseph, qui vidit Christum crucifigendum"*. PARIS, M. *Historia Anglorum*, II, p. 305 [org. de F. Madden]: *"A.D. 1228. Floruit fama de Joseph, qui viderat Christum. Eodem tempore floruit fama longe lateque dispersa de Joseph Cartaphila, quem Ananias baptizavit et qui vidit Christum crucifixendum"*.

12. PARIS, M. *Chonica Majora*. Op. cit., V, p. 340-341.

Em um manuscrito autógrafo da *Chronica Majora*[13], um desenho na margem inferior, traçado pela mão de Matthieu Paris, constitui a mais antiga representação segura do Judeu Errante (Fig. 18). Claro, dois outros desenhos datados da segunda metade do século XII – portanto, anteriores às primeiras atestações escritas da lenda – foram interpretados como representações do Judeu Errante[14]. Eles figuram nas páginas brancas de um *Tractatus in Epistolam Iohannis* de Santo Agostinho, em um manuscrito de Munique escrito em 1140[15]. O primeiro desenho (f. 89s.) mostra um velho em pé que, com a mão esquerda, apoia-se sobre o cabo de seu cajado e, com a direita, parece alisar uma barba muito longa que se enrola no cajado. O segundo desenho (f. 183 v.), também malconservado, parece mostrar o mesmo velho (mas a cabeça e o chapéu não são visíveis). Ele está sentado sobre o orbe terrestre, a mão esquerda colocada sobre o cabo de seu cajado, em torno do qual vem se enrolar uma barba muito longa, como no primeiro caso. É o comprimento excepcional da barba que levou a ver nesse personagem o Judeu Errante, cuja longevidade é excepcional. Talvez essa tenha sido ideia do desenhista que acrescentou um chapéu judaico desproporcional acima da primeira figura. Mas nenhuma inscrição identifica formalmente nosso personagem, e parece-me mais provável que se trate de um patriarca cuja idade se contava em centenas de anos... A identificação com o Judeu Errante é ainda menos plausível porque as imagens que, no século seguinte, são indubitáveis nunca representam o Judeu Errante contemporâneo muito idoso, mas aquele personagem no tempo da Paixão de Cristo. E, sobretudo, uma inscrição sempre acaba dissipando qualquer hesitação.

É o caso no desenho de Matthieu Paris. À esquerda, Cartafilo, de perfil, os traços grosseiros, um chapéu redondo caído sobre os ombros e preso por um cordão, o corpo encurvado e apoiado sobre uma enxada como se fosse

---

13. Cambridge: Corpus Christi College, 16, f. 70 v. Esse manuscrito, datado dos anos de 1240-1253, é autógrafo e foi dado por Matthieu a seu abade. Para a descrição do manuscrito cf. MORGAN, N. *Early Gothic Manuscripts* [I] *1190-1250* [com 300 ilustrações]. Oxford: Harvey Miller Publishers/Oxford University Press, 1982, p. 136ss.

14. WOLFFTHAL, D. "The Wandering Jews: Some Medieval and Renaissance Depictions". In: CLARCK, W.W.; EISLER, C.; HECKSCHER, W.S. & LANE, B.G. (orgs.). *Tribute to Lotte Brand Philip, Art Historian and Detective*. Nova York: Abaris Books, 1985, p. 221. Com algumas reservas, cf. VAN RUN, A.J. "Bene barbatus – Over de oudste Eeuwige Jood in de beeldende kunt". *Nederlands Kunsthistorish Jaarboek*, 1987, Deel 38, p. 293-295, e fig. 3 e 4.

15. Munique, Bayerische Staatsbibliotheck, Clm f. 89 v. e 183 v.

uma muleta, dirige-se a Cristo levantando seu dedo indicador direito, de onde parte uma filactera que toca o cotovelo direito de Jesus. Este se vira quase totalmente em sua direção, sustentando com a mão direita o braço transversal da cruz. A torção de Cristo, que continua caminhando na direção do lado direito da página – direção esta indicada pela filactera que sai da mão esquerda de Jesus – e se vira para trás na direção de Cartafilo, pertence a um tipo de representação frequente na Idade Média: ela expressa a tensão entre duas forças e direções contraditórias, neste caso o fato de que Cristo *vai*, ao passo que Cartafilo *espera*. O diálogo entre eles, escrito nas duas filacteras, retoma as fórmulas do texto: *"Vade, Jhesu, ad judicium tibi preparatum"* e *"Vado sicut scriptum est de me. Tu vero expectabis donec veniam"*.

Se o texto não diz em nenhum momento que Cartafilo era judeu, a imagem o sugere muito mais pelos traços do rosto e pelo chapéu, ainda que este não seja característico[16]. O argumento não é decisivo, sendo melhor que a imagem conserve sua ambiguidade. Mas a enxada é o emblema de Caim[17], o que, pelo menos visualmente, lhe associa nosso personagem, que os textos, no entanto, não designam jamais como jardineiro ou agricultor, mas como porteiro, e bem mais tarde como sapateiro. Como Suzanne Lewis observou[18], Cristo carrega uma cruz processional, o que é uma maneira de atualizar pela imagem o relato de Matthieu Paris: a cena se passa no tempo da Paixão, mas essa cruz de uso litúrgico talvez faça alusão à chegada recente e ao culto em plena expansão das relíquias da verdadeira cruz. Mas é realmente o encontro sobre a *Via Crucis* que Matthieu Paris representou, e não o José Cartafilo *atual*, por ocasião de seu encontro com o bispo da Armênia.

A Armênia não deve ser entendida no sentido moderno[19]. Matthieu Paris coloca a representação desse vasto país em seu *mappa mundi*, e o descreve de forma clara: é, a 30 dias de marcha de Jerusalém, uma "terra cristã" dominada pelo Monte Ararat, onde está a arca de Noé, guardada por ferozes serpentes; ela se mantém no topo para que a lembrança da destruição do mundo e

---

16. BLUMENKRANS, B. *Le juif médiéval au miroir de l'art chrétien*. Paris: Études Augustiniennes, 1996.
17. MELLINKOFF, R. "Cain and the Jews". Op. cit., fig. 14, 29.
18. LEWIS, S. *The Art of Matthew Paris in the "Chronica Majora"*. Berkeley: Los Angeles/Londres: University of California Press, 1987, p. 301ss.
19. Ibid., p. 350 e fig. 214.

da reconciliação divina se perpetue na humanidade. Assim a Armênia é aos olhos de Matthieu Paris o reservatório material de uma dupla memória: a da Antiga Aliança, reatada no momento do dilúvio e materialmente atestada pela arca de Noé; e a da Nova Aliança, atada pela paixão do Senhor, da qual José Cartafilo, que está bem vivo nessas terras distantes, mantém a lembrança[20].

Pouco depois (ca. 1240), o pintor Willian de Brailes, de Oxford, encarregado de iluminar um salmo para uma dama leiga inglesa, introduz em uma página inteira a figura do Judeu Errante representando de alto a baixo e da esquerda à direita, quatro cenas da Paixão de Cristo[21]: o encontro deste com o Judeu Errante, o carregamento da cruz, Jesus despojado de suas roupas, Cristo ao pé da cruz com seus carrascos. A cena que nos interessa marca, portanto, o início do caminho da cruz, ela lhe é até mesmo anterior uma vez que Jesus ainda não carrega sua cruz como é o caso no desenho de Matthieu Paris (Fig. 19). O Judeu Errante, com a cabeça recoberta pelo mesmo véu que o sumo sacerdote possui nesse manuscrito, dirige-se a Cristo apontando-lhe o dedo indicador. Mesmo que o alto da página tenha sido roído, ainda podemos ler uma parte da legenda em francês que acompanhava essa imagem: "[...] regarde et dit e tu remeines ici desque ieo reveine" (olha e dize e tu restarás aqui até que eu retorne). Não há nenhuma impressão de violência nessa cena que, pelo jogo das mãos e dos dedos indicadores apontados, evoca convencionalmente um diálogo. Mas Jesus, ao se virar, realiza a mesma torção do corpo que na imagem precedente. Mais uma vez, é o acontecimento fundamental da lenda que é representado, não o Judeu Errante atual.

Na mesma época, o relato é atestado, possivelmente de maneira independente, na região de Tournai: Philippe Mouskès observa em sua *Crônica rimada* a chegada nessa cidade do arcebispo armênio de Niceia, que fazia uma peregrinação ao túmulo de Santo Tomás de Canterbury, e depois a São Tiago de Compostela. O arcebispo afirmou ter visto a testemunha da Paixão

---

20. Ibid., p. 507, n. 77; cita a passagem, em francês, de *Historia Anglorum*, em que as duas testemunhas são associadas: "En Hermenie est l'arche Noe. Vers cestes parties [...] a vint jurnes est armenie, ki est crestienne, u l'arche noe est, ki encore dure. La meint Joseph cartaphila, ki vit u hon mena nostre seignur a crucifier; Ananie ki baptiza seint polle le baptiza". Cf. MICHELANT, H. & REYNAUD, G. *Itinéraires à Jérusalem*. Paris: [s.e.], 1882, p. 126.

21. Londres: British Library, Ms. Add. 49.999, f. 43 v. • MORGAN, N. *Early Gothic Manuscripts*. Op. cit., n. 73, p. 117-120 e fig. 246. • DONOVAN, C. *The de Brailes Hours – Shaping the Book of Hours in Thirteenth Century Oxford*. Londres: The British Library, 1991, p. 79-80 e fig. 47 e 48.

de Cristo, que não é nomeada. Quando os judeus estão conduzindo Jesus a seu suplício, este lhes gritara que o esperassem. Jesus lhe disse: "Icist ne t'atendetont pas, Mais saces, tu m'atenderas". Ele foi batizado por Ananias. Rejuvenesce quando atinge a idade de 100 anos. E viverá assim até o dia do Juízo final[22].

Outro conjunto de textos contemporâneos, mas de origem principalmente italiana, evoca o Judeu Errante sob o nome de *Johannes Buttadeus*, cuja forma francesa, *Jehan Boutedieu*, é atestada por Philippe de Novarre (ca. 1250-1255) em seu *Livre de forme de plait*: o autor brinca com a idade muito avançada de determinado jurista "en si auroit il passé Jehan Boute Dieu"[23]. A idade provecta do Judeu Errante tornou-se proverbial!

O astrólogo Guido Bonatti afirma ter visto Johannes Buttadeus durante uma estadia em Forli em 1276. Depois de ser esbofeteado, Jesus lhe teria dito: "Tu esperarás meu retorno". Por volta de 1350, o dominicano Pierre de Penna, autor de um *Libellus de locis ultramarinis*, afirma – ainda que certamente ele próprio não tenha ido até a Terra Santa – que se pode ver em Jerusalém o "lugar" (*locus*) onde Johannes *Butadius* esbofeteou o Senhor, dizendo-lhe: "Avança, vai para a morte!" Cristo respondeu-lhe: "Eu vou para a morte, mas tu, por teu erro, não morrerás antes do Julgamento". O autor compara esse relato com a história – citada com algumas variantes por outros autores – de Johannes Devotus Domini, o escudeiro de Carlos Magno que viveu 210 anos[24]. Outra tradição, atestada por Vincent de Beauvais, dá a esse *"armiger Karoli Magni"* o nome de "Johannes de Temporibus": esse "João dos Tempos" merecia bem seu nome, uma vez que teria vivido 361 anos, de 778 a 1139. Ele também é visto sob o nome de Richard, antigo escudeiro de Olivier, morto em 1234[25].

---

22. REIFFENBERG, F. (org.). *Chronique de Philippe Mouskès*. 2 tomos em 3 vols. Bruxelas: [s.e.], 1836-1838: t. II, 1838, p. 491-494, v. 25.485-25.558.
23. PARIS, G. "Le Juif Errant – Séconde étude, 1891" [retomado na *Légendes du Moyen Âge*. Op. cit., p. 187-221, aqui p. 191].
24. KOHLER, C. "Le Libellus de locis Ultramarinis de Pierre de Pennis". *Revue de l'Oriente Latin*, IX, 1902, p. 313-383 (cap. XI, p. 358-359). Agradeço a Christiane Deluz pelas informações fornecidas sobre esse autor.
25. PARIS, G. "Le juif errant – Second étude". Op. cit., p. 200-202.

Mesmo nome e mesmo relato são encontrados (ca. 1400) no cronista de Siena Sigismondo Tizio, que acrescenta que Johannes Buttadeus teria reconhecido os traços de Cristo em um quadro pintado por Andrea Vanni[26]. No início do século XV igualmente, Antonio di Francesco di Andrea menciona "Giovanni Bottadio" que também se faz chamar "Giovanni servo di Dio". Ele já teria sido visto na Itália entre 1310-1320, um século antes; e leva cerca de um século para retornar a um mesmo país. O autor o viu pela primeira vez em 1410 ou 1416: em pleno inverno, ele salvou os filhos de Gianno di Duccio que se perderam na neve. Ao pai das crianças predisse um rápido retorno a Bolonha, de onde se exilara. No ano seguinte, foi visto em Florença. Conhece todas as línguas e todas as ciências. Outro ano, Giovanni Morelli o manda prender em Mugello, mas ele se evade milagrosamente tornando-se invisível. E cabe ao autor comentar, fazendo alusão ao Apocalipse: "E há aqueles que dizem e que afirmam que ele será a terceira testemunha dos fatos do Senhor. Pois há dois no paraíso terrestre, Enoque e Elias, e sobre a terra há esse Giovanni".

O tempo da memória

Sem alongar este rápido exame das versões medievais do relato do Judeu Errante, já podemos ver como o relato da lenda publicado no início do século XVII beneficiou-se do encontro entre vários filões anteriores diferentes e às vezes até mesmo independentes uns dos outros. Essa diversidade é testemunhada pela variedade das identificações do personagem, que ou não é absolutamente nomeado, ou recebe nomes tão diferentes quanto José Cartafilo, Johannes Buttadeus ou Jean Boutedieu, Johannes Devotus (ou Servus) Domini. Em nenhum momento ele usa o nome Ahasverus, que receberá pela primeira vez em 1602.

Mais incrível ainda é o fato de ser bem raro que esse personagem seja designado explicitamente como judeu. É um judeu que teria sido percebido em Ferrara em 1223. Mas alguns anos mais tarde, nos relatos coletados na

---

26. É interessante ver como o argumento de autenticidade da pintura se apoia no testemunho "autêntico" de uma pura lenda. Mas com certeza ninguém era inocente, no século XV, nesses jogos e espelho entre pintura e lenda.

Inglaterra e na crônica de Philippe Mouskès, também poderia se tratar de um pagão batizado por Ananias, como o foi São Paulo. As imagens contemporâneas parecem evocar um judeu. Mas novamente os relatos italianos que atestam a passagem do personagem não deixam clara sua confissão. Como nos relatos do Norte, eles mantêm certa ambiguidade, evitam arbitrar para insistir mais na etapa positiva da conversão, na imensa dor de ter cometido o erro por ignorância, e enfim na espera do retorno de Cristo. Bem diferente torna-se a narrativa na época moderna. Agora, o herói é um vagabundo e é judeu.

Entre a maioria das tradições medievais e as que se desenvolvem a partir do século XVII, a diferença mais notável diz respeito à representação do espaço. Nos relatos da época moderna, o Judeu Errante aparece periodicamente nesta ou naquela região da Europa ali onde e quando não se espera. É realmente sua eterna *errância* que o caracteriza e que bem justifica a denominação genérica de Judeu Errante. Em alguns relatos medievais, ele já aparece na Europa, mais exatamente na Itália (Forli, 1267; Siena e Florença no século XV). Mas, na maioria das vezes, é um informante vindo de Jerusalém (segundo Pierre de Penna) ou, com mais frequência ainda, da Armênia (segundo o cisterciense anônimo de 1223, e depois Roger de Wendover, Matthieu Paris, Philippe Mouskès), que afirma tê-lo visto no Oriente cristão. A relação com o espaço, portanto, se inverteu, e isso a partir das crônicas italianas do final da Idade Média. No século XIII, não é a errância na Europa do personagem que atrai, é sua *espera* na proximidade dos lugares santos.

Por isso, por ocasião de uma de suas aparições, o conhecimento do personagem não é imediato e não depende de um encontro e do olhar. Depende de um intermediário vindo do Oriente que afirma ter visto esse personagem: é o relato oral, e não o testemunho visual direto, que funda a crença.

É por isso que as imagens medievais também não representam o personagem assim como ele teria sido percebido aqui e agora ao acaso de um encontro, como farão as estampas modernas. Elas o percebem no momento mítico que explica seu destino, em sua confrontação com Cristo. Não são imagens para memória, mas imagens de memória.

Na época moderna, o Judeu Errante torna-se "Bonhomme Misère"[27], um pouco medroso, mas benevolente, onisciente, familiar de retornos pe-

---

27. MILIN, G. *Le cordonnier de Jérusalem*. Op. cit.

riódicos que são matéria para filosofar ao longo do tempo e do destino. No século XIX, as perspectivas abertas pela emancipação dos judeus, enquanto também se desenvolve a esperança de uma redenção da humanidade pelas experiências da "era das revoluções", fazem da figura ambivalente do Judeu Errante o ponto de ancoragem privilegiado (em Edgar Quinet ou Eugène Sue, p. ex.) da reflexão literária e política[28]. Na Idade Média, o Judeu Errante – supondo que seja reconhecido como judeu – ilustra outro espaço-tempo e desperta preocupações bem diferentes. Ele não é ainda o vagabundo independente que alguém dirá ter encontrado nos caminhos da Europa e cujo saber enciclopédico é apreciado. Ele vive no Oriente e suscita uma atração resultante de ter sido a testemunha dolorosa da Paixão de Cristo cujo retorno ainda aguarda. Entre Paixão e Parusia, ele é a memória viva e dolorosa de Jesus.

Sob seus traços medievais mais característicos, o Judeu Errante só aparece no primeiro terço do século XIII. Com certeza ele participa plenamente de vários traços culturais e ideológicos essenciais dessa época.

Primeiro é testemunha de um maravilhoso geográfico cujo principal reservatório é a Terra Santa, e isso ainda mais porque os francos estão a ponto de ser completamente expulsos dali. A "topografia lendária dos evangelhos da Terra Santa", para falar como Maurice Halbwachs[29], apresenta-se nos detalhes dos itinerários e dos dias de marcha desde Jerusalém na crônica de Matthieu Paris, logo depois da relação da peregrinação pelo Ocidente do bispo da Armênia. Da mesma forma há uma dedicação a restituir a *via crucis*, a subida de Jesus ao Calvário, fazendo uma menção especial ao lugar onde Jean Boutedieu esbofeteou Cristo.

Do Oriente vêm – por intermediários e intérpretes – relíquias, imagens, relatos que são fiadores (*pignora*) da fé cristã. Em 1204, a tomada de Constantinopla liberou um fluxo de relíquias em direção do Ocidente. O rei da

---

28. A obra de Edgard Quinet (*Les tablettes du Juif Errant*) data de 1823, e foi sob a forma de folhetim que Eugène Sue publicou *Le Juif Errant* em 1844-1845. As duas páginas de Maurice Kriegel ("La légende du Juif Errant". In: BARNAVI, É. [org.]. *Histoire universelle des juifs*. Paris: Hachette, 1992, p. 170-171) resumem com uma fineza e uma densidade igualmente notáveis a evolução da recepção da figura do Judeu Errante desde 1602. Para ele, e eu concordo plenamente, Ahasverus é totalmente distinto desses protótipos medievais.

29. HALBWACHS, M. *Topographie légendaire des Évangiles en Terre Sainte*: étude de mémoire collective. Paris: PUF, 1941.

França Luís IX adquire a coroa de espinhos. Matthieu Paris relata que o rei da Inglaterra foi curado ao contato com a verdadeira cruz e que a "cruz de Bromhold" foi trazida de Constantinopla ao seu reino em 1205-1223 pelo capelão do Rei Balduíno[30]. Os imperadores bizantinos a carregavam na batalha como um *palladium*. É bem possível que a cruz processional que, no desenho, Cristo carrega em seu ombro ao se virar na direção de José Cartafilo seja uma referência a essa cruz venerada pelo rei.

Se o herói do relato não é claramente designado como judeu, ele é explicitamente um convertido. Portanto, aderiu voluntariamente à fé cristã cuja autenticidade é testemunhada por sua incapacidade de morrer. Essa figura do convertido voluntário, sustentada pelo exemplo paulino, aparece como um modelo cujas promessas foram exploradas pelos cristãos dos séculos XII e XIII, depois dos limites das conversões forçadas da primeira e da segunda cruzadas, e sem ainda ceder totalmente à violência das disputas entre judeus e cristãos em que as apostas – como em Paris ou Barcelona – eram feitas de antemão e prenunciavam a expulsão coletiva[31].

Memória viva da Paixão, José Cartafilo e seus semelhantes o são por sua imortalidade no momento mesmo em que se impõe o dogma eucarístico da presença real. O relato de suas vidas sem fim autentica a verdade do sacrifício que o padre, todos os dias, reitera realmente sobre o altar *em memória* da primeira Ceia. O ambiente cristológico e eucarístico da primeira metade do século XIII provavelmente contou muito no nascimento e depois na expansão desse relato.

A insistência sobre a espera do personagem não é menos característica dessa época: o sucesso contemporâneo das lendas apócrifas relativas à imortalidade de Enoque e de Elias (Antonio di Francesco di Andrea também faz essa aproximação), ou mesmo de Moisés, ou ainda de Malco ou de José de Arimateia, sem dúvida sustenta a adesão a esse novo relato. Mais geralmente, a espera está no centro das novas crenças no além e das práticas litúrgicas da *memória* funerária: o purgatório das almas penadas e os limbos

---

30. LEWIS, S. *The Art of Matthew Paris in the "Chronica Majora"*. Berkeley: Los Angeles/Londres: University of California Press, 1987, p. 310.
31. DAHAN, G. *Le brûlement du Talmud à Paris, 1242-1244*. Paris: Cerf, 1999.

das crianças são o reino da espera de uma liberação previsível, graças aos sufrágios dos vivos, uma espera que no mínimo se prolongou – como para José Cartafilo – até o Juízo Final[32]. Na época moderna, o personagem se judaíza e parece principalmente destinado à *errância*, à imagem talvez de seu povo, expulso do reino da Espanha em 1492 e condenado a novos exílios. Potencialmente, todos os judeus tornam-se o Judeu Errante.

Na Idade Média, o relato é totalmente voltado aos fins últimos. O eixo da memória prolonga-se no da escatologia, segundo uma representação do tempo que, sem dúvida, é inerente ao cristianismo, mas que recebeu, no início do século XIII, uma coerência e um vigor sem precedentes: cito como prova a organização do programa explicitamente temporal das imagens de página inteira do livro de salmos dito de Branca de Castela, mãe de São Luís[33]: partindo da memória da História santa desde a queda dos anjos e a Criação, ele termina, depois da ilustração dos salmos, com as imagens do Juízo Final e da abolição da história na eternidade. O relato medieval do Judeu Errante evoca à sua maneira esse fim previsível da história. Sem dúvida ele é até mesmo um *sinal* anunciador ou serve de alerta contra os pecados, que muitas vezes são ultrajes ao Cristo em pessoa. Nessa mesma época, Matthieu Paris observa um grande número de outros *mirabilia* dos quais oferece uma interpretação escatológica: como os eclipses do sol (ele conta 18, inclusive um incompleto, de 1256), uma batalha de onze baleias, o voo anormal de pássaros vorazes e uma inundação do Tâmisa. Desses acontecimentos, como do relato referente a Cartafilo, ele deixa, além de sua relação, croquis, o que testemunha a importância que lhes dá.

Quando o folclorista, no século XIX, ou o etnólogo, ainda hoje, coleta o relato do Judeu Errante, sabe que esse relato tem uma longa história, mas talvez não meça os deslizamentos de sentido que a lenda conheceu desde a Idade Média por causa das transformações sociais e ideológicas. Por certo, assistimos a uma verdadeira reviravolta do sentido do relato entre os séculos

---

32. LE GOFF, J. *La naissance du purgatoire*. Paris: Gallimard, 1981. • "Les Limbes". *Nouvelle Revue de psychanalyse*, XXXIV. • *L'Attente*, outono/1986, p. 151-174. • "L'attente dans le christianisme: le purgatoire". *Communications*, 70, 2000, p. 295-301.
33. Paris: Bibliothèque de l'Arsenal, Ms. 1.186. Reprodução fotográfica: MARTIN, H. *Les Joyaux de l'Arsenal* – I: Psautier de Saint Louis et de Blanche de Castille. Paris: [s.e.]: [s.d].

XIII e XVII: não é mais o Oriente, reservatório do maravilhoso, que é privilegiado, mas o Ocidente, contexto do cotidiano; não é mais a espera escatológica da testemunha de Cristo, mas a errância de um estranho vagabundo; não é mais o tempo cristão escatológico, mas o espaço de uma Europa mais consciente de seus limites e de suas estradas; não é mais o valor de um testemunho direto sobre a morte de Jesus, o relato relicário do Salvador, mas a possibilidade de discorrer sobre o destino do homem a partir das criações da literatura popular[34].

Portanto, o relato medieval, em suas diversas versões, é irredutível ao relato que, na época moderna, dele se originou. No primeiro terço do século XIII, com sua forma bastante nova e surgida inesperadamente, ele remete à memória das origens cristãs e, ao mesmo tempo, abre-se para a espera dos *futura*. Se o relato do século XVII traz em si a memória de um velho relato, o do século XIII aparece antes, em sua fresca novidade, como o *da* memória. Amplificando o relato evangélico e o tornando *realmente presente*, ele surge absolutamente constituído da matriz de todo o relato cristão.

---

34. ROUART, M.-F. *Le Mythe du Juif Errant dans l'Europe du XIXe siècle*. Paris: José Corti, 1988.

XVII

A apropriação do futuro*

Os historiadores mantêm estranhos elos com o futuro. Às vezes são tentados a dar à sua disciplina uma função profética, como se bastasse projetar no futuro as evoluções do passado do qual têm o saber para fazer predições e pretender guiar a ação no futuro[1]. Mas a história nunca se repete, e se a reflexão sobre o funcionamento das sociedades passadas ajuda a compreender nossas próprias sociedades, ela não nos dá nenhuma certeza quanto ao que deve acontecer.

Às vezes, desviam-se, pelo contrário, do futuro e mesmo do presente, com o pretexto de que apenas o passado é seu terreno de competência, como se nossa interpretação do passado não dependesse de tudo o que somos hoje, daquilo que sabemos e também de tudo o que esperamos para o futuro.

E, ainda mais grave, sucede-lhes esquecer de que somos o futuro das sociedades passadas que estudamos como historiadores: essas sociedades, temos o hábito de examinar seus *gesta*, isto é, as ações que realizaram no presente que era o delas. Há algum tempo, nós, os historiadores, também nos preocupamos muito com a *memoria* delas, isto é, com a maneira pela qual reconstruíram seu próprio passado e com os "lugares de memória" nos quais cristalizaram a lembrança eficaz. Mas devemos nos preocupar também com seus *futura*, isto é, a maneira pela qual essas sociedades do passado se projetaram no futuro, esse futuro que somos em parte. O olhar que lançamos ao passado não pode expulsar a ideia de que somos o "futuro

---

* Retomado de "Appropriating the Future". In: WEI, I.P. & BURROUGH, J.A. *Medieval Futures Attitudes to the Future in the Middle Ages*. Woodbridges: The Boydell Press, 2000, p. 3-17.

1. Cf. a esse respeito a célebre crítica, por Marc Bloch (*Apologie pour l'histoire ou métier d'historien*), da ideia preconcebida de que a história daria "os meios de guiar a ação".

do passado" – *"die vergangene Zukunft"*, escreve Reinhard Koselleck[2] –, sociedades antigas, deixando claro que esse futuro do qual nosso presente é particularmente a concretização é apenas um dos futuros que eram então possíveis. Pois a história não é um progresso linear e unívoco, um fio contínuo e necessário que nos bastaria desenrolar do passado até nós e de nós até um futuro com certeza previsível. Ela é pelo contrário uma sucessão de escolhas possíveis, de futuros abertos a cada momento, dos quais apenas alguns se realizam e que não podemos conhecer de antemão.

Que estudemos a *memoria* das sociedades passadas ou, ao contrário, suas representações do futuro, os *futura* delas, são sempre o presente delas que como historiadores escrutamos. É para garantir seu funcionamento do momento, resolver seus conflitos presentes, que as sociedades fazem um esforço de memória e reconstroem seu passado. Da mesma forma, quando se projetam imaginariamente no futuro – pela voz de seus profetas, de seus pensadores utopistas ou dos autores de ficção científica –, elas não falam senão delas mesmas no presente, de suas aspirações, de suas esperanças, de seus temores, de suas contradições presentes. Santo Agostinho já fizera muito sutilmente essa observação: há aparentemente três tempos: o passado (*praeteritum*) que vem da memória (*memoria*), o presente (*praesens*) submetido à observação (*contuitus*), o futuro (*futurum*) que é o objeto de nossas expectativas (*expectatio*). Na realidade, apenas o presente existe, uma vez que o passado não é mais e que o futuro ainda não é. Não existem, mas no presente, em nosso espírito, senão as *imagens* do passado e do futuro. Este, como o passado, é apenas uma "extensão" de nosso espírito[3].

O que Agostinho observa para a consciência individual também vale para as sociedades estudadas pelo historiador: o futuro das sociedades, bem como a memória coletiva, coloca o problema de seu funcionamento presen-

---

2. KOSELLECK, R. *Le futur passé* – Constitution à la sémantique des temps historiques (1979). Paris: Ehess, 1990. A ideia já está presente em Marc Bloch. Cf. a esse respeito: RAULFF, U. *Ein Historiker im 20. Jahrundert*: Marc Bloch. Frankfurt a.M.: Fischer, 1995, p. 92.
3. AGOSTINHO. *Confissões*, livro XI, XVIII, 24: "Futura ergo nondum sunt et si nondum sunt, nom sunt, et si non sunt, videri omnino non possunt sed praedici possunt ex praesentibus, quae iam sunt et videntur". • Ibid., XX, 26: "Quod autem nunc liquer et claret, nec futura sunt nec praeterita, nec proprie dicitur: tempora sunt tria, praeteritum, praesens et futurum, sed fortasse proprie diceretur: tempora sunt tria, praesens de praeteritis, praenses de praesentibus, praesens de futuris. Sunt enim haec in anima tria quaedam et alibi ea non video, praesens de praeteritis memoria, praesens de praesentibus contuitis praenses de futuris expectatio..."

te. É por isso que convém perceber esse problema em toda sua generalidade, toda sua amplitude: a concepção que uma sociedade tem do futuro não se limita aos grandes sistemas proféticos, escatológicos ou utópicos que pôs em ação. Nós mesmos, no século XX, tivemos ou temos outras maneiras de nos apropriarmos do futuro além das grandes ideologias – aliás caducas – da Modernidade[4]. O futuro também é, mais modestamente, na escala individual como na dos grupos, assunto de expectativa, esperança, crédito, esperança de vida etc. A questão do futuro se coloca assim que, sem que prestemos atenção, no desvio de nossas frases mais comuns, empregamos o tempo gramatical do futuro.

Falar no futuro

Nossa experiência mais comum do futuro não é a da língua? Mas aqui a questão já se revela complexa, porque não há um único tempo gramatical do futuro, mas vários, ou melhor, várias *modalidades* gramaticais de expressão do futuro. E isso vale, ao menos, ao que me parece, para todas as línguas indo-europeias, antigas ou modernas: para as línguas que falamos como para o latim medieval. Feita essa constatação, restaria estudar os usos desses modos de expressão nos diversos períodos históricos e nas diversas línguas, erudita e vernacular. Há o *futuro simples*, que claramente designa uma ação devendo acontecer. Há também o *futuro anterior*, que define um passado no futuro, designa uma ação que é futura em relação a nós, mas passada em relação a um futuro mais distante ("quando tiver arado, semearei"). Outras formas verbais, sem falar exatamente dos tempos futuros, têm uma dimensão de futuro: o *particípio presente* designa uma ação em curso, cuja concretização é apenas previsível; em latim, o *adjetivo verbal* indica a necessidade de uma ação que se deve realizar, mas que ainda não está realizada; o modo *condicional* designa, por sua vez, a possibilidade daquilo que poderia acontecer no futuro se uma condição prévia se realizasse. Observações tão simples já mostram o quanto a linguagem é um meio fundamental de abordar, antes de toda representação elaborada dos tempos passados, presente

---

4. É nisso que me separo radicalmente do ensaio MINOIS, G. *Histoire de l'avenir, des prophéties à la prospective*. Paris: Fayard, 1996.

ou futuro, os usos sociais do tempo, em sua expressão mais espontânea e largamente inconsciente: posso dizer o que farei amanhã ou dentro de uma semana, sem elaborar uma teoria do futuro, das probabilidades, do risco ou da providência.

Não apenas falamos no futuro, mas falamos do futuro, nós o nomeamos. Como já dissemos, Agostinho distinguia três tipos de tempo (reduzido, de fato, apenas ao presente) relacionados com três modos de apreensão: o *praeteritum* acessível à *memoria*, o *praesens* dependente do *contuitus* (o olhar sobre as coisas presentes), o *futurum* sobre o qual antecipa a *expectatio*, a expectativa. Na maioria das vezes, no latim medieval, "futuro" é uma palavra plural: *futura*. Talvez se deva ver nesse plural o reconhecimento de uma complexidade do futuro, cujo contexto escatológico é, no máximo, conhecido graças à crença religiosa, mas cujos prazos – não se conhecem nem a hora de sua morte nem o momento do fim do mundo – e as modalidades exatas permanecem misteriosas. Não menos notável é o nome, também no plural, do fim dos tempos: *novissima*. Os fatos mais "novos" também são os mais distantes no tempo, o que sem dúvida traduz a ideia de que o final da história está desde sempre inscrito no plano divino, que não há nada de "novo" no fim dos tempos sob o olhar de Deus. Nesse sentido, *novissima* expressa bem a dualidade da representação cristã do tempo da história, ao mesmo tempo linear (desde a criação até o fim do mundo) e cíclico, porque profundamente religioso e ligado ao mito, na medida em que é criado e regulado pela vontade transcendente de Deus[5].

As línguas românicas seguiram os usos latinos. *O Romance da rosa* utiliza várias vezes o substantivo "futuro". Brunet Latin por sua vez enumera "cil trois cents, ce est li presens, li preterites et cil qui est a venir"[6]. A perífrase "cil qui est a venir" é interessante, uma vez que ignora o substantivo "o porvir", aparentemente mais recente. Sendo assim poderíamos arriscar opor historicamente duas concepções do futuro: aquela, mais antiga, do que

---

5. Sobre a concepção cíclica do tempo no pensamento religioso, como, p. ex., na liturgia, cf. o estudo clássico: HUBERT, H. "Étude sommaire de la représentation du temps dans la religion et la magie". In: HUBERT, H. & MAUSS, M. *Mélanges d'histoire des religions*. Paris: Alcan, 1909, p. 189-229. Sobre as concepções concorrentes do tempo na Idade Média, cf. GOUREVICH, A.J. *Les catégories de la culture médiévale*. Paris: Gallimard, 1983.

6. Cf. TOBLER-LOMMATSCH. *Altfranzösisches Wörterbuch*, s. v. "Futuro".

a palavra "futuro" traduz; o futuro, os *futura*, não pode ser plenamente conhecido, mas está inscrito em um contexto de inteligência, de previsão e de ação que está bem garantido, principalmente no tempo religioso da escatologia ou no tempo cíclico dos rituais e da liturgia[7]. Ao que se oporia a noção moderna de "porvir", designando um futuro aberto, completamente imprevisível, em um tempo irreversível, um tempo sem Deus, produto do "desencantamento do mundo". É na divisão entre os *futura* e o *porvir* que seria decidida a passagem da Idade Média ao Renascimento, do pensamento religioso à racionalidade moderna.

Os usos do futuro

Nossa primeira questão é como as ações mais comuns, mais materiais carregam os germes de futuro, em quais esquemas mentais – quais concepções do tempo, quais expectativas, quais ideias do que é possível – as ações e as decisões dos homens na Idade Média se inscrevem, conscientemente ou não.

As fórmulas dos títulos de propriedade constituem um primeiro observatório, mesmo se eles informam principalmente sobre os modos de pensamentos dos clérigos, dos letrados que os redigiam: os títulos de doação – por exemplo, a doação de uma terra a uma comunidade monástica – eram normalmente concebidos pelo destinatário, muitas vezes em uma comunidade monástica, e não pelo doador, o leigo *illitteratus* que, em troca de suas piedosas liberalidades, pedia preces para a salvação de sua alma. Mas seu caráter repetitivo e maciço certamente testemunha concepções amplamente compartilhadas[8]. Sua fórmula introdutória, quase imutável de uma certidão

---

7. Um exemplo do tempo cíclico ritual que garante a circulação previsível das esposas e dos dotes em uma comunidade rural tradicional por um número restrito de gerações: LAMAISON, P. "Les stratégies matrimoniales dans un système complexe de parenté: Ribennes en Guévaudan (1650-1830)". *Annales ESC*, 4, 1979, p. 721-743, esp. p. 728.

8. Por comodidade, nos reportaremos às certidões reproduzidas e comentadas em DUBY, G. *L'Économie rurale et la vie des campagnes dans l'Occident medieval*. T. II. Paris: Aubier, 1962, p. 79ss. esp. n. 79 (segundo o *Recueil des chartes de Cluny*, IV, 3.302, data de 1049-1109), n. 82 (certidão da Abadia de Chaalis, em 1172), n. 84 (*Cartulaire de Saint-Vincent de Mâcon*) e n. 86 (*Recueil des pancartes de l'Abbaye de la Ferté-sur-Grosne*, 1160). Outros exemplos em: PIPON, B. *Le chartrier de l'Abbaye aux Bois (1202-1341)*. Paris: École des Chartes, 1996. • COSSE-DURLIN, J. *Cartulaire de Saint-Nicaise de Reims*. Paris: CNRS, 1991, p. 27. Não seria difícil multiplicar os exemplos.

à outra, é eloquente: "Que todos saibam, presentes e futuros [...]". *"Ego Johannes, tam presentibus quam futuris, in perpetuum dedi et concessi [...]"*; *"tam futuris quam presentibus in Christo fidelibus"; "omnibus hanc paginam inspecturis [...]"; "omnibus ad quo iste littere pervenerint"* etc.: o doador também pode se engajar por meio das cláusulas precisas a manter sua doação até sua morte, *"quod ut ratum et firmum permaneat, presentem paginam sigilli mei munimine roboravi"*. Em todas essas fórmulas, é o tempo humano da história que é objetivado: aquele que limita a esperança de uma vida ou, para além, o futuro das gerações de uma linhagem, mas já em uma sucessão dos tempos que se considera perpétua. Logo, no entanto, é questão de outro futuro, quando o doador invoca a misericórdia divina e dela espera a remissão de seus pecados: *"Pro remedio anime mee et uxoris mee et pro animabus fratrum et sororum et omnium tam antecessorum quam sucessorum meorum [...]"*. O que é objetivado aqui não é mais a sucessão das gerações no tempo histórico, mas o futuro escatológico da salvação para si e os seus.

De acordo com o tipo de certidões, tal futuro toma um relevo maior ou menor em relação aos outros: a concessão de uma propriedade a uma determinada família deixa claro que esta terá toda sua posse "de geração em geração" com a condição, todavia, de respeitar certo número de obrigações: pagar todos os anos no prazo prescrito um imposto que reconhece a propriedade eminente do senhor; não vender nem alienar parcialmente a terra; respeitar os direitos de justiça fundamental do senhor. Neste caso, o pagamento anual regular de um imposto introduz outra forma de projeção no futuro: um futuro cíclico, ritual, pontuado em intervalos regulares pelo retorno do mesmo. E isso vale ainda mais para um camponês que todo ano é obrigado, em sete datas diferentes, a pagar um determinado imposto: na Páscoa, na colheita do feno, na colheita agrícola, na vindima, no Natal, na terça-feira gorda, em meados da quaresma!

Vários futuros diferentes se articulam assim um ao outro nesses tipos de certidões relativas à terra que datam da Idade Média central: o futuro individual do doador, previsível apenas durante sua vida e limitado finalmente por sua morte; às vezes, nesse mesmo contexto, um futuro pensado nos termos recorrentes do ciclo dos anos, das datas rituais, dos impostos imutáveis; depois o futuro de uma história mais longa que supostamente se estenderia "perpetuamente"; ele será pontuado pela sucessão das gerações, ao longo da descendência do doador; por fim, o futuro escatológico que faz bascular o tempo dos homens na eternidade de Deus; para além do tempo dos corpos abre-se o futuro das almas.

Uma parte, pelo menos, dessas concepções do tempo futuro é característica apenas do meio agrário abrangido por essas certidões e pelo tipo particular de ação que são essas doações de terra. Pois, desde essa época, as atividades comerciais e monetárias introduzem nos meios urbanos algumas concepções e usos diferentes do futuro: testemunho disso é o contrato de câmbio genovês que estipula que um valor não especificado, recebido a menos de Gênova, será reembolsado 12 dias mais tarde em Bruges com uma taxa de 30 centavos por um florim[9]. O contrato registra uma promessa, portanto um engajamento para o tempo futuro. Esse tempo é cuidadosamente medido: 12 dias. Por fim, esse futuro próximo é utilizado para servir um lucro disfarçado, uma *usura*; de fato, a taxa normal de reembolso é então de 25 centavos para um florim; portanto cinco centavos retribuem o empréstimo durante os 12 dias. Doravante, o futuro também tem então um preço.

Conhecer o futuro e agir sobre ele

Sem dúvida o desejo de conhecer de antemão o futuro é comum a todas as sociedades humanas: a inquietude do dia seguinte, a preocupação em saber se é oportuno empreender uma ação, a angústia de conhecer a hora de sua morte, encontram-se em toda parte e em todos os tempos[10]. Mas os meios utilizados para satisfazer esses desejos variam de uma cultura a outra, segundo os sistemas de crenças e as formas de racionalidade que as caracterizam. Foi possível observar, por exemplo, a importância da adivinhação pelo livro nas sociedades em que a escrita desfruta de usos disseminados e de um estatuto ideológico privilegiado[11]. Da mesma forma mudam, e às vezes ao longo da história de uma mesma cultura, os objetos sobre os quais se fixa de maneira mais insistente a preocupação com o futuro: assim, ao

---

9. BRUNEL, G. & LALOU, L. (org.). *Sources d'histoire médiévale (IXe-milieu du XIVe siècle)*. Paris: Larousse, 1992, p. 471.
10. P. ex., em CÍCERO. *De la divination*.
11. VERNANT, J.P. et al. *Divination et racionalité*. Paris: Du Seuil, 1974.

longo da Idade Média central, a angústia com a morte individual revestiu-se da preocupação em saber que destino seria reservado à alma durante o julgamento particular que acontece imediatamente ao trespasse. Por isso as novas questões colocadas ao futuro: Qual será a duração dos sofrimentos que a alma deverá padecer no purgatório? Quais meios usar para abreviar esse futuro *post morten* de cujo controle os homens buscam se assegurar a fim de que a alma se beneficie mais rapidamente das beatitudes eternas? A crença no purgatório incontestavelmente mudou em profundidade as representações do futuro no Ocidente medieval[12].

Na cultura da Idade Média, a observação dos sinais, dos prodígios, dos *mirabilia* foi igualmente colocada a serviço da predição do futuro. Por exemplo, na *Vida do Abade Maieul* por Odilon de Cluny, a aparição inesperada de um lobo que um cavaleiro consegue matar é interpretada como o sinal de uma próxima incursão dos sarracenos[13]. É também um lobo, segundo Raoul Glaber, que entrou sorrateiramente em uma igreja de Orléans e pegando a corda do sino o fez soar; não sem razão, os habitantes ficaram aterrorizados com o incidente, já que no ano seguinte toda a cidade foi destruída pelo incêndio: "Ninguém duvidou, comenta o cronista, de que o acontecimento fora precedido por um presságio, um *portentum*"[14]. É o desregramento repentino do curso ordinário das coisas – por exemplo, a aparição de um cometa, um eclipse do sol ou o nascimento de um bezerro monstruoso, ou ainda o desabamento inesperado de uma ponte, a visão de um crucifixo que sangra, chora ou desvia seu rosto, ou o fato de derrubar no chão as santas espécies durante o sacrifício da missa, como testemunhado por Jean de Salisbury[15] – que acena para o futuro. Ele é habitualmente interpretado, no mau sentido, como um presságio funesto que anuncia uma catástrofe, uma

---

12. Além do livro clássico de Jacques Le Goff (*La naissance du purgatoire*. Paris: Gallimard, 1981), cf. seu artigo "Les limbes". *Nouvelle Revue de Psychanalyse*, XXXIV, 1986, p. 151-173, "Attente".
13. CLUNY, O. "De vita Beati Maioli Abbatis". *PL*, 142, col. 959-962.
14. GLABER, R. *Histoires*, II, V. 8. Florença: [s.e.], 1989, p. 74-77´[org. de G. Cavallo e G. Orlandi]. A mesma passagem evoca que em 888 a destruição de Jerusalém fora anunciada por um crucifixo que começou a chorar.
15. SALISBURY, J. *Historia pontificalis*. Londres: Nelson, 1956, p. 11 [org. de M. Chibnall]: durante uma missa pontifical, o sangue caiu sobre o tapete, cuja parte atingida foi cuidadosamente recortada e conservada como uma relíquia. Logo se pensou que o incidente anunciava um "grave perigo" e essa opinião não foi percebida ("*certe non fefellit opinio*") uma vez que, no mesmo ano (1147-1148), a Cruzada de Conrado, rei dos romanos, e de Luís VII, rei da França, foi destruída pelos sarracenos.

invasão, a morte do soberano etc. De acordo com a crônica de Waltham (final do século XII), o crucifixo milagroso conservado nessa abadia teria tristemente abaixado a cabeça quando o Rei Haroldo, na véspera de sua derrota de Hasting contra Guilherme o Conquistador, veio se prosternar diante dele: o fato foi interpretado como um "presságio das coisas futuras" e um "funesto auspício"[16].

A interpretação dos sonhos era outro campo privilegiado da predição do futuro. O abandono de toda vontade consciente no sono, o afluxo de imagens oníricas que transgridem as regras da percepção comum, a aparente dissociação provisória entre o corpo adormecido e a alma desperta sustentam a ideia de um acesso direto e privilegiado, graças ao sonho, ao conhecimento do futuro. Mas, aqui também, o relato do sonho transcorre em formas narrativas estabelecidas, por exemplo no tipo hagiográfico bem conhecido do sonho da mãe grávida, interpretado *a posteriori* como o anúncio profético do nascimento do santo (o caso de São Bernardo e de São Domingos são famosos). Esse modelo narrativo já é encontrado no final do século XI na *Vita* de São Thierry: quando sua mãe estava grávida, uma noite viu-se vestida com os hábitos sacerdotais e celebrando a missa. Consciente da transgressão que representava, para uma mulher, semelhante ação, temendo ter feito um sonho "vão" inspirado pelo demônio, ela dirigiu-se a uma velha mulher piedosa que a tranquilizou revelando-lhe que sua visão era "verdadeira", isto é, de origem divina e que ela se "realizaria" pelo nascimento de um filho que se tornaria padre e acederia à santidade[17].

Esses e alguns exemplos, escolhidos entre muitos outros possíveis, mostram toda a distância existente entre o presságio e o acontecimento futuro. O primeiro anuncia o segundo a quem sabe decifrar os sinais, pois ele não o descreve de antemão de uma maneira clara e indubitável. Entre um e outro se abre o espaço da interpretação dos "sinais", que é assunto de poder e de

---

16. *The Waltham Chronicle* – An Account of the Discovery of Our Holy Cross at Montacute and its Conveyance to Waltham. Oxford: Clarendon, 1994, p. 46-47 [Org. e trad. de L. Watkiss e M. Chibnall]: "*Contigit autem interea miserabile dictu et a seculis incredibile. Nam imago crucifixi que prius erecta ad superiora respiciebat, cum se rex humiliare im terram, demisit vultum, quase tristis. Signum quidem prescium futurorum!* [...] *Visio autem* hoc infausto auspicio, *multo dolore correpti...*" (sublinhado por mim).

17. LAUWERS, M. "L'institution et le genre – À propos de l'accès des femmes au sacré dans l'Occident médiéval". *Clio* – Histoite, femmes et societés, 2, 1995, p. 279-317, esp. p. 281.

375

autoridade: em outro contexto que não o da hagiografia, é fácil imaginar que o sonho da mulher vestida de padre pudesse ser considerado de origem diabólica e que a mulher fosse suspeita de heresia...

A Igreja e os clérigos sempre desconfiaram dos adivinhos e, especialmente, das *vetulae* que pretendiam dizer o futuro e praticar a interpretação dos sonhos. Compilada por Santo Agostinho (*De doctrina christiana*), retomada por Isidoro de Sevilha e mais tarde por Hincmar de Reims, transmitida pelo *Drecreto* de Graciano e o *Policratius* de Jean de Salisbury[18], a lista das formas ilícitas de adivinhação constituía uma peça-chave do catálogo das "superstições" condenadas pela Igreja. Deve-se considerar, nessas categorias e em sua denominação, uma terminologia erudita herdada da Antiguidade e que não tinha muito domínio sobre a realidade: quais eram os equivalentes medievais para *magi, nigromantici, hydromantii, incantatores, haruspices, genethliaci* ou *mathematici* etc.? As inúmeras miniaturas que ilustram a Causa XXVI da segunda parte do *Decreto* de Graciano, "*Quidam sacerdos sortilegus esse et divinus convincitur apud episcopum [...]*", apresentam toda uma gama de técnicas adivinhatórias, cartas, observação do voo ou do canto dos pássaros (Fig. 20), linhas da mão, astros etc.[19] A avalanche de termos, bem como a variedade das imagens, traduzia principalmente a vontade dos clérigos de cercar as formas múltiplas da adivinhação quando não a controlavam e sufocar o desejo sacrílego de escrutar os *occulta Dei*, cuja única intérprete legítima era a autoridade eclesiástica[20].

A mesma razão se observa no uso para fins adivinhatórios das "sortes dos apóstolos" ou das "sortes dos santos". Desde Alta Idade Média, os clérigos sempre condenaram a utilização "supersticiosa" dos salmos, dos evangelhos ou dos Atos dos Apóstolos, que eram abertos ao acaso para se ler no primeiro versículo que se apresentava a aprovação divina de uma escolha

---

18. SALISBURY, J. *Policratius*. Turnhout: Brepols, 1993, livro I, cap. XII [org. de K.S.B. Keats-Rohan] [Corpus Christianorum Continuatio Medievalis, t. CXVIII]. No livro II, cap. XXVIII, ele narra como, enviado à casa de um sacerdote para ser instruído por ele, descobriu que este praticava as artes mágicas e persuadia seus alunos a assisti-lo na observação de uma bola de cristal.
19. MELNIKAS, A. *The Corpus of the Miniatures in the Manuscripts of Decretum Gratiani*. 3 vols. Roma: [s.e.], 1975, vol. II, Causa XXVI, p. 833-862 [Studia Gratiana, 16-18].
20. SCHMITT, J.-C. "Les 'superstitions'". In: LE GOFF, J. & RÉMOND, R. *Histoire de la France religieuse*. T. I. Paris: Du Seuil, 1988, p. 419-551, esp. p. 482ss.).

ou um feliz presságio para uma ação a ser feita. Alain de Lille escreve ainda (ca. 1200): "Não se deve tirar a sorte nas tábuas ou nos manuscritos para interrogar o futuro; que ninguém tenha a audácia de tirar as sortes no evangelho ou no salmo ou em outras coisas, ou observar qualquer adivinhação em qualquer coisa que seja. Se o fez, que sofra uma penitência da vontade do padre"[21].

De fato, os principais utilizadores das "sortes dos apóstolos" eram os próprios padres. A escolha de muitos santos bispos da Alta Idade Média teria sido se não decidida, pelo menos confirmada por esse meio; este foi, entre outros, o caso de São Martin de Tours, segundo o relato de sua eleição feita por Sulpício Severo. Nesse uso legítimo da adivinhação, o resultado das "sortes dos apóstolos" supostamente não decorria do acaso, mas manifestava a vontade divina: os homens podiam agir com a certeza de que lidavam com o verdadeiro.

Eles buscavam efetivamente conhecer o futuro para adaptar a ele suas ações ou mesmo agir sobre ele, transformá-lo. A Providência não fixara de uma vez por todas o curso das coisas: o homem ainda era livre para se corrigir, fazer penitência, converter-se para mudar o futuro funesto que lhe estava prometido e preparar-se, aqui na terra e sobretudo no além, um futuro melhor. No cristianismo, o homem não sofre cegamente o destino, o *fatum*, como na tragédia grega. Sem para tanto desacreditar a onipotência e a onisciência de Deus, ele tem a faculdade de agir sobre seu destino, transformar seu futuro. A utilidade dos sonhos, das visões, das profecias é justamente alertar contra o que o espera se ele não intervier em seu destino: ele deve se lembrar de que nunca é tarde para fazer direito. O Livro de Jonas fornece o caso, amplamente comentado ao longo da Idade Média, de uma profecia que se tornou caduca pela ação dos homens: o Profeta Jonas recebeu de Javé a ordem de anunciar aos ninivitas a destruição de sua cidade se não se convertessem. Como se converteram, foram poupados no último momento para grande tristeza do profeta que, saindo de Nínive, sentara-se à sombra de um rícino "para ver melhor o que se passaria na cidade". Uma miniatura de um salmo inglês do início do século XIII descreve a surpresa de Jonas ao

---

21. Ibid., p. 486.

descobrir que sua profecia não se realizou[22] (Fig. 21). Mas os comentários exegéticos do Livro de Jonas, desde Santo Agostinho (*Cidade de Deus*, XXI, 24), insistem pelo contrário na realização, apesar das aparências, da vontade de Deus: a "má Nínive", aquela que estava contida nos corações endurecidos dos ninivitas, foi efetivamente destruída como ele anunciara, pois os habitantes se converteram. Jonas só errou ao esperar uma destruição material de Nínive. A solução é hábil: preserva ao mesmo tempo a onipotência de Deus e o livre-arbítrio dos homens.

Existiriam outros meios ainda de agir sobre o futuro: todas as práticas religiosas, litúrgicas, mágicas, estabelecem meio simbólicos – invocações, gestos rituais, manipulações de objetos – para intervir eficazmente sobre o desenrolamento do tempo, para influenciar sobre o futuro em um sentido ou outro. Em um sentido benéfico: é o caso, por exemplo, das litanias que consistem em invocar os santos para provocar a chuva e trazer boas colheitas. Em um sentido, ao contrário, maléfico: é o caso das fórmulas de maldição que, no final dos títulos de propriedade, prometem aos que infringirão suas disposições o destino não muito invejável de "Datan e Abiron"[23].

Por fim, também existia na Idade Média meios de agir sobre o futuro que se consideravam científicos: no século XIV, os papas cercavam-se de médicos, como Arnaud de Villeneuve, encarregados de descobrir o elixir que, restabelecendo o equilíbrio dos humores do corpo enfraquecidos pela idade, poderia lhes garantir o "prolongamento da vida"[24]. Do futuro também faz parte o desejo de eternidade.

O profeta e o padre

O futuro é um desafio de poder: se o oráculo é capaz de predizê-lo quando interpreta corretamente os sinais, conhece as chaves dos sonhos, afir-

---

22. Munique: Bayerische Staatsbibliotheck. CLM 835, f. 111 v. A página inteira está dividida em seis vinhetas; as duas do registro superior representam a aventura da baleia; as quatro outras a profecia em Nínive e suas consequências; no centro e à esquerda, Jonas espera e dorme sob o rícino; à direita, ele profetiza a ruína da cidade (*Jonas hominibus Ninive subversionem civitatis predixit*). Embaixo, os habitantes de Nínive, vestidos de saco e jejuando, imploram a misericórdia divina. À direita, eles rendem graças a Deus no cenário de uma cidade ideal e resgatada que evoca a Jerusalém celeste.
23. LITTLE, L.K. *Benedictine Maledictions*: Liturgical Cursing in Romanesque France. Ithaca: Cornell University Press, 1993.
24. BAGLIANI, A.P. *Le corps du pape* (1994). Paris: Du Seuil, 1997.

ma seu dom de profecia, ele consegue um acesso à corte dos reis, obtém a atenção do papa, alerta os homens contra os perigos que os ameaçam. Esse poder é por natureza sobrenatural, uma vez que o futuro, como diz Santo Agostinho, ainda não está aqui. Conhecer o que ainda não existe aproxima-se do milagre e significa invadir o domínio de Deus. Por isso não surpreende que a Igreja, repetindo incessantemente que o tempo pertence apenas a Deus, sempre tenha combatido os "supersticiosos" que pretendiam predizer o futuro.

A tensão era ainda mais forte porque a dimensão escatológica e profética é essencial ao cristianismo: João Batista o Precursor anuncia a vinda do Messias, afirmando a realização iminente das profecias veterotestamentárias. Para seus discípulos, Jesus verifica a Profecia de Isaías (62,11): "Dizei à filha de Sion: Eis que teu rei vem a ti, modesto ele monta em uma mula, e um burrico, pequeno animal de carga". Seguindo suas ordens, trouxeram-lhe uma mula e um asno para que fizesse sua entrada em Jerusalém nas formas esperadas do Messias. Por essas mesmas palavras, Jesus profetiza, mas revelando apenas uma parte do mistério: "Na verdade eu vos digo, não passará esta geração, sem que todas essas coisas aconteçam. Passará o céu e a terra, mas minhas palavras não passarão. Mas daquele dia e hora ninguém sabe, nem os anjos que estão no céu, nem o Filho, apenas o Pai" (Mc 13,28-32). Desde a origem coloca-se a questão essencial do futuro absoluto, a dos *futura*, do Juízo Final, do qual mesmo o Filho e, em seguida, a Igreja, não conhecem a hora, opondo-se portanto com uma força maior àqueles que pretendem predizê-lo. O pregador Étienne de Bourbon também ataca os adivinhos: "*seducunt homines [...] isti qui* divinos *se dicunt, cum* ni sciant de futuris"[25].

A particularidade do futuro do cristianismo e da Igreja é que ele já é conhecido quanto à sua forma, mas permanece desconhecido quanto à sua hora. O Apocalipse de João, seus incontáveis comentários, a iconografia dos tímpanos e dos manuscritos (comentários do *Apocalipse de Beatus* de Liebana, visões apocalípticas do *Scivitas* de Hildegarda de Bingen) contribuíram para uma enorme divulgação do conhecimento preciso de tudo o que acon-

---

25. BOURBON, É. *Anecdotes historiques, légendes et apologues, tirés du recueil inédit d'Étienne de Bourbon, dominicain du XIIIᵉ siècle*. Paris: Renouard, 1877, p. 315, n. 357 [org. de A. Lecoy de La Marche].

tecerá no final dos tempos: apenas a hora permanece desconhecida. Diante dessa situação, parece-me que a estratégia adotada pela Igreja foi triplicada.

1) Por um lado, ela consistiu em encerrar ao máximo o carisma profético nos limites estritos encarregando-se ela mesma não de profetizar, mas de ensinar os *futura* pela pregação e pelas imagens: sua pedagogia do futuro devia focar sobre o envelhecimento inexorável do mundo e, portanto, sobre a urgência, para cada um, de se preparar para o Dia do Juízo.

2) Por outro, ela consistiu em reservar aos seus santos uma esfera bem circunscrita e controlada de um profetismo limitado, tratando apenas de um futuro próximo, não dos fins últimos: o santo prediz a hora de sua própria morte, como Christine de Markyate que, ainda menina, já se vê deitada em seu leito de morte, "como se o futuro já estivesse presente" (*"Denique prescripsit secum in animo, quase jam fuisset quod futuram erat, se mortuam exponi"*); mas ela toma a precaução de dizer que ninguém pode prever o lugar de destino de sua alma livre do cadáver sem vida (*"examini cadavere, locum exalati spiritus non licere prenosci"*)[26].

O dom de profecia dos santos tem uma limitada esfera de aplicação: sobre Santo Cuthbert, seu hagiógrafo Beda diz que *"in spiritu prophetaverit"*, mas isso consistiu apenas para predizer a morte de Boisil, no final de uma tempestade, para anunciar que uma águia iria desencadear um "fogo fantástico"[27].

Ao polo profético legítimo, mas limitado, representado pela santidade no seio da instituição eclesiástica, a Igreja opõe aqueles que ela nomeia *"falsos profetas"*. Eles são muitos, como, por exemplo, na *Historia Francorum* de Gregório de Tours, que narra que um *quidam* originário da região de Berry enlouqueceu por causa de um enxame de moscas, e começou a profetizar em Arles durante dois anos, acompanhado de uma mulher que se fazia chamar Maria; ele criticava o bispo de Puy que o condenou à morte. E coube ao bispo de Tours comentar apoiando-se em 2Rs 25,5: "Assim caiu e morreu Cristo, que é melhor chamar *Anticristo*". O erro dos "falsos profetas" é

---

26. TALBOT, C.H. *The Life of Christina of Markyate* – A Twelfth Century Recluse. Oxford: Clarendon Press, 1959, p. 38-39 [2. ed., 1987].
27. BEDA. "Vita sancti Cuthberti". PL, 94, col. 735-790, cap. VIII, XI, XII, XIII.

duplo: de um lado, sua ambição profética é bem maior que as dos próprios santos quando não hesitam em anunciar o fim do mundo; de outro, e, sobretudo, eles vaticinam à margem dos quadros eclesiásticos e mesmo contra a autoridade e a instituição da Igreja.

Mas, entre os "falsos profetas" e os santos, é notável que se tenham introduzido várias figuras proféticas, principalmente femininas, que, sem serem rejeitadas pela autoridade eclesiástica, permaneceram ambivalentes aos seus olhos: a mais conhecida é Hildegarda de Bingen, cuja autoridade moral, ainda em vida, foi muito grande, uma vez que seus comentários visionários e teológicos alimentados de Apocalipse eram ouvidos por São Bernardo e pelo papa. Mas também é verdade que só depois de muito tempo ela foi colocada sobre os altares.

3) Por último, os esforços da Igreja sempre buscaram controlar qualquer milenarismo literal que pudesse tirar sua autoridade das profecias veterotestamentárias, e sobretudo do Apocalipse, para chamar a uma subversão imediata da ordem social, como se coubesse aos homens precipitar o curso da história. A interpretação, muito influente ao longo da Idade Média, da *Cidade de Deus*, de Santo Agostinho, foi mais matizada: as profecias antigas, enunciadas como *sombras* da realidade futura, são verdadeiras, uma vez que foram verificadas pela vinda do Messias e que continuam sendo verificadas pelo desenvolvimento da Igreja[28]. Por isso elas nos garantem a realidade da concretização dos *futura*, mas sem que possamos predizer sua hora nem dar fé aos cálculos daqueles que avaliam em 400, 500 ou mil anos o tempo decorrido entre a Ascensão e a segunda vinda de Cristo[29]. E, sobretudo, sem que se deva dar às profecias antigas, ou uma interpretação literal, em primeiro grau – por exemplo a duração de mil anos no final dos quais a Besta deve ser libertada é um número perfeito, não uma medida exata –, ou, ao contrário, uma interpretação exclusivamente espiritual: a verdade das profecias ocupa, por assim dizer, um justo meio e vem de uma leitura alegórica e

---

28. Além do livro XVIII da *Cidade de Deus*, cf. o pequeno tratado *De fide rerum quae non videntur* ("A fé nas coisas que não vemos"), cap. VIII, 11. Para a posteridade de Agostinho, cf. esp. o tratado TOLÈDE, J. "Prognosticon futuri saeculi". *PL*, 96, col. 453-524.
29. AGOSTINHO. *Cité de Dieu*, livro XVIII, cap. LIII, e livro XX, cap. VII.

moral de suas significações[30]. Esta posição também foi seguida pela iconografia em relação com a exegese bíblica tradicional: por exemplo, o *Codex aureus* de Munique da segunda metade do século IX[31] mostra a majestade de Cristo com uma auréola cruciforme e posicionada dentro de uma mandorla – trata-se portanto do Cristo-Juiz da Parusia –, enquadrada por um losango cujos quatro ângulos formam círculos ocupados pelos quatro profetas do Antigo Testamento; essas quatro figuras alternam na periferia da página com as dos quatro evangelistas que ocupam seus ângulos. A continuidade das profecias veterotestamentárias e dos evangelhos no anúncio escatológico do retorno de Cristo no final dos tempos é assim representada de maneira impressionante pela geometria da página. No início do século XIII, as Bíblias moralizadas retomam a mesma concepção, no fundo agostiniana, de uma sucessão neotestamentária das profecias veterotestamentárias que anunciaram não apenas a vinda do Messias, mas também a glória atual da Igreja, e tudo em uma perspectiva do futuro escatológico: por exemplo, o jovem Davi apaziguando o Rei Saul "significa": Cristo resgatando os homens sobre a cruz e preparando assim sua salvação final[32].

No entanto, é certo que as prudências agostinianas nem sempre foram compreendidas, e Richard Landes corretamente evocou recentemente a eflorescência das especulações milenaristas em torno do ano mil, no aquitanense Ademar de Chabannes, bem como no borgonhês Raoul Glaber e em muitos outros[33]. Nenhum desses autores era herético. Não mais do que Joaquim de Fiore que, mais tardiamente, proporá uma data exata – 1260 – para a queda da nova Babilônia e o advento do reino do Espírito. Mas a espiritualização do futuro sempre permaneceu disponível como um recurso para a Igreja hierárquica e o magistério, toda vez que o milenarismo tomava a forma insuportável de um movimento de subversão da ordem eclesiástica: isso foi bem

---

30. Ibid., livro XVIII, cap. III.
31. Munique: Bayerische Staatsbibliothek. CLM 14.000, p. 6 v. (século IX). A inscrição em letras douradas no alto da imagem enuncia: "*Ordine quadrato variis depicta figuris / agmine sanctorum gaudia magna vident*".
32. Viena: Österreichschische Nationalbibliothek. Ms. 2.554, f. 38 (Bíblia moralizada em francês, início do século XIII).
33. LANDES, R. *Relics, Apocalypse and the Deceits of History* – Ademar of Chabannes, 989-1.034. Cambridge, Mass.: Harvard University Press, 1995.

observado quando os Espirituais, junto com Gerardo di Borgno San Donnino, Gerardo Segarelli e depois Frei Dolcino, inspiraram-se no pensamento joaquimita para atacar diretamente a sede apostólica[34].

*

O contexto cristão do pensamento do futuro explica que, ao longo da Idade Média, os fins últimos aparecem como a projeção última da origem. Sem dúvida o tempo cristão se estende em uma história, mas uma história santa que, à maneira de um mito, deve finalmente retornar sobre si e se acabar na eternidade de Deus da qual surgiu. Ainda que essa concepção religiosa do futuro impregnasse por muito tempo a cultura ocidental, também se compreende que ruptura interveio com os tempos modernos. A utopia é a nova figura de que se reveste o futuro no século XVI, no sentido em que Tomás More a definiu e, pela primeira vez, nomeou. Ela rompe com a escatologia, com o milenarismo e, mesmo, como os mitos de inversão da ordem sociorreligiosa da Idade Média, como o país de Cocanha[35]. Ela participa efetivamente de um tempo em que todos os termos transformam-se quase na mesma época como mostrou Krzystof Pomian: um tempo doravante pensado como absolutamente irreversível; um tempo, se não desmitificado, pelo menos desumanizado em sua origem (o *big-bang*) e em seu final eventual; um tempo cotidiano exatamente medido tanto pelo grande relógio da praça quanto pelo relógio de pulso individual; um tempo cuja experiência vivida se alonga enquanto cresce a esperança de vida; um tempo que não privilegia mais a origem (a gênese) nem os *futura* que lhe correspondem, mas o *porvir*: um porvir cujos termos são definidos apenas pelos progressos humanos, o

---

34. CAROZZI, C. & TAVIANI-CAROZZI, H. (org. e trad.). *La fin des temps: terreurs et prophéties au Moyen Âge*. Paris: Stock, 1982. • TÖPFER, B. *Das kommende Reich des Friendens* – Zur Entwicklung chiliastischer Zukunfthoffnungen im Hochmittelalter. Berlim: [s.e.], 1964. • COHN, N. *Les fanatiques de l'Apocalipse* – Courants millénaristes révolutionnaires du XIe au XVIe siècle. Paris: [s.e.], 1962 [com posfácio sobre o século XX].
35. GRAF, A. *Miti leggende et superstizioni del Medio Evo*. 2 vols. Turim: Loescher, 1892-1893, p. 229-238: "Il paese di Cuccagna e paradisi artificiali". Cf. tb. GRAUS, F. "Social Utopias in the Middle Ages" (*Past and Present*, 38, 1967), que distingue o país de Cocanha das concepções oriundas da antiga ideia da idade de ouro.

desejo de lucro, a busca de investimentos produtivos, o crédito, em uma palavra "a ética protestante" segundo Max Weber[36], e por ideologias políticas secularizadas para as quais nem o passado nem o futuro escatológico não bastam para justificar o poder[37].

---

36. Cf. tb. as observações judiciosas de Marc Bloch, retomadas em *Histoire et historiens*. Paris: Armand Colin, 1995, p. 36-37 [org. de Étienne Bloch]: "Nossa economia 'capitalista' trabalha em um perpétuo estado de insegurança; ela vive de expectativa. É isso o que expressamos ao constatar que ela vive de crédito".
37. POMIAN, K. *L'Ordre du temps*. Paris: Gallimard, 1984.

Índice

Sumário, 5

Prefácio, 7

Parte I. Sobre crenças e ritos, 29

I. É possível uma história religiosa da Idade Média?, 31

    Sobre ritos, 36

    Sobre "mitos", 38

II. A noção de sagrado e sua aplicação à história do cristianismo medieval, 41

III. Problemas do mito no Ocidente medieval, 51

    A mitologia cristã, 52

    O desenvolvimento do mito cristão, 57

    Mitologia indo-europeia e folclore, 60

    A mitologia greco-romana, 65

IV. A crença na Idade Média, 72

    Os contextos sociais da crença na Idade Média, 73

    Limites da crença?, 76

    As modalidades do crer, 84

V. Sobre o bom uso do *Credo*, 89

    O mínimo de crença *explícita*, 89

    Fazer crer ou fazer dizer, 95

    Non credenda, 106

Parte II. Tradições folclóricas e cultura erudita, 117

VI. As tradições folclóricas na cultura medieval, 119

    As exigências da história, 120

    Polaridades e circulações culturais, 129

    Homens, animais e demônios, 134

VII. "Jovens" e dança dos cavalos de madeira, 140

    Três *exempla* inseparáveis, 143

    A dança dos cavalos de madeira, 147

    Um relato de Pentecostes, 152

    Danças e torneios: a morte iniciática, 154

    Cultura folclórica e cultura clerical, 158

VIII. A palavra domesticada, 166

    O oral e o escrito, 167

    O santo e o diabo, 174

    O gato, 180

    As transformações do relato, 185

IX. As máscaras, o diabo, os mortos, 190

    Os nomes das máscaras, 191

    Sobre imagens de máscaras, 198

    As máscaras e os mortos, 206

Parte III. O sujeito e seus sonhos, 213

X. A "descoberta do indivíduo": uma ficção historiográfica?, 215

    O indivíduo na esfera "teológico-política", 216

    A "consciência de si", 222

    A noção de pessoa na Idade Média, 229

XI. Os sonhos de Guibert de Nogent, 234

    As categorias da experiência onírica, 239

    Uma tipologia dos sonhos?, 242

    A estrutura narrativa dos relatos de sonho, 243

    Os sujeitos e os objetos dos sonhos, 249

    A interpretação dos sonhos, 252

    Conteúdo manifesto e conteúdo latente, 255

    O intérprete dos sonhos entre vivos e mortos, 258

XII. O sujeito do sonho, 263

    A classificação dos sonhos, 265

    A retórica do sonho, 272

    O sujeito do sonho, 277

Parte IV. O corpo e o tempo, 281

XIII. Corpo doente, corpo possuído, 283

    Características gerais, 284

    As doenças e suas interpretações, 287

    Os recursos, 290

    Laicização da medicina?, 301

XIV. O corpo na Cristandade, 305

    O corpo do homem, 305

    O corpo de Deus, 312

    O corpo social, 315

XV. Tempo, folclore e política no século XII, 319

    O tempo do relato, 324

    O tempo dos mortos, 329

    O tempo do rei, 339

XVI. Da espera à errância: gênese medieval da Lenda do Judeu Errante, 350

    As versões medievais do relato, 351

    O tempo da memória, 361

XVII. A apropriação do futuro, 367

    Falar no futuro, 369

    Os usos do futuro, 371

    Conhecer o futuro e agir sobre ele, 373

    O profeta e o padre, 378

REFLEXÕES JUNGUIANAS

Corpo e individuação
Elisabeth Zimmermann (org.)

As emoções no processo psicoterapêutico
Rafael López-Pedraza

O feminino nos contos de fadas
Marie-Louise von Franz

Introdução à psicologia de C.G. Jung
Wolfgang Roth

O irmão – Psicologia do arquétipo fraterno
Gustavo Barcellos

A mitopoese da psique – Mito e individuação
Walter Boechat

Paranoia
James Hillmann

Puer-senex – Dinâmicas relacionais
Dulcinéa da Mata Ribeiro Monteiro (org.)

Re-vendo a psicologia
James Hillmann

Suicídio e alma
James Hillmann

Sobre eros e psique
Rafael López-Pedraza

Sonhos – A linguagem enigmática do inconsciente
Verena Kast

Viver a vida não vivida
Robert A. Johnson, Jerry M. Ruhl

CULTURAL
Administração
Antropologia
Biografias
Comunicação
Dinâmicas e Jogos
Ecologia e Meio Ambiente
Educação e Pedagogia
Filosofia
História
Letras e Literatura
Obras de referência
Política
Psicologia
Saúde e Nutrição
Serviço Social e Trabalho
Sociologia

CATEQUÉTICO PASTORAL
Catequese
Geral
Crisma
Primeira Eucaristia

Pastoral
Geral
Sacramental
Familiar
Social
Ensino Religioso Escolar

TEOLÓGICO ESPIRITUAL
Biografias
Devocionários
Espiritualidade e Mística
Espiritualidade Mariana
Franciscanismo
Autoconhecimento
Liturgia
Obras de referência
Sagrada Escritura e Livros Apócrifos

Teologia
Bíblica
Histórica
Prática
Sistemática

REVISTAS
Concilium
Estudos Bíblicos
Grande Sinal
REB (Revista Eclesiástica Brasileira)
SEDOC (Serviço de Documentação)

VOZES NOBILIS
Uma linha editorial especial, com importantes autores, alto valor agregado e qualidade superior.

PRODUTOS SAZONAIS
Folhinha do Sagrado Coração de Jesus
Calendário de Mesa do Sagrado Coração de Jesus
Agenda do Sagrado Coração de Jesus
Almanaque Santo Antônio
Agendinha
Diário Vozes
Meditações para o dia a dia
Encontro diário com Deus
Dia a dia com Deus
Guia Litúrgico

VOZES DE BOLSO
Obras clássicas de Ciências Humanas em formato de bolso.

CADASTRE-SE
www.vozes.com.br

EDITORA VOZES LTDA.
Rua Frei Luís, 100 – Centro – Cep 25689-900 – Petrópolis, RJ
Tel.: (24) 2233-9000 – Fax: (24) 2231-4676 – E-mail: vendas@vozes.com.br

UNIDADES NO BRASIL: Belo Horizonte, MG – Brasília, DF – Campinas, SP – Cuiabá, MT
Curitiba, PR – Florianópolis, SC – Fortaleza, CE – Goiânia, GO – Juiz de Fora, MG
Manaus, AM – Petrópolis, RJ – Porto Alegre, RS – Recife, PE – Rio de Janeiro, RJ
Salvador, BA – São Paulo, SP